石油和化工行业“十四五”规划教材

国家级一流本科专业建设成果教材
高等学校制药工程专业系列教材

药品生产质量管理教程

第二版

罗晓燕　李晓东　主　编
张功臣　王　晗　副主编

化学工业出版社
·北京·

内容简介

《药品生产质量管理教程》（第二版）主要介绍了《药品生产质量管理规范》（GMP）的概念、类型，质量管理，机构与人员，厂房与设施，设备，物料与产品管理，确认与验证，文件管理，生产管理，质量控制和质量保证，委托生产与委托检验，产品的发运与召回，自检等内容。本教材知识体系完整，结构科学合理，注重法规要求及其实施。以我国《药品生产质量管理规范》（2010 年修订）及其附录的关键内容为主，结合了国际 GMP、医药行业发展的最新成果、技术要点、管理经验和法律法规。同时书中设置了本章学习要求、案例、阅读链接、思考题、随堂练习专栏（可扫码获取），利于学生对知识点的理解、梳理及拓展。

《药品生产质量管理教程》（第二版）可供全国高等学校药学、制药工程、药物制剂等专业的本科生和研究生使用，同时可为药品生产企业岗位培训提供参考。

图书在版编目（CIP）数据

药品生产质量管理教程 / 罗晓燕，李晓东主编；张功臣，王晗副主编. — 2 版. —北京 ：化学工业出版社，2026. 2. —（石油和化工行业“十四五”规划教材）（国家级一流本科专业建设成果教材）（高等学校制药工程专业系列教材）. — ISBN 977-7-122-49827-4

Ⅰ. F407. 763

中国国家版本馆 CIP 数据核字第 20269997LF 号

责任编辑：马泽林　杜进祥　　文字编辑：郑金慧　朱　允
责任校对：李雨函　　装帧设计：刘丽华

出版发行：化学工业出版社
（北京市东城区青年湖南街 13 号　邮政编码 100011）
印　　装：三河市航远印刷有限公司
787mm×1092mm　1/16　印张 15½　插页 1　字数 396 千字
2026 年 3 月北京第 2 版第 1 次印刷

购书咨询：010-64518888　　售后服务：010-64518899
网　　址：http：//www. cip. com. cn
凡购买本书，如有缺损质量问题，本社销售中心负责调换。

定　　价：49. 00 元

前言

本书（第二版）继续以“优化《药品生产质量管理规范》（GMP）知识、强化学生分析和实践能力、深化素质教育、突出专业特色”为特色，注重案例引入，企业深度参与，满足广大师生的教学需求。为了利于教学方式的延续和传承，大部分保留了原版教材的编写框架。面对新的变化，本书主要修订内容如下：

（1）全面更新药品监督管理法律法规方面的内容

为推动与国际接轨，国家药品监督管理局（简称国家药监局）推荐按照国际人用药品注册技术协调会（ICH）颁布的质量指导原则进行。ICH 于 2023 年 1 月 20 日发布了其《Q9（R1）：质量风险管理》修订版定稿，相比以前的版本，内容上有了大幅度的改变。因此对第二章质量管理的第四节质量风险管理的内容进行了修订。

2023 年 3 月 6 日，国家药监局核查中心发布《药品共线生产质量风险管理指南》，因此对第四章厂房与设施的第三节生产车间中共线生产的内容进行了修订。

结合 2025 年版《中华人民共和国药典》主要修订了第五章中的制药用水的内容。

国家药监局发布了《化药口服固体制剂混合均匀度和中控剂量单位均匀度研究技术指导原则（试行）》（2022 年 2 月 8 日施行）、《清洁验证技术指南》（2025 年 1 月 17 日）、《工艺验证检查指南》（2025 年 4 月 7 日），据此修订了第七章确认与验证的部分内容以及第五章设备中的设备的清洁的相关内容。

国家药监局修订了我国 GMP 附录《血液制品》（2024 年 6 月 4 日）和《生物制品》（2020 年 7 月 1 日施行），因此对第九章生产管理中第八节和第九节进行了修订。

结合《中华人民共和国药品管理法》（2019 年修订，2019 年 12 月施行）、《药品生产监督管理办法》（2020 年 7 月 1 日起施行）、《药品委托生产质量协议指南》（2020 年版）、《药品上市许可持有人委托生产现场检查指南》（2023 年 10 月 17 日施行）、国家药监局关于加强药品上市许可持有人委托生产监督管理工作的公告（2023 年第 132 号），修订了第十一章委托生产与委托检验的部分内容。

结合《药品召回管理办法》（2022 年修订，2022 年 11 月 1 日施行）修订了第十二章产品的发运与召回的部分内容。

（2）增加新的法律法规方面的内容

《中华人民共和国药品管理法》（2019 年 12 月 1 日施行）强调了药品上市许可持有人的质量主体责任。为此，根据《中华人民共和国药品管理法》等法律法规，国家药监局制定了《药品上市许可持有人落实药品质量安全主体责任监督管理规定》（2023 年 3 月 1 日起实施）。因此在第一章绪论中增加了药品上市许可持有人的相关内容。

我国 GMP 新增附录《临床试验用药品（试行）》（2022 年 7 月 1 日施行），因此在第九章生产管理中新增第十一节临床试验用药品的生产操作。

助力 ICH《Q13：原料药和制剂的连续制造》（2022 年 12 月 5 日公布了最终采纳版），国家药监局评审中心于 2023 年 3 月 20 日发布了《化学口服固体制剂连续制造技术指导原则（试行）》。因此在第九章生产管理中增加了第十二节固体制剂连续制造。

《药物警戒质量管理规范》于 2021 年 12 月 1 日开始施行，因此在第十章质量控制和质量保证的第九节增加了《药物警戒质量管理规范》相关内容。

（3）完善修订阅读链接内容

为利于学生课后学习和拓展，原版教材中设置有阅读链接。结合国内外最新的 GMP 相关的法律法规、实施指南、技术和设施等，修订了阅读链接内容。

（4）完善案例和思考题

精选完善原版教材案例和思考题，着力于学生 GMP 应用能力和思维的培养。

（5）按章节编写随堂练习题库且与纸书融合

按章节编写随堂练习题库，提供与纸书内容相关的选择题、判断题和填空题，方便使用者自测。读者可扫描每章章首二维码获取。

（6）删繁就简

本着精简基础知识、突出重点的原则，精简了第六章物料与产品的内容。

本书由高校具有丰富教学和科研经验的教师及来自医药行业具有丰富实践经验的专家共同编写，由华东理工大学罗晓燕、上海医药集团股份有限公司李晓东任主编，上海谊康科技有限公司张功臣、上海工程技术大学王晗任副主编，具体修订分工如下：第一章，李晓东、谭颖（上海医药集团股份有限公司）；第二章和第三章，王晗、罗晓燕；第四章，罗晓燕、胡大文（中国医药集团联合工程有限公司上海分公司）；第五章，张功臣、罗晓燕；第六章，刘宏伟（华东理工大学）、罗晓燕；第七章，江建青（上海谊康科技有限公司）、罗晓燕；第九章，陈四向（广东泉新泉益药业有限公司）、朱哲（上海医药集团股份有限公司）和刘紫萱（上海医药集团股份有限公司）；第十章，李晓东、谭颖；第十一章，任福正（华东理工大学）；第十二章，刘宏伟。阅读链接、随堂练习、思考题主要由罗晓燕编写。

希望本书能发挥“培根铸魂，启智增慧”的作用。由于编者水平有限，书中可能存在不足之处，恳请广大读者提出宝贵意见，以便进一步修改和完善。

编者

2025 年 4 月

第一版前言

《药品生产质量管理规范》（Good Manufacturing Practice， GMP）是药品生产和质量管理的基本准则，是一套系统的科学管理制度。“药品生产质量管理工程”是全国工程教育专业认证标准中制药工程专业的专业课程，也是教育部发布的“化工与制药类专业本科教学质量国家标准（制药工程专业）”中的核心课程。

《药品生产质量管理教程》强调“优化 GMP 知识，强化学生分析和实践能力，深化素质教育，突出专业特色”的特点，注重案例引入，企业深度参与，创新教材编写模式，满足广大师生的教学需求。

本教材特色及创新点如下：

（1）本教材汇集了医药行业发展的最新成果、技术要点、操作规范、管理经验和法律法规，进行科学的结构设计和内容安排。对于厂房与设施、确认与验证等内容进行扩充。

（2）本教材结合学生的学习规律，力求原理的简明性，使一些深奥的理论问题更易于理解。

（3）教材针对性地设计了本章学习要求、案例和阅读链接、思考题，方便学生对知识点的理解、梳理及拓展。

本教材由高校具有丰富教学和科研经验的教师及来自医药行业具有丰富实践经验的专家共同编写，由华东理工大学药学院罗晓燕、上海医药集团股份有限公司制造管理中心李晓东任主编，上海励响网络科技有限公司张功臣、上海工程技术大学化学化工学院王晗任副主编，华东理工大学药学院刘宏伟和任福正、中国医药集团联合工程有限公司上海分公司胡大文、 PSC 生物技术（北京）有限责任公司葛理石、上海健康医学院方中坚、上海市医药学校范松华、上海励响网络科技有限公司龚恒俭参编。教材编写具体分工为：李晓东编写第一、九、十章，王晗、方中坚和范松华编写第二、三章，罗晓燕、葛理石和胡大文编写第四章，罗晓燕、胡大文和张功臣编写第五章，刘宏伟编写第六、十三章，张功臣、罗晓燕和龚恒俭编写第七章，葛理石对第七章的编写提出一些修改建议，任福正编写第八、十一、十二章。全书案例主要由李晓东编写。

感谢朱世斌先生对全书的审核和提出的意见。感谢原上海市食品药品监督管理局谈武康、上海医药集团股份有限公司袁炜、上海医药集团股份有限公司魏瑞萍、上海中西三维药业有限公司徐贤斌等的热心帮助及指导。另外，感谢华东理工大学刘甜甜、王凤至、杨梓琪、高燕珊、许惠、叶超和魏海鹏参与全书的校核工作，冷钰婷和仇宝珠参与修改第八、十一、十二章。在编写过程中得到各参编院校和企业的大力支持，在此一并表示诚挚感谢。在教材编写过程中参考了有关专家、学者编写的著作、教材和论文，对他们的辛勤劳动表示感谢。期待本教材能发挥“培根铸魂，启智增慧”的作用。

由于编者水平有限，书中可能存在不足之处，恳请广大读者提出宝贵的意见，以便进一步修改和完善。

编者

2019 年 9 月

目录

第六章　物料与产品管理 87

第七章　确认与验证 97

第一章　绪论

● 本章学习要求

1. 了解 GMP 的发展历史。
2. 了解 GMP 的类型和特点。
3. 了解中国药品监管体系。
4. 掌握实施 GMP 的目的及 GMP 的主要内容和实施要素。
5. 了解药品上市许可持有人。

随堂练习

药品是一种特殊的商品，是指用于预防、治疗、诊断人的疾病，有目的地调节人的生理机能并规定有适应证或者功能主治、用法和用量的物质，包括中药材、中药饮片、中成药、化学原料药及其制剂、抗生素、生化药品、放射性药品、血清、疫苗、血液制品和诊断药品等。药品的使用方法、数量、时间等多种因素在很大程度上决定其使用效果，误用不仅不能"治病"，还可能"致病"，甚至危及生命。

药品质量符合规定不仅是产品质量符合注册质量标准，还应使其生产的全过程符合《药品生产质量管理规范》(Good Manufacturing Practice，GMP) 的要求。GMP 是在生产全过程中用科学、合理、规范化的条件和方法保证生产出优良药品的一整套科学管理方法。GMP 作为质量管理体系的一部分，是药品生产管理和质量控制的基本要求。

GMP 适用于药品制剂、原料药、药用辅料、药用包装和直接涉及药品质量有关物料生产的全过程。为确保药品质量，需从原料投入到完成生产、包装、储存、发运、召回等环节全过程实施标准和规范的管理，在保证生产条件和资源达到要求的同时重视生产和质量管理，有组织地、准确地对药品生产各环节进行规定和记录。GMP 的实施可最大限度地降低药品生产过程中污染、交叉污染以及混淆、差错等风险，确保能持续稳定地生产出符合预定用途和注册要求的药品。

GMP 经过半个多世纪的发展，已成为国际上判定药品质量有无保障的先决条件，成为各国医药市场准入的先决条件。我国从 20 世纪 80 年代开始推广 GMP，到 2010 年 GMP (以下简称"新版 GMP") 的强制执行，提高了药品质量，进一步保证了人民群众的用药安全，也顺应了国际医药行业发展的潮流，顺应了新兴产业发展和国家转变经济发展方式的战略要求。新版 GMP 在技术要求方面与世界卫生组织 (World Health Organization，WHO) GMP 基本一致，全面实施后有利于药品生产企业提升药品生产管理水平，与国际社会认可的标准接轨，有利于培育具有国际竞争力的企业，促进我国医药产业的蓬勃发展。

第一节　GMP 的产生与发展

现代药品生产需要的原辅料品种多、数量大，采用机械化生产方式需要复杂的技术装备。药品生产系统日趋复杂性和综合性，同时对产品质量要求更加严格，各国对药品研发、生产和销售的管理逐步法制化。随着产品质量管理科学的发展，从20世纪初开始，各国制药行业和药品监管部门逐渐形成了一些规范化的药品生产与质量管理制度，美国是世界上第一个颁布执行药品生产管理法规的国家。

19世纪，世界发生了巨大的变化，巴斯德、科赫、埃利希和塞梅尔魏斯证明了病菌与疾病之间的关系。1906年在美国，作家厄普顿·辛克莱出版了一本名为《丛林》的书，揭露了肉类加工企业极为肮脏和污浊的环境。这本书令公众震惊，并引发了公众的强烈抗议，要求规范食品及药品的生产销售。因此，在1906年，西奥多·罗斯福总统签署生效了《纯净食品和药品法》，其要旨是“药品必须是纯净的”。

历史上发生过很多药害事件，也促使了GMP的发展，举例如下。

磺胺酏剂是一种配制不当的磺胺类药物，1937年在美国引起集体中毒，最终导致107人死亡。这次事件以及其他类似灾难引起公众强烈抗议，最终促成1938年《联邦食品、药品和化妆品法案》的颁布，其要旨是“药品必须纯净且安全”。

“反应停”（又称沙利度胺）于1953年首先由联邦德国一家制药公司合成，1956年进入临床并在市场试销，1957年获联邦德国专利。这种药物用于治疗孕妇早孕期间的孕吐反应，有很好的止吐作用，对孕妇无明显毒副作用，相继在51个国家获准销售。1959年陆续有报告发现很多婴儿肢体畸形，这些畸形婴儿没有臂和腿，手和脚直接连在身体上，很像海豹的肢体，故称为“海豹肢畸形儿”及“海豹胎”。医学研究表明“海豹胎”的病因是妇女在怀孕初期服用“反应停”（此药物妨碍孕妇对胎儿的血液供应），人们大为震惊。截至1963年，在联邦德国、荷兰和日本等国，由于服用该药物诞生了12000多名这种形状如海豹一样的可怜婴儿，成为20世纪最大的因药物导致先天畸形的灾难性事件。只有美国，由于官方采取了谨慎态度，没有引进这种药，只有少数几例因从国外自行购买该药物并服用导致“海豹胎”。

“反应停”事件虽然没有波及美国，却在美国社会引发公众对药品安全性、有效性和法规监督的普遍重视，促使了《Kefauver-Harris修正案》的通过。该法规增加了一些新条款以确保医药的有效性，并进一步强化安全性审查，第一次要求制药商在药品上市之前向美国食品药品管理局（Food and Drug Administration，FDA）证明药品的有效性。

众多的药害事件使人们得到了深刻的教训，并意识到制定规范以确保食品和药品安全有效的必要性。1963年，FDA颁布第一部GMP，即针对成品药品的第一个《现行药品生产质量管理规范》（Current Good Manufacture Practices，cGMP），美国联邦法规（Code of Federal Regulations，CFR）第21编第210和211部分于1963年颁布，并于1978年修订。CFR第21编第210和211部分为cGMP的最低要求，药品生产公司应遵守cGMP，以保证所生产的药品在均一性、药效、质量和纯度方面符合指定要求。

GMP的强制实施在此后多年的实践中经受了考验并得到了发展，逐渐被各国政府接受，成为药品生产和质量保证的基本要求和法规。

1948年成立的世界卫生组织（WHO）在药品和基本药物领域开展工作，范围覆盖全球区域和国家层面。首个WHO的GMP草案于1967年起草，以“关于药品和医药特殊品生产以及质量控制的良好生产管理规范草案”为标题并获得通过，并于1968年修订后正式发布。WHO颁布的GMP涵盖了GMP/cGMP的所有重要概念。WHO颁布的GMP的推广极大促进了GMP在世界各国的认可和实施，WHO在全球范围内有许多办事处，各区域办事处负责对生产单位进行检查和认证，也标志着符合GMP已逐渐成为医药企业进入全球医药市场的强制性要求。

在此后的几十年里，世界各个国家或地区为了维护本国国民的健康利益并提高本国药品在国际市场的竞争力，根据GMP的基本要求和本国的实际情况分别制定了本国的GMP或推行WHO等国际组织的GMP，GMP在全世界得到推广实施。英国、意大利、瑞士、瑞典、丹麦及芬兰等国家在20世纪70年代分别制定并推行了适合本国实际情况的GMP。日本在1973年制定了GMP，1980年又制定了实施细则，作为药品生产的强制标准实施。

我国于1982年由中国医药工业公司制定了《药品生产质量管理规范》（试行稿），在一些制药企业试行。1984年原国家医药管理局正式颁布了《药品生产质量管理规范》，并在医药行业推行。1988年卫生部颁布了GMP。1998年国家药品监督管理局（State Drug Administration，SDA）成立后，对中国的医药行业进行了严格的监管，在原颁布的GMP基础上于1999年正式颁布了需企业强制执行的1998年版GMP，要求所有药品生产企业必须达到GMP标准并获得GMP认证。在GMP的强制执行下，我国药品生产企业基本通过了国家GMP认证，大幅提高了药品生产管理水平，确保了广大人民群众的用药安全。在1998年版GMP的实施基础上，2010年卫生部发布了修订后的GMP，于2011年3月1日生效，进一步规范了国内医药生产企业的生产经营行为，提升了药品生产的管理水平，使得国内药品生产管理水平与国际标准接轨，促进我国药品尽快进入国际主流药品市场。

随着管理科学的发展、科技的进步、质量观念的提升，特别是IT技术的日新月异，GMP的理论和技术也在不断发展，以满足动态化的要求。FDA提倡企业采取新方法和先进技术，如果这些新方法和先进技术被证明优于现行GMP标准，就会对其进行评估、建议和修订，完善现行的GMP标准。GMP修订旨在反映FDA所坚持的管理规定与企业生产实践相一致的理念，同时与国际标准接轨。例如美国颁布的《药品生产中计算机处理系统的验证指南》，逐渐开始了对计算机和计算机验证更严格的控制。可见，GMP必将随着科学技术和管理理论的最新成就不断丰富和发展，对药品生产管理的理念和方法不断更新，以满足人们不断增长的健康和安全需求。

第二节　GMP的基本内容和实施要素

一、GMP的基本内容

从现代企业管理学的基本概念而言，GMP就是对药品生产质量过程的管理，是对药品生产质量技术的准备、原材料投入、工艺加工和药品完工的具体活动过程的管理。企业管理资源可分为四要素，即人员、物料、机器设备和资金，GMP也是在药品生产制造环节对药品质量相关的硬件要素、软件要素、人员要素和工作现场等要素的管理，实施计划、组织、指挥、协调、控制五大管理职能，以确保药品的质量安全。

实施GMP的硬件要素可进一步细分为厂房设施与环境、设备及物料，软件要素可细分为生产工艺、质量控制（quality control，QC）、确认验证以及质量保证（quality assurance，QA）等，硬件、软件和人员组合形成现场，体现了企业实际的生产质量管理水平。

经确认验证合格的生产设施设备以及检验合格的物料由培训合格的人员按照规定的生产工艺进行药品生产，生产出的半成品及成品经质量检验合格后被放行上市销售，检验不合格的药品需销毁或处理，已流入市场的不合格药品要召回处理。投入生产的资源或要素都需确认或检验合格，整个生产过程需文件化记录，以达到规范和可追溯的目的，同时质量保证部门监控整个生产过程和各要素，确保生产运行正常，并采用自检方式发现整个体系运行中的问题，及时采取整改和预防措施，以充分保证药品生产质量。正如以上对生产过程和各要素的解释，GMP就是在生产全过程中预防和控制生产质量风险，用科学、合理、规范化的条件和方法保证生产优良药品的一整套科学管理方法。

二、GMP实施的要素

综上所述，影响药品质量的要素存在于药品生产的全过程，包括人员、设施设备、物料、工艺、检测等各方面，通过对这些要素所涉及的质量活动制定相应的管理程序和标准，使众多的相互关联的质量活动得到有效管理，处于受控状态，最终使生产出来的药品质量达到预定的标准。这就是所谓的“过程方法”，是企业有效建立GMP管理体系应采取的必要步骤。

质量风险产生于人员、厂房设备、原料、生产方法及工艺、清洁及现场管理等各方面，GMP就是采用生产过程分析法辨识质量风险，建立科学合理的操作规范，预防和控制质量风险。

对各方面的要素进行分析将有助于理解GMP的构成以及各要素间的相互作用，降低药品生产质量风险，更加有效地在医药企业实施GMP。GMP实施的要素包括：机构与人员要素、厂房设施与环境控制要素、设备要素、物料和产品要素、生产工艺和生产过程、质量控制、确认与验证、质量保证。

第三节　GMP的主要类型、特征及发展趋势

一、GMP的主要类型

目前，世界上现行的GMP主要有国际组织的GMP、各国政府的GMP和行业组织或企业的GMP三种。

1. 国际组织的GMP

（1）WHO的GMP　WHO提出的GMP（WHO-GMP）涵盖了GMP/cGMP的所有重要概念。WHO给GMP下的定义是：“是质量保证的一部分，用以确保始终如一地按照适用于产品预期用途和上市许可要求的质量标准生产和控制。”

首个WHO的GMP草案于1967年起草，以“关于药品和医药特殊品生产以及质量控制的良好生产管理规范草案”为标题并获得通过，并于1968年修订后作为附件3发布。1971年再次颁布了该文件（做了一些修订）。1992年，GMP要求的修订草案以三部分提交：第一部分为“制药企业质量管理：基本原理和要素”；第二部分为“生产和质量控制的良好规范”；在这两部分之后补充了更多具体的指导原则，如无菌药品和原料药等，成为第三部分。这些指导原则也是GMP的主要部分。

WHO的药品和植物药生产GMP包括以下内容：质量保证、卫生设施与卫生、确认和验证、投诉、产品召回、委托生产和分析、自检和质量审计、人员培训、人员卫生、厂房设施、设备、物料、文件管理、生产管理、质量控制等。

现在WHO-GMP已成为国际通用GMP的标准指南，适用于WHO国际药品采购或招标，各国药企的药品通过其预合格的检查后才能成为WHO采购的合格供应商。

WHO-GMP已逐步成为进入全球市场的强制性要求，尤其是在没有专门监管机构的国家。WHO在全球范围内有许多办事处，各区域办事处可负责对生产单位进行检查和认证。

（2）PIC/S的GMP　药品检查协定和药品检查合作计划（pharmaceutical inspection co-operation scheme，PIC/S），其中药品检查协定（PIC）和药品检查合作计划（PIC Scheme）

是两个并行运行的机制，PIC/S 是两者的缩写。其为政府和药品监管机构在 GMP 领域的积极和建设性合作提供平台。目前该组织由澳大利亚、加拿大、丹麦、英国、法国、德国等 54 个成员国和地区组成。该组织在全球享有较高声誉，其内部检察官均来自各成员国的相关专业权威人士，同时身兼参与国官方（监管机构）的代表。组织内会员国拥有一致的 GMP 规范与检查系统，而且相互承认检查结果。该组织颁发的 GMP 证书在 PIC/S 组织成员国之间相互认可，通过某一成员国或地区的 PIC/S-GMP 认证就意味着跨进了他们的第一道门槛，所以它是进入国际市场的快捷通道之一。

1970 年 10 月，欧洲自由贸易联盟（European Free Trade Association，EFTA）在“药品生产现场检查的互认协定”的主题下成立了 PIC，有德国、意大利、英国等十多个成员国。

20 世纪 90 年代初期，人们意识到 PIC 协定与欧盟法律相互冲突，欧盟以外的其他国家不可能被接纳为 PIC 成员，由此建立了一个不太正式、更灵活的药品检查合作计划（PIC Scheme），致力于继续执行并加强 PIC 的工作。

PIC/S 第一部分为药品生产的基本要求，包括质量管理、人员、厂房和设备、文件管理、生产、质量控制、合同生产和检验、投诉和召回及自检 9 个章节。

2006 年，PIC/S 委员会决定将人用药品注册技术要求国际协调会（International Conference on Harmonization of Technical Requirements for Registration of Pharmaceuticals for Human Use，ICH）的 Q7A 作为现行 PIC/S 指南的第二部分。

另外，与 WHO-GMP 类似，PIC/S 的 GMP 指南针对特定领域/生产活动发布了 20 个单独的文件指南，如无菌药品生产、人用生物药品生产、确认和验证、计算机处理系统、原料药生产质量管理规范等。PIC/S 的 GMP 指南的目的不是规定注册要求、修改药典要求，也不是影响负责药政审理部门在原料药上市和生产授权方面设立特定注册要求的能力。

（3）欧盟的 GMP　欧盟即欧洲联盟，其前身为欧洲经济共同体（European Economic Community，EEC）。1972 年，EEC 颁布了第一部《GMP 总则》，用于指导欧共体国家的药品生产。1989 年 1 月，欧共体第一版《GMP 指南》出版。两年后对其进行了修订，于 1992 年 1 月公布了第二版《欧洲共同体药品生产质量管理规范》。2005 年 10 月，欧盟委员会重新调整了《GMP 指南》结构，由第一部分人用药品和兽药 GMP 以及第二部分原料药 GMP 组成，第二部分是根据 ICH 的 Q7A“原料药 GMP”新制定的指南。

现今欧盟 GMP 指南分为基本要求及附录。基本要求由两部分组成：第一部分（基本要求Ⅰ）为药品生产的 GMP 原则；第二部分（基本要求Ⅱ）为原料药生产的 GMP 原则。第一部分共 9 章，阐述了对药品的基本要求。

除第一部分及第二部分的基本要求外，欧盟 GMP 还包括一系列附录，对药品生产的特殊要求或规范中某些关键性内容进行了详细叙述。某些生产过程需要同时满足不同附录（如无菌药品、放射性药品/生物制品附录）的特殊要求。目前共有 19 个附录，分别是无菌药品制造、人用生物药品制造、放射性药品制造、除免疫外兽药制造、兽用免疫药制造、医用气体制造、草本植物药品制造、起始物料与包装材料取样、液体乳膏及软膏制造、压力定量与气雾吸收剂制造、计算机化系统、电离辐照在药品制造中的应用、研究用药品制造、源于人血或血浆药品制造、确认与验证、质量受权人认证与批放行、参数放行、对照样品与留样、质量风险管理。

2. 各国政府的 GMP

各国政府颁布的 GMP 一般原则性较强，内容较为具体，有法定强制性。

（1）FDA 的 cGMP　1963 年 FDA 首先颁布了世界上最早的一部 GMP。经过多次修订，是至今内容较为完善详细和标准较高的 GMP。凡是向美国出口药品的制药企业以及在美国境内生产药品的制药企业，都必须符合美国 GMP 的要求。

美国 GMP 又称为 cGMP，更加强调当前 GMP 管理标准和方法的安全有效性以及将来管理标准的不断提高，其相关的指南文件也在不断增加和更新。

FDA 的现代职能始于 1906 年的《纯净食品和药品法》，该法案历经长达 25 年的探索，用于禁止州际贸易中食品和药品掺假和冒牌问题。FDA 的使命在于通过帮助安全和有效的药品及时上市，以及监控产品在使用后的持续安全性，促进和保护公众健康。FDA 的工作是研究并制定保护消费者的法律和科学标准。

1906 年通过的《食品药品法》是美国最早的相关法案，也是当今 FDA 成立的基础。1938 年因有毒溶剂造成 107 人死亡的磺胺悲剧促成了通过《联邦食品、药品和化妆品法案》(FD&C)，明确要求生产商在产品上市前证明其安全性。“反应停”致使数以千计的欧洲婴儿出生缺陷，由此导致了在 1962 年出台《Kefauver-Harris 药品修正案》。

针对成品药品的第一个 cGMP 法规 21 CFR 第 210 和 211 部分于 1963 年颁布，并于 1978 年修订。该法规为 cGMP 的最低要求，适用于人用和动物用药品的制备。与其他 GMP 不同，21 CFR 第 211 部分包括总则、组织和人员、建筑和设施、设备、组分/容器/密封的控制、生产和工艺控制、包装和标签控制、储存和分发、实验室控制、记录和报告、退回和回收的药品。

《药品生产质量管理规范》由 FDA 负责监管。CFR 中有一系列与 cGMP 相关的法规，若不遵守会招致刑事处罚。其中有两个具体的法规针对药品生产企业，一个法规针对生物制品，另一个法规用于监管电子记录和电子签名。

CFR 是联邦政府的一般性和永久性规则的集成。CFR 收录了联邦政府强制执行法规的完整的官方文本。

与制药公司 cGMP 相关的 CFR 包括：21 CFR 第 210 部分“有关药品生产、加工、包装、储存的现行药品生产质量管理规范：总则”；21 CFR 第 211 部分“成品药品的现行药品生产质量管理规范”；21 CFR 第 600 部分“生物制品：总则”；21 CFR 第 11 部分“电子记录，电子签名”。总体来说，21 CFR 第 210 部分规定了生产、加工、包装和储存药品的 cGMP，其中还对法规中使用的术语进行说明，如批、亚批等。21 CFR 第 211 部分是成品药的 cGMP。例如，第 210 部分可能包括液体药品接触塑料容器产生的浸出物，但片剂在发货后裂开则更应属于第 211 部分的范围。21 CFR 第 600 部分是关于生物制品的，包括关键定义、建立标准、建立检查要求，以及不良反应的报告要求。21 CFR 第 11 部分涉及电子记录和电子签名的指导原则。

(2) 英国的 GMP　英国卫生和社会保障部（Department of Health & Social Care）听取各方意见后，于 1971 年首次编辑了 GMP 指南，即所谓的“橙色指南”，最初只有二十几页。英国于 1983 年修改颁布了第三版英国 GMP，内容丰富齐全，共分 20 章，有许多内容已成为以后其他各国制定 GMP 的依据。例如，第十章“无菌药品的生产和管理”率先列出了基本环境标准，第九章“实验室的质量管理”是今日《药物非临床研究质量管理规范》(Good Laboratory Practice，GLP) 的前身，第十九章“药品销售管理”是今日《药品经营质量管理规范》(Good Supply Practice，GSP) 的先例等。但当前英国国内 GMP 中员工培训（包括管理人员培训和操作人员培训）尚属空白问题。2002 年其根据欧盟 GMP 大量修订了对药品生产公司和分销公司的管理要求。2022 年英国药监机构（MHRA）颁布了新版的英国 GMP。

3. 行业组织或企业的 GMP

制药行业组织制定的 GMP 一般指导性较强，内容较为具体，无强制性，主要起到技术指导、管理提升和推进行业发展的作用。目前国际上有 ICH、国际制药工程协会（International Society for Pharmaceutical Engineering，ISPE）等行业组织出版了 GMP 有关的指南，具有一定的影响力。同时一些国家的行业组织包括一些大的制药公司（如欧洲制药工业协会联合会、日本制药工业协会）等制定了 GMP 相关的指导性文件，促进了 GMP 发展成为国际化的制药标准之一。

（1）ICH　ICH 是由美国、日本和欧盟三方的政府药品注册部门和制药行业在 1990 年发起的，现有美国、日本、英国、法国、德国、意大利、荷兰等 17 个国家成为会员。ICH 成立的初衷是协调欧洲、美国和日本的药品法规要求并寻求共识。自成立以来，ICH 通过其全球合作组织逐步发展，以应对药品开发日益全球化的状况，在全球范围内实现国际协调，保护全球公众健康。因此，ICH 的使命是实现更大程度的协调，以保证用有效和经济的方式开发和注册安全、有效和优质的药品。

ICH 专题分为 4 个类别，并根据不同类别制定 ICH 编码，其主要作用是协调统一不同国家对药物的研制、开发、生产、销售、进出口等方面的不同注册管理制度，建立有利于在药品的安全性、有效性和质量方面进行交流的机制，避免造成制药工业和科研、生产部门人力物力的浪费，促进人类医药事业的发展。

ICH 的专题共分 4 个类别：①安全性（Safety，包括药理、毒理、药代等试验），以“S”表示，现已制定 20 个文件；②质量（Quality，包括稳定性、验证、杂质、规格等），以“Q”表示，现已制定 52 个文件；③有效性（Efficacy，包括临床试验中的设计、研究报告和《药物临床试验管理规范》等），以“E”表示，现已制定 35 个文件；④综合学科（Multidisciplinary，包括术语、管理通信等），以“M”表示，现已制定 29 个文件。

其质量专题中，很多指南性文件都被各国或各国际组织采用作为 GMP 的管理内容。例如，自从 1999 年 ICH 发布原料药 GMP Q7A“原料药的 GMP 指南”以来，该指南已在签署了 ICH 协议的国家和贸易共同体中实施（欧盟、日本和美国），并被其他以 ICH 指导原则进行原料药生产和检验的国家采纳（如澳大利亚、加拿大、新加坡），成为原料药（active pharmaceutical ingredient，API）的国际通用性生产标准。其 ICH Q10“制药质量体系”已普遍被欧盟 GMP 和美国 GMP 采用，成为 GMP 管理的新要求。

（2）ISPE　国际制药工程协会（ISPE）是全球领先的制药领域非营利组织，创立于 1980 年，总部位于北美，目前拥有来自全球 120 个国家的 22000 名会员，在全球拥有超过 40 个分会，其中包括正逐渐发展的 ISPE 中国分会。其愿望是通过领导制药行业科学、技术和法规的进步与发展，服务会员及制药行业从业人员，成为全球领先的制药专业人士技术组织，涵盖药品及制药设备的整个产品生命周期。

其会员包括从事制药、生物科技、医学设备、原料药/中间体、设计/工程/建筑公司、政府部门、高校、设备生产商及供应商等领域的机构或公司，技术专业覆盖项目/设备/维修工程、制造/生产、质量控制/保证管理、微生物学、规章事务、培训、物料管理、采购、企业/产品管理等方面。

ISPE 在 GMP 管理方面提供了关键公用工程、确认与验证、原料药、无菌制剂、口服固体制剂及良好自动化生产实践规范等主题指南。

二、 GMP 的特征及发展趋势

GMP 经过半个多世纪的发展，已成为国际通行的药品生产质量管理标准，不仅是世界各国药政部门强化药品生产质量管理的重要手段之一，也是制药产业健康发展的技术保证，更是保证上市药品质量、维护公众用药安全的根本要求。

世界上大多数国家对药品生产颁布执行了 GMP 要求，许多国际健康组织和行业也颁布了各种大同小异的 GMP 版本，有着共同的特性和发展趋势，如下所述。

1. GMP 是保证药品生产质量的基本要求

各国颁布执行的 GMP 是保证药品生产质量的最低标准，是药品生产企业市场准入的基本条件。其不代表各国医药工业发展的水平，各国也不可能将只有少数企业才能做到的药品生产标准作为强制性要求，所以各国在制定 GMP 时仅规定药品生产中需达到的原则性要求，而没有说明达到要求的具体办法，达到 GMP 要求的办法和手段可以多种多样，不同企业需根据自身情况选择最适合本企业的方法实施 GMP。

2. GMP 标准随着社会的发展而不断提高

随着社会不断发展进步，人们对自身健康状况越来越重视，对药品质量以及生产管理水平的要求也日益提高；同时随着科学技术的发展，越来越多的新技术、新管理方法被应用于药品生产管理。各国的药政管理部门也对原有的 GMP 标准或条款不断补充修订，或颁布新的实施指南促进 GMP 与时俱进和完善，而且修订更新的周期不断缩短，体现了 GMP 标准与现时科学技术发展和社会进步的一致性。

3. GMP 日益成为各国药政管理的强制性要求

正是因为 GMP 对药品生产质量的严格管理和对患者用药安全的根本保证，世界各国已日益达成共识，将 GMP 作为药品质量有无保证的先决条件。现在除了美国、欧盟成员国等先进国家和地区将作为强制性要求外，越来越多的发展中国家（如南美、中亚和非洲的许多国家）也纷纷把 GMP 作为市场准入的基本要求和药品生产质量管理的强制要求，在自己国家强制实施。同时 WHO 等国际组织也将 GMP 作为国际采购或招投标的先决条件，促进了 GMP 的强制实施。

4. GMP 日益成为药品生产质量管理的国际化要求

尽管各个国家、国际组织或行业都颁布执行各自的 GMP，某些方面的执行细节有所不同，GMP 在各个国家的发展水平也有所不同，但在基本内容和要求上完全一致或大同小异，这也说明世界各国对 GMP 的认识和研究趋向一致，对药品质量监管的要求趋于一致。同时由于一些国际药政法规机构或 GMP 认证组织（ICH、PIC/S 等）日益深入的交流，协调统一各国不同的药政要求以避免不必要的资源浪费，使得 GMP 日益成为一种国际化的要求或标准，成为国际药品贸易的基本要求。

现在欧盟 GMP 已成为欧盟各国药品生产质量管理的通行标准，PIC/S 组织已成为众多国家 GMP 检查与相互认可的统一合作组织。GMP 标准的国际化和趋同化已成为 GMP 发展的潮流。

第四节　我国新版 GMP 的实施

1998 年国家药品监督管理局（SDA）成立后，对我国的医药行业进行了严格的监管，对原版本 GMP 进行修订，颁布了 1998 版《药品生产质量管理规范》，之后出版了《药品生产质量管理规范实施指南》，同时要求所有药品生产企业必须达到 GMP 标准并获得 GMP 认证，启动了我国药品生产企业的第一轮强制 GMP 认证。

2010 年国家食品药品监督管理局（SFDA）发布了修订后的《药品生产质量管理规范（2010 年修订）》，简称新版 GMP 或 2010 版 GMP。该 GMP 的文件结构共有 14 章（313

款）及多个附录，与欧盟 GMP 非常相似。SFDA 颁布的新版 GMP 于 2011 年 3 月 1 日正式实施，取代 1998 年版 GMP。其 14 个章节如下：总则、质量管理、机构与人员、厂房与设施、设备、物料与产品、确认与验证、文件管理、生产管理、质量控制与质量保证、委托生产与委托检验、产品发运与召回、自检、附则。

新版 GMP 要求血液制品、疫苗、注射液等无菌制剂生产企业在 2013 年底前通过新版 GMP 认证。其他类型药品生产企业应在 2015 年 12 月 31 日前达到要求，没有达到要求的企业在规定期限后不得继续生产。

SFDA 要求所有药品生产企业在 2015 年底前通过新版 GMP 认证，对国内所有医药工业企业来说是较大的挑战，特别是对一些无菌药品生产企业来说，在 2013 年底前完成升级改造更是困难重重。2013 年 1 月 8 日，SFDA 联合国家发展和改革委员会、工业和信息化部、卫生部发布了《关于加快实施新修订药品生产质量管理规范促进医药产业升级有关问题的通知》。为了鼓励和引导药品生产企业尽快达到新版 GMP 的要求，四部委在药品技术转让注册申请、委托生产以及通过新版 GMP 的药品将在招标采购中享有优势和定价上予以优待等方面，制定了各种支持新版 GMP 认证的措施。

2019 年修订的《中华人民共和国药品管理法》（以下简称《药品管理法》）取消了 GMP 认证的形式，但药品生产企业继续严格按照 GMP 的要求实施。就此，国家药监局进一步发布了《关于贯彻实施〈中华人民共和国药品管理法〉有关事项的公告》（2019 年第 103 号），明确规定自 2019 年 12 月 1 日起，取消药品 GMP 认证，不再受理 GMP 认证申请，不再发放药品 GMP 证书。2019 年 12 月 1 日以前受理的认证申请，按照原药品 GMP 认证有关规定办理。2019 年 12 月 1 日前完成现场检查并符合要求的，发放药品 GMP 证书。凡现行法规要求进行现场检查的，2019 年 12 月 1 日后应当继续开展现场检查，并将现场检查结果通知企业；检查不符合要求的，按照规定依法予以处理。

尽管我国药品生产企业发展水平不均衡，既有绝大多数为中小型药品生产企业，也有设立在国内的国际跨国医药企业，在药品生产管理上有着很大的不同，但新版 GMP 的正式颁布实施是国家进一步关注民生和全力保障公众用药安全的重大举措，不仅有利于在源头上把好药品安全质量关，也必将促进我国医药产业的优化发展和国际化。

第五节　我国药品监管体系简介

一、《中华人民共和国药品管理法》和药品监督管理部门

药品具有与人们生命相关联的特殊性，能起到预防、治疗、诊断人的疾病，有目的地调整人的生理功能的作用。药品的不当使用，如没有对症下药、用法用量不当等，均会影响人的健康，甚至危及生命。世界各国对药品的监督管理均专门立法，并建立专门的国家行政机关对药品相关的各个方面或环节进行严格监督管理。

所谓药品监督管理是指国家授权的行政机关依法对药品、药事组织、药事活动、药品信息进行管理和监督，另外也包括司法、检察机关和药事法人及非法人组织或自然人对管理药品的行政机关和公务员的监督。

《中华人民共和国药品管理法》（以下简称《药品管理法》）由第六届全国人民代表大会常务委员会第七次会议于 1984 年 9 月 20 日通过，自 1985 年 7 月 1 日起施行。1984 年的《药品管理法》后因执法主体调整（由国务院卫生行政部门改为国务院药品监督管理部门）以及改革开放的深入，在 2001 年 2 月 28 日通过并公布了《药品管理法》（2001 年修订）并

实施，明确规定国务院药品监督管理部门主管全国药品监督管理工作，国务院有关部门在各自的职责范围内负责与药品有关的监督管理工作，有关部门主要包括卫生部、国家中医药管理局、国家工商行政管理总局、劳动和社会保障部等。各省、自治区、直辖市人民政府药品监督管理部门负责本行政区域内的药品监督管理工作。2002 年 8 月国务院第 360 号令公布了《中华人民共和国药品管理法实施条例》。

根据国家对药品监管要求的变化以及药品产业发展的需求，《药品管理法》分别在 2013 年和 2015 年进行修改完善，2018 年根据党的十九届三中全会审议通过的《中共中央关于深化党和国家机构改革的决定》、中共中央印发的《深化党和国家机构改革方案》和第十三届全国人民代表大会第一次会议批准的《国务院机构改革方案》设立了国家市场监督管理总局，《药品管理法》的再次修订也提上了国家议事日程，2019 年 8 月 26 日经第十三届全国人民代表大会常务委员会第十二次会议审议通过，自 2019 年 12 月 1 日起施行。

2019 年修订的《药品管理法》明确药品管理应当以人民健康为中心，坚持风险管理、全程管控、社会共治的原则，围绕鼓励创新、全生命周期管理要求，做出药品上市许可持有人、药品追溯、药物警戒、药品安全信息统一公布、处罚到人等多项重大制度创新，对药品研制、注册、生产、经营、使用、上市后管理以及药品价格和广告、储备和供应、监督管理、法律责任等做出全面规定；强化动态监管，取消 GMP 和 GSP（《药品经营质量管理规范》）认证，药品监督管理部门随时对 GMP、GSP 等执行情况进行检查；完善药品安全责任制度，加强事中事后监管，重典治乱，严惩重处违法行为。

2019 年修订的《药品管理法》第四十三条规定："从事药品生产活动，应当遵守药品生产质量管理规范，建立健全药品生产质量管理体系，保证药品生产全过程持续符合法定要求"。由此可见，新《药品管理法》虽然取消了 GMP 认证的形式，但继续加强对药品生产企业的 GMP 管理，药品生产活动必须符合 GMP 的相关要求。

《药品管理法》实施之后，国务院、国家药品监督管理部门以及有关监督管理部门也陆续颁布实施了许多行政法规和部门规章，如《药品生产质量管理规范》（卫生部令第 79 号）、《药品经营质量管理规范》（国家食品药品监督管理总局令第 13 号）、《药品注册管理办法》（国家市场监督管理总局令第 27 号）、《药物非临床研究质量管理规范》（国家食品药品监督管理总局令第 34 号）、《药物临床试验质量管理规范》（国家药监局、中华人民共和国国家卫生健康委员会公告 2020 年第 57 号）等，不断完善药品管理法规建设，使药品监督管理工作有法可依、依法办事，有利于保障人民群众的用药安全，使药品经济活动在法律的保护和制约下更加健康高速发展。

二、我国药品监督管理的主要内容

根据《药品管理法》的规定，我国药品监督管理部门对药品的监督管理具有行政立法和规范权，起草和报送药品监管法律和行政法规草案，制定、公布、修改、废止和解释部门规章及规范性文件；具有行政许可权，有权发放药品生产、经营许可证，有权批准药品注册，核发药品批准文号等；具有行政监督权和处罚权，有权对药品质量、药事活动、药品广告等进行监督检查，检查其遵守药品管理法律法规、药品标准等情况，并对违反各级法律规章的行为进行处罚。

因此我国药品监督管理的主要内容包括：

① 组织贯彻实施《药品管理法》及有关行政法规，依法制定和发布有关药品监督管理的规章及规范性文件，组织制定发布国家药品标准。

② 实行药品注册制度，审批确认药品。

③ 准予生产、经营药品和配制医疗机构制剂，实行许可证制度。根据申报单位的申请，在核发《药品生产许可证》《药品经营许可证》和《医疗机构制剂许可证》前，实施 GMP、GSP、GLP、GCP 许可检查，对于检查合格的予以批准核发。

④ 监督管理药品信息，实行审批制度，核准药品说明书、包装标签，审批药品广告及提供药品信息的服务网站等。

⑤ 严格控制特殊管理的药品，对麻醉药品、精神药品和毒性药品等根据国家相关法律进行严格管理。

⑥ 对上市药品的监管，组织开展已上市药品的再审查、再评价，实行药品不良反应报告制度等。

⑦ 行使监督权，对违法行为实施法律制裁，对上市药品质量以及药品生产企业、药品经营企业等的质量管理体系进行监督检查和质量抽检，对违反有关规定的行为依法进行处罚。

三、药品标准与药品质量监督检验

为鉴别药品的真伪优劣，监督管理生产、经营及使用中的药品质量，仲裁药品质量方面的纠纷，我国药品监督管理部门组织编纂发布国家药品质量标准，统一全国药品强制性标准，作为国家药品技术法规及依据对药品进行监督管理。

国家药品标准是国家对药品质量规格及检验方法所做的技术规定，是药品生产、经营、使用、检验和管理部门共同遵循的法定依据。《药品管理法》规定由国务院药品监督管理部门颁布的《中华人民共和国药典》（以下简称《中国药典》）和药品标准为国家药品标准，是控制药品质量的法定依据，其内容包括质量指标、检验方法以及生产工艺等技术要求。国家药品标准由凡例与正文及其引用的通则构成，《中国药典》收载的凡例、通则对未载入《中国药典》但经药品监管部门颁布的其他药品标准具有同等效力。

药品质量监督检验是指国家药品检验机构按照国家药品标准对需要进行质量监督的药品进行抽样、检查和验证并发出相关结果报告的药物分析活动。药品质量监督检验是药品质量监督的重要组成部分。

四、我国的一些重要药品管理制度

医药全产业链从大的角度看可分为基础理论和技术研究、新药研发、生产制造、上市营销和医疗使用等环节，更特殊的是医药产业涉及人的生命安全和疾病治疗效果，必须满足人民群众的卫生保健需求，所以药品的质量特性和商品特征决定了药品是一种特殊商品，不仅必须加强监督管理，而且必须确保其可及性、安全有效、质量稳定和合理使用。

1997 年《中共中央、国务院关于卫生改革与发展的决定》提出国家建立并完善基本药物制度、处方药与非处方药分类管理制度和中央与省两级医药储备制度，《药品管理法》规定国家实行中药品种保护制度、处方药与非处方药分类管理制度、药品储备制度和药品不良反应报告制度。

国家基本药物制度是对基本药物的遴选、生产、流通、使用、定价、报销、监测和评价等环节实施有效管理的制度，与公共卫生、医疗服务、医疗保障体系相衔接。此制度是国家药品政策和药品供应保障体系的核心与基础工作，关系到公众健康和社会福利，确保了人民群众基本用药的可及性、安全性和有效性，同时也有利于减轻人民的医药负担。

第六节　药品上市许可持有人

药品上市许可持有人（marketing authorization holder，MAH）是指取得药品注册证书的企业或者药品研制机构等。《药品生产许可证》中分类码的大写字母用于归类药品上市许可持有人和产品类型，A 证代表自行生产的药品上市许可持有人；B 证代表委托生产的药品上市许可持有人，持有人自身不从事药品生产活动，而是将药品生产活动委托给药品生产企业进行；C 证代表接受委托的药品生产企业。

2015 年 11 月，第十二届全国人民代表大会常务委员会第十七次会议审议通过《关于授权国务院在部分地方开展药品上市许可持有人制度试点和有关问题的决定》；2016 年 5 月，国务院办公厅印发《关于印发药品上市许可持有人制度试点方案的通知》，确定自试点方案印发之日起至 2018 年 11 月 4 日在北京、天津、河北、上海、江苏、浙江、福建、山东、广东、四川等 10 个省（市）开展 MAH 制度试点；2019 年新修订并颁布实施的《中华人民共和国药品管理法》明确了 MAH 在药品管理方面的职责和义务，MAH 制度正式以法律的形式在我国建立，从而对于强化主体责任、优化资源配置、鼓励创新起到了积极推进作用。

近年来，为进一步落实药品上市许可持有人的质量主体责任，国家药监局制定了《药品上市许可持有人落实药品质量安全主体责任监督管理规定》，并于 2023 年 3 月 1 日起施行。《规定》中明确了机构人员设置要求，强调全过程质量监督管理，要求建立持有人质量管理机制。

一、 MAH 关键岗位职责及要求

MAH 应当设立职责清晰的管理部门，配备与药品生产经营规模相适应的管理人员，明确非临床研究、临床试验、生产销售、上市后研究、不良反应监测及报告等职责，并符合相关质量管理规范的要求。

MAH 应当独立设置质量管理部门，履行全过程质量管理职责，参与所有与质量有关的活动，负责审核所有与质量管理有关的文件。建立药物警戒体系，设立专门的药物警戒部门，按照《药物警戒质量管理规范》等要求开展药物警戒工作。

MAH 应当对原料、辅料、直接接触药品的包装材料和容器等供应商进行审核；建立药品上市后变更控制体系；履行药品上市放行责任，制定药品上市放行规程；确保药品储存、运输活动符合药品经营质量管理规范等要求；依法建立并实施药品追溯制度，按要求自建或者委托第三方建设信息化追溯系统；依照药品召回有关规定建立并完善药品召回制度；建立年度报告制度、建立短缺药品停产报告制度。

MAH 应当定期进行自检或者内审，监控药品生产质量管理规范、药品经营质量管理规范、药物警戒质量管理规范等的实施情况；建立培训管理制度，对从事药品研发管理、生产管理、质量管理、销售管理、药物警戒、上市后研究的所有人员开展上岗前培训和继续培训；主动开展上市后研究，并基于对药品安全性、有效性、质量可控性的上市后研究情况等，定期开展上市后评价，对药品的获益和风险进行综合分析评估；制定药品安全事件处置方案，并定期组织开展培训和应急演练；具备法律要求的责任赔偿能力，建立责任赔偿的相关管理程序和制度，实行赔偿首负责任制。

对于委托生产药品的，MAH 应当对受托方的质量保证能力和风险管理能力进行评估，按规定与受托方签订质量协议以及委托生产协议。

二、 MAH 质量管理要点

MAH 应建立完整的质量风险管理体系，确保药品整个生命周期中的风险能够被及时识别、充分评估，能采取有效的风险控制措施。生命周期包括药品研制、生产、经营及使用全过程等。MAH 在药品生产中，应当开展风险评估、控制、验证、沟通、审核等质量管理活动，对已识别的风险及时采取有效的风险控制措施，以保证产品质量。

在机构与人员方面，MAH 的企业负责人（主要负责人）、生产负责人、质量负责人、质量受权人等关键岗位人员应当为企业全职人员，可以通过授权或委托的方式来完成相关的具体工作。建立“人员培训和资质确认”标准操作规程，规定各岗位培训要求和关键岗位上岗或者资质确认要求，根据不同岗位的职责和要求建立相应的培训计划，以确保人员充分理解自己的职责并有足够的能力和知识来履行相关职责。

在物料与产品方面，MAH 和受托企业应在质量协议中明确各项活动的职责分工，各方需遵循 GMP 的要求按照协议规定开展相关的活动。MAH 和受托企业均可以作为物料的采购方；通常由受托企业作为接收方和储存方负责物料的接收、检查、标识及物料和成品的储存等一系列工作。

在文件方面，随着电子化系统的大量普及，MAH 需考虑建立自动化、电子化的文件管理系统，以便更好地满足日益提升的药品数据管理法规要求，且更高效合规地管理各类 GxP[❶] 文件。若为委托生产，MAH 和受托企业均应建立完整的文件管理体系，至少包括文件管理程序、场地管理文件、工艺规程、质量标准、操作程序、技术/质量协议、记录/报告。在质量协议中应清晰定义 MAH 对受托企业文件的审核、批准、保存等要求。MAH 应确保受托企业依照法规和协议的要求建立完善的文件管理体系，并保证其合规运营，从而更好地承担 MAH 主体责任。

在质量实验室控制方面，涉及的关键活动有取样、检验、检验结果 OOS（结果超标）或 OOT（超趋势结果）的处理和留样。若委托上述活动，MAH 和受托企业需在质量协议中明确各项活动的职责分工。通常取样和检验由受托企业来执行，留样责任方的确定可以是一个基于风险的决定，一般在生产场地进行。

在物料和产品放行方面，MAH 或受托企业均可负责物料放行，放行责任方须在质量协议中明确。在物料放行完成后，基于质量协议确定是否将检验报告书和物料放行审核单以复印件或者其他方式移交给另一方。MAH 应建立产品上市放行管理程序，审核受托生产企业制定的出厂放行规程，明确药品的上市放行标准，对药品生产企业出厂放行的药品检验结果和放行文件进行审核，经质量受权人签字后方可上市放行，必要时 MAH 可对受托企业药品生产记录、检验记录、偏差调查等进行审核。当 MAH 自行生产或 MAH 与受托企业属于同一集团的情况下，上市放行和出厂放行可以分别独立进行或者合二为一，但上市放行责任不能授权或委托。

在变更控制方面，MAH 作为变更责任主体，应当按照 GMP 的要求对生产工艺变更进行管理和控制，并根据核准的生产工艺制定工艺规程，对生产工艺变更开展研究；若为委托生产，MAH 和受托企业均需要建立稳健的变更管理程序，共同负责对影响产品安全性、有效性和质量可控性的变更进行评估和验证，确保变更依据法规已经进行了正确分级，并依法

---

❶ GxP：基本的国际制药要求（法律或规范），包括但不限于 GMP（药品生产质量管理规范）、GLP（药物非临床研究质量管理规范）、GCP（药品临床试验管理规范）、GDP（药品经营质量管理规范）、GPP（医疗机构制剂配制质量管理规范）。

取得批准、完成备案或者年度报告，接受药品监督管理部门的监督检查。

在偏差处理与纠正和预防措施方面，MAH 和受托企业均有可能识别偏差、进行偏差调查、确定根本原因、评估影响、制定并执行纠正和预防措施（CAPA），因此双方应分别建立偏差管理程序和 CAPA 管理程序。双方需要通过质量协议约定受托企业何时以何种形式向 MAH 上报何种类型偏差，以及需要提供何种文件供 MAH 审核或批准，质量协议也需要约定双方进行产品放行时对各种类型偏差控制情况的审核责任，共同确保所放行产品的质量。

在供应商管理方面，MAH 和受托企业均应建立物料供应商资质评估和确认、管理和变更的管理规程，以确保对使用的原料药、辅料、直接接触药品的包装材料和容器等相关物料供应商或者生产企业进行审核，保证购进、使用符合法规要求，并在质量协议中对供应商管理的各方职责、沟通内容和沟通方式进行事先约定。

在产品质量回顾分析方面，产品质量回顾分析是 MAH 和受托企业的共同责任，因此应在质量协议中加以记录和明确双方的职责、合作方式和沟通方式。MAH 需对产品质量回顾进行审核，以确认工艺稳定可靠，以及原料、辅料、成品现行质量标准的适用性，并给出最终审核结论。MAH 的审核报告可直接是产品质量回顾的一部分或形成单独的审核报告。MAH 在审核中应重点确定产品质量回顾分析是否已按照 GMP 的要求进行编写并完成。如果在产品质量回顾中任何一方识别到了重大的质量风险、合规性问题或需要整改或改进的，应及时告知另一方。需要展开相关调查，并对产品质量进行相关风险评估。当受托企业受多家 MAH 委托时，受托企业所维护的产品质量回顾计划与 MAH 所维护的产品质量回顾计划是不同的。

在上市后产品投诉方面，上市后产品投诉的收集和处理是 MAH 在药品上市后考察产品质量、疗效和不良反应的重要手段。MAH 和受托企业应通过质量协议约定投诉管理相关的职责和沟通方式，同时 MAH 和受托企业均应建立药品上市后投诉管理流程，明确投诉收集、记录、调查、反馈、沟通的要求和方式，包括双方在投诉管理流程中的分工及沟通管理要求。MAH 不能仅关注药品生产环节的投诉调查，应建立覆盖药品全生命周期的投诉调查和沟通体系。必要时，可以考虑使用计算机化系统辅助投诉流程的管理，以便有效管理投诉的记录、沟通和各方的调查。

在委托活动方面，持《药品生产许可证》A 证或《药品生产许可证》B 证的 MAH，均有可能委托 GMP 活动。当 MAH 企业委托合同研发与生产业务制造商（contract development and manufacturing organization，CDMO）或合同研发制造商（contract research organization，CRO）时，因专业分工或业务等原因，CDMO/CRO 企业无法独立完成全部业务时，可能需要另行委托其他企业完成（这种情况在药物研发和临床药品生产时比较常见，如委托开发、委托检验、委托物料/产品生产、委托运输等），基于对产品质量的理解，MAH 委托受托企业进行验收、取样、留样、检验和放行等均应在协议中约定，必要时可以签署三方质量协议对质量问题和职责予以明确。而对于商业化生产，未经监管部门认可，禁止产品生产活动的二次委托。无论何种形式的委托，MAH 对上市药品质量承担主体责任，受托企业依法承担相应责任。

在产品发运与召回方面，若委托发运，MAH 与受托企业需在质量协议中明确各项活动中的职责分工、产品交接方式、交接位置及运输验证的负责方。如果涉及委托第三方运输，可签订三方协议，包括 MAH、受托企业和第三方承运方。产品发运过程中的产品质量仍由 MAH 负责。MAH 和受托企业均应根据相关法规要求建立并实施药品追溯制度，保证药品可追溯。对于召回，MAH 作为药品召回的责任主体应建立药品召回管理规程，明确 MAH

应履行的职责及如何履行其职责，召回程序应定期模拟，MAH 和受托企业可进行定期的联合模拟召回，以证明其有效性。

在自检方面，MAH 应当每年进行自检，监控药品 GMP 实施情况，评估企业是否符合相关法规要求，并提出必要的纠正和预防措施。当 MAH 委托生产时，受托企业需要建立 GMP 范围内的自检流程并负责实施，受托企业应基于风险和约定的沟通方式及时向 MAH 报告在自检活动中发现的与受托产品相关的缺陷和采取的纠正和预防措施。MAH 可以在定期的质量评估或审计中审阅受托企业的自检报告以评估受托企业的质量管理水平。在自检活动中，MAH 和受托企业需要分工合作，各自完成自己责任范围内的自检活动，同时双方需要建立双向沟通机制，对于自检发现的缺陷项目根据协议约定进行沟通，并完成相应的纠正预防措施。

三、监督管理

省级药品监督管理部门依法依职责加强对本行政区域内持有人的监督检查，将持有人落实药品质量安全主体责任情况作为监督检查内容，重点检查关键人员和质量管理相关人员履职尽责、质量管理体系运行等情况，依法对本行政区域内持有人（药品生产企业）建立药品安全信用档案，并按规定对相关信息进行公示公开，加强信用档案数据分析利用，定期开展风险研判。持有人应当配合药品监督管理部门的监督检查和抽查检验，并配合对相关方的延伸检查。

● 阅读链接

[1] 胡骏，薛礼浚，邵蓉．发达国家药品质量管理特点研究与启示．中国医药工业杂志，2019（9）：1072-1078.

[2] 药品生产监督管理办法．国家市场监督管理总局令第 28 号，2020-01-22.

[3] 中华人民共和国药品管理法（2019 年修订）．中华人民共和国主席令第 31 号，2019-08-26.

[4] 郑永侠，杜婧，杨悦，等．国际药品检查组织（PIC/S）申请加入程序及对我国的启示．中国医药工业杂志，2019，50（9）：1059-1064.

[5] 药品上市许可持有人落实药品质量安全主体责任监督管理规定（国家药品监督管理局公告 2022 年第 126 号）．国家药品监督管理局，2022-12-29.

● 思考题

1. 实施 GMP 的目的是什么？
2. 为什么说 GMP 是一门动态发展的科学？
3. 中国 GMP 附录目前有哪些？

第二章　质量管理

● 本章学习要求

1. 了解质量保证体系的内容和运行阶段。
2. 了解质量控制的实施程序和基本要求。
3. 了解质量风险管理的流程和工具。
4. 了解全面质量管理的工具。

随堂练习

本章内容以GMP为基础介绍质量管理与药品质量管理的相关内容，通过具体的案例及相关的法律规定对质量保证、质量控制与质量风险管理等内容进行阐述。

第一节　质量管理与药品质量管理

质量是指事物、产品或工作的优劣程度，是一组固有特性满足要求的程度。例如，“产品质量”即产品满足于生产实践、使用的程度，“教学质量”即教学内容满足学生学习的程度。通常会用好、坏、优、次等形容词对质量进行定性的评价。

质量与质量评价的概念不仅可以运用在有形物品的自然属性，还可以运用在社会学领域，用于反映价值或主体感受。例如，“社会质量”就反映社会大众生活的适应性及水准，“生活质量”的内涵既包括物质生活水平，也包括内心感受到的愉悦程度。

根据产品质量的定义，药品质量标准有物理指标、化学指标、生物药剂学指标、安全性指标、有效性指标、稳定性指标、均一性指标。

药品生产质量管理是指为了确保药品质量万无一失，综合运用药学、工程学、管理学及相关的科学理论和技术手段，对生产中影响药品质量的各种因素进行具体规范化控制的过程。

一、概述

1. 质量管理的定义

质量管理是指确定质量方针（quality policy）、质量目标（quality objective）和职责，并通过质量体系中的质量策划（quality planning）、质量控制、质量保证和质量改进使其实现的全部活动。质量方针是确保所生产的药品符合预定用途和注册要求的指导准则，是制药企业对质量的根本要求，也是制药企业建立的质量管理体系的最终要求。质量目标是有关药品安全、有效和质量可控的所有要求，贯穿于药品生产的全过程，应根据各质量要素建立具体的质量目标和对应的职责范围。质量计划是为实现具体的质量目标制订的具体工作计划，如建立操作规程、资源分配（包括人员培训）、指标和衡量方法等，以保证建立的质量目标的实施。

2. 药品质量管理的定义

药品质量管理作为质量管理体系的一部分，是药品生产管理和质量控制的基本要求，旨在最大限度降低药品生产过程中污染、交叉污染以及混淆、差错等风险，确保持续稳定地生产出符合预定用途和注册要求的药品。

3. 质量体系

质量体系包含一套专门的组织机构，具备保证产品或服务质量的人力、物力，还要明确有关部门和人员的职责和权力，以及规定完成任务所必需的各项程序和活动。因此，质量体系是一个组织落实有物质保障和具体工作内容的有机整体。

质量体系按体系设置的目的可以分为质量管理体系和质量保证体系两类。企业在非合同环境下，只建有质量管理体系；在合同环境下，企业应建有质量管理体系和质量保证体系。

质量管理体系（quality management system，QMS）是指建立质量方针和质量目标，并为达到质量目标所进行的有组织、有计划的活动。

从概念所涵盖的范围上，质量控制、GMP、质量保证体系和质量管理体系存在包含和被包含的关系，如图 2.1 所示。

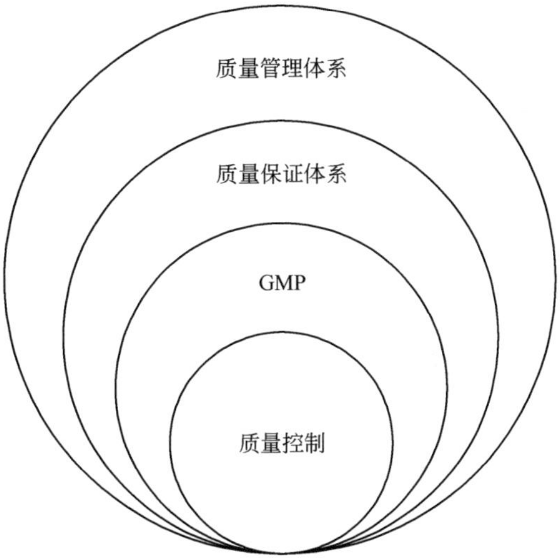

图 2.1 质量控制、GMP、质量保证体系和质量管理体系的关系

二、全面质量管理

1. 全面质量管理的定义及核心

关于什么是全面质量管理（total quality management，TQM），到目前为止还没有统一的概念。TQM 可以被定义为“为了满足顾客的需求和达到组织活动各个方面的连续改进，管理组织的一种综合的、集成的方法论”。有关 TQM 的概念指出：它要求组织中的每个成员（也包括顾客和供应商）参与到为达到顾客满意的目的而实施的持续改进之中，它要求高层管理的全面承诺。很显然，TQM 是一种关注顾客的管理哲学，它通过统计控制、程序设计、政策分解和人力资源管理等技术达到过程和组织管理的持续改进。而且，TQM 旨在对组织的每个成员授权，提倡改进、维持或提高质量和生产率，并且消除员工对变化的恐惧。可以把 TQM 的核心概括为提高效率、增强柔性和组织竞争力以满足顾客期望和要求的一种方法。在生产过程中进行全面质量管理，有助于提高产品质量，改善产品设计，加速生产流程，提高市场的接受程度并降低经营质量成本，减少经营亏损。通过全面质量管理，鼓舞员工的士气，增强员工的质量意识，改进产品售后服务，降低现场维修成本，减少责任事故。

2. 质量管理的发展过程

（1）质量检验阶段　仅对产品的质量实行事后把关，即强调对最终产品的质量检验。但是，质量检验并不能提高产品质量，只能除去部分次品或废品，因而只能对产品的质量进行初级的控制。

（2）统计质量管理阶段　强调产品质量不是检验出来的，而是生产制造出来的，因而应对产品生产的全过程进行质量控制，即对产品生产过程中影响产品质量的所有因素进行控制，从而将质量控制从事后把关提前到产品的生产制造过程，对产品的质量提供进一步的保证。

（3）全面质量管理阶段　强调产品质量首先是设计出来的，其次才是制造出来的，将质量管理从制造阶段进一步提前到设计阶段，因为产品的生产过程控制和最终的质量控制无法弥补其设计上存在的缺陷，即产品的最初设计决定了产品的最终质量。质量管理体系是通过对产品的整个生命周期（包括产品开发、技术转移、商业生产和产品终止）中影响产品质量的所有因素进行管理，从而对产品的质量提供全面有效的保证。

3. 全面质量管理的特点

全面质量管理的基本特点是“三全”和“一样多”。“三全”包括全范围的质量管理、全过程的管理和全员参加的管理。“一样多”指质量管理方法多样化。

（1）全范围的质量管理　全范围的质量管理强调以过程质量和工作质量保证产品质量，强调提高过程质量和工作质量的重要性。全面质量管理强调在进行质量管理的同时还要进行产量、成本、生产率和交货期等的管理，以保证低消耗、低成本和按期交货，提高企业经营管理服务质量。为保证全范围的有效性控制，应做到以下几点：①确立管理职责，明确职责和权限；②建立有效的质量体系，要从全企业范围考虑如何通过系统工程对质量进行全方位控制，全企业范围的质量管理必须包括健全的组织机构、通过程序文件控制过程并配备必要的资源，因此建立质量体系是全企业范围质量管理的根本保证；③配备必要的资源，包括人力资源、物力资源及信息资源等，同时人力资源强调智力资源比体力资源更重要；④领导重视，实践证明必须领导重视并起带头作用才能搞好全面质量管理，否则不会成功。

（2）全过程的管理　全过程是指产品质量的产生、形成和实现的整个过程，包括市场调研、产品开发和设计、生产制造、检验、包装、储运和售后服务等过程。要保证产品质量，不仅要搞好生产制造过程的质量管理，还要搞好设计过程和使用过程的质量管理，对产品质量形成全过程各个环节加以管理，形成综合性的质量管理工作体系，做到以防为主、防检结合、重在提高。为保证全过程的有效性控制，应做到以下几点：①编制程序文件，并有效执行；②质量策划，质量策划是为了更好地分析、掌握过程的特点和要求，并为此而制定相应的方法，最终更好地实施全过程的控制；③注意过程接口控制，有些质量活动是由很小规模的过程连续作业完成的，还有些质量活动同时涉及不同类型的过程，这些情况都需要协调和衔接，如果不能密切关注和配合就无法做到对全过程的有效控制。

（3）全员参加的管理　产品质量是企业全体职工工作及产品设计制造过程各个环节和各项管理工作的综合反映，与企业职工素质、技术素质、管理素质和领导素质密切相关。要提高产品质量，需要企业各个岗位上的全体职工共同努力，使企业的每一个职工都参加到质量管理中来，做到“质量管理，人人有责”。为了保证全员质量管理的有效性，必须做到以下几点：①质量要“始于教育，终于教育”；②明确职责和职权；③开展多种质量管理活动，特别是群众性的质量管理小组活动，可以充分调动职工的积极性；④奖惩分明。

（4）质量管理方法多样化　全面、综合运用多种方法进行质量管理是科学质量管理的客观要求。随着现代化大生产和科学技术的发展以及生产规模的扩大和生产效率的提高，对产品质量提出了越来越高的要求。影响产品质量的因素也越来越复杂，既有物质因素又有人的因素，既有生产技术因素又有管理因素，既有企业内部因素又有企业外部因素。要把如此多的影响因素系统地控制起来统筹管理，单靠数理统计的方法是不可能实现的，必须根据不同情况，灵活地运用各种现代化管理方法和措施加以综合治理。在应用和发展全面质量管理科学方法时，需注意以下几点：①尊重客观事实和数据；②广泛采用科学技术新成果；③注重实效，灵活运用。

尽管全面质量管理的优点很多，但是其在宣传、培训、管理方面的经济成本较高，在实施推广的过程中会消耗大量的投入。

4. 全面质量管理常用的七种工具

全面质量管理常用的七种工具是在开展全面质量管理活动中用于收集和分析质量数据、分析和确定质量问题、控制和改进质量水平的七种方法。这些方法不仅科学，而且实用。具体如下。

（1）统计分析表法和措施计划表法　质量管理讲究科学性，一切凭数据说话，因此对生产过程中的原始质量数据的统计分析十分重要，为此必须根据工作特点设计出相应的表格。

（2）排列图法　排列图由一个横坐标、两个纵坐标、按高低顺序排列的矩形和一条累计百分比折线组成。遵循帕累托（Pareto）法则，即二八原理，80%的问题是由20%的原因造成的。排列图法的作用是找出主要问题并优先解决，能够充分反映出“少数关键，多数次要”的规律，是一种寻找主要因素、抓住主要矛盾的方法。

（3）因果分析图法　因果分析图又叫特性要因图。按其形状，又称其为树枝图或鱼刺图。它是寻找质量问题产生原因的一种有效工具。采用此工具，通常从人、机器、原材料、加工方法和工作环境五大方面分析影响产品质量的大原因，然后将每个大原因具体化成若干个中原因，接着将中原因再具体化为小原因，越细越好，直到可以采取措施为止。

（4）分层法　分层法又叫分类法，是分析影响质量（或其他问题）原因的方法。如果把很多性质不同的原因搅在一起，是很难理出头绪的。其办法是将收集来的数据按照不同的目的加以分类，将性质相同、在同一生产条件下收集的数据归在一起，可使数据反映的事实更明显、更突出，便于找出问题，对症下药。分类方法如下：①按不同时间分类；②按操作人员分类；③按使用设备分类；④按操作方法分类；⑤按原材料分类；⑥按不同的检测手段分类；⑦其他分类，如按不同的工厂、使用单位、使用条件、气候条件等进行分类。

（5）直方图法　直方图是频数直方图的简称。它是用一系列宽度相等、高度不等的长方形表示数据的图。长方形的宽度表示数据范围的间隔，长方形的高度表示在给定间隔内的数据数。

（6）控制图法　控制图法是以控制图的形式判断和预报生产过程中质量状况是否发生波动的一种常用的质量控制统计方法。它能直接监视生产过程中的过程质量动态，具有稳定生产、保证质量、积极预防的作用。

（7）散布图法　散布图法是指通过分析研究两种因素的数据之间的关系，控制影响产品质量的相关因素的一种有效方法。在生产实际中，往往是一些变量共处于一个统一体中，它们相互联系、相互制约，在一定条件下又相互转化。有些变量之间存在着确定性的关系，它们之间的关系可以用函数关系表达，如圆的面积（S）和它的半径（r）关系为 $S=\pi r^2$；有些变量之间存在着相关关系，即这些变量之间既有关系但又不能由一个变量的数值精确地求出另一个变量的数值。将这两种有关的数据列出，用点标记于坐标图上，然后观察这两种因素之间的关系。这种图就称为散布图或相关图。

三、六西格玛

六西格玛（6 Sigma，6σ）指换算为3.4%的错误/缺陷率的流程变化尺度（6个标准偏差），用来描述在实现质量改进时的目标和过程。西格玛（σ）是统计员用的希腊字母，指标准偏差，σ 值越大，缺陷或错误就越少。六西格玛是一种管理策略，它是由 Bill Smith 于1986年提出的。这种策略主要强调制定极高的目标、收集数据以及分析结果，通过这些减少产品和服务的缺陷。六西格玛的原理是在项目中检测出缺陷，寻找出系统的方法减少缺陷，使项目尽量完美。一个企业要想达到六西格玛标准，那么它的出错率不能超过3.4%。

六西格玛在20世纪90年代中期开始被美国通用电气公司采用，继而与该公司的全球化、服务化等战略齐头并进，成为世界上追求管理卓越性的企业最为重要的战略举措。

1. 六西格玛软件

企业在实施六西格玛项目中，可以使用统计软件分析数据。其中 Minitab 就是常用的软件，Minitab 软件在全球企业和高校中广泛使用。Minitab 在菜单设计上遵循传统统计软件的思路，为用户提供一系列统计方法工具箱，用户按照需要在其中选择适合的工具进行数据分析，因此该软件对使用人员的统计知识有一定的要求。Minitab 最新版本是 Minitab22，于 2024 年 3 月发布，内置实验设计（DOE）、多元回归等功能，为广大使用者提供更精确的分析思路，使其使用更加完善。

2. 六西格玛质量管理

六西格玛管理法是一种统计评估法，核心是追求零缺陷生产，防范产品责任风险，降低成本，提高生产率和市场占有率，提高顾客满意度和忠诚度。六西格玛管理既着眼于产品、服务质量，又关注过程的改进。六西格玛管理关注过程，特别是企业为市场和顾客提供价值的核心过程。过程能力用 σ 度量，σ 越小，过程的波动越小，过程成本损失越低、时间周期越短，满足顾客要求的能力就越强。六西格玛理论认为，大多数企业在 3σ～4σ 间运转，也就是说每百万次操作失误在 6210～66800 之间，这些缺陷要求经营者以销售额的 15%～30%的资金进行事后的弥补或修正，而如果做到 6σ，事后弥补或修正的资金将降低到约为销售额的 5%。

为了达到六西格玛，首先要制定标准，在管理中随时跟踪考核操作与标准的偏差，不断改进，最终达到六西格玛。

六西格玛管理具有如下五方面的特征。

（1）对顾客需求的高度关注　六西格玛管理的绩效评估首先是从顾客开始的，其改进的程度用对顾客满意度和价值的影响衡量。六西格玛质量代表了极高的对顾客要求的符合性和极低的缺陷率。

（2）高度依赖统计数据　统计数据是实施六西格玛管理的重要工具，以数字说明一切，所有的生产表现、执行能力等都量化为具体的数据，成果一目了然，真实掌握产品不合格情况和顾客抱怨情况等，改善的成果（如成本节约、利润增加等）也都以统计资料与财务数据为依据。

（3）重视改善业务流程　六西格玛管理将重点放在产生缺陷的根本原因上，认为质量是靠流程的优化而不是通过对最终产品的严格检验实现的。企业应该把资源放在认识、改善和控制原因上，而不是放在质量检查、售后服务等活动上。六西格玛管理有一整套严谨的工具和方法帮助企业推广实施流程优化工作，识别并排除不能给顾客带来价值的成本浪费，消除无附加值活动，缩短生产、经营循环周期。

（4）突破管理　掌握了六西格玛管理方法，就好像找到了一个重新观察企业的放大镜。企业能够发现缺陷存在于各个角落，使管理者和员工感到不安，思想由被动变为主动，积极努力想为企业做点什么。这样，企业就会处于一种不断改进的过程中。

（5）倡导无界限合作　六西格玛管理扩展了合作的机会，当企业确实认识到流程改进对于提高产品品质的重要性时，就会意识到在工作流程中各个部门、各个环节的相互依赖性，会加强部门之间、上下环节之间的合作和配合。六西格玛管理追求的品质改进是一个永无终止的过程，这种持续的改进必须以员工素质的不断提高为条件，因此有助于形成勤于学习的企业氛围。

事实上，导入六西格玛管理的过程本身就是一个不断培训和学习的过程，通过组建推行六西格玛管理的骨干队伍对全员进行分层次培训，使大家都了解和掌握六西格玛管理的要点，充分发挥员工的积极性和创造性，在实践中不断进取。

第二节　质量保证

质量保证（QA）是质量管理的一部分，致力于提供质量要求会得到满足的信任。质量保证是指为使人们确信产品或服务能满足质量要求，而在质量管理体系中实施并根据需要进行证实的全部有计划和有系统的活动。质量保证的内容绝不是单纯地保证质量，保证质量是质量控制的任务。质量保证以保证质量为基础，进一步引申到提供"信任"这一基本目的。

在中国GMP（2010年修订）中对质量保证相关内容的规定：只有经过质量受权人批准，每批产品符合注册批准以及药品生产、控制和放行的其他法规要求后，方可发运销售。产品放行审核包括对相关生产文件和记录的检查以及对偏差的评估。

质量保证一般适用于有合同的场合，其主要目的是使用户确信产品或服务能满足规定的质量要求。如果给定的质量要求不能完全反映用户的需要，则质量保证也不可能完善。

一、质量保证要素

药品特殊的质量要求和药品质量缺陷造成的一系列问题从正反两方面促成了一系列规范的诞生和发展，这些规范包括GLP、GCP、GMP、GSP等，它们组成了药品质量保证的链环。

欧盟GMP（1997版）在"原则"中指出："制药企业必须确保所生产的药品适用于预定的用途，符合药品批准文件的要求，并不使患者承受安全、质量和疗效的风险"。实现这一目标是最高管理层的责任，但它要求制药企业内部各个部门不同层次的人员以及供应商、经销商共同参与并承担各自的义务。

为达到这一目标，制药企业必须建立涵盖GMP以及质量控制在内的综合性质量保证体系。制药企业应以文件的形式对质量保证体系作出规定，并监督其有效性。质量保证体系的各个组成部分均应配备足够称职的人员及场所、设备和设施。

药品生产质量保证体系应确保：①药品的设计与开发应考虑GMP和GLP的要求；②对生产和控制活动有明确规定，并实施GMP要求；③管理职责有明确规定；④制定系统的计划，确保生产、采购和使用的原料与包装材料正确无误；⑤对中间产品实行必要的控制，并实施验证及其他形式的中间控制；⑥按规定的规程正确无误地加工中间品并检查成品；⑦只有质量负责人签发证书，证明药品已按产品批准文件以及有关药品生产、控制和发放的其他法定要求生产和控制后，该产品方能发放上市；⑧有适当的措施尽可能确保在储存、发运和随后的处理过程中药品质量在其有效期内保持不变；⑨已制定自检和/或质量审计规程，定期审评质量保证体系的有效性和适用性。

药品的质量保证始于新药的研究及开发，而新药的研究及开发必须考虑到GMP的要求。制药企业所执行的GMP是药品质量保证的重要组成部分，它的实施是以消除采购、生产、销售全过程各个环节可能发生的污染和混淆为手段，向市场提供符合标准、符合用户要求的药品。

可见，药品质量保证是一个广义的概念，而药品生产企业的质量保证则是药品质量保证中一个必不可少的重要环节，其工作重心是在日常生产和质量管理的全过程中确保产品的质量，即人们常说的安全性、有效性、均一性和纯度以及有效期内的稳定性。

二、质量保证体系

1. 质量保证体系的定义

质量保证体系是指企业以提高和保证产品质量为目标，运用系统方法，依靠必要的组织结构，把组织内各部门、各环节的质量管理活动严密组织起来，将产品研制、设计制造、销售服务和情报反馈的整个过程中影响产品质量的一切因素统统控制起来，形成的一个有明确任务、职责、权限，相互协调、相互促进的质量管理的有机整体。

质量保证体系是企业内部的一种系统技术和管理手段，是指企业为生产出符合合同要求的产品、满足质量监督和认证工作的要求所建立的必需的、全部的、有计划的、系统的企业活动。其包括对外向用户提供必要的、保证质量的技术和管理“证据”，虽然这种“证据”往往是以书面的质量保证文件形式提供的，但它是以现实的、内部的质量保证活动作为坚实后盾的，即表明该产品或服务是在严格的质量管理中完成的，具有足够的管理和技术上的保证能力。在合同环境中，质量保证体系是施工单位取得建设单位信任的手段，使人们确信某产品或某项服务能满足给定的质量要求。

2. 质量保证体系的两个部分

质量保证体系包含内部质量保证和外部质量保证两个部分。内部质量保证是企业管理的一种手段，目的是取得企业领导的信任；外部质量保证是在合同环境中供方取信于需方的一种手段。因此，质量保证的内容绝非单纯地保证质量，更重要的是要通过对影响质量的质量体系要素进行一系列有计划、有组织的评价活动，为取得企业领导和需方的信任提供充分可靠的证据。

3. 质量保证体系的运行

质量保证体系的运行应以质量计划为主线，以过程管理为重心，按 PDCA 循环进行，即通过计划（plan）—实施（do）—检查（check）—处理（action）的管理循环步骤展开控制，以提高保证水平。PDCA 循环具有大环套小环、相互衔接、相互促进、螺旋式上升、形成完整的循环和不断推进等特点。

4 个阶段具体如下。

（1）计划阶段　计划是确定质量管理的方针、目标，以及实现方针、目标的措施和行动计划。质量保证体系的主要内容包括制订质量目标、活动计划、管理项目和措施方案。执行步骤为如下 4 个：①分析现状，找出存在的质量问题；②分析产生质量问题的各种原因和影响因素；③从各种原因中找出质量问题的主要原因；④对造成质量问题的主要原因制定技术措施方案，提出解决措施的计划并预测预期效果，然后具体落实到执行者、时间进度、地点和完成方法等各个方面。

（2）实施阶段　实施阶段包含计划行动方案的交底和按计划规定的方法及要求展开的施工作业技术活动，就是将制定的计划和措施具体组织实施。这是质量保证体系循环的第二步。

（3）检查阶段　检查就是对照计划检查执行的情况和效果。主要检查是否严格执行了计划的行动方案和检查计划执行的结果，检查在计划执行过程中或执行之后是否符合计划的预期结果。这是质量保证体系循环的第三步。

（4）处理阶段　处理以检查结果为依据，包括如下两个步骤：①总结经验教训，巩固成绩，处理差错；②将解决的问题转入下一个循环，作为下一个循环的计划目标。

质量保证体系运行过程中要注意以下 5 点：①质量保证手段应坚持管理与技术相结合，即反复查核企业有无足够的技术保证能力和管理保证能力，两者缺一不可；②质量保证体系不是制度化、标准化的代名词，决不应成为书面的、文件式的质量保证体系；③质量信息管理是使质量保证体系正常运转的动力，没有质量信息管理，体系就是静止的，只是形式上的体系；④质量保证体系的深度与广度取决于质量目标，没有既能适应不同质量水平又一成不变的质量保证体系；⑤质量保证体系建立对象主要是产品或提供的服务，有时也可以工序

（或过程）为建立对象。

第三节　质量控制

中国 GMP（2010 年修订）第十一条规定：质量控制包括相应的组织机构、文件系统以及取样、检验等，确保物料或产品在放行前完成必要的检验，确认其质量符合要求。

质量控制（QC）是 GMP 的重要组成部分，是质量管理的主要职能和活动。

一、质量控制的功能

（1）鉴别功能　根据技术标准、作业（工序）规程或订货合同、技术协议的规定，采取相应的检测、检验方法，观察、试验、测量产品的质量特性，判定产品质量是否符合规定的质量特性要求。

（2）把关功能　通过严格的质量检验，剔除不合格产品并予以“隔离”，实现不合格原材料不投产，不合格的产品组成部分及中间产品不转序、不放行，不合格的产品不交付、销售、使用）。

（3）预防功能　对原材料和外购物料进行进货检验，对中间产品转序或入库前进行检验，既起把关作用，又起预防作用。前一个过程（工序）的把关就是对后一个过程（工序）的预防。对过程（工序）能力的测定和控制图的使用以及对过程（工序）作业的首检与巡检都可以起到预防作用。

（4）报告功能　为了使质量管理部门及时掌握产品生产和服务提供过程中的质量状况、评价和分析质量控制的有效性，把检验获得的信息汇总、整理、分析后写成报告，为质量控制、质量考核、质量改进以及领导层进行质量决策提供重要的依据。

二、质量控制实施的程序

①选择控制对象。②选择需要监测的质量特性值。③确定规格标准，详细说明质量特性。④选定能准确测量该特性值的监测仪表，或自制测试手段。⑤进行实际测试并做好数据记录。⑥分析实际与规格标准之间存在差异的原因。⑦采取相应的纠正措施。

采取相应的纠正措施后，仍然要对过程进行监测，将过程保持在新的控制水准上，一旦出现新的影响因子，还需要测量数据、分析原因、进行纠正，因此这 7 个步骤形成了一个封闭式流程，称为“反馈环”。在上述 7 个步骤中，最关键的有两点，即质量控制系统的设计和质量控制技术的选用。

三、 GMP 对质量控制的要求

中国 GMP（2010 年修订）第十二条对质量控制的要求如下：

① 应当配备适当的设施、设备、仪器和经过培训的人员，有效、可靠地完成所有质量控制的相关活动。

② 应当有批准的操作规程，用于原辅料、包装材料、中间产品、待包装产品和成品的取样、检查、检验以及产品的稳定性考察，必要时进行环境监测，以确保符合《药品生产质量管理规范》的要求。

③ 由经授权的人员按照规定的方法对原辅料、包装材料、中间产品、待包装产品和成品取样。

④ 检验方法应当经过验证或确认。

⑤ 取样、检查、检验应当有记录，偏差应当经过调查并记录。

⑥ 物料、中间产品、待包装产品和成品必须按照质量标准进行检查和检验，并有记录。

⑦ 物料和最终包装的成品应当有足够的留样，以备必要的检查或检验；除最终包装容器过大的成品外，成品的留样包装应当与最终包装相同。

第四节　质量风险管理

风险（risk）是指危害发生的可能性及其严重性的组合。质量风险管理（quality risk management，QRM）是在整个产品生命周期中，对药品的质量风险进行评估、控制、沟通和审核的系统性流程。产品的生命周期是指从最初的研发到上市，直到产品退市的整个产品生命周期的所有阶段。质量风险管理主要原则是质量风险评价应该基于科学知识，并最终和保护患者相关联。质量风险管理的投入水平、正式化程度和文件化程度，应该和风险水平相当。

一、基本流程

图 2.2 为质量风险管理的典型流程。

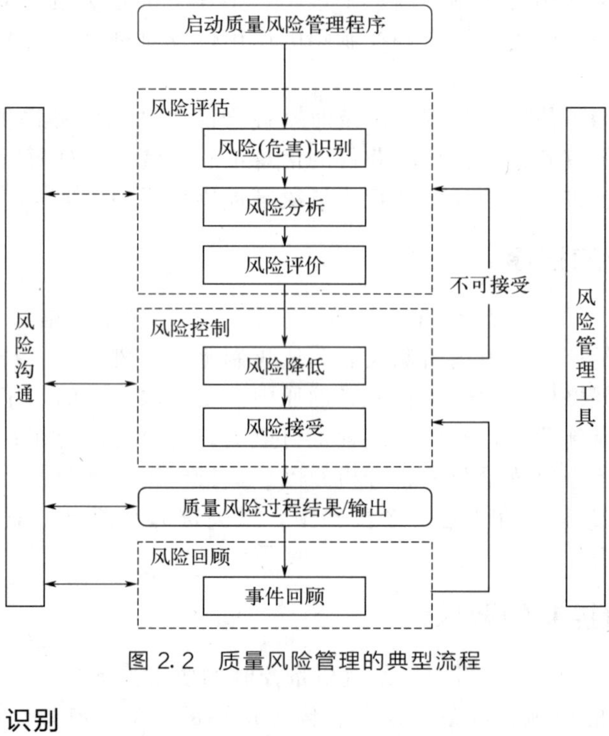

图 2.2　质量风险管理的典型流程

1. 风险（危害）识别

确定事件并启动质量风险管理。风险管理是一个系统化的流程，以协调、改善与风险相关的科学决策。启动和规划质量风险管理可能包括下列步骤：确定风险评估的问题或风险提问（包括风险潜在性的有关假设），收集和组织信息，评估相关的潜在危害源或对人类健康影响的背景资料与信息，明确如何使用信息、评估和结论，确立领导者和必要的资源，制定风险管理进程的日程和预期结果。

在此阶段清楚地确定风险问题或事件，对质量风险管理的结果有很重要的影响。在此阶段还需收集背景信息并确定质量风险管理项目小组人员及资源配置等。用于识别风险的信息可以包括历史数据、理论分析、成型的意见以及影响决策的一些利害关系等。

2. 风险分析

在进行风险分析时，需要评估风险发生和重现的可能性及危害的严重性。风险分析是对所确定的危害源有关的风险进行预估，针对不同的风险项目需选择应用不同的分析工具。

3. 风险评价

应用风险评估工具进行风险评价。风险评价可以确定风险的严重性，将已识别和分析的风险与预先确定的可接受标准比较。风险评价的结果可以是对风险的定量评估，也可以是对风险的定性描述。风险评价的结果可以表示为总体的风险值。例如：定量可表示为具体的数字，如 0～10 或 0%～100%；或定性可表示为风险的范围，如高、中、低。

4. 风险控制

风险控制包括制定降低风险和接受风险的决定。风险控制的目的是将风险降低至可接受水平。风险控制所采取的措施应当与该风险的重要程度相适应。决策者可采用包括收益成本分析在内的不同方法来理解最佳的风险控制水平。

当风险超过可接受水平时，风险降低主要致力于减少或避免风险，包括采取行动降低风险的严重性或风险发生的可能性、应用一些方法和程序提高鉴别风险的能力。需要注意的是，风险降低的一些方法可能会导致系统引入新的风险或显著提高其他已存在的风险，因此风险评估必须重复进行，以确定和评估风险的可能变化。

关于可接受风险的最低限度，即使是最好的质量管理措施，某些损害的风险也不会被完全消除。在这些情况下，可以认为已经采取了最佳的质量风险策略，质量风险已经降低至可接受水平。这个可接受水平由许多参数决定，应该根据具体情况具体对待。

5. 风险沟通

风险沟通是决策者和其他风险利益相关方之间就有关风险和风险管理的信息进行交流。参与者可以在风险管理过程中的任何阶段进行交流。一个正式的风险沟通过程有时可发展为风险管理的一部分，可包括许多部门间的通报，如管理者与企业、企业与患者之间，以及公司、企业或管理当局内部等。所含信息可涉及质量风险是否存在及其本质、形式、可能性、严重性、可接受性、处理方法、检测能力或其他有关方面。这种交流不需在每个风险认可中进行。企业或管理当局之间就质量风险管理决定进行通报时，可利用现有法规与指南规定的已有途径。运用了正式流程后，质量风险管理过程的所有结果都应被记录。

6. 风险回顾

风险管理过程的结果应结合新的知识与经验进行回顾。质量风险管理的过程一旦启动，应持续应用在任何可能影响初始质量风险管理决策的条件下。风险管理应是动态的质量管理过程，应建立并实施对事件进行定期回顾的机制。审核的频率取决于风险水平。质量风险管理结果应根据新知识、新环境更新，根据风险控制项目及水平在必要时进行回顾。

二、质量风险管理工具

质量风险管理的原则之一是质量风险管理流程的评估结果、正式性和文件化应与其风险级别相适应。通常来说，最好能运用一个系统的质量风险管理工具，但正式的质量风险管理工具经常是既不合适又不需要的，因为实施质量风险管理流程只是为先前的非文件化或历史数据提供一种合适的知识管理和文档框架，所以，只要符合质量风险管理的要求，使用非正式的风险管理程序（如使用经验工具或内部程序）也被认为可接受。

风险管理的正式程度包括简易化程度、相关项目专家、组织架构、工具与文件系统的严谨和正式性要求程度。风险管理的严谨和正式性要求程度受许多因素的组合影响，包括（但不限于）：风险问题的危急程度（例如影响患者安全或产品质量）；问题、工艺或系统的复杂性；相关历史数据和相关文献的可用性；工艺知识和经验的实用性程度。

没有一个或一套工具适用于所有的质量风险管理过程。ICH Q9 中给出了制药行业与药政机构公认的几种风险管理工具，以下列几种工具为例进行质量风险管理流程的简要说明。

1. 失效模式与影响分析

失效模式与影响分析（failure mode and effects analysis，FMEA）是确定某个产品或工艺的潜在失效模式，评定这些失效模式带来的风险，根据影响的重要程度予以风险分级并制定和实施各种改进与补偿措施的设计方法。

该工具潜在使用领域包括：风险优先性排序（使用打分法）；风险控制活动的有效性监督；用于设备和厂房，也可用于生产工艺分析以确定高风险步骤或关键参数。

实施步骤包括：①成立评估小组；②将大的、复杂的工艺分解成易执行的步骤；③识别已知和潜在的失效模式；④通过集体讨论得出已失效和潜在失效的列表。

按表 2.1，风险评估定性判定标准可采用定性法和打分法。

表 2.1　风险评估定性判定标准

评估	严重性	可能性	可检测性
高	预期将具有非常显著的负面影响。影响可预期为有显著的长期影响和/或有潜在灾难性的短期影响	在产品生命周期中可能会发生几次	缺陷状况的检测被认为非常可能（每次发生都可检测到）
中	预期具有中等的负面影响。影响预期有短期至中期的有害影响	在产品生命周期中可能会发生	缺陷状况的检测被认为很可能（例如，每发生 2 次检测到 1 次）
低	预期具有较小的负面影响。所导致的危害预期为非常微小的短期影响	在产品生命周期内不太可能发生	缺陷状况的检测被认为不太可能（例如，每发生 3 次检测到 1 次以下）

在表 2.1 中，危害的严重性被认为是三项风险参数中最重要的一个。一般而言，风险的严重性高，不应当依赖检测机制降低风险的评级。所识别出的危害发生的可能性是次要的风险参数，如果危害发生的可能性非常低，即使严重性高也不一定要采取特别措施进行控制或预防。将严重性和可能性结合在一起评价风险级别。在进行评价之后，将风险级别和可检测性合并到一起确定整体的风险优先性。通过表 2.2～表 2.4 中的方式对风险优先性进行评价。

表 2.2　风险级别定性判定矩阵

风险级别	可能性低	可能性中	可能性高
严重性高	风险级别 2	风险级别 1	风险级别 1
严重性中	风险级别 3	风险级别 2	风险级别 1
严重性低	风险级别 3	风险级别 3	风险级别 2

表 2.3　风险优先性定性判定矩阵

风险优先性	检测可能性低	检测可能性中	检测可能性高
风险级别 1	风险优先性高	风险优先性高	风险优先性中
风险级别 2	风险优先性高	风险优先性中	风险优先性低
风险级别 3	风险优先性中	风险优先性低	风险优先性低

表 2.4　FMEA 矩阵示例

工艺步骤	潜在失效	最差情况	严重性	可能性	可检测性	风险优先性	采取措施

2. 危害源分析和关键控制点

危害源分析和关键控制点（hazard analysis and critical control point，HACCP）是一种系统化、积极主动和预防性的风险管理方法，用以确保产品的质量、可靠性和安全性。HACCP 使用技术和科学的原理分析、评估、预防和控制风险或由于产品设计、开发、生产和使用产生的危害后果。HACCP 简化矩阵包括危害、监测关键控制点（critical control point，CCP）系统、可能的纠正措施等。该工具潜在使用领域包括识别并处理与物理、化学和生物危害相关联的风险；当对工艺了解足够全面时，有助于支持 CCP 的识别；促进生产工艺中关键控制点的监控。

实施步骤包括：①对过程的每一步进行危害分析；②为每个步骤制定预防性措施；③定义 CCP；④建立目标水平关键限度；⑤建立 CCP 监测体系；⑥建立当监测显示 CCP 不在控制状态时应该采取的纠正措施；⑦建立确认规程并证明 HACCP 体系行之有效；⑧对所有规程步骤建立文件并保留记录。

3. 危险和可操作性分析

危险和可操作性分析（hazard and operability analysis，HAZOP）是基于假定风险事件是由于与设计或操作目的之间的偏差造成，以辨识危险因素的系统性头脑风暴技术。

该工具潜在使用领域包括：原料药和制剂产品生产工艺，如处方、设备和设施等；工艺安全性危险因素评估；生产过程中 CCP 的日常监控。

实施步骤包括：①辨识设计缺陷、工艺过程中的危害及操作性问题；②分析每个工艺单元或操作步骤，识别出具有潜在危险的偏差。

4. 预先危害分析

预先危害分析（preliminary hazard analysis，PHA）是基于适用的以往的经验和风险或失效的知识，通过分析识别未来的危险、危险状态和可能发生危害的事件，并估计它们在某一具体活动、厂房、产品或系统内发生的可能性。

该工具潜在使用领域包括：使已经建立的系统更加适用；针对产品、工艺和设施设备的设计；适用于普通产品、分类产品和特殊产品；开发早期，在设计细节或操作程序方面仅有少量信息时使用，该工具常常对进一步的研究具有先导性的作用。

实施步骤包括：①确定风险事件发生的可能性；②对可能导致的伤害或健康损伤程度的定性评价；③确定可能的补救措施。

5. 其他质量风险管理工具

一些简易的质量风险管理工具也可以支持风险的识别，如流程图、检查表、工序图、因果图（也称石川图、鱼骨图）、风险排序和筛选、统计学工具、头脑风暴法等。

除了 ICH 给出的风险管理工具外，传统的调试与确认活动中还使用了其他两种不太正式但被行业认可的方法：系统影响性评估和部件关键性评估。一般情况下，简易的质量风险管理工具常常会和其他工具结合应用来完成一项具体的质量风险管理流程，如部件关键性评估常常和 FMEA 联用执行设备/系统的功能/部件风险评估。

● 案例

多产品共线生产的质量风险管理程序

（一）背景

多产品共线是制药行业最常见的生产方式，随着模块化多功能制药设备的发展，多产品共线生产将成为制药行业的常态，但是多产品共线生产存在不同产品交叉污染、混淆、差错等质量风险，需要根据不同产品的特性、共线设备、人员操作和生产管理等方面进行风险管理，以确定共线生产的可行性，并对可能产生的质量风险进行管控。

（二）解题思路

1. 基本原则

多产品共线生产的风险管理需要开展正式的风险管理，可按照风险管理的程序对可能存在的风险进行评估和控制。

2. 质量风险管理的程序

（1）危害识别　多产品共线的危害识别主要是针对多产品共线时相互之间可能存在的相互影响。多产品共线可能产生的危害主要包括但不限于以下几种（表 2.5）。

表 2.5　多产品共线可能产生的危害

序号	危害结果	实例
1	交叉污染	上一产品的残留物进入下一产品中产生危害
2	混淆	物料混淆、产品在包装时产生混淆
3	差错	换产品时因工艺不一样造成操作失误

（2）来源分析　多产品共线生产风险的来源分析可以按照产品生产的工艺流程分析，逐步分析可能存在的危害，并进一步分析每个步骤产生危害的原因，然后根据产生危害的原因逐步制定风险控制措施。

（3）原因分析　多产品共线生产中产生危害的原因主要从人、机、料、法、环几个角度分析，可以参照表 2.6 进行。

表 2.6　多产品共线生产中产生危害的原因分析

危害	因素	产生危害的原因分析
交叉污染	人员	未按照清洁 SOP(标准操作程序)完成清洗操作
	设备	设备共用，清洁不到位
	环境	高效过滤器中有残留物，通风系统中有残留物
	管理方式	清洁方法不合理，生产计划和生产安排不合理，清场规定不合理
混淆	人员	在操作时弄错品种或批号
	物料	换产品时物料产生混淆；产品之间无明显差异
	设备	多种型号设备同时使用时混淆
	环境	工作区域标识不到位、清场不到位造成混淆
	管理方式	生产安排不合理造成混淆
人为差错	人员	换产品时的人员培训不到位
	管理	生产安排或生产计划不合理，换产品太频繁

涉及具体分析时需要详细叙述各个原因，并根据原因分析的结果开展后续的各项分析。

（4）影响因素分析　多产品共线生产产生危害的可能性可以从交叉污染、混淆和人为差错三个方面分别考虑（表 2.7）。

表 2.7　多产品共线生产中产生危害的影响因素分析

危害	严重性影响因素	可能性影响因素	可检测性影响因素
1. 交叉污染	1. 产品、产品处方及使用的原辅料中是否有高毒性物质	1. 产品、产品处方及使用的原辅料中是否有难溶或难清洗物质	1. 残留物质是否在后续产品的检测中检出
2. 混淆	2. 设备是否直接与产品接触	2. 设备是否共用	2. 产品本身及包装之间的差异，如颜色差异、规格差异等
3. 人为差错	3. 产品、产品处方、使用的原辅料及其残留物是否会对后续产品的反应产生影响	3. 产品、产品处方及使用的原辅料中是否有染色物质	

（5）风险评价　对以上共线生产可能导致产品质量风险的各种因素进行评价后，可以应用定性和定量的方法确定风险的严重程度，将已识别和分析的风险与预先确定的可接受标准比较，以确定产品共线生产的可行性和管理方案。

（6）风险控制　根据风险评价的结果，可制定共线生产风险控制的方法以降低风险至可接受水平，包括制定降低风险和接受风险的决定。

① 风险降低　当风险超过可接受的水平时，风险降低将致力于减少或避免风险。包括采取行动降低风险的严重性或风险发生的可能性；应用一些方法和程序提高鉴别风险的能力。

② 风险接受　确定可接受的风险的最低限度。采取最佳的质量风险管理策略，管控各种风险参数，将共线生产质量风险降低至可接受水平。

（7）风险沟通　对于共线生产导致的质量风险及其管理信息，需要与生产质量相关人员进行沟通，以更好地实施风险控制，并记录共线生产的质量风险管理过程的所有程序和结果。

（8）风险回顾　共线生产风险管理的结果应定期结合新的知识与经验进行回顾，以进一步管控风险。

● 阅读链接

［1］ 李亚凯，王亚刚．制造执行系统在制药行业的应用研究．控制工程，2015，22（2）：352-355.

［2］ 文优芬．浅谈质量风险管理在药企设备变更的应用．世界最新医学信息文摘，2019，19（63）：324-325，329.

［3］ 石正国．沙坦类事件如何未雨绸缪深耕制药工业云计算．医药经济报，2019（7）：1-2.

［4］ ICH 指导原则 Q9：质量风险管理．2023-01-18.

［5］ 国家药品监督管理局食品药品审核查验中心．药品 GMP 指南-质量管理体系．2 版．中国医药科技出版社，2023.

● 思考题

1. 简述质量控制、GMP、质量保证体系和质量管理体系的关系。
2. 简述质量保证体系的内容和运行阶段。
3. 简述质量保证和质量控制的区别。
4. 简述质量风险管理的流程和工具。

第三章　机构与人员

> ● 本章学习要求
> 1. 了解质量管理组织结构。
> 2. 了解人员培训和人员卫生要求。
> 3. 掌握关键人员的资质和职责。
>
> 随堂练习

影响产品质量的因素存在于产品实现的全过程，包括人（人员）、机（设施设备）、料（物料）、法（方法）、环（环境）、测（检测）等各方面，针对这些因素涉及的质量活动制定相应的管理程序和标准，使众多相互关联的质量活动得到有效管理或处于受控状态，最终使生产出来的产品质量达到预定的标准，这是企业有效建立和实施质量管理体系应采取的必要步骤。

本章讨论的是产品质量实现要素中的组织机构与人员。人员是影响产品质量最活跃、最积极的因素，对适当的人员赋予适当的责任与权限即构成组织机构。

第一节　公司框架及其职能

一、公司框架

机构是企业为实现共同目标设置的互相协作的团体，是企业进行质量管理的基本单位，直接关系到GMP实施的效率，而质量目标是企业建立组织机构时需要考虑的最重要的目标之一。人员是组成GMP的关键要素，是建立和运行组织机构的基础。因此组织机构和人员是建立和实施质量管理体系的重要资源，是实施GMP的基本要素。

组织机构设置的原则是"因事设人"，并非"因人而设"，"事"即GMP，"人"即人员和组织。其目的是：避免出现组织机构重复设置而导致工作效率降低；应尽可能减少机构的重叠和资源的浪费。一定要分设生产管理部门和质量管理部门。美国cGMP、欧盟GMP都不规定制药企业应当有什么样的组织机构、采用何种管理模式。中国GMP规定："企业应当建立与药品生产相适应的管理机构，并有组织机构图。企业应当设立独立的质量管理部门，履行质量保证和质量控制的职责"。从中可以看出中国GMP也不规定制药企业组织机构。由此可见，美国cGMP、欧盟GMP、中国GMP共性的要求是企业应当建立一个独立而权威的质量管理部门。

一个有效的质量管理体系需要建立适当的组织机构，而一个明确、清晰的组织机构图是组织机构能够持续安稳开展生产管理工作的基本保障。企业管理者负责建立适合的组织机构，赋予质量管理体系发挥职能的领导权，并明确相应人员的职责，为生产出合格产品所需的生产质量管理提供保障。组织机构包括职责以及各级职能部门之间的关系，企业可以根据自身的发展规模及其复杂程度建立具有本企业特点的组织机构。应将组织机构形成书面文件。企业组织机构一般如图 3.1 所示。

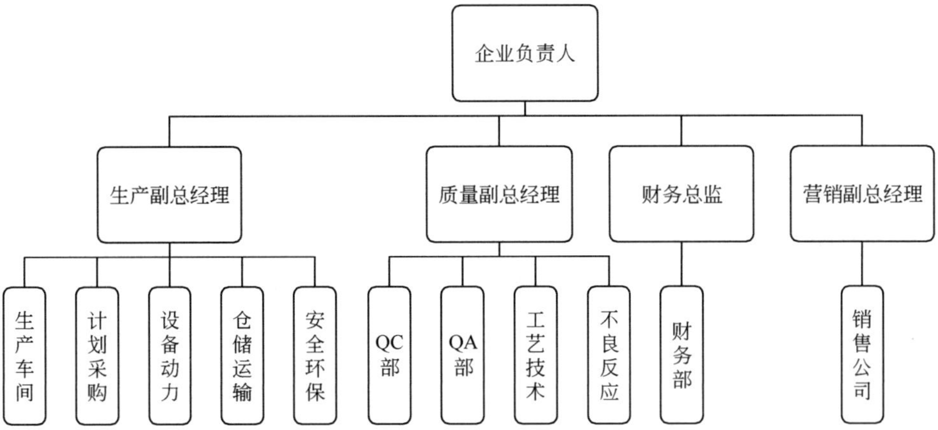

图 3.1 企业组织机构图

一些企业任命干部时习惯于发红头文件进行文字描述，并不配备组织机构图加以直观地描述，造成汇报关系不明确、工作职责模糊等问题。同时，一些企业的质量部门或质量保证（QA）部门负责人向生产负责人或其他部门负责人汇报，导致质量部门或质量保证部门负责人无法独立行使监管职责。这些问题都应该是可以避免的。因此一定要注意组织机构的科学设置，尤其是一些由化工生产转变为原料药生产的企业或工厂更加要重视。

二、公司部门职能

GMP 的基本管理思想是由 4 个主要机构进行管理：质量管理部门、生产管理部门、物料管理部门和工程管理部门。一家生产企业，无论其规模大小，至少要拥有上述 4 个部门。各企业可以根据其发展规模及复杂程度在其基本的组织机构上进行增减。从上游的物料供应商到下游的产品销售商，只有各个部门全体人员共同参与，才能建立起一个完善的质量管理体系。

1. 质量管理部门

质量管理部门是 GMP 规定企业必须建立的部门，并且为了保证质量管理部门对产品质量及质量相关问题能够独立抉择，企业应设立独立的质量管理部门，尽到质量保证和质量控制的职责。根据企业的实际情况，质量管理部门可以分别设立质量保证部门和质量控制部门。在企业的部门设置上，应保证质量管理部门运作快速有效。常见企业质量管理部网络图如图 3.2 所示。

质量管理部门独立于生产管理部门，同时参与与质量有关的所有活动和事务，部门责任更侧重于软件的制订、执行和处理。

质量管理部门的主要职责包括：①放行或拒绝所有的起始材料、包装材料、原材料和成品；②放行或拒绝不在本企业生产的中间体，在本企业生产的中间体可以委托给生产部门的合适人员放行，前提是有明确的中间体质量标准、检验方法，且生产部门放行人员经充分培训并合格，质量部门应对放行工作进行监控、抽查或内审；③在原料药放行前审核批生产记录和批检验记录；④建立严格的文件控制系统，确保各部门使用的文件是现行版文件；⑤负责文件管控；⑥确保所有的偏差、投诉、检验结果不合格或异常趋势得到调查和解决；⑦确保所有的变更得到控制、审核、批准或拒绝；⑧批准所有的质量标准和工艺规程；⑨批准所

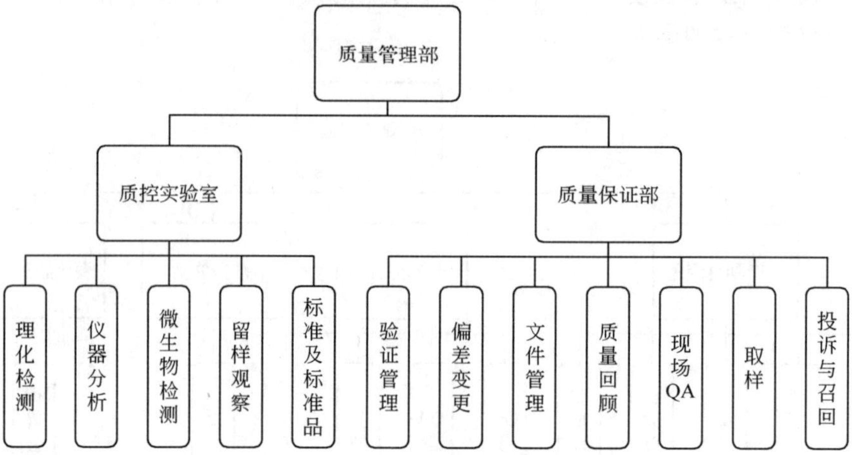

图 3.2　企业质量管理部网络图

有与质量相关的标准操作程序（standard operating procedure，SOP）；⑩审核、批准各类验证方案、报告；⑪确保所有正在使用的设备、仪表经过校验并在有效期内；⑫组织 GMP 自检；⑬执行产品质量回顾；⑭组织对供应商、合同生产商、合同实验室的审计，批准或拒绝；⑮负责进厂物料和成品的取样和检验；⑯负责工艺用水、公用介质、洁净环境的日常监控；⑰负责产品的稳定性试验及留样考察；⑱负责员工的 GMP 培训及考核。

质量保证体系内容涉及与产品质量有关的各个方面，要求“只有在对质量进行评价后才有权做出对产品或物料放行的决定，而不是凭检验结果”。评价的内容除审核检验的结果是否符合注册标准外，还包括批生产记录、偏差及偏差调查、环境监控结果等。

欧盟 GMP 有规定：“制药企业必须在其生产许可证上注明质量代表，只有此人签发证书，证明药品的生产及检查符合法定标准及法规要求时，产品方可放行”。因为法人要对企业（包括质量）负责，但由于不具体从事企业质量运作，不能对具体批产品的质量是否合格做出决定。许可证上规定须注明有高素质及资格的质量代表，在法规中明确其责任是强化管理工作的有效措施。质量管理部门及其负责人在质量保证体系中的地位和作用得到了充分体现和肯定。中国 GMP（2010 年修订）也规定只有企业的质量受权人才有权批准放行，这是我国 GMP 与发达国家 GMP 接轨的体现。

2. 生产管理部门

生产过程是药品制造全过程中决定药品质量最关键、最复杂的环节。生产部门有时会遇到生产任务重、交货时间紧、品种更换多等压力，还会接受降本增效、提高收率、节约能源等任务，加上有时动力、生产环境达不到要求，一切不利的因素叠加起来可能会导致产品质量低下，因此需要生产、质量、设备、物料、人事等部门通力合作，克服困难，只为确保产品的质量要求绝对不能降低。图 3.3 为某企业生产管理部组织机构图。

生产管理部门的质量目标是确保生产按照预定的生产方法和其他相关规程进行作业，从而保证持续稳定生产出符合预定用途和注册要求的药品。

生产管理部门的主要职责涵盖：①起草与生产相关的标准操作程序；②根据批准的工艺规程、标准操作程序或岗位操作法组织生产；③及时、准确地做好生产记录，并经主管审核，及时上交给 QA 人员；④报告所有生产偏差，组织或参与偏差调查；⑤保持生产环境、设施或设备清洁，必要时进行消毒；⑥确保生产设备的仪表得到校准并在有效期内；⑦确保厂房和设备得到维护；⑧确保验证方案和报告得到审核和批准；⑨评估有关产品、工艺和设

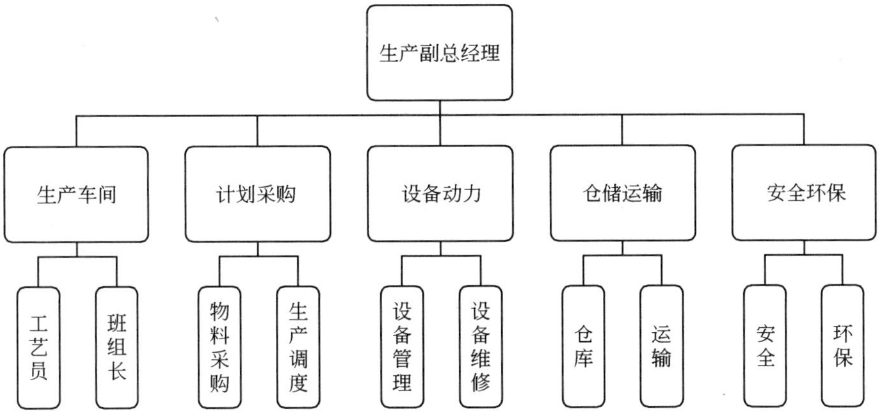

图 3.3 企业生产管理部组织机构图

备的变更申请；⑩确保新的、变更后的厂房和设备得到确认。

从 GMP 管理角度来看，生产管理部门负责生产中的 GMP 实施，保证生产人员按规定的文件和规程操作，通过“照章办事”的方式保证生产过程受控；发生偏差时及时报告处理，确保做到不使生产过程失控。在“质量是生产出来的”原则指导下，生产车间承担了更多的符合 GMP 的责任，因此，在人员的结构上，技术人员的比例增高，技术人员及操作人员总体的素质要求也更高。其结果是促使质量管理在生产实践中深化。为适应 GMP 的要求，生产管理部门要将 GMP 培训及岗位培训作为自己的重要职责。

3. 物料管理部门

物料管理部门的工作目标有两点：保证为药品生产提供符合质量标准的足够的物料；将合格的药品发运给用户。这两点目标是连接市场营销体系和生产体系的枢纽，因此物料管理部门是协调生产体系运作的指挥中心。质量管理部门应与物料供应商签订质量协议，在协议中要求明确双方所承担的质量责任。物料管理部门要尽快采取措施获知与物料供应商和生产商的关键变更部分，例如在质量协议中规定关键变更的预先通知时间变更、标签和包装材料的变更等，以此有效地减少此类变更在药品生产过程中对企业带来的影响。

对批准采购的供应商和相关物料，物料管理部门要建立适当的控制系统，以此保证生产以及采购和使用的原辅料与包装材料的正确无误。控制系统要根据企业的类型、工艺手段和生产情况进行相应调整。

物料管理部门的主要职责涵盖：①根据销售需求、生产能力和检验周期制订生产计划；②筛选供货商，报质量管理部门审核、批准；③制订物料采购计划，采购物料；④对物料和成品进行仓储管理，保证正确的、合格的、足够的原辅料投入生产；⑤仓储环境、条件的监控与维持；⑥将合格的产品准确无误地发送给客户。

理论上库存的原辅料和成品积压流动资金，而且作为特殊商品的药品及其大部分物料有一定的有效期，库存不当可能导致过多物料超过有效期而被报废处理，这些都不利于企业获取良好的经济效益。企业应当尽可能降低物料和成品库存。同时 GMP 要求用于生产的物料必须经检验并经批准才能使用，成品也必须通过所有质量检验，且经 QA 人员审查所有生产记录并批准方能投放市场，物料的采购和成品的生产及发运都有一定的周期，所有这些因素使得企业必须保持一定量的物料和成品的库存，以防市场变化。因此物料管理部门起着确保物料质量和合理的库存量，以避免过多积压流动资金以及失去良好商机的作用。

4. 工程管理部门

设施、设备是药品生产必需的硬件，是确保产品质量的基础。因此，企业的质量管理体系中应具备相应措施对这些硬件进行控制和管理，确保它们始终处于稳定的受控状态。工程管理部门就是为了实现预期的最高产能目标，有效利用资源，对硬件设施进行计划、采购、安装、测试、操作、维护、管理、变更，以及对使用设备的人员进行培训。

工程管理部门的主要职责涵盖：①制定、完善各项设备管理规章制度，并贯彻落实这些制度；②编制和审批公司项目施工计划，定期总结分析项目施工任务完成情况，及时解决项目施工活动中遇到的问题；③及时、高效地诊断并解决设备故障，保证生产的顺利进行，并以预防为主；④负责设备的日常维护工作；⑤负责定期对工程部人员进行调配和管理，做好技术培训等工作。

在项目管理的过程中，工程管理部门的工作直接影响项目工程的质量、安全、时间和成本，管理工作的好坏很大程度上决定项目的经济效益，因此工程管理部门也要对工程项目的经济方面进行全面的管理。

第二节　关键人员

人员是硬件、软件系统的制定者，是GMP的第一要素。良好的硬件设施、软件系统和高效的组织结构是GMP体系的三大要素，能够共同保证药品的质量安全。在三大要素中，人是主导因素，软件靠人制定、执行，硬件靠人设计、使用。因此，人员管理是GMP实施和管理的重点，GMP要求与药品质量有关的人员都应具有良好的素质。

在药品生产与质量管理工作中，有一部分人员对药品质量及药品质量管理起着举足轻重的作用，这部分人员就是“关键人员”。“关键人员”应当为企业的全职人员，至少包括企业负责人、生产管理负责人、质量管理负责人和质量受权人，必须对这些关键人员进行更加严格的管理。

企业可以在符合GMP基本要求的基础上，根据企业的实际架构和工作范围对关键人员的职责加以扩展并具体化。总之，职责描述应具体、明确；相关联的职责不冲突、连贯；关键职责不得有空缺；每个人所承担的职责不应过多，以免导致质量风险。

根据GMP对企业负责人、生产管理负责人、质量管理负责人、质量受权人的资质和相关职责所做的明确规定，企业应确保企业负责人不干扰和妨碍质量管理部门独立履行其职责，确保质量受权人的独立性。

一、高层管理者

高层管理者是指拥有指挥和控制企业或组织的最高权力的人或一组人（例如委员会、董事会等）。

管理者通过相应的管理活动建立和实施质量管理体系，这些管理活动是通过高层管理者的领导力、各职能部门的分工协作和各级人员的贯彻执行完成的。正如GMP规定：企业高层管理人员应确保实现既定的质量目标，不同层次的人员以及供应商、经销商应当共同参与并承担各自的责任。为了确保整个质量管理体系在全公司层面的及时有效运行并把握质量工作的正确方向，必须指定质量管理体系的负责人或负责小组（委员会）并给予相应的授权。负责人或负责小组拥有公司或企业的最高领导权，能够对公司的发展方向起决定性作用，并且对与质量管理体系相关的人力、物力具有决定权，即企业的高层管理者。

GMP并没有对高层管理者的职责提出具体要求，本部分参考ISO 9000所列举的职责加以对应。高层管理者能够通过其领导力和措施为质量管理体系的有效运行创造全员参与的环境，其职责具体表现在以下方面：①制定并维护企业方针；②制定质量目标并推动其贯彻实施；③为质量管理体系提供支持；④建立组织机构；⑤职责授权；⑥资源配备的讨论和决定；⑦质量管理部门的实施；⑧管理评审和系统持续改进。

二、生产管理负责人

药品的质量是通过生产实现的，药品生产企业必须遵循专业人员管理专业事务的原则，保证从事药品生产管理的人员具有必要的知识与教育背景，以确保其有足够的能力履行职责。

生产管理负责人的职责以执行管理为主，具体详见中国GMP。

生产管理负责人应当至少具有药学或相关专业本科学历（或中级专业职称或执业药师资格），具有至少3年从事药品生产和质量管理的实践经验，其中至少有1年药品生产管理经验，接受过与所生产产品相关的专业知识培训。

如果是生物制品生产企业，生产管理负责人还应具有相应的细菌学、病毒学、生物学、分子生物学、生物化学、免疫学、医学、药学等专业知识，并有丰富的实践经验，以确保其能够在生产、质量管理中履行职责。

如果是血液制品生产企业，生产管理负责人还应具有相应的细菌学、病毒学、生物学、分子生物学、免疫学、生物化学、化学、医学、药剂学、药理学等专业知识，至少具有5年从事血液制品生产或质量管理的实践经验。

如果是生产中药饮片的企业，该企业生产管理负责人应有药学或农学、畜牧学等相关专业的大专以上学历，并有药材生产实践经验。

三、质量管理负责人

在药品生产中，质量管理比生产管理更难，所以对质量管理负责人的任职资格要求更高、职责更多。质量管理的所有内容，从最开始的供应商审核到质量投诉，从质量标准的批准到变更申报，从厂房环境的监管到企业的全面验证，质量管理负责人都负有责任。

质量管理负责人的职责是以制定流程、监督执行为主，具体详见中国GMP。

生产管理负责人和质量管理负责人通常有下列共同职责：①审核和批准产品工艺规程、操作规程等文件；②监督厂区卫生状况；③确保关键设备经过确认；④确保完成生产工艺验证；⑤确保企业所有相关人员都经过必要的上岗前培训和继续培训，并根据实际需要调整培训内容；⑥批准并监督委托生产；⑦确定和监控物料与产品的贮存条件；⑧保存记录；⑨监督规范执行情况；⑩监控影响产品质量的因素。

质量管理负责人应当至少具有药学或相关专业本科学历（或中级专业技术职称或执业药师资格），具有至少5年从事药品生产和质量管理的实践经验，其中至少有1年的药品质量管理经验，接受过与所生产产品相关的专业知识培训。

如果是血液制品生产企业，质量管理负责人还应具有相应的细菌学、病毒学、生物学、分子生物学、免疫学、化学、医学、药学等专业知识，至少具有5年血液制品质量管理的实践经验，从事过血液制品定性、定量分析以及与血液制品质量保证相关的检验和检查工作。

如果是中药制剂企业，企业的质量管理部门应有专人负责中药材和中药饮片的质量管理。专职负责中药材和中药饮片质量管理的人员应至少具备以下资质：①具有中药学、生药学或相关专业大专以上学历，并至少有3年从事中药生产、质量管理的实际工作经验，或具有专职从事中药材和中药饮片鉴别工作8年以上的实际工作经验；②具备鉴别中药材和中药饮片真伪优劣的能力，具备中药材和中药饮片质量控制的实际能力，根据所生产品种的需要熟悉相关毒性中药材和中药饮片的管理与处理要求。

四、质量受权人

质量受权人是指具有相应的专业技术资格和工作经验，经企业的法定代表人授权，全面负责药品质量的高级专业管理人员。药品生产企业法定代表人是药品生产企业的质量第一责任人，质量受权人是药品质量的直接责任人。企业通过制定相应的操作规程，确保质量受权人独立履行职责，不受企业负责人或其他人员干扰。

质量受权人的职责涵盖：①参与企业质量体系建立，内部自检，外部质量审计、验证以及药品不良反应报告，产品召回等质量管理活动；②承担产品放行的职责，确保每批已放行产品的生产、检验均符合相关法规、药品注册要求和质量标准；③在产品放行前，质量受权人必须按照②的要求出具产品放行审核记录。质量受权人应当至少具有药学或相关专业本科学历（或中级专业技术职称或执业药师资格），具有至少 5 年从事药品生产和质量管理的实践经验，从事过药品生产过程控制和质量检验工作。质量受权人应当具有必要的专业理论知识，并经过与产品放行相关的培训，方能独立履行其职责。比如，生物制品生产企业质量受权人应具有相应的细菌学、病毒学、生物学、分子生物学、生物化学、免疫学、医学、药学等专业知识，并有丰富的实践经验，以确保能够在生产、质量管理与产品放行中履行职责。

质量受权人的相关要求在欧盟 GMP 和 WHO-GMP 中有明确规定。欧盟有关质量受权人的法规自 1975 年开始执行，对质量受权人的资质、职责有明确要求，而且欧盟 GMP 全面引述了相关的规定。WHO-GMP 关于质量受权人的规定与欧盟基本一致。FDA 没有相关规定，但其职责包含在质量管理部门和质量负责人的职责中。

第三节　人员培训

一、基本原则

为了保证制药企业员工的知识与技能能够适应日益更新的知识与系统，企业应对从事药品生产的各级人员按 GMP 要求进行培训和考核，即人员培训。人员培训包含以下原则：①系统性原则；②制度化原则；③实用性原则，培训内容需根据人员的职能需要调整，有针对性地满足员工和企业的需求；④分级原则；⑤战略原则。

二、培训组织机构

药品生产企业应有专门的人员或部门承担培训的管理职能和履行培训的实施职能。生产管理负责人或质量管理负责人承担培训计划审批、调整本部门培训内容和保证本部门员工参与必要的培训的职责。

首先需要明确 GMP 规定的培训负责人或部门，以及生产管理负责人或质量管理负责人的培训职责，再明确其他人员或部门在培训活动中的责任。所有与产品生产和质量相关的人员（包括在岗人员，新进人员，转岗、换岗人员和临时聘用人员等）都有责任参与企业组织的培训，并按照培训计划完成培训。部门负责人有责任确认本部门员工的培训需求，并保证本部门员工参与相应的培训。

三、培训内容及计划

制药企业培训流程一般为：确定培训对象—筛选培训需求—制订培训计划—实施培训—评估培训结果—培训总结。需按 GMP 要求识别培训对象，企业中高级管理人员、关键技术人员、质量管理人员以及业务骨干等为重点培训对象，其他为一般培训对象。

药品生产企业应每年制定年度培训计划，其内容应包括培训日期、培训内容、培训对象、人数、授课人、课时安排、考核形式、经费预算及负责部门等。培训计划应经过生产管理负责人或质量管理负责人等相关人员批准。培训内容需要由培训负责部门按照培训需求规定，培训内容应分为基础培训内容和针对性培训内容，见表 3.1。

表 3.1　制药企业培训内容

分类	培训内容	具体信息	培训对象	培训师
基础培训内容	企业介绍	企业基本信息、各部门负责人等	企业所有员工	企业内部培训员工
	法律法规	《药品管理法》及其实施条例、GMP 等	企业所有员工	企业内部培训员工
	质量管理	企业质量管理系统，质量管理目标，质量管理方针，工作职责	企业所有员工	企业内部培训员工
	文件	文件系统的架构、管理、记录填写等	企业所有员工	企业内部培训员工
	卫生	一般卫生要求	企业所有员工	企业内部培训员工
	变更管理	变更的定义、分类、申请、批准等	企业所有员工	企业内部培训员工
	偏差管理	偏差的定义、分类、处理程序等	企业所有员工	企业内部培训员工
	安全	安全责任、安全生产和消防安全等	企业所有员工	企业内部培训员工
	设备操作规程	设备使用和维护，有效期期限检查	操作员工	相关方面专家
针对性培训内容	生产工艺	SOP 学习，企业制定的生产工艺质量标准	生产操作和监管相关员工	相关方面专家
	投诉和召回	定义、分类和管理流程	生产、质量、库房等相关员工	相关方面专家
	分析方法，分析仪器操作	仪器维护和使用分析	实验室员工	相关方面专家
	自检管理	自检准备、实施和整改的管理流程	相关员工	相关方面专家
	特种作业	叉车、压力容器，电工、焊工等	相关员工	有资质的国家培训机构
	微生物知识		进出洁净区的员工（基础培训），微生物实验室员工（专业培训）	相关方面专家

另外，在培训计划之外还可能有一些随机产生的培训需求，如因偏差、变更、法律变化等产生的培训需求。这些培训也需要及时组织和做培训记录，并需考虑是否需要加入来年的

培训计划中。

为保证培训的效果，药品生产企业可以根据培训的内容采取不同的培训方式实施培训。培训的方式一般包括如下方式：①讲座授课；②岗位实际操作学习；③团队学习；④企业内部制定的 SOP 学习；⑤专业机构的专项培训；⑥其他，如制定个人专项培训计划。

四、效果评估

中国 GMP（2010 年修订）规定企业需要定期评估培训的实际效果。因此制药企业需要对员工的培训进行评估，以保证员工的培训达到相应的效果。培训的评估可以针对每次的具体培训，也可以针对全员 GMP 素质，比如通过每次培训时的提问或测试评估员工对培训内容的掌握情况，或者通过组织全员进行 GMP 考试评估企业员工学习的 GMP 情况。评估可以划成相应的级别，例如合格或不合格等；也可以采用具体的分值，例如百分制或十分制。

员工的培训情况需要每年进行总结。总结应至少包括培训完成情况和培训效果的评估情况，以确定员工是否按照培训计划完成了相应的培训，并且所用的培训是否均达到了相应的效果。

五、培训记录管理

培训的整个流程都需要有文件记录。培训的文件一般包括：培训教材、培训计划、培训方案、培训记录、测试卷、培训总结等。中国 GMP（2010 年修订）对培训记录的保存时限没有规定，企业可以根据自身实际情况合理规定保存时限，但至少应留存至员工离开企业前最后参与生产的产品有效期后 1 年，以保证企业能够对产品在其生命周期内进行相关调查。同理，员工的健康档案、设备档案等文件的管理也可照此执行。

第四节　人员卫生

人是药品生产的最大污染源，良好的人员健康和卫生保证是防止产品受到人为污染的有效手段。为降低人员对生产造成污染的风险，企业所有人员都应接受卫生要求的培训，建立详细的人员卫生操作规程，进行定期的健康体检，养成良好的卫生习惯。

中国 GMP（2010 年修订）第三章第四节人员卫生重点强调制药企业要建立人员卫生管理制度和清洁卫生规程，明确了药品生产环境以及操作人员个人的清洁卫生要求，特别是对洁净室（区）的人员控制和化妆污染的控制，强调健康档案和定期体检的重要性；洁净室（区）内人员数量应严格控制，对其工作人员（包括维修、辅助人员）应定期进行卫生和微生物学基础知识、洁净作业等方面的培训及考核；对进入洁净室（区）的临时外来人员应进行指导和监督。

一、健康管理

为了防止人员对药品质量产生不良影响，必须为所有涉及生产过程的人员每年进行一次体检，有传染病和外伤者不得进行生产活动。任何人员在任何时候（医疗检查或管理监督时）发现有明显的疾病或外伤口则不得从事生产活动，因为这样的健康状况会影响药品的质量，直至病愈或经医学主管人员鉴定不会影响或危害药品的安全性和质量为止。

健康管理的内容有以下几点：①公司新招生产人员或生产管理人员、质量保证（QA）部和质量控制（QC）部人员、维修人员、库管员等，由办公室定期组织进行健康检查，经指定医院检查后，身体健康者可正式聘用；②录用后的人员由办公室负责建立个人健康档案，并按规定组织相关人员定期进行体检；③下列情形之一者不得录用或予以辞退——精神病、传染性疾病、吸毒者及其他不适宜工作的疾病患者；④传染病患者、体表有伤口者、皮肤病患者及药物过敏者，不得在生产车间直接接触药品的生产岗位工作；⑤员工要依据本公司规定接受健康检查及预防注射，不得无故拒绝；⑥办公室应建立员工的健康档案，并妥善归档保存。

二、进入生产车间人员卫生管理制度

建立进入生产车间人员的卫生管理制度，减少和防止人员对产品的污染。

所有进入生产车间的人员必须经过批准后方可按照更衣规程进入相应区域。一般情况下，未经更衣及卫生培训的人员不得进入生产区和质量控制区。不可避免时，应对个人卫生、更衣等要求进行指导后，方可准许进入。生产人员在进入生产区时应保持双手清洁，如双手有可见污迹，应洗手后方可进入。洗手按照相应级别更衣规程中的方法进行。进入生产现场的所有人员不得佩戴手表、戒指、耳环等饰物，不得化妆、涂指甲油，如有化妆者，在更换一般区工作服之前必须彻底清洗干净。洁净区的操作人员应经常剪指甲、刮胡须和洗头，保证无长指甲、长胡须，保持头发清洁。不得将个人生活外衣带入生产区。不得在生产区内说笑、弹唱，不得做与工作无关的事情；生产区内禁止吸烟和饮食，禁止存放食品、饮料、香烟和个人药品等非生产用物品。在生产区内人员动作应轻柔，不得随意靠墙、设备、门等，随手关门，开关门动作要轻缓。在生产区内，以平稳轻盈的步伐行走，非紧急情况不得跑动或拖地行走。操作人员应避免裸手直接接触药品及与药品直接接触的包装材料和设备的内表面。不得在生产区内串岗和脱岗，非生产时间不准随意进出车间，如必须进出时，应遵守洁净区、非洁净区的更衣规程。不准将生产时穿着的服装、鞋帽、口罩等带出生产区。

健康的生产人员在工作期间如发现身体不适，应按照《员工身体不适主动报告管理制度》的要求主动汇报，并按相关规定处理。各岗位生产人员卫生管理由各岗位班组长负责监督检查，对不符合要求的岗位人员告知本人并要求立即整改。

三、洁净区着装要求

人员进入洁净区时要了解更衣程序，与相关操作规程核对两者是否一致。所有进入生产区的人员均应按照相应的更衣操作规程进行更衣后方可进入相应区域。表 3.2 给出了不同洁净区的着装要求。

表 3.2　不同洁净区的着装要求

洁净度级别	着装要求
A/B 级	① 头罩应能完全遮盖头发、胡须，头罩下沿应藏到领口中。 ② 应戴经灭菌的口罩(必要时戴防护目镜)、无颗粒物(如滑石粉)散发的橡胶或塑料无尘手套，穿经灭菌或消毒的鞋套。 ③ 裤腿应塞入鞋套内，袖口应塞入手套中。 ④ 无菌衣不能脱落纤维和颗粒物(应为灭菌的连体工作服)，并能滞留人体散发的尘粒
C 级	① 头发、胡须等相关部位应全部遮住，应当戴口罩。 ② 应穿手腕处可收紧的连体服或衣裤分开的工作服，腰部扎紧。 ③ 穿合适的鞋子或鞋套。 ④ 工作服不能脱落纤维和颗粒物

续表

洁净度级别	着装要求
D级	① 头发、胡须等相关部位应全部遮住。 ② 穿一般的防护工作服(宜采用塞入型)。 ③ 穿合适的鞋子或鞋套。 ④ 有适当措施防止带入来自洁净区外的污染

● 案例

某药厂火灾事故与人员培训改进

(一)背景

2015 年 2 月 14 日，某药厂厂房失火，经调查因为人员培训不当，违章操作造成此事故。

(二)改正措施

1. 修订《人员培训管理制度》

规定接受培训的员工，经培训后需进行考核，考核的形式可以是口试、笔试或现场实物操作；文件规定每次培训后建立培训档案，内容包括培训通知、日期、内容、课时、考核情况及效果评价。

2. 成立公司内训小组

组织内训成员每年对岗位操作人员进行抽查，督促部门培训到位。

● 阅读链接

[1] 医疗机构从业人员行为规范．中华人民共和国卫生部、国家食品药品监督管理局、国家中医药管理局卫办发〔2012〕45 号，2012-06-26.

[2] 邹毅，饶翠芬，吴生齐，等．制药企业 2010 版药品 GMP 培训分析与建议．药学教育，2014，30 (3)：53-56.

[3] 赵莉．某制药企业职业健康监护工作探讨．职业与健康，2012，28 (16)：1965-1967.

● 思考题

1. 说明为何在 GMP 三要素中人是最关键的要素。
2. 在药品生产与质量管理工作中关键人员有哪些？
3. 图 3.4 是某药品生产企业的组织结构图。结合所学知识分析其合理性，并说明理由。

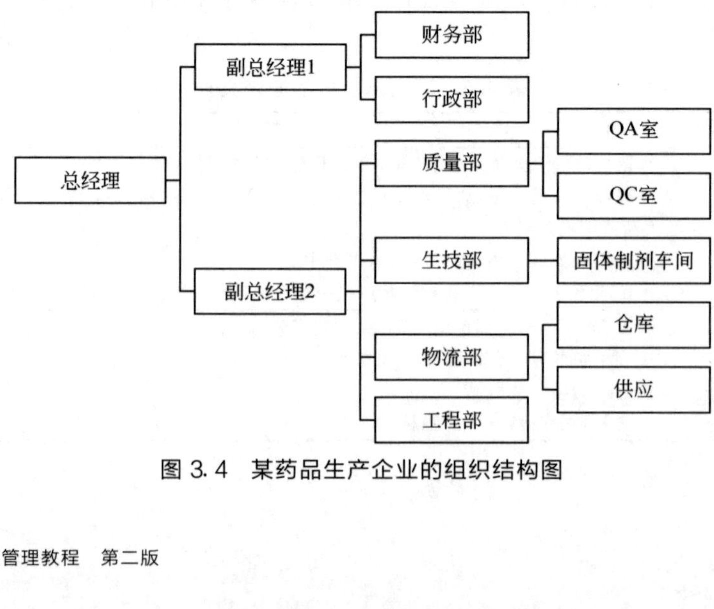

图 3.4 某药品生产企业的组织结构图

4. 请指出图 3.5 所示中存在的主要问题，并说明理由。

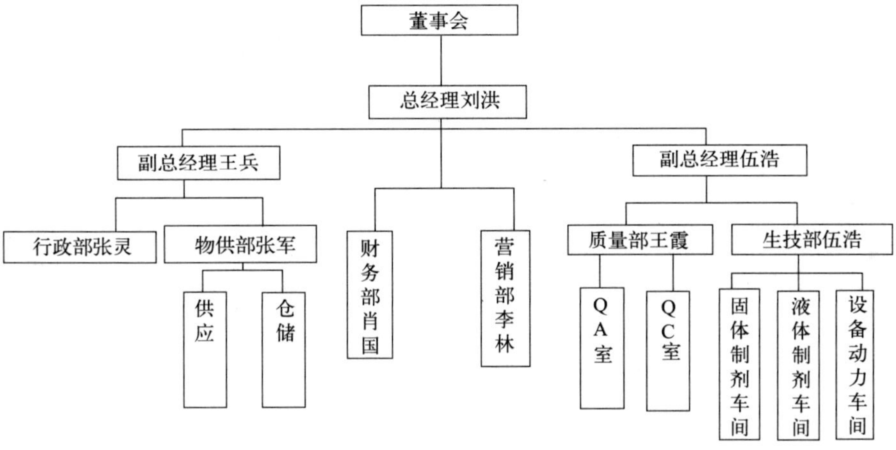

图 3.5 某药品生产企业组织结构图

第四章　厂房与设施

- **本章学习要求**

1. 了解厂址选择和厂区布局的要求。
2. 掌握药品共线生产的条件。
3. 掌握各类药品的洁净生产环境。
4. 掌握人流、物流净化设置要求及其设施。
5. 了解洁净区环境控制措施。
6. 了解隔离技术。
7. 了解仓储区、质量控制区与辅助区的组成和要求。

随堂练习

GMP在药品生产企业的实施包括软件和硬件两方面的内容。软件是指先进可靠的生产工艺、严格的管理制度、文件和质量控制系统；硬件是指合格的厂房、设施和设备。厂房是指生产、储存、质量管理与控制所需的空间场所。设施是指向该空间场所提供条件并使其状态符合要求的装置或措施，主要包括厂区建筑物实体（含门、窗）、道路、绿化草坪以及围护结构；生产厂房附属公用工程设施，如洁净空调、照明、消防喷淋、上下水管网、洁净公用工程（如纯化水、注射用水、洁净气体的制备及管网），包括除尘装置和尾气吸收等工艺和环保设施。厂房与设施直接关系到药品的质量。

药厂与其他工厂一样，在实施建设时都有选址和布局的过程。作为一个项目，药厂与其他工厂一样，都必须符合国家和项目所在地的有关规划、环保、消防、安全、职业卫生、节能及绿色建筑等相关规定和要求，只有在满足这些基本规范准则要求的前提下，再谈满足行业规范的GMP。

GMP对厂房与设施进行了指导性的规定，中国GMP（2010年修订）基本要求的第三十八至七十条，对生产区、仓储区、质量控制区、辅助区等的设置提出了具体要求。伴随GMP的基本要求，在GMP相关的各个附录中，针对不同产品（如无菌产品、原料药、生物制品、血液制品、中药制剂等），对各自的厂房与设施的要求也做了相应的规定。

第一节　药厂厂址的选择

一、概述

厂址的选择是指在拟建地区具体地点范围内明确建设项目坐落的位置，是基本建设的一个重要环节，选择的好坏对工厂的设计建设进度、投资金额、产品质量、经济效益以及环境保护等方面具有重大影响。

目前，我国药厂与其他工厂一样，选址工作大多采取由建设方提出、设计部门参加、政府审批、药监局复核的方式。GMP对药厂的选址有一些行业的特别规定，因此药厂选址时在遵循通用的选址要求后，还有一个按 GMP 要求复核的过程。选址工作组一般由总图运输、工艺、建筑结构、给排水、供电和技术经济等专业人员组成。

厂址的选择是根据拟建工程项目所必须具备的条件，结合制药工业的特点，在拟建地区范围内进行详细的调查和踏勘，并通过多方案比较，提出推荐方案，编制厂址选择报告，经过上级主管部门批准，即可确定厂址的具体位置和合适的面积。

二、厂址选择的主要因素

具体选择厂址时，应该考虑以下各项因素。

（1）自然条件　自然条件包括气象、水文、地质和地形，主要考虑拟建项目所在地的气候特征（如四季气候特点、日照情况、气温、降水量、汛期、风向、雷暴雨、灾害天气等）是否有利于减少基建投资和日常操作费用；地质地貌应无地震断层和基本烈度 9 度以上的地震；土壤的水质及植被好，无泥石流和滑坡等隐患；地势利于防洪、防涝或厂址周围有集蓄、调节洪水和防洪等设施。当厂址靠近江河的滨水地段时，厂区场地的最低设计标高应高于计算的最高洪水位 0.5m。

（2）交通运输　制药厂应建在交通运输发达的城郊，厂区周围有已建成或即将建成的市政道路设施，能提供快捷方便的公路、铁路或水路等运输条件，消防车进入厂区的道路不应少于两条。

（3）能源　制药厂生产需要大量的动力和蒸汽，因此选址时应考虑建在电力供应充足和邻近燃料供应点或管线的地点。

（4）供水　制药工业用水分为非工艺用水和工艺用水两大类。非工艺用水主要用于洗浴、冲洗厕所、洗普通工衣、消防以及生活等；工艺用水分为饮用水（自来水）、纯化水和注射用水。厂址应靠近水源充沛和水质良好的或有城市供水管线经过的区域。

（5）环境　药品生产企业必须有整洁的内外生产环境。从总体上来说，制药厂最好选在大气条件良好、空气污染少的地区，远离铁路、码头、飞机场、交通要道及散发大量粉尘和有害气体的工厂、贮仓、堆场等有严重空气污染、震动或噪声干扰的区域，以使药品生产企业所处环境的空气、场地、水质等符合生产要求。如不能远离严重空气污染区，则应位于其最大频率风向的上风侧。

医药工业洁净厂房净化空气净化系统的新风口与交通主干道近基地侧道路红线之间的距离宜大于 50m。

（6）环保　选址应该注意当地的自然环境条件，对工厂投产后给环境可能造成的影响做出预评价，并得到当地环保部门的许可，以批复的项目环境评价报告为准绳，在项目实施过程中同步落实各项环保要求和措施。

（7）所在地规划　厂址符合在建城市或开发区的总体发展规划，节约用地，遵循用地的各项规划指标要求。最好能适当留有发展余地。

（8）协作条件　厂址应选择在储运、机修、公用工程（排水、交通、通信）和生活设施等方面具有良好协作条件的地区。

（9）其他　下列地区不宜建厂：①地震断层带地区和基本烈度为 9 度以上的地震区；②易受洪水、泥石流、滑坡、土崩等危害的山区；③有喀斯特、流沙、淤泥、古河道、地下墓穴、古井等地质不良区；④有开采价值的矿藏地区；⑤国家规定的历史文物、生物保护和风景游览地；⑥水土保护禁垦区和生活饮用水水源一保护区；⑦对机场、电台等使用有影响的地区；⑧自然疫源地和地方病流行地区。

例如，上海市青浦区是上海市的一个饮用水水源保护地，这个地区就不宜选作新建工厂厂址。

第二节 厂区布局

一、厂区功能划分

药厂一般包含生产车间（制剂生产车间、原料药生产车间等）、辅助生产车间（机修、仪修等）、仓库（原料库、辅料库、包装材料库、成品库等）、动力（锅炉房、压缩空气站、变电所、配电房等）、公用工程（水塔、冷却塔、泵房、消防设施、冷冻空压站等）、环保设施（三废处理、绿化等）、全厂性管理设施和生活设施（厂部办公楼、中心化验室、药物研究所、计量站、动物房、食堂等）、运输和道路设施（车库）等。

在厂区总图设计时，应该按照上述各组成的管理系统和生产功能划分为生产区、辅助生产区和仓储区、行政区和生活区进行布置，从整体上既要做到功能分区布置合理，又要保证便于联系。

二、厂区总平面布局原则

① 厂区的总平面布置应符合国家有关工业企业总平面设计要求并满足环境保护的要求，同时应避免交叉污染。

② 厂区应按生产、行政、生活、辅助等不同使用功能合理分区布局。

③ 医药工业洁净厂房应布置在厂区内环境清洁且人流、物流不穿越或少穿越的地段，并应根据药品生产特点布局。兼有原料药和制剂生产的药厂，原料药生产区应位于制剂生产区全年最小频率风向的上风侧。三废处理、锅炉房等有较严重污染的区域，应位于厂区全年最小频率风向的上风侧。

④ 青霉素类等高致敏性药品的生产厂房，应位于其他医药生产厂房全年最小频率风向的上风侧。

⑤ 多条生产线、多个生产车间组合布置的联合厂房，应合理组织人流、物流的走向，同时满足生产工艺流程的要求和消防安全的要求。

⑥ 厂区内设动物房时，动物房宜位于其他医药工业洁净厂房全年最小频率风向的上风侧。

⑦ 厂区内应设置消防车道。消防车道的设置应符合现行国家标准 GB 50016—2014《建筑设计防火规范》(2018 年版) 的有关规定。

⑧ 厂区内主要道路的设置应符合人流、物流分流的原则。医药工业洁净厂房周围的道路面层应采用整体性好、发尘少的材料。

⑨ 医药工业洁净厂房周围应绿化。区内空地应采用绿化碎石或硬地覆盖。厂区内不应种植易散发花粉或对药品生产产生不良影响的植物。

三、厂区总平面布置示例

总平面布置时一般根据当地全年主导风向考虑车间的相互位置关系，可将有影响的厂房适当错开布置，同时注意建筑物的方位、类型与主导风向和日照的关系，以保证厂房有良好的自然采光和自然通风。炎热地区还要避免日晒（由于我国处于北半球，厂房以南北向布置为首选，可以将热加工车间朝北布置）。

例如，某制药企业厂区总体布局如图 4.1 所示。

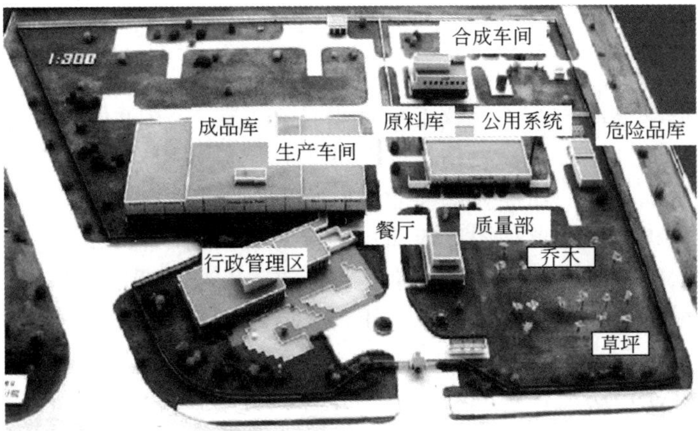

图 4.1　厂区布局图示例

该布局考虑了以下几点：

① 行政、生产、辅助和生活划区分开布置。

② 功能上联系密切的建筑安排密封走廊连接，以减少人员在工作联系中由室外带入尘埃。走廊连接对北方冬季生产也有好处。

③ 考虑到常年为西南风向，将车间、危险品库设计在下风向，行政管理区和餐厅设计在上风向。

④ 厂区人员进出口与物料进出口分开。

⑤ 厂区内主要道路宽度适宜，建筑物周边留有足够的绿化空间，种植乔木，铺设草坪。

⑥ 考虑到企业未来的发展，各主要区域设计了预留空间。

第三节　生产车间

药品的生产过程不仅要降低污染和交叉污染的风险，同时还要为产品生产和操作人员提供适宜的内部环境，保护员工，保护周边环境，符合当地的法规要求。因此，药厂的设计首先要考虑产品的特性，以决定厂房、生产设施与设备。产品的特性主要有活性物质的特性（如高活性、高致敏性、生理毒性等），剂型和生产工艺（如注射剂、口服制剂等），原辅料或中间产品的物理化学性质、危害性及其 MSDS（化学品安全技术说明书）。

一、药品共线生产

药品共线生产是指多种药品共用生产线进行生产，包括共用生产厂房、设施和设备，不包括共用质量控制实验室、库房、取样间等辅助设施、仪器。共线生产不仅可以减少厂房设施、设备、人员等成本，还具有灵活性，以减少产品市场风险。但是共线生产存在交叉污染、混淆差错的风险。

药品共线生产要遵循法律法规优先，药品上市许可持有人主责，生命周期、质量风险管理，风险控制措施，收益整体平衡 5 项原则。

与药品共线生产的相关法规主要有中国 GMP（2010 年修订）、《医药工业洁净厂房设计标准》，指南主要有《药品共线生产质量风险管理指南》。

对某些特殊类别的产品，中国 GMP（2010 年修订）第四十六条已做出明确规定。应当综合考虑药品的特性、工艺和预定用途等因素，确定厂房、生产设施和设备多产品共用的可行性，并有相应评估报告。

强制要求独立厂房、专用设施情况包括：①高致敏性药品（如青霉素类）、生物制品（如卡介苗类和结核菌素类）、血液制品采用独立厂房，设备设施专用；②生产β-内酰胺结构类药品、性激素类避孕药品、含不同核素的放射性药品，生产区必须与其他药品严格分开；③炭疽杆菌、肉毒梭状芽孢杆菌、破伤风梭状芽孢杆菌应使用专用生产设施。

除此之外，对其他类别的药品，如需要共线生产，应根据产品的具体特性、工艺和预定用途等因素做具体分析。风险评估团队应该由多个专业的技术人员组成，尤其要有药理、毒理专业人员参与。欧盟GMP要求药理、毒理的评估应该成为评估的基础和主要着力点。

对于允许日接触剂量差距较大的产品，不能安排在同一时间段进行生产，以避免严重的交叉污染情况。

另外，对于药理作用明显拮抗的药品，例如升压药品和降压药品，不能安排在一个生产周期内同时生产。

企业应该对供热、通风与空气调节系统风管内部采取切实可行的清洁方法，以逐步降低多产品残留物之间的交叉污染风险。也可以采取其他方式，如采用阶段性生产方式、设备的清洁及验证、生产计划的合理安排、部分风险高的工序采用专用设备或容器具等。

二、洁净区

（一）洁净度级别

洁净区是需要对环境中尘粒及微生物污染进行控制的房间（区域），其建筑结构、装备及使用均具有防止该区域内污染物的引入、产生和滞留的功能。洁净度是指洁净环境中空气含尘埃、活微生物多少的程度，单位体积中含尘埃粒子数和微生物数多则洁净度低，反之则洁净度高。

洁净度以相应的级别表示。中国GMP（2010年修订）对洁净室划分为4个空气洁净度级别，由高级到低级的顺序为A级、B级、C级及D级，各级别空气悬浮粒子的标准以及洁净区微生物监测的动态标准详见中国GMP（2010年修订）附录1无菌药品第三章洁净度级别及监测第九条和第十一条。

（二）主要类别药品的生产操作环境

药品生产区的洁净度控制极为重要，生产必须严格在经验证的场地进行，而不能依赖任何形式的最终处理或成品检验。厂房应按生产工艺流程及相应洁净度级别要求进行合理布局。不宜以提高洁净度级别为借口，合并两个原本洁净度级别不同的功能分区，增加高级别区域负担，从而导致生产成本增加。

口服液体和固体制剂、腔道用药（含直肠用药）、表皮外用药品等非无菌制剂生产的暴露工序区域及其直接接触药品的包装材料最终处理的暴露工序区域，参照D级洁净区的要求设置。例如在固体制剂生产工序的物料粉碎、过筛和称量过程中，物料容器往往会敞口，暴露在洁净区的空气环境中，故该工序应符合D级洁净区的要求。

无菌药品是指法定药品标准中列有无菌检查项目的制剂和原料药，主要有注射剂、粉针剂、角膜创伤和手术用滴眼剂、无菌原料药等。无菌药品生产按生产工艺流程，其相应洁净度级别要求详见中国GMP（2010年修订）附录1无菌药品第三章洁净度级别及监测第十三条。

（非）最终灭菌小容量注射剂生产要求的洁净环境示例见图9.1、图9.2。

三、洁净区环境控制

通常通过控制洁净区的一些参数（如洁净度、温湿度、压差、气流等）降低污染和交叉污染的风险，使洁净区满足生产工艺与质量控制的需要。

为实现洁净区达到一定的空气洁净度级别，保证产品的质量，洁净区环境控制具体主要在人流净化、物流净化、空气净化系统、温湿度的控制、气流组织、压差等方面。

（一）人流净化

人流是指人员进出洁净室（区）及其内部的流动。涉及的人员包括一般员工、生产人员、维护人员等。人流净化设计主要关注人员对产品及生产环境、产品对人员及环境的影响。

1. 人员净化用室布置要求

进入制药工厂内一般控制区、洁净区的人员更衣程序，应根据生产性质、产品特性、产品对环境的要求等设置并落实相应的更衣设施。更衣设施须结合合理的更衣顺序、洗手（消毒）程序、空气洁净度级别和气流组织及合理的压差和监控装置等来设计。关于人员更衣设计，GMP 只是明确了原则（可详见图 4.2、图 4.3），各个国家或制药公司并没有统一的设计模式。主要关注点：①一个工厂或一个车间内相同级别的更衣程序理论上应该一致；②洁净厂房要配备限制非本区人员进入的控制系统，如门禁系统；③应设置人员净化用室（区），通常包括换鞋区、存外衣区、盥洗区、更换洁净工作服间、气锁室等，它们的设置不得对洁净室（区）产生不良影响；④厕所、淋浴室、休息室等生活用室可根据需要设置，但不得设在洁净室（区）内，宜设在人员净化用室（区）外。如需设在人员净化用室（区）内，则应有前室，供进入前换鞋、更衣用。通常人员在换鞋区、存外衣区、盥洗区内的活动可视为非洁净的操作活动。人员净化用室（区）的入口处应有净鞋设施。人员净化用室（区）中外衣和洁净工作服应分室放置。外衣存衣柜应按定员每人一柜；洁净工作服可每人一柜，也可集中挂入带有空气吹淋的洁净柜内。盥洗室应设洗手和消毒设施，宜装烘手器。水龙头按最大班人数每 10 人设一个，水龙头的开启方式以不直接用手为宜。淋浴室可以不作为人员净化必要设施，特殊需要设置时，宜靠近盥洗室或总更。人员净化用室（区）和生活用室的建筑面积应合理确定，一般宜按该洁净区定员平均每人 2～4m^2。更衣间不能用于在区域之间运送产品、物料或设备。

洁净室（区）入口处应设置缓冲室（气锁室）。缓冲室（气锁室）的出入门要具备防止同时打开的装置。人员净化用室（区）内的换鞋室和更衣室应送入与该洁净室（区）空气过滤系统相同或接近的洁净度级别的洁净空气。换气次数通常由外向里逐步增加。合适的气流组织和压差控制是必要的。多层厂房或同一平面生产区生产工艺和空气洁净度要求不同时，到达各区域的人员净化用室（区）可按人员净化程序要求，并结合具体情况进行单独或组合设计。

对一些人员不宜同时进/出的区域，可配备气锁间以及报警灯系统。

对无菌更衣间的设计，中国 GMP 和欧盟 GMP 的无菌药品附录有以下明确要求：应按照气锁方式设计，使更衣的不同阶段分开，尽可能避免工作服被微生物和微粒污染。更衣室应有足够的换气次数，更衣室后段的静态级别应与其相应洁净区的级别相同。气锁间两侧的门不应同时打开，可采用互锁系统，防止两侧的门同时打开。气锁间两侧的门建议采用相互可视或配备指示装置的方式提示操作人员是否可开启气锁门。有条件的话可采用退更专用道设计。

2. 总更衣间（区域）

通常人员进入车间内，首先会有第一次更衣，即从室外区进入一般（生产）区或保护区的更衣，也称为总更衣。

总更衣的目的是让员工换下自身的外衣和鞋，寄存个人用品，并按自己的工作区域要求换上对应的工厂服和鞋，使员工在一般区的操作活动符合安全卫生的要求。总更衣后，人员可进入一般区，如外包装区、储存区等，还可以经过洁净更衣程序进入洁净区域。

由于一般区的操作不涉及产品或物料的明显暴露操作，不会对产品或物料产生污染或交叉污染，因此对总更衣间的设施和更衣程序的要求不高。通常在总更衣间设置衣柜，每位员工均有专用的衣柜，存放更衣柜房间的空间和更衣柜本身的空间应足够大。换鞋、脱外衣与穿工衣可在同一个区域内依次进行（一个更衣柜）。通常总更衣间会按男、女分别设置。总更衣间没有空气洁净度的要求，但保持总更衣间的通风干燥和干净是必要的。

3. 进入非无菌洁净区（C 级或 D 级）的更衣

人员进入洁净区通常是经过总更衣后从一般区经洁净更衣程序后进入洁净区。

建议的进入非无菌洁净室（区）人员净化程序如图 4.2 所示，图中连框内程序可在同一房间内进行。不设换鞋室时，更衣室内应设换鞋区。

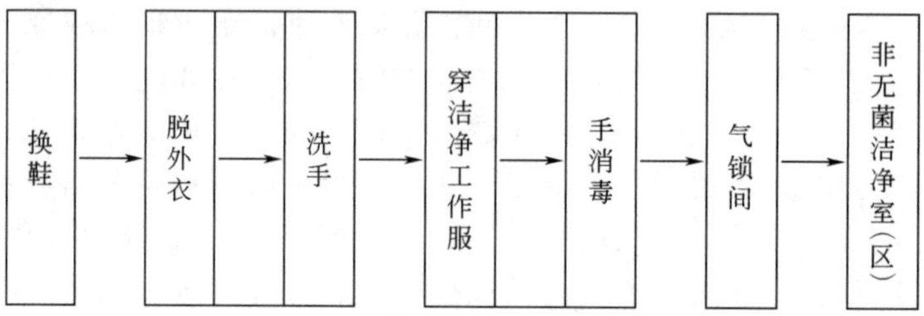

图 4.2　进入非无菌洁净室（区）人员净化程序

一般情况下，脱外衣和穿洁净工作服应分别在两个房间内进行。

更衣间应提供更衣区域和设施，供人员存外衣、换鞋、洗手（消毒）、更换洁净工作服等。更衣间通常分为两个区域：非洁净更衣区和洁净更衣区。人员在非洁净更衣区脱下外衣和鞋子，洗手或消毒后进入洁净更衣区，更换洁净衣后进入洁净生产区。更衣间的两个区域应设置必要的镜子、标志和图示，确保人员能正确着装。更衣程序中气锁间的两扇门应设计为互锁，用来预防一扇门未完全关闭时打开另一扇门。这种互锁在火灾报警时应自动解除。对生产青霉素等高致敏性药品、某些甾体药品、高活性药品及有毒有害药品人员的更衣室，应采取防止其被人体带出的净化措施，如分别设置人员进、退两个路径。人员进入时，洁净更衣间采用正压气室，防止生产区内的活性物料或产品流进更衣室；人员退出时，在另一更衣室脱衣，并采用负压气室，防止附着在衣物上的活性物料或产品流出更衣室。

4. 进入无菌区（B 级）的更衣

无菌区是无菌药品的生产场所，进入无菌区的更衣要求与进入一般区和非无菌洁净区的更衣要求有本质的不同，其目的是保障药品的无菌性。无菌更衣，无论在更衣设施的设计，还是无菌服装材质和款式的设计、更衣程序、洁净度及气流组织等各个方面，都有最高的要求。

在无菌更衣设施的设计上，国内外已有以下共识和设计实践：①进入和离开无菌区宜采用不同路线通过更衣室，避免对无菌环境和无菌衣造成污染；②在无菌更衣的整个过程不用水作为洗手剂，避免微生物污染。

建议的进入无菌洁净室（区）人员净化程序如图 4.3 所示，图中连框内程序可在同一房间内进行。如不设换鞋室，更衣室内应设换鞋区。

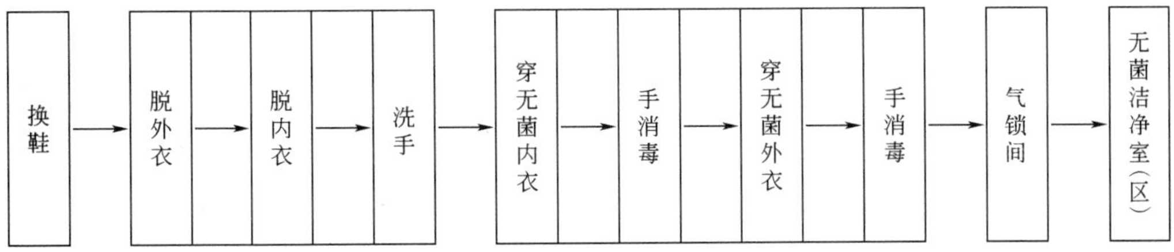

图 4.3　进入无菌洁净室（区）人员净化程序

（二）物流净化

物流是指物料货物获取、加工和处理以及在指定区域内分配等所有相关业务的联动。具体包括加工、处理、运输、暂存和储存等。合理的物流设计能够有效消除污染、交叉污染、混淆及差错。进入洁净室（区）的物料必须按生产工艺和空气洁净度级别要求进行净化。

设计原则如下：

① 综合考虑物流路线合理性，使之更有逻辑性、更顺畅，最小化交叉污染；

② 如有空气洁净度要求区域使用的原辅料、包装材料等进入洁净室（区），应有清洁措施和设施，如设置原辅料外包装清洁室和包装材料清洁室，必要时脱除外包装并将物料放置在更换洁净托板或容器上等；

③ 进入非最终灭菌产品生产区的原辅料、包装材料和其他物品，除满足以上要求外，还应设置清洗室、灭菌室和灭菌设施等；

④ 生产过程中产生的废弃物的出口不宜与物料进口合用一个气闸或传递窗（柜），宜单独设置专用传递设施；

⑤ 有些情况需要分别设置不同物料进出生产区域的通道，例如极易造成污染的物料、部分原辅料（如活性炭）和生产中产生的废弃物等，应满足“黑白分开”的原则。可设置专用出入口；

⑥ 输送人和物料的电梯宜分开。电梯不宜设在洁净室（区）内。必须设置时，电梯前应设置气锁间或其他确保洁净室（区）空气洁净度的措施。

物料从一般区进入 D 级或 C 级洁净室（区），必须经过净化系统（包括外包装清洁处理室和传递窗），在外包装清洁处理室对物料外包装进行净化处理后，经出入门互锁的缓冲室（气闸室）或传递窗（柜）进入洁净室（区）。其净化程序如图 4.4 所示。

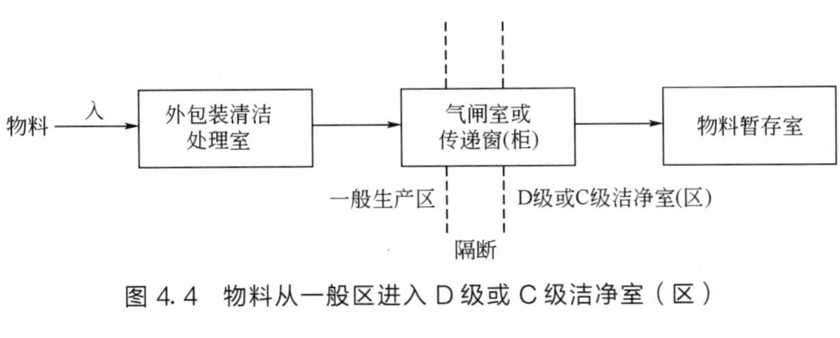

图 4.4　物料从一般区进入 D 级或 C 级洁净室（区）

物料从 D 级或 C 级洁净室（区）到一般生产区，必须经出入门互锁的缓冲室（气闸室）或传递窗（柜）传出去。其净化程序如图 4.5 所示。

对进入非最终灭菌的无菌药品生产区的原辅料、包装材料和其他物品，有些还应设置供

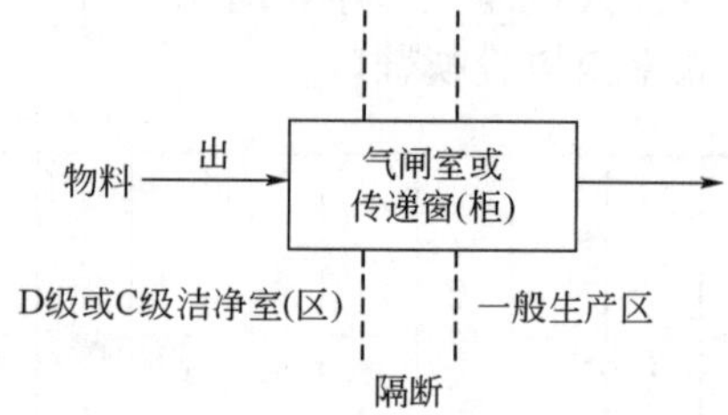

图 4.5　物料从 D 级或 C 级洁净室（区）到一般生产区

物料消毒或灭菌用的消毒灭菌装置及其他相关设施（如双扉灭菌柜、隧道灭菌烘箱）。

传递窗（柜）两边的门应有防止同时被打开的措施，密封性好，并易于清洁。传送至无菌洁净室（区）的传递窗（柜）宜设置净化设施或其他防污染措施。

若采用缓冲室（气闸室）传递物料，该缓冲室（气闸室）不得作为人行通道，原辅料与内包装材料宜分开，从各自的物流入口进入洁净室（区），并存放在靠近使用的地方。

（三）空气净化系统

空气净化是指将自然空气在一定的压力下通过必要的过滤装置，以达到除去一定的尘埃粒子和所附着的微生物的目的。空气净化系统能够实现对空气进行加热、冷却、除湿、加湿、预过滤、中间过滤、末端过滤、调整送回风量、控制压差、控制气流组织形式。

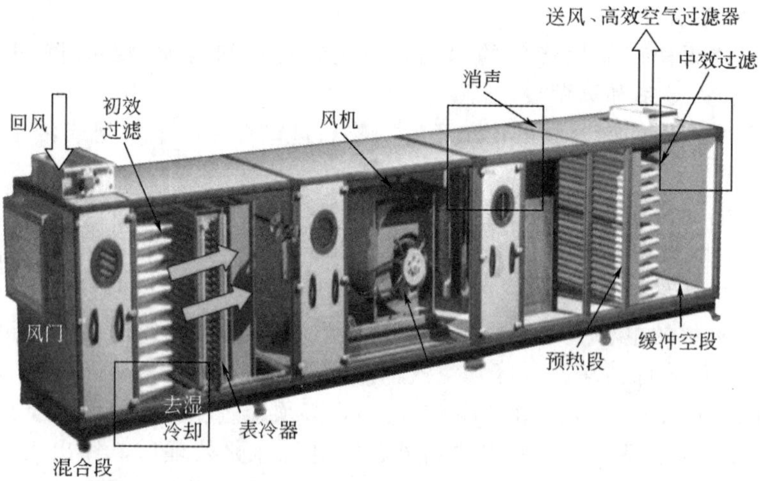

图 4.6　空气净化设施

空气净化设施见图 4.6。空气净化系统包括空气处理单元（过滤、冷却、除湿、加热系统）、风管分配系统（新风、送风、回风、排风分管）、末端高效空气过滤器，以及为局部空间提供更高洁净度级别环境的层流装置或隔离装置、控制系统。为防止洁净室（区）空气倒流，可在洁净室（区）排风系统的风机吸入段设置中效过滤器或止回阀，在排风管上端设电动风阀，使电动风阀与电机联锁，当风机停止运行时风阀自动关闭。

洁净室（区）的实现和维护通过空气净化系统实现，其功能是控制微粒的污染，维持生产环境的洁净度。由于在洁净环境中进行的工作具有特殊性，对系统的品质往往还有其他参数如温度、相对湿度、气流速度、压力、悬浮粒子、浮游菌等来评价。

温度、相对湿度的控制是通过冷却器、加热器、增湿器和除湿器等实现的。冷却器有干式和湿式两种。湿式易脏、易发霉，占地面积较大；干式即表冷式，占地面积小、干净，较常使用。加热器安装有电热或蒸汽换热器，在冬季或气温较低时对新风或回风加热，以满足室内温度的要求。送风湿度不足时，利用增湿器增加湿度；送风湿度过高时，利用除湿器除去空气中的水分。这些设施一般放置在初效过滤器、风机之后，中效过滤器之前。洁净室（区）温度和湿度的测定应在风量、风压调整后进行，可用热敏电阻式数字测试仪进行测定。选取的测量点应具有代表性，在线监控关键房间的温湿度和压差。

服务于下列特殊性质药品生产的空气净化系统应独立设置，其排风口应位于其他药品空气净化系统进风口全年最小频率风向的上风侧，并应高于该建筑物屋面和净化空气调节系统的进风口，其中第①～⑤款药品生产线（车间或区域）的空气调节系统机房应独立设置：①青霉素类等高致敏性药品；②卡介苗类和结核菌素类生物制品、血液制品；③β-内酰胺结构类药品；④性激素类避孕药品；⑤放射性药品；⑥某些激素类药品、细胞毒性药品、高活性化学药品；⑦强毒微生物和芽孢菌制品等有菌（毒）操作区。

特殊性质药品生产区排风系统的空气均应经高效空气过滤器过滤后排放。

下列情况的排风系统应单独设置：①排放介质毒性为《职业性接触毒物危害程度分级》中规定的中度危害以上的区域；②排放介质混合后会加剧腐蚀、增加毒性、产生燃烧和爆炸危险性或发生交叉污染的区域；③排放可燃、易爆介质的甲类、乙类生产区域。

（四）温湿度的控制

控制洁净室（区）的温湿度一方面要与药品生产工艺要求相适应，另一方面要考虑操作人员的舒适感。无特殊要求时，A 级、B 级、C 级洁净室（区）温度应为 20～24℃，相对湿度控制在 45%～60%；D 级洁净室（区）温度应为 18～26℃，相对湿度控制在 45%～65%。人员净化及生活用室的温度，冬季应为 16～20℃，夏季应为 26～30℃。对于有特殊要求的药品，温湿度要根据具体情况而定，如血液制品的生产过程要求低温，血浆蛋白精制区一般温度控制在 12～15℃，各种易吸湿药品或包装材料有临界湿度要求时相对湿度应低于 45%。

（五）气流组织

1. 洁净室（区）气流组织分类

使空间内的空气按预先要求的方向流动称为气流组织。适当的气流组织有助于较快地满足环境的温湿度和洁净度要求，有利于防止有害环境污染物对产品产生不利影响和产品间交叉污染，降低操作人员与产品间的相互污染。洁净室（区）内的气流组织形式取决于送风口和回风口的位置、送风口和回风口的气流量、洁净室（区）本身的形态以及内部设施设备的形状与摆放。

洁净室（区）内气流形式分为单向流、非单向流（乱流）、混合流，洁净室按气流流型分成如下几种洁净室。

（1）单向流洁净室　单向流是指通过洁净室（区）整个断面、风速稳定、大致平行的受控气流，气流朝着同一个方向以稳定均匀的方式和足够的速率流动。单向流能够持续消除关键操作区域的颗粒。单向流洁净室的净化原理是活塞挤压原理，是洁净气流将室内产生的粒子由一端向另一端以活塞形式挤压出去，用洁净气流充满洁净室。

单向流洁净室又可分为垂直单向流洁净室和水平单向流洁净室。

垂直单向流（图 4.7）洁净室是在被保护面上方布满（≥80%）高效空气过滤器（HEPA）（或风机过滤机组），经其过滤的洁净气流从吊顶用活塞式以一定的速度把室内的污染粒子向地面挤压出洁净室，这样不断地进行循环运行，实现洁净室的高洁净度。垂直单向流洁净室可创造最高的洁净度，用于 A 级。但是，它的一次投资及运行费用最高。同时由于采用地格栅，可能带来清洗的死角问题，不利于抑制菌落数，因此在电子工业上采用的地格栅在制药净化车间极少使用。垂直送下的空气一般在接近地面处混入房间空气，靠房间的排风带走。

水平单向流（图 4.8）洁净室是其一面墙上布满（≥80%）高效空气过滤器（HEPA），经其过滤的洁净空气以一定的速度以活塞式将污染粒子挤到对面的回风墙，由回风墙排出洁净室，这样不断循环，实现高洁净度。其单次投资和运行费用低于垂直单向流洁净室。

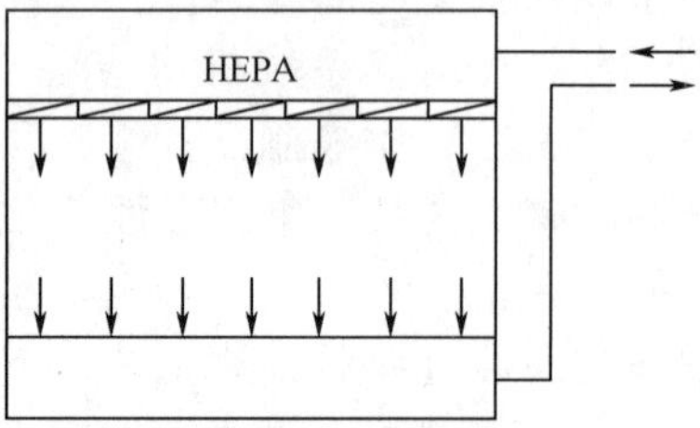

图 4.7　垂直单向流

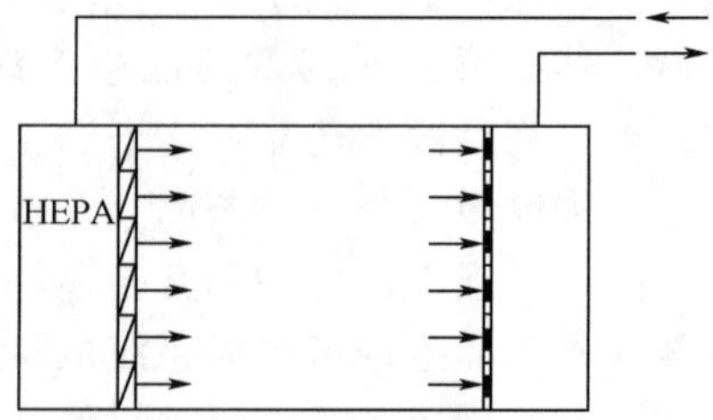

图 4.8　水平单向流

水平单向流洁净室和垂直单向流洁净室比较，其最大的区别是垂直单向流是空气由吊顶天花板流向地面，所有工作面全部被洁净的气流覆盖，而水平单向流是由送风墙流向回风墙，气流在垂直工作台第一截面洁净程度比后面的截面高。

单向流系统在预定的被保护工作面的面风速应为 0.36～0.54m/s，而且应做烟雾试验确认流型。为保证单向流的效果，一般设置局部围挡。

（2）乱流洁净室　乱流是指送入洁净区的空气以诱导方式与区内空气混合的一种气流分布形式。如图 4.9 所示，从送风口经散流器进入室内的洁净空气气流迅速流向四周扩散，与室内空气混合，稀释室内被污染的空气，并与之进行热交换，在正压作用下从下侧回风口排走，室内气流因扩散、混合作用而非常杂乱，有涡流，故有乱流洁净室之称。乱流洁净室兼顾室内温湿度均匀性等洁净送风的要求及工作人员的舒适要求。乱流洁净室自净能力较低，只能达到相对较低的空气洁净度，用于 B 级区、C 级区和 D 级区，其单次投资与运行费用均较低。

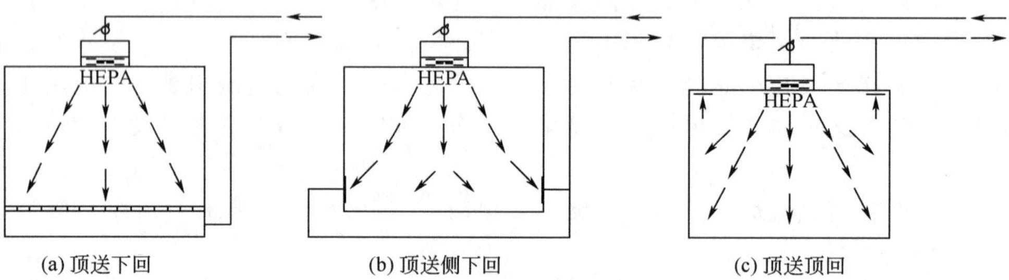

图 4.9　乱流洁净室

对乱流洁净室的基本要求是：①送入空间的空气必须比需要保持的房间空气条件更洁净；②按设定的换气次数送入的洁净空气的体积必须足以带走空间所产生的微粒，以保持动态的环境条件；③必须使房间空气和送入的洁净空气充分混合以达到稀释的作用；④应采用顶送侧下回方式，在 D 级区局部特殊区域可采用顶送顶回方式。以上①～③三个基本条件都必须在房间空气换气次数计算时得到反映。

尽管都是乱流洁净室，但对于 B 级、C 级和 D 级洁净室（区）的气流设计还是有差异的。例如送入房间的空气，B 级区和 C 级区是经过送风口处设置的高效空气过滤器过滤，而

D级区现在普遍使用亚高效空气过滤器。同时决定空气洁净度的一个重要指标（即换气次数）也相差很大，D级区一般为15～20次/h，C级区一般为20～40次/h，B级区一般应大于60次/h（指导值）。结合生产实际情况对高洁净度区域进行细致核算，确定适宜的换气次数，对于节能降耗有很大帮助。FDA无菌工艺指南要求ISO 8级的换气次数最少为20次/h。理论上换气次数越大越有利于系统的自净，但换气次数又与能耗成正比，因此根据实际情况设定合理的换气次数也是一个关键点。

（3）混合流洁净室　混合流是指单向流和非单向流组合的气流。从降低运行成本角度考虑，有的洁净室（区）应用混合流，也就是局部单向流。由非单向流（乱流）加局部单向流组成的洁净室或洁净工作台，将乱流与单向流在同一洁净室（区）内组合使用，关键部位处于单向流型下，其他部位处于乱流流型下。单向流营造局部A级环境，非单向流营造局部B级/C级的背景洁净环境。这种洁净室也就是经常说的在B级背景下的局部A级洁净室或在C级背景下的局部A级洁净室。如青霉素分装操作、冻干粉针剂灌装操作都需要A级洁净环境，而周边只需要B级洁净环境。这种洁净室保证了动态的A级环境，也是一种具有节能意义的洁净室，体现了洁净度按需营造的节能思想。

如果这样，洁净室（区）除了按洁净度级别不同划分为高低有序的各级洁净室（区）外，又可分为全面净化和局部净化两种洁净室（区）。由于洁净室建设成本较高，对于生产企业而言，只要能满足生产和GMP要求，一般会尽可能缩小洁净室（区）面积，能采用低洁净度级别的洁净室（区）就不采用高洁净度级别的洁净室（区）。同时，尽量采用局部净化方式，当只用局部净化方式不能满足生产和GMP要求时，可采用局部净化与全面净化相结合的方式或全面净化方式。

2. 洁净室（区）送排风方式

洁净室（区）送风方式有顶送和侧送2种，回风方式按形式分为顶回、底回和侧回3种。

如果只从最大限度排除洁净室（区）污染物的效果看，以顶送、底回或侧回的单向流形式为最好。对于非单向流洁净室（区），也以顶送侧回的送排风方式为好。只有在碍于层高无法从顶部送风时，才考虑侧送侧回的送排风方式。对于固体物料的粉碎、称量、配料、混合、制粒、压片、包衣等工序，为防止室内气流的二次污染，应避免使用顶送顶回的送排风方式。

洁净室（区）净化系统的空气大多是循环使用的。但是下列场合的空气不能循环使用：①生产过程中散发粉尘的工序，当空气经处理仍不能避免交叉污染时；②生产过程中产生有害物质、异味、大量热湿或挥发性气体的工序；③生产中使用有机溶剂且因气体积聚可构成爆炸或火灾危险的工序；④三类危害程度以上（含三类）病原体操作区；⑤放射性药品生产区。

送风口应靠近洁净室（区）内洁净度要求高的工序；回风口均匀布置在洁净室（区）下部。易产生污染的工艺设备附近应设回风口。回风口不宜设在洁净室（区）工作区高度范围以上。例如，洁净室（区）的排风排向走廊，由走廊集中回风，这种排风方式能维持该洁净室（区）的洁净度，但在走廊发生交叉污染的可能性较大。另一种方式是洁净室（区）各自设置回风系统。一般来说，如果洁净室（区）的压差高于走廊，这种排风方式仍然能够维持该洁净室（区）的洁净度，而走廊仍是容易发生交叉污染的场所。但是，如果走廊的压差设置高于该洁净室（区），这种排风方式可保证该洁净室（区）内的粉尘在原地回风排走，避免在走廊发生交叉污染。这些方式可在不同的品种生产中灵活运用。

3. 风速

除了选择合适的送风方式外，洁净室（区）气流速度还应满足空气洁净度级别和人体健康两方面的要求。人体对气流速度比较适应的范围是 0.1～0.25m/s，单向流洁净室空气流速为 0.36～0.54m/s（指导值）。

（六）压差

压差是指相邻空间的空气压力差。压差是控制气流方向的一种方法，可以保证洁净室在正常工作或压力平衡暂时受到破坏时，气流都能从空气洁净度高的区域流向空气洁净度低的区域，使洁净室的洁净度不会受到污染空气的干扰。

中国 GMP（2010 年修订）规定："洁净区与非洁净区之间、不同级别洁净区之间的压差应当不低于 10Pa。必要时，相同洁净度级别的不同功能区域（操作间）之间也应当保持适当的压差梯度"。

通过压差可以建立洁净（无菌）室内外空气隔离保护屏障。洁净室增压的设计通常采用洁净度从高到低的梯级区域布置，即气流由高洁净度级别流向低洁净度级别（注意，活性或特殊药品灌装区的洁净区采用双缓冲措施）。当门处于正常关闭的位置时，在不同级别洁净区（包括气锁室）之间测量得到的设计压差应保持在 10Pa。对于复杂的设施设计，如果存在许多不同的增压水平，则应考虑防止压力超过 40Pa，否则有可能导致大量空气泄漏、建筑结构失效及开（关）门困难等问题。

防止交叉污染或污染相对大的区间对污染相对小的区间的影响，或者便于污染物排放的统一处理等，相邻两个相同洁净度级别的洁净室（区）之间也必须控制压差。如果操作区属于同一洁净度级别，通常较关键操作区的压力略高于次关键操作区的压力。我国和各国法规、标准、工程指南都没有对该类压差值提出具体要求。虽然低至 1.2Pa 的压差可以控制气流的流向，但洁净室之间易于测量和控制的压差应大约为 5Pa。

不同洁净度级别区域之间如不存在气锁室，则当它们之间的门打开时，它们之间的压差很快就消失，所以此时通过使用闭门器维持压差。车间内部的气锁室、前室等，只需要保持与毗邻房间的总压差不小于 10Pa 即可。

不是所有药品生产洁净室（区）都要保持正压，某些特殊药品的生产区域应与相邻洁净室保持负压。医药工业洁净室中如下房间（或区域）对同级别的相邻房间应保持相对负压，以有效防止污染物、有毒物质等的扩散，保护周围环境和人员的安全：①生产过程中散发粉尘的医药洁净室，如物料的称量、取样等房间，以及固体制剂车间中的混合、筛粉、制粒、压片、胶囊填充等房间；②生产过程中使用有机溶剂的医药洁净室；③生产过程中产生大量有害物质、热湿气体和异味的医药洁净室，如清洗间、洗瓶间等；④青霉素类等特殊性质药品的精制、干燥、包装室及其制剂产品的分装室；⑤三类危害程度以上（含三类）的病原体操作区；⑥放射性药品生产区。

对于这些房间（或区域），既要防止室外未经净化的空气对它的污染，又要防止该房间（或区域）空气扩散污染其他房间或其他产品，于是这些产品制造或分装的洁净室必须保证正压以抵制外来空气污染，同时为了不让这些产品逸出，又必须提高相邻洁净室（区）的压力，使得生产这些产品的洁净室成为相对负压。

要实现室内正压，必须使送风量大于室内回风量、排风量、漏风量的总和。其正压值可通过调节送风量、回风量和排风量加以控制。由于如门窗的启闭、室内排风系统的间歇运行等原因，室内正压还受到外界因素影响，不能保持恒定值，可通过安装压差式自动风量调节阀达到控制压差恒定的目的。调节进风量与回风量、排风量、漏风量之间的压差值，通过室内压差显示仪表反映，也可设差压变送器检测室内压力，该信号通过转换器控制电动风阀，调节送入室内新风量的大小，达到控制室内正压的目的。国内外许多企业已采用计算机程控系统对各洁净室的进风和回风进行控制。

四、气锁室

气锁室（air lock）广泛用于洁净室设计中，一般设在洁净室的出入口，是用以阻隔外界或邻室气流和进行压差控制设置的房间。气锁室按其压力和气流方向可分为梯度式气锁室、正压气锁室、负压气锁室 3 种类型，如图 4.10 所示。从高洁净度级别房间到低洁净度级别房间或非净化区压差依次降低，称为梯度式气锁；气锁室对两边的房间均为正压，称为正压气锁；气锁室对两边的房间均为负压，称为负压气锁。其中梯度式气锁是最常用的形式，一般用于不同级别的洁净区之间或有防泄漏需求的同级别洁净室之间，但不能阻止高洁净级别区含产品空气向低级别区扩散。正压气锁和负压气锁既可用于分隔不同区域之间的气流，也可有效阻止含产品空气从高级别区向低级别区扩散，这两种形式常用于有防泄漏需求（如高致敏性、高毒性的药品生产区，疫苗等生产区）的不同级别洁净区之间。通常正压气锁用于无污染操作，负压气锁用于有污染操作。有低湿度要求的洁净室（区）也宜设置正压气锁。

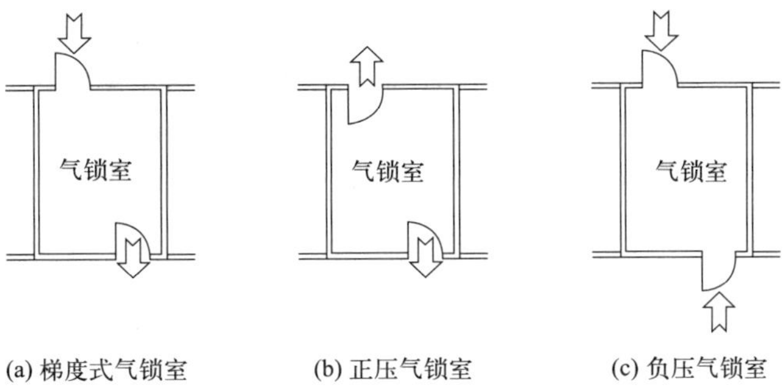

图 4.10　3 种气锁室压力流向图

气锁室从一种空气级别到下一种空气级别（穿过气锁室）以及从已分级空间到未分级空间的正常压差应为 10Pa。气锁室内部的压力应位于两个相邻空间之间的某个数值，该数值取决于所打开的是哪扇门，洁净室与其气锁室之间的压差无需达到 10Pa。如图 4.11 所示，正确的做法是应穿过气锁室，而不是在每扇门处测量气锁室压差。因此，当某个气锁室只有一扇门打开时，各空气级别之间即持续存在一个可测量的压降（即不小于 10Pa）。

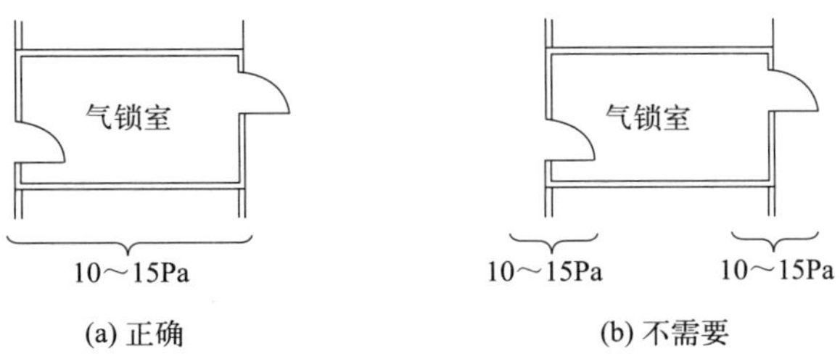

图 4.11　气锁室压差分布示意图

大空间洁净室保持较高的正压值有一定的困难，也可设置一个对两边都是正压的气锁，从而降低大空间洁净室的对外正压值。

五、隔离技术

目前的隔离技术有干预受限的屏障系统（restrictive access barrier system，RABS）和隔离器（isolator）。

1. RABS

RABS 是 20 世纪 90 年代初法国的一家设备生产商为药品生产设计的。FDA 对 RABS 的定义为：一个物理的隔断，将无菌生产区（ISO 5 级）与其周围的环境部分隔开，以提供无菌生产区的保护。

RABS 的主要作用是限制操作人员与产品的接触，避免产品受到污染。

RABS 分为开放式和封闭式两种类型。

（1）开放式 RABS　如图 4.12 所示，开放式 RABS（open RABS，o-RABS）为单向流通，来自洁净室内的空气由位于系统上方的风机系统通过 HEPA 强制进入屏障区，为核心区提供符合 A 级的单向气流，排风则通过屏障区下方回到洁净室内。排放的空气与房间空气有交换，所以开放式 RABS 可以保护产品，但不能避免含药品气流对操作人员的潜在影响。

（2）封闭式 RABS　如图 4.13 所示，封闭式 RABS（closed RABS，c-RABS）为完全密闭的隔离装置，来自洁净室内的空气由位于系统上方的风机系统通过 HEPA 强制进入屏障区，为核心区提供符合 A 级的单向气流，气流通过核心区后并不外排，而是经过滤后再次进入上方的风机系统，避免含药品气流对操作人员的潜在影响。气流组织是一个由合适的风机系统提供的正压循环气流系统。排放的空气与房间空气无交换，所以封闭式 RABS（图 4.13）可以保护产品，也能避免含药品气流对操作人员的潜在影响。

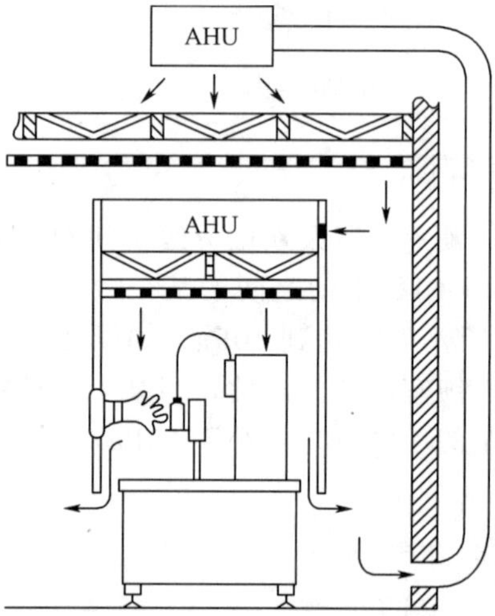

图 4.12　开放式 RABS
AHU—空气处理系统（air handing unit）

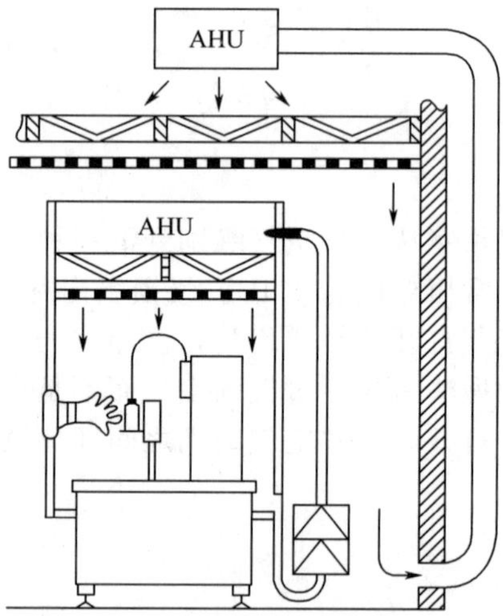

图 4.13　封闭式 RABS
AHU—空气处理系统（air handing unit）

2. 隔离器

隔离器是一个与设备所处房间完全隔离的屏障系统，拥有完全可控制的空气环境（图 4.14），既可用于无菌液体和粉体灌装，也可用于有毒、有传染性产品灌装。隔离器既保护产品，又保护操作人员，具有独立的空气处理系统，可以连续监控及调整空气压力、温度和湿度。隔离器内部的空气质量为A级，周围的背景环境空气质量最低为D级。背景环境洁净度级别降低，厂房投资降低，空调系统运行成本下降，人员更衣简化，对于操作人员的保护较好。隔离器具有特殊设计的物料传递接口，保证物料传递过程不破坏内部洁净度级别和无菌要求，同时可以执行灭菌、消毒程序。

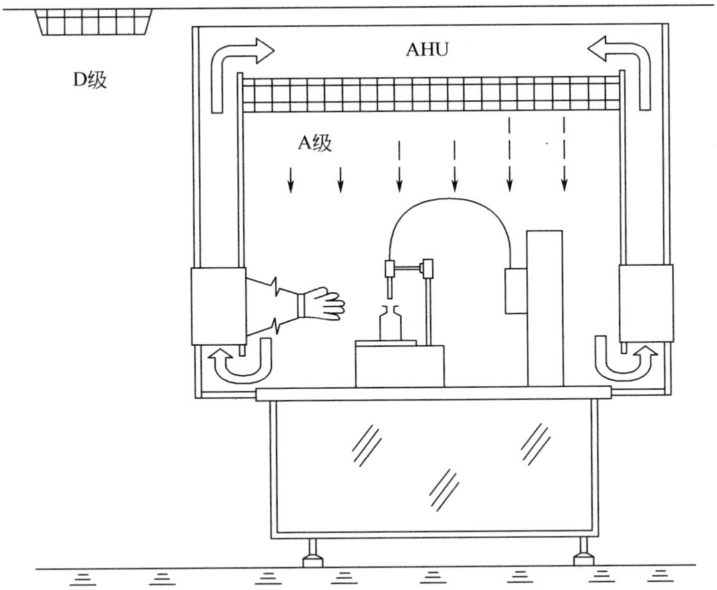

图 4.14　隔离器

AHU—空气处理系统（air handing unit）

进出隔离器的物料、器具、设备部件、成品、废品必须经过专门设计的无菌转运接口进行物料传递（具体见第五章）。操作人员通过保护手套或袖套系统进行操作。操作人员在不接触产品的情况下完成某些操作，杜绝由人造成的污染。

RABS控制在产品安全性、灵活性、投资等方面介于传统洁净室技术与隔离器之间。

六、洁净室（区）的安全问题

洁净室（区）是一个密闭性很强的建筑，其安全疏散是一个重要且突出的问题，也与空气净化系统的设置有密切的关系。在洁净区的设计和使用上要遵循国家及行业对厂房设施环境、健康与安全一体化的管理方面的法律法规和技术标准，如GB 50016—2014《建筑设计防火规范》、GB 50222—2017《建筑内部装修设计防火规范》、GB 50058—2014《爆炸危险环境电力装置设计规范》、GB 50457—2019《医药工业洁净厂房设计标准》等。

七、室内建筑等问题

洁净区的建筑结构、装修材料、电气照明、给排水及工艺管道设计安装方面都有要求，其主要目的是使洁净区不易积尘、易于清洁消毒，防止污染和交叉污染。

医药工业洁净厂房的建筑围护外墙及外立面和室内装修应选用气密性良好且受温度和湿度变化影响变形小的材料。洁净室内墙面与顶棚采用涂料面层时，应选用不易燃、不开裂、耐腐蚀、耐清洗、表面光滑、不易吸水变质、不易生霉的材料。洁净室门框不应设门槛。洁净区域的门、窗不应采用木质材料，以免生霉、生菌或变形。洁净区内的门建议加闭门器。

洁净室内墙壁和顶棚的交界处以及墙壁与墙壁的交界处，应平整、光洁、无裂缝、接口严密、无颗粒物脱落，并应耐清洗。墙壁和地面交界处宜做成弧形。通道采用轻质材料隔墙并作为货流通道时，应采用防碰撞措施。洁净室地面应整体性好、平整、耐磨、耐撞击，不易积聚静电，易除尘清洗，特别是耐消毒液擦洗，同时对工艺生产中使用的溶剂有耐受性。医药洁净室外墙上的窗应具有良好的气密性，能防止空气渗漏和水汽结露，一般采用双层玻璃。洁净室的窗与内墙面宜平整，不留窗台，如有窗台时宜呈斜角以防积灰并便于清洗。门窗、墙壁、顶棚、地面结构和施工缝隙应采取密闭措施。

洁净室内应少敷设管道，给排水主管道应敷设在技术夹层、技术夹道内或地下埋设。引入洁净室内的支管宜暗敷。洁净厂房内的管道外表面应采取防结露措施。给排水支管及消防喷淋管道穿过洁净室顶棚、墙壁和楼板处应设套管，管道与套管之间必须有可靠的密封措施。洁净室内的设备排水以及重力排水管道不建议与排水地漏直接相连。排水地漏建议采用上部水封密封加上地面下部 U 形弯水封双水封密封装置。

排水立管不应穿过 A 级和 B 级医药洁净室（区）。排水立管穿过其他医药洁净室（区）时不得设置检查孔。A 级、B 级医药洁净室（区）不应设置地漏。C 级洁净室（区）应少设置地漏。必须设置时，要求地漏材质不易腐蚀、内表面光洁、易于清洗、有密封盖，并应耐消毒灭菌。B 级、C 级洁净室（区）不应设置排水沟。

在墙体上应能够非常方便地配套安装必要设施。例如，可在隔墙的中空位置的骨架上敷设工艺管道，到取水点的位置引出，形成隐蔽式取水点（图 4.15），可以避免外敷工艺管道引发的支架积尘、清洁、美观问题。此结构壁板是可拆卸模数化拼装结构，能够非常方便地配置各种功能面板，面板的材质既可以是彩钢板也可以是不锈钢板。面板配置设施的孔洞可以在工厂采用程控机床预制完成，能够最大限度地保证精度和美观。

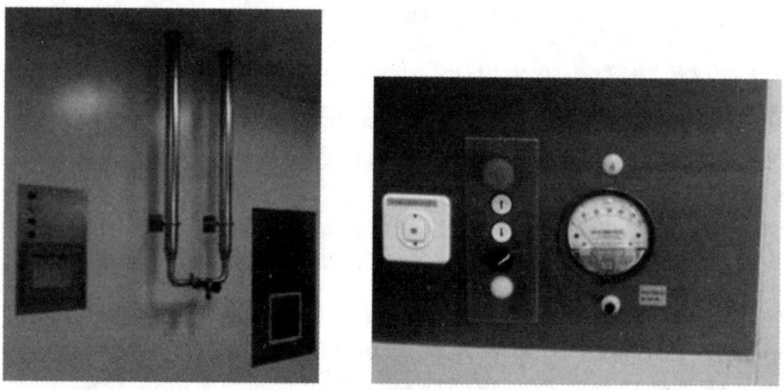

图 4.15　墙体上配套安装的必要设施

洁净区内的电气管线宜暗敷，电气线路保护管宜采用不锈钢管或其他不易腐蚀的材料。接地线宜采用不锈钢材料。应根据生产要求提供足够的照明，主要工作室的照度宜为 300lx，对照度有特殊要求的生产部位可设置局部照明。厂房应配备应急照明设施。洁净区内应选用外部造型简单、不易积尘、便于擦拭、易于消毒灭菌的照明灯具。为方便开关，一般在洁净区的更衣出口装设其关联的内部洁净区灯光总开关。洁净区内的一般照明灯具宜明装。采用吸顶安装时，灯具与顶棚接缝处应采用可靠密封措施。如需要采用嵌入顶棚暗装，除安装缝隙应可靠密封外，其灯具结构必须便于清扫。洁净区内与外界保持联系的通信设备宜选用不易积尘、便于擦洗、易于消毒灭菌的洁净电话。

八、固体制剂车间示例

固体制剂包括片剂、硬胶囊、软胶囊、颗粒剂、丸剂等种类。固体制剂生产过程中会有大量粉尘，大量固体物料周转频繁，所以主要关注固体制剂车间的工艺流程、称量室（区）的设置、物料的周转系统、清洗、粉尘的控制和平面方案等。

1. 粉尘的控制措施

为了防止粉尘扩散、避免交叉污染，应对措施如下：

① 选用粉体输送系统用于物料转运；

② 选用密闭设备；

③ 模块化生产，料斗中转，减少物料装卸步骤（如周转容器、提升机、容器混合机）；

④ 合理设计气流组织，增加除尘设施，避免粉尘飞扬；

⑤ 制剂的原辅料称量通常应当在专门设计的称量室内进行；

⑥ 产尘操作间（如干燥物料或产品的取样、称量、混合、包装等操作间）应当保持相对负压或采取专门的措施，防止粉尘扩散、避免交叉污染并便于清洁；

⑦ 设备自带除尘系统。

2. 称量室（区）的设置

目前，考虑到称量岗位有粉尘逸出的特殊性，一般采用称量罩，即用自带的风机循环系统，辅以外围软帘隔断，造成一个相对密闭的环境。同时配置高效过滤器，从称量罩顶送下的空气相对洁净度高，下部回风经过除尘过滤进入下一个循环。这样就最大限度地减少了对称量间的影响。一般称量罩不大，仅能放待称的物料。但对于专门设置的称量中心，也可以设置步入式称量室，以方便大量物料进出和操作。

称量室应设置在生产区（仓库）。称量室设置单向流，以保护被称量的原料或产品，减少称量对周围环境的影响，避免粉尘散播，保护操作者（某些称量工作）。单向流风速不能影响称量的准确度，如果有需要的话，称量时的风速减小（保证最小风速的前提下）。系统安装后需制定操作 SOP，确定操作者位置、称量过程等。

如图 4.16 设置的称量室产生的粉尘是在单向流气流下从上到下至回风口排除，由除尘机捕集，避免人员吸入粉尘；垂直单向气流保护产品不受人员及空气中游离尘埃污染，但在设置时应确定产尘源操作人员位置和气流，确保人员不阻碍气流方向。

3. 清洗

固体制剂车间应设置器具清洗和存放区域。清洗区域要适合周转桶的清洗装置，设置落地的清洗区域、大型水池、自动料斗清洗系统。清洗区要和存放区隔开，避免清洁器具和脏器具混合，干湿也要分开放置。要避免脏污设备运送到清洗区域、已清洁设备返回到工艺房间流动路线上的设备再次被污染。

4. 平面布置

固体制剂车间平面布置如图 4.17 所示（见书后插页）。

图 4.17 中，制剂车间主要由粉碎筛分、混合制粒、干燥整粒、压片、胶囊充填、内外包装等操作间组成。外包间位于一般区，其余生产操作间均在 D 级洁净区。生产区集中设置在车间东北侧，与行政-生活区分离。D 级洁净区分别在洁净区⑤-⑥、B-C 间，以及⑤-⑥、E-F 间设置两个安全门，遇到紧急情况时作为人员逃生出口。辅助生产区及行政-生活区主要位于车间西侧及南侧。D 级洁净区内清洗部分集中布置在洁净区西侧，以实现干湿分离。

原辅料需要经过物净措施，通过东北侧的气闸进入洁净区。洁净区的废物经过传递窗放

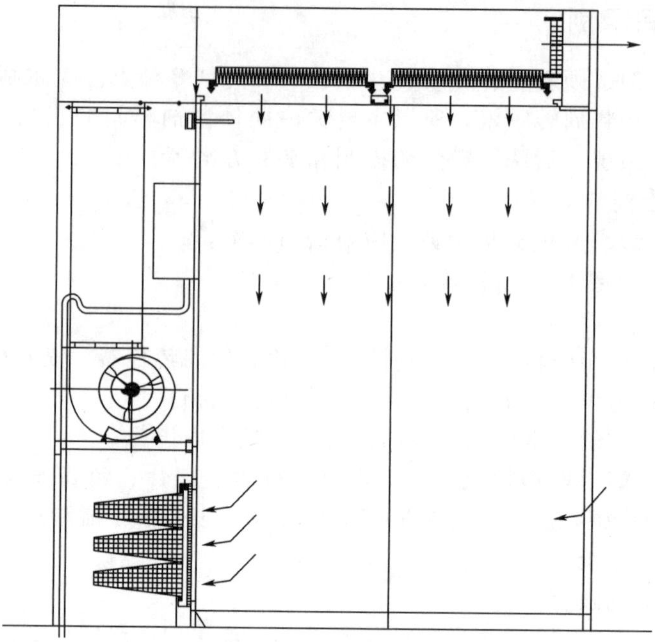

图 4.16 称量室粉尘的控制

入废物暂存间等待处理。内包材经过东北侧的气闸送入内包材暂存间，外包材及标签由人工送入外包间。粉碎筛分间的旁边设置除尘室（一般生产区）。粉碎、筛分和称量等产尘较大的操作间设置前室。前室相对于产尘间为正压，相对于洁净走廊为负压。

外包位于一般生产区。内包完成后的药板在传送带上通过传递窗从 D 级洁净区进入一般生产区，进行装盒、打包、装箱、贴签。最后的成品纸箱通过小推车从车间西北角的出货口送至车间外的仓库。外包的工作人员由车间西侧的门厅、男女总更进入一般生产区，外包间的南北两侧都布置出口，以方便人流和物流的进出。在车间内设置了“回”字形走道，供外来人员对车间进行观摩、学习，同时也便于人员的走动和疏散。

同时，车间设置了与生产规模相适应的原辅料暂存间、废物传递间等。辅助区域还设置了保全室、纯化水制备间、空调机房、真空泵房、空压机房、配电室、办公室、卫生间、更衣室。大部分公用设备布置在车间的南侧和西侧，能够减少输送的压力，减少能量的消耗。辅助区房间均靠近人流走道，方便走动，真空泵房、空压机房、配电室、空调机房靠近 D 级区。考虑实际生产过程中的人员便捷性，在车间人员入口处设置总更室，以满足不同生产岗位人员的需要。

第四节　仓储区、质量控制区与辅助区

一、仓储区

仓储区域通常分一般贮存区、不合格品区、退货区、特殊贮存区和辅助区域等，辅助区域通常分接收区、发货区、取样区、办公/休息区。仓储区应有足够的空间用于待验品、合格品、不合格品、退货的存放，并在包装容器上有明确的状态标识，对于不合格品及退货物料采用物理隔离方式贮存。非 GMP 相关物料（如办公用品、劳保用品、促销用品等）建议

单独设置，以减少 GMP 库房建设规模，降低库房管理成本。对于贮存条件或安全性（特殊的温度、湿度要求，或毒、麻、精、放）有特殊要求的物料或产品，仓储区应有特殊贮存区域以满足物料或产品的贮存要求，并有技防设施。在原辅料、包装材料入口区应设置取样间。取样间内同时操作只允许放一个品种、一个批号的物料，以免混料。仓储区的取样区洁净度级别应与生产要求一致。仓库的接收、发放和发运区域应当能够保护物料和产品免受外界天气影响。

仓储区的设计和建造应当确保良好的仓储条件，能够满足物料或产品的贮存条件（如温湿度、避光）和安全贮存的要求，并需对这些条件进行检查和监控。有通风、照明和消防设施的仓库一般采用全封闭式设计，可采用灯光照明和自然光照明，对光照有一定的要求。仓库周围一般设置窗户，加装纱窗等防护措施，防积尘，也防鼠类、虫类进入。有窗部位外面要安装铁栅栏，以保证物品安全。配置合适的空调通风设施，以保持仓库内物料对环境的温湿度要求。根据产品及物料的贮存条件选择合适的温度范围进行贮藏。库房空间较生产房间大，宜通过当地最热和最冷季节的温湿度分布验证，以确认空调通风设施的性能。仓库内不设地沟、地漏，目的是防止细菌滋生。仓库内应设洁具间，放置专用的清洁工具，用于地面、托盘等仓储设备的清洗。仓库的地面要求平整，尤其是高位货架和高位叉车作业区。仓库地面结构要考虑承重。

常温保存的环境，其温度范围应为 10～30℃；阴凉保存的环境，其温度范围应不高于 20℃；凉暗保存的环境，其温度范围应不高于 20℃，并应避免直射光照；低温保存的环境，其温度范围应为 2～10℃。贮存环境的相对湿度为 35%～75%。如物品有特殊要求，应按物品性质确定环境的温度、湿度参数。

仓库应满足消防安全要求，需要时应配备灭火器、消防喷淋系统、火灾自动报警系统等，并设置紧急逃生通道和应急照明灯。

二、质量控制区

药品质量控制实验室是质量控制活动的主要场所，其规模和布局可根据企业主要质检控制内容和检测项目等进行设置。

根据 GMP 中的相关要求即“质量控制实验室通常应与生产区分开”，制药企业质量控制区的设置通常应与生产区相对独立。但考虑到企业生产中的实际效率和管理（如抽取样品的便利性，质量控制区又不应与生产区相距太远。依照以上原则，企业总体平面布局中质量控制区临近生产区，可用连廊等方式和生产车间相连。

因制药企业的规模、仪器装备的水平、检测的方法以及企业管理制度和操作习惯等不同，每个企业质量控制区的建筑布局也会不同，而且随着法规的发展，药品的质量检测也在不断引进新方法、新技术以及先进的仪器设备，对质量控制区布局的要求也在不断发展。

考虑到质量控制区内会放置大量精密仪器设备以及未来发展的灵活性，从建筑设计的角度建议采用钢筋混凝土框架式结构，使建筑既有良好的抗震性能，又能方便未来改造。考虑到质量控制实验室涉及高压灭菌锅、培养箱等大型设备，如设置在二层或二层以上楼层，还应根据设备重量准确计算建筑楼面荷载，以确保安全。

质量控制实验室应有足够的空间以满足各项实验的需要，每一类分析操作均应有单独的、适宜的区域。设计中根据产品检验的实际需求建议遵循布置原则：干湿分离便于防潮，冷热分离便于节能，恒温集中便于管理，天平集中便于称量取样。

质量控制区一般有如下主要功能房间或区域。

1. 送检样品的接收/储存区

用于接收和储存送检样品。

2. 试剂、标准品的接收/储存区

质量控制区内可设置独立的试剂存放间。试剂存放间的设计应满足相关化学品存放要求，对于易燃、易爆试剂的存放应符合相关安全规范，并有防爆和防止泄漏的设施。从安全的角度考虑，质量控制区内设置的试剂存放间所存放的化学品满足日平均使用量即可，不可存放大量化学试剂。试剂存放间应该具备良好的通风设施，普通化学试剂和毒性化学试剂应分开存放。对照品或标准品、基准试剂应按规定存放，并有专人管理，使用及配制应有记录。有温湿度储存要求的场所应有温度、湿度记录装置。

3. 清洁洗涤区

清洁洗涤区用于实验用器皿（如试管等）的清洗。清洁洗涤区的设置应靠近相关实验室，以便清洗容器的送洗和取用。

4. 特殊作业区（如高温实验室）

高温实验室用于放置干燥箱、烘箱、马弗炉等，一般应远离试剂存放间及冷藏室。考虑到散热和安全，应在房间内设置温感、烟感报警器及机械排风装置。高温设备离墙应有一定距离，建议不得小于 15cm。

5. 留样观察室

留样观察室是质量控制区中实施留样（包括原辅料、包装材料及成品的留样）观察的场所，其场地应能满足留样的要求，有足够的样品存放设施，有温湿度监测装置和记录，可分开、分区设置，室内应注意通风和防潮设计，有阴凉储存要求的还应设置阴凉室。留样观察室的存放条件与产品规定的储存条件一致，设计需考虑可放置监测温度、湿度的相关装置。

留样观察室主要有常温留样观察室、阴凉留样观察室、冷冻（冷藏）留样观察室。建议将留样观察室设置在人员走动较少的区域，设置阴凉留样观察室和冷冻（冷藏）留样观察室时还要从节能方面考虑，如应避免西晒。

加速/长期稳定性考察室宜与留样观察室分开设置。进行加速/长期稳定性考察宜采用恒温恒湿箱进行样品储存，房间满足一般区域要求即可。

6. 分析实验区

分析实验区一般分为化学分析实验室和仪器分析实验室。分析实验室建议具备必要的通风设施和避光设施，对于某些仪器建议安装局部通风设施。

（1）分析实验室　实验台应防滑、耐酸碱、表面易于清洁，而且具备一定的缓冲作用，不易造成玻璃容器破碎。考虑健康安全方面的影响，通风橱内部不应有电源插座、开关，使用有机溶剂的还应该配备防爆电机和开关。在正常使用位置，通风橱的面风速＞0.5m/s。为保证使用安全，通风橱最好配有面风速实时显示面板。洗刷池应耐酸碱，表面易于清洁。

（2）化学分析实验室　化学分析实验室是对原料、中间品、成品进行化学测试和检验、试剂配制、滴定分析等的工作场所，是主要的分析检测场所，占地面积可相对较大。为了方便操作，建议与天平室、仪器室等邻近。

（3）仪器分析实验室　仪器分析实验室通常包括天平室、普通仪器室、精密仪器室等。天平室建议单独设置，天平室送风口应远离操作台。其他各室可根据企业检验需要进行设置，应尽可能远离震源、高温，并靠近化学分析实验室。仪器的布局应与内部设施和仪器的要求相适应，其空间能满足仪器摆放和实验空间的需求。对于某些需要使用高纯度气体的仪器，建议设立独立的气体储存间，并符合相关安全环保规定。普通仪器室主要放置溶出仪、

气相色谱仪、液相色谱仪等。精密仪器室中的高灵敏度仪器（如红外光谱仪、原子吸收光谱仪等）易受静电、震动、潮湿或其他外界因素干扰，建议设置独立的实验室，房间应远离震源，防止气流和磁场干扰。为方便使用，建议布置在质量控制区的中央。天平台要牢固防震，并有适合的高度与宽度，室内要干燥、明亮。

7. 微生物实验室

微生物实验室一般由微生物检测室及配套的培养间、准备间、清洗间、灭菌间等构成。无菌室（或半无菌室）是洁净区域，人员出入应设置更衣及缓冲间，物料或物品出入也应设置缓冲间（或传递窗），培养皿、培养基等均需进行灭菌方能进入。无菌室应设置在能直接被外界观察到的地方，建议设置观察窗，以方便观察操作人员的安全状况。

（1）微生物检测室　微生物检测室是进行微生物学质量检测的场所。微生物检测室一般应包括无菌检查室、微生物限度检查室和阳性对照室、生物效价室等有洁净度级别要求的实验室，应与其他实验室分开设置，有独立的人员进出通道和物料进出通道，空调系统独立。检测室的内部应简洁、无杂物，易于清洁和消毒。对无菌制剂及非无菌制剂的微生物检测，无菌检测洁净度级别是B＋A，其他是C＋A。目前都在相应背景下设置超净工作台实现。另外，阳性对照间在微生物检测室的布置中又希望相对独立。

（2）微生物准备间　微生物准备间应有足够的空间放置高压灭菌器和其他压力容器，并与无菌操作间之间有传递窗等相连的物流通道。

（3）微生物灭菌间　为避免物流交叉污染，应设置独立灭菌间，废物处理与培养基的准备应有物理上的隔离。

8. 实验动物房

如有实验动物房的需求，应与其他区域严格分开。其设计、建造应符合国家相关规定，如GB 50447《实验动物设施建筑技术规范》；实验动物房内的设施应符合GB 14925《实验动物 环境及设施》的要求。应有独立的空气处理设施以及动物专用通道，实验动物的饲养、实验、清洗、消毒、废弃物处理等各室应分开。

9. 办公室和档案室

质量检验中涉及大量文件记录，可设置单独办公室，用于文件记录和存放。

10. 更衣室和休息室

质量控制区内可设置更衣室和休息室。

三、辅助区

辅助区包括多个功能间（区域），如更衣间（含人员气锁间）、物料气锁间、休息室、盥洗室、维修间等。更衣间（含人员气锁间）已在第四章第三节人流净化相关内容中介绍，以下重点讨论盥洗室和洗衣房的设计。

1. 盥洗室

盥洗室（厕所、淋浴室）可根据需要设置，应当方便人员进出，并与使用人数相适应。

盥洗室不得与生产区及仓储区直接相连，要保持清洁、通风、无积水。

盥洗室可设置在总更衣间外；亦可设置在总更衣间区域内，与之相连；也可设置在总更衣间后的一般区内，以方便外包装区域及仓储区人员进出。对于后两种情形，设计盥洗室时都应采取必要的防污染措施，如设置缓冲间、排风等。

若采用人员从室外区直接进入洁净区，通常应单独设置一个脱外衣和脱鞋的房间，盥洗室也可设置在人员脱外衣间的区域内，与之相连，应采取必要的防污染措施，如设置缓冲间、排风等。

2. 洗衣房

生产过程中用到的工作服，尤其是在洁净区用到的工作服，其洗涤、干燥、整理、存放，必要时的灭菌必须在特定的环境中进行。对于有C、D洁净度级别要求的工作服，其洗涤、干燥、整理、存放与该工作服使用所在房间的洁净度级别相同。A/B级医药洁净室内使用的工作服的洗涤、干燥、整理、存放、灭菌等活动宜设置在本区域外，宜在A级送风保护下整理，并及时灭菌。

- 案例

案例一　申请上市许可的共线问题

（一）案例背景

某CRO（contract research organization，直接意思是合同研发组织，一般称之为生物医药研发外包）企业专门提供临床试验用样品的生产服务，现在计划采用CMO（contract manufacture organization，合同生产组织，即合同加工外包）方式接受MAH（marketing authorization holder，上市许可持有人）的委托，进行商业化上市产品的生产。但该企业不打算新建车间，拟在原车间里挑选一些设备来申报《药品注册批件》，即同一设备同时受托生产临床试验用样品及商业化上市产品。

检查员去检查发现问题，询问企业是否做了共线评估。企业回答“没有”，企业的理由是：“与客户签了保密协议，不能把生产的产品透露给任何人，包括监管部门”。检查员认为：“如果出于保密原因，不能透露具体产品，则不能判断风险大小，那就按照最大风险处理”。检查结论是“不通过”。

（二）解题思路

1. 解决方案

(1) 建议把研发产品、上市产品区分开来。因为在不同阶段的产品，控制方法、风险是不一样的。

(2) 如果一定要共线生产，则必须清楚共线生产产品的理化性质、给药途径、临床安全风险。

(3) 另外，必须建立规程。每次引入新的共线生产产品时，必须进行共线生产可行性评估，风险在可接受的情况下才能引入。

2. 评估需考虑的方面

(1) 拟共线生产产品的特性。如产品类型（化学药、中药、生物制剂、辅料）、毒性（LD_{50}，是否为细胞毒、治疗窗窄）、活性、致敏性、性状（颜色、气味、溶解度），是否为活性微生物。

(2) 共线生产产品的工艺。如最终灭菌或非最终灭菌、采用生物过程进行生产（生物安全性风险）、生产过程中所用物料的特性（溶剂、小牛血清）。

(3) 共线生产产品的预定用途。如给药途径、临床适应证、用药禁忌、配伍禁忌或联合用药、用药对象（老年人、孕妇、儿童）、剂量、慢性病用药或长期用药（药品在体内是否蓄积并产生毒性）。

案例二　工厂设施的合用

（一）案例背景

某厂的头孢类固体制剂车间拟与某国某厂商合资。双方合资谈判中，某厂拟提供场地、设施和员工资源，外方提供产品工艺及品牌。某厂的头孢类固体制剂车间一直在生产头孢类产品，而外方拟提供的产品未必是头孢类产品。焦点问题是如何利用车间设施。

（二）分析及解决方案

工厂设施的合用问题是一个很关键的问题，在制定方案时一定要结合所涉及的产品是否为特殊药品及是否是药性完全相反的药品仔细评判合用设施的风险，提出稳妥安全的解决方案。考虑到GMP对于特药的特殊性关注［参见中国GMP（2010年修订）第四十六条］，顾虑非头孢类普药被设施上残留的头孢产品污染，外方评估厂房的可利用性后对于车间内墙、地面、吊顶等设施给出解决方案。

车间生产区内墙和吊顶大部分采用彩钢板建成，地面一般是卷材或环氧自流平，这些地方通过全面清洁能达到去除头孢残留的目的。但风管不一样，通过一段时间的生产，风管内会有随送回风气流，导致药粉残留和蓄积，特别是弯角和缝隙处很难彻底清洁，所以建议全部撤换。因此，一种可行方案是：车间内部将全部清洁，保证没有头孢类产品残留并通过验证，但空调系统和风管全部拆除。

根据头孢类产品的有效期，过了有效期，两年后全面清洁，即使有原药粉残留，作为头孢的活性已不存在，头孢特药类的污染也就无从谈起。因此，另一种可行方案是：根据头孢类产品的有效期，车间设施停产日两年后经过全面清洁后再使用。此方案以时间为代价达到目的。

● 阅读链接

［1］ GB 50457—2019. 医药工业洁净厂房设计标准.

［2］ GB/T 25915. 洁净室及相关受控环境.

［3］ 邓海根，张华. 浅析无菌药品生产中空气阻断的内涵. 医药工程设计，2012，33（2）：28-33.

［4］ 李名流. 新版GMP下口服固体制剂的粉尘处理与物料输送. 机电信息，2013，11（365）：1-8.

［5］ 史云. 新版GMP规范下隔离操作技术在分装操作中的应用探讨. 医药工程设计，2013，34（2）：25-28.

［6］ 冯科宇. 口服固体制剂生产厂房的立体布局和物料输送. 工程设计，2018（7）：194-196.

［7］ 顾锋. 非无菌生产中央清洗站的设计理念. 化工与医药工程，2014，35（3）：17-22.

［8］ 张伟男，吴玉祥. 对PTU、PRX、TNX三种原料药产品共线生产的风险评估. 化工与医药工程，2019，40（1）：35-40.

［9］ 国家药品监督管理局食品药品审核查验中心. 药品共线生产质量风险管理指南. 2023-03-06.

［10］ 国家药品监督管理局食品药品审核查验中心. 药品GMP指南-厂房设施与设备. 中国医药科技出版社，2023.

● 思考题

1. 固体制剂车间一台制粒机生产多个品种，是否对制粒房间要采取单独的空气净化系统？为什么？

2. 若采用单独的空调系统，单独的人流、物流设置，是否可将普通的口服固体制剂和口服β-内酰胺结构类固体药品设计在一栋制剂大楼里（双层）？为什么？

3. 脉动真空灭菌柜排水管直接与地漏相连，是否可行？为什么？如不可行，请问如何改进？

4. 厂房设施可能存在的风险包括哪些？

5. 画出无菌冻干粉针剂生产工艺流程框图，并结合中国GMP（2010年修订）的要求，在图中标出相应的洁净度级别。

6. 比较说明o-RABS、c-RABS和隔离器的区别及其适用特点。

7. 固体制剂生产采用的部分流程及相应的设备有物料经过混合制粒（高效混合制粒机）、干燥（沸腾干燥机）、整粒（整粒机）后进行总混。两种方案如下：

第一种方案是将高效混合制粒机、沸腾干燥机和整粒机设置在同一个生产房间；第二种方案是分别设置在三个房间。

请结合中国GMP（2010年修订）对上述两种方案进行优缺点分析。

第五章　设备

- 本章学习要求

1. 掌握 GMP 对制药设备的设计、选型、安装、使用、清洁、维护和维修的基本要求。
2. 了解无菌转运和吹灌封技术。
3. 掌握设备的清洁方式、清洁步骤和清洁剂的选择。
4. 掌握制药用水的分类和使用。
5. 了解制药用水系统及其关键工艺参数控制。

随堂练习

生产工艺是通过设备实施完成的，设备直接接触原材料、辅助材料、半成品、成品，很容易造成药品的生产差错和污染，因此制药设备是实施 GMP 和保证生产过程中药品质量不可或缺的硬件条件。

设备的设计、选型、制造与安装等活动的最终目的都是保证设备的正常使用。在设备的使用过程中需要按照规定的操作规程进行操作，从而保证设备性能良好，药品质量不会受到不良影响。随着 GMP 在制药企业的实施，对药品生产及设备管理提出了更高的要求。在药品的生产过程中，设备管理人员及使用者应该注重设备的使用、清洁及维护等过程，以充分发挥设备技术性能、延长设备使用寿命，从而确保设备经济效益最佳。

GMP 对制药设备进行了指导性的规定，从风险管理角度对工艺设备的设计与安装、维护与维修、使用和清洁、校准提出了具体要求。中国 GMP（2010 年修订）第五章设备第七十一至一百零一条，对药品生产企业的工艺设备提出了基本要求。伴随 GMP 的基本要求，在各个附录中，针对不同产品（如无菌产品、原料药、生物制品、血液制品、中药制剂等），对各自的工艺设备也做了相应的规定。

第一节　设备的设计、选择和安装

制药设备的功能是指设备在特定的使用和环境下完成基本工艺动作的机电运动功能和操作中使药物及工作室区不被污染等辅助功能。制药工艺的复杂性决定了设备功能的多样化，设备的优劣主要反映在能否满足使用和环境的适用性上，因此制药设备在 GMP 这一特定条件下的适用性要求就多于普通的机械产品。在制药设备 GMP 管理中，功能设计需要具备四方面的辅助功能，即净化功能、清洗功能、监测与控制功能以及保护功能。

一、设备的选择

通常，根据生产工艺确定制药设备。要满足企业设定的生产能力，首先确定制药设备材质、类型，然后根据设备技术参数和工艺确定设备大小和台套数。由于药品是由多道生产工序完成的，在选定设备时应考虑相关的上下工序设备生产能力的配套性以及整条生产线的相互连贯性，尽量不造成某一生产工序中间产品的“阻塞”或某一生产工序设备的“空闲”（利用率不足）。

同时必须考虑生产过程中与药品质量、GMP紧密相关的诸多因素，如粉尘、交叉污染、不同洁净度级别的空气流向、物料的温度控制、环境清洁、劳动保护等。例如，无菌药品的生产设备必须具备在线灭菌的功能；暴露药物的室区洁净度达不到要求或者有人机污染的可能时，设备必须有净化功能；一些自动化水平不高的设备操作较为分散，要最大限度地降低传输周转间隔，尽量减少人与药物的接触以及缩短药物暴露的时间。

另外，选择设备时还要考虑其他因素，如：设备结构新颖，机械加工精良，传动机构运转要稳定，相配套的设施和管道连接、拆卸、安装要方便，机器操作简单，调整、维修简便，以及外观清晰、装配技术水平要高。

制药设备的选材，特别是与药品接触的设备部件的选材，对药品质量有很大影响。直接接触药品的材料，需查明材料物理化学特性，保证其不与药品发生反应、吸附药品或向药品中释放物质。在选择材料时，还要根据药品工艺特性，考虑材料的耐温、耐蚀性，而且还要考虑耐磨、耐清洗和消毒及强度等特性，避免盲目选择或产生浪费。密封材料应确保药品不受润滑油、冷冻液等其他介质污染。关于设备的耐蚀性，最可靠的方法是根据在完全相同的工艺设备中经过仔细验证的实验数据进行选材。如果缺乏实际的腐蚀数据，则可根据与此非常类似的环境下的数据做合理的材料选择。有些情况需要针对工艺要求与用材的优缺点进行试验研究，以择优使用最佳方案。例如，如果产品活性较强，或者偏酸（偏碱），需要进行额外的相容性研究，将与设备材质相同的部件和药液长时间接触（最好覆盖工艺时间，并适当延长），然后分别测试接触前药液图谱和接触后药液图谱。

二、设备的设计、选用和安装要求

洁净室（区）内应采用具有防尘、防微生物污染和防止差错的设备和设施。

设备设计、选用和安装时应满足下列要求：

① 结构简单，表面光洁，易清洁。装有物料的设备尽量密闭，避免敞口。与物料接触的内表面应光滑、平整，避免死角，易清洗，耐腐蚀。

② 与物料接触的设备内表层应采用不与其反应、不释放微粒及不吸附物料的材料。生产无菌药品的设备、容器具等宜采用优质低碳、奥氏体不锈钢。

③ 设备的传动部件要密封良好，防止润滑油、冷却剂等泄漏时对原料、半成品、成品和包装材料造成污染。

④ 不便移动的设备要有在线清洗的设施，需要灭菌的设备还应有在线灭菌的设施。需要清洗的零部件要易于拆装。

⑤ 禁止使用含有石棉的过滤器材过滤药液。不得使用吸附药物组分和释放异物的过滤装置。对生产中发尘量大的设备，如粉碎、过筛、混合、制粒、干燥、压片、包衣等设备，宜局部加设防尘围帘和捕尘、吸粉装置。

⑥ 尾气排放宜设气体过滤和防止空气倒灌的装置。

⑦ 与药物接触的干燥用空气、压缩空气、稀有气体等均应设置气体净化装置，经净化处理后气体所含微粒和微生物应符合生产规定的空气洁净度要求。干燥设备出风口应有防止空气倒灌的装置。

⑧ 洁净室（区）内设备，除特殊要求外，一般不宜设地脚螺栓。如果需要安装，则只要有最后的表面遮盖就可以，类似设备保温层外的铝皮或不锈钢皮包覆。

⑨ 应能满足验证要求，合理设置有关参数、措施点。

⑩ 无菌洁净室（区）内设备，除符合以上要求外，还应满足灭菌的需要。

⑪ 设备或机械上的仪表计量装置应准确，精确度符合要求，调节、控制稳定可靠。需要控制计数部位出现不合格或性能故障时，应有调节或显示功能。

⑫用于制剂生产的配料、混合、灭菌等主要设备和用于原料药精制、干燥、包装的设备，其容量尽可能与批量相适应。

⑬ 用于制剂包装的机械，操作要简单、可靠，不易产生差错。出现不合格品、异物混入或性能故障时，应有调整或显示功能。

⑭ 设备保温层表面必须平整、光洁，不得有颗粒状物质脱落。表面不得用石棉水泥抹面，宜采用不易锈蚀的金属外壳保护。

⑮ 当设备安装在跨越不同空气洁净度级别的洁净室（区）时，除考虑固定外，还应采用可靠的密封隔断装置，以保证达到不同级别的洁净度要求。如确实无法密封，应严格控制气压。

⑯ 除传送带本身能连续灭菌（如隧道式灭菌设备）外，传送带不得在 A/B 级洁净区与低级别洁净区之间穿越。

⑰ 青霉素类等高致敏性药品，β-内酰胺结构类药品，放射性类药品，卡介苗、结核菌素、芽孢杆菌类等生物制品，血液或动物脏器，组织类制品等的生产设备必须专用。生产甾体激素类、细胞毒性类药品制剂，当无法避免与其他药品交替使用同一设备时，应采取防护和清洁措施，并应进行设备清洁验证。某些难以清洁的特殊品种，其生产设备宜专用。

⑱ 对产生噪声、振动的设备，应分别采用消声、隔振装置，以改善操作环境。动态测试时，室内噪声级应符合相关要求。

第二节　设备的使用

设备的使用、清洁、维护保养、维修都需要按照规定的要求进行，这些活动都需要有相应的审核批准文件和相应的活动记录。进行这些活动的人员必须是经过培训并合格的，他们不仅需要专业的操作和维护维修知识，还要熟练掌握 GMP 对设备的要求，防止在操作过程中污染、交叉污染和混淆的产生，降低污染产品和环境的风险。

本节主要讨论设备的使用。对于设备的使用要求，主要有审核批准的标准操作规程、设备卡和设备状态标识、设备使用日志等方面的内容。

一、标准操作规程

在设备使用过程中要推行 SOP 管理，以规范工作流程，减小或者避免操作人员技能的差异对药品质量的影响，而且便于追踪管理。例如设备各种运行记录的填写、汇总、分析的 SOP 化，便于掌握设备完好状态，从而合理安排生产任务。

二、设备卡和设备状态标识

1. 设备卡

每台设备上都需要有设备卡，卡上的信息主要有设备名称、设备型号、设备生产厂家、设备编号和设备负责人（一台设备如由多人操作，可以只填写设备的负责人；如果只有一个人操作，可以填写设备的使用人）。

2. 设备状态标识

设备不可能一直处于一个状态，随着操作活动的进行，设备的状态一直在变化。设备的状态有清洁、使用、备用、维修、待修等。设备使用时应标明所生产的品种、规格、批号、生产日期、操作人等信息。设备固定状态标识应标明设备的型号、设备负责人等信息。设备使用应该严格按照标准操作规程进行设备的启动、运行和停机，并及时悬挂或更换状态标识。状态标识应悬挂在明显的位置，用不同的颜色进行区分，如“生产中”“运行中”“已清洁”使用绿色，“待清洁”“待修”“维修中”“试机”使用黄色，“停用”“备用”使用红色。设备在使用前，首先应该检查设备的状态标识，状态标识是否与生产工艺相符，设备是否处于备用状态，不同功能的设备所处的状态也不尽相同。

3. 管道状态标识

与设备连接的主要固定管道（包括工艺用水管道）应标明管道内物料的名称及流向，或用不同的颜色进行喷涂以示区别。

三、设备使用日志

用于药品生产或检验的设备和仪器应当有使用日志，其记录内容包括设备的使用、清洁、维护和维修情况，以及日期、时间，所生产及检验的药品名称、规格和批号等。

制定设备使用日志的管理规程，设置设备使用日志的配置表，规定配置日志的设备、设施的位置、编号、房间号及名称等，并由规定人员定期对内容进行检查，对其中的异常情况进行跟踪或处理。设备使用日志应由指定部门进行发放及存档。

第三节　设备的清洁

设备的清洁是药品生产企业实施 GMP 的重要环节，它不仅是预防、减少与消除污染或交叉污染，保证药品质量的重要措施，也有利于提高设备的使用效率、延长设备的使用寿命。药品生产是洁净生产，所以设备清洁是一项经常性的工作，如在更换生产品种或生产批号时，在设备安装、维修后，都要进行清洁。

一、制药设备的清洁标准操作规程

设备清洁一般包括清洗、消毒、灭菌、干燥等工作。为了保证清洁效果达到预期的目标，企业应制定设备清洁标准操作规程，使清洁工作制度化和规范化。应当按照详细规定的操作规程清洗生产设备，已清洁的生产设备应在清洁、干燥的条件下存放。

制定设备清洁标准操作规程的主要依据是设备的类型与结构、用途、生产工艺要求、所加工产品（物料）的理化性能、使用环境的洁净度级别与要求清洁的内容和方式等。

从保证清洁重现性及验证结果的可靠性出发，清洁规程至少应对以下方面做出规定：

① 清洁开始前对设备必要的拆卸要求和清洁完成后的装配要求；

② 所用清洁剂的名称和主要成分；

③ 执行和监督清洗人员的职责；

④ 确认要清洗的部件；

⑤ 清洗程序适用的范围；

⑥ 清洗工具；

⑦ 清洁溶液的浓度和用量；

⑧ 清洁溶液的配制方法；

⑨ 清洁溶液接触设备表面的时间、温度等关键参数；

⑩ 淋洗频次和淋洗液用量要求；

⑪ 清洗后干燥的类型；

⑫ 清洗后对外来影响的保护；

⑬ 生产结束至开始清洁的最长时间；

⑭ 连续生产的最长时间；

⑮ 已清洁设备用于下次生产前的最长存放时间；

⑯ 如需对设备消毒或灭菌，还应规定消毒和灭菌的具体方法以及消毒剂的名称和配制方法；

⑰ 清洁记录。

完整的清洁方法和清洁周期要综合考虑设备所用材料、生产药品的性质等因素，并且通过实验证明设备清洁之后的药物、清洁剂和消毒剂等的残留达到允许值以下。原则上来说，同一设备连续加工同一无菌产品时，生产下一批产品之前都要清洗灭菌；同一设备加工同一非无菌产品时，至少每周或生产 3 批后进行全面的清洗灭菌。不同使用情况下（包括例行、换班、换批、换产品、特殊情况等）的设备清洁，要做出不同的安排。

二、清洁方式

工艺设备的清洁方式可分为手工清洁方式和自动清洁方式，或两者的结合。

手工清洁方式是由人员持清洁工具，按预定的要求清洗设备，根据目测确定清洁的程度，直至清洁完成。手工清洁是以人为主，存在多变性，所以在清洗程序制定后一定要对相关的操作人员进行严格的培训，在前期的实验室研究阶段要有一定的粗放度。

自动清洁方式是由自动化的专门设备按一定的程序自动完成整个清洁过程的方式。通常只要将清洗装置同待清洗的设备相连接，由清洗装置按预定的程序完成整个清洁过程，整个清洁过程通常不需要人工检查已清洁的程度乃至干预程序的执行。自动清洁比手工清洁存在一定的优势，清洗程序会自动完成，清洗程序简单重现。

根据清洗位置，清洁方式分为在线和离线清洁。在线清洁包括 CIP（原位清洗）系统、溶剂回流、溶剂循环、人工辅助清洁或其他清洁方法。

清洁方式的选择应当全面考虑设备的材料和结构、产品的性质、设备的用途及清洁方法能达到的效果等各个方面。通常，如果设备体积庞大且内表面光滑无死角、生产使用的物料和产品易溶于水或一定的清洁剂，这种情况下比较适合采用自动或半自动的在线清洁方式。清洁剂和淋洗水在泵的驱动下以一定的温度、压力、速度和流量流经待清洗设备的管道，或通过专门设计的喷淋头均匀喷洒在设备内表面，从而达到清洗的目的。大容量注射剂的配制系统多采用这种方式。如果生产设备死角较多，难以清洁，或生产的产品易黏附在设备表面、易结块，则需要进行一定程度的拆卸，并用人工或专用设备清洗。如胶囊填充机及制粒机、压片机等，一般可采用人工清洗方式。

三、清洁步骤

设备清洁通常包括预洗/检查、清洗、淋洗、干燥等步骤，具体如下。

1. 预洗/检查

清洁规程往往不是专用的，需要适用于生产多种产品和浓度或剂量规格的通用设备以简化管理及操作，因此需进行预洗。预洗的目的是除去大量的（可见的）残余产品或原料，为此后的清洁创造基本一致的起始条件，以提高随后各步操作的重现性。比较简单而切合实际的方法是让操作者检查是否还有可见的残留物，让他们持续喷淋设备直至可见残留物消失，以此作为预洗的终点。

2. 清洗

清洗的目的是用可验证的清洁剂以一定的程序（如固定的方法、固定的清洗时间等）除去设备上看不到的产品。这种一致性是进行验证的基础。在预洗后，下一步即对设备或部件进行实际的清洗。如果清洁程序中要使用专用的清洁剂，即在本步使用。为获得稳定的结果，减小偏差的发生，必须明确规定清洁剂的名称、规格和使用的浓度以及配制该清洁溶液的方法。应明确清洁剂的组成，以便验证时检查是否有残留的清洁剂。

必须规定温度控制的范围、测量及控制温度的方法。为提高清洗效率，可采用多步清洗的方式，在这种情形下两步清洗之间可加入淋洗操作。配制清洁溶液的水可根据需要采用饮用水或纯化水或更高级别的水。

3. 淋洗

用水以固定的方法和固定的时间淋洗设备表面，以除去设备上看不到的清洁剂，是本操作的目的。为保证清洗程序的重现性，必须在清洗程序中明确规定淋洗的次数及其他相关参数，如淋洗水的压力、流速，淋洗持续时间及水温等。应根据产品的类型采用符合《中国药典》标准的纯化水或注射用水。

4. 干燥

根据需要决定是否进行干燥，以除去设备表面的残留水分和防止微生物生长。水膜有可能掩盖残留物，一定程度上有碍检查，因此对于须暴露保存的设备应进行干燥。但对于经过验证的清洁程序，如果设备淋洗后要进行灭菌处理，或是采用高温、无菌的注射用水淋洗后并保持密闭的设备，则不一定要进行干燥处理。

四、清洁剂的选择

清洁剂应能有效溶解残留物，不腐蚀设备、无泡，其开发原则应符合 GMP 和质量管理的相关要求，而且本身易被清除、可验证。随着环境保护标准的提高，符合“环境、社会与治理”（ESG）的相关要求，还应要求清洁剂对环境尽量无害或可被无害化处理。在满足以上要求的前提下应尽量廉价。根据这些标准，对于水溶性残留物，水是首选的清洁剂。从验证的角度，不同批号的清洁剂应当有足够的质量稳定性。因此不提倡采用一般家用清洁剂，因其成分复杂、生产过程中对微生物污染不加控制、质量波动较大且供应商不公布详细组成。使用这类清洁剂还会带来另一个问题，即如何证明清洁剂的残留达到了标准。所以应尽量选择组成简单、成分确切且可以验证的清洁剂。根据残留物和设备的性质，企业还可自行配制成分简单、效果确切的清洁剂，如一定浓度的酸溶液、碱溶液或中性溶液等。企业应有足够灵敏的方法检测清洁剂的残留情况与清洗效果，并有能力回收或对废液进行无害化处理。

五、料斗清洗机

料斗清洗机（图 5.1）主要用于制药工业固体制剂生产过程中的容器（如混合料斗或周转料斗）的自动清洗。该机由清洗系统和控制系统等组成。工作时，将待清洗的混合料斗、周转料斗等容器推到清洗机内，该机能够进行全自动控制，可灵活设置清洗时间、清洗压力、烘干时间、冷却时间等工作参数并打印记录，符合药品生产的 GMP 要求。对开门联锁设计，可隔离不同级别区域。烘干用空气站带空气净化装置。可选择自来水、纯化水、热水清洗，喷头组轮次工作，工作效率高，节省水资源。内洗喷头采用贯通式升降气缸，工作可靠，清洗彻底。下沉式清洗站结构设计，使物料进出料斗方便，同时具有操作简单、使用方便、性能稳定可靠的特点，完全符合药品生产的 GMP 要求。该机采用优质奥氏体不锈钢制造，内外表面均亚光处理，所有转角均圆弧过渡，无死角、不残留、易于清洗。

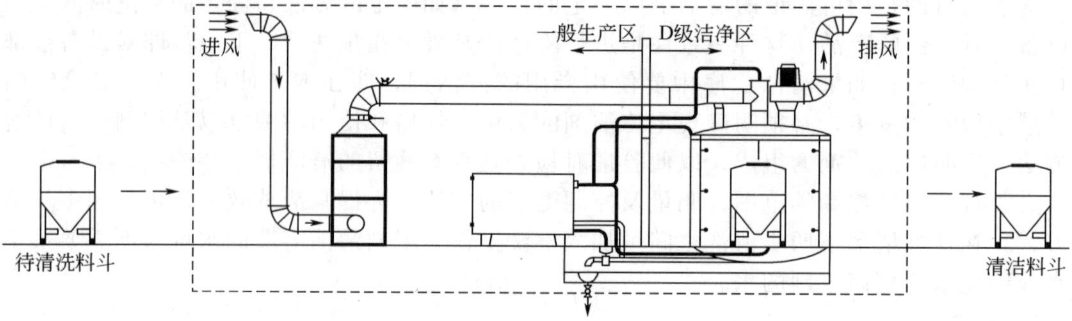

图 5.1　料斗清洗机

第四节　设备的维护和维修

制药设备在长期使用过程中会逐渐磨损，甚至劣化，导致设备的正常状态得不到保障，就会对所加工药品的质量产生影响，甚至带来安全隐患，所以需要科学地、经常性地、有重点地对设备进行定期或不定期的维护和维修。设备的维护和维修是GMP的基本要求之一。GMP规定：设备的维护和维修不得影响产品质量；应当制定设备的预防性维护计划和操作规程，设备的维护和维修应当有相应的记录；经改造或重大维修的设备应当进行再确认，符合要求后方可用于生产。

设备的维修包括设备的维护和设备的检修两方面的内容。设备的维护是指“保持”设备正常技术状态和能力所进行的工作，包括定期对设备进行检查、清洁、润滑、紧固、调整或更换零部件等工作。设备的检修是指“恢复”设备各部分规定的技术状态和工作能力所进行的工作，包括诊断、拆卸、鉴定、更换、修复、装配、磨合、试验等作业。

设备的维护包括基础维护与日常维护，从维护形式上又分为在线维护和非在线维护等。设备的维修分为大修、中修及小修。设备大修是工作量最大的一种修理，大修时对设备的全部或大部分进行解体，修复基准件，更换不合格零件，修理、调整电气系统，整定控制系统各信号或参数，翻新外观，从而达到全面消除维修前缺陷、恢复设备的规定精度和性能的目的。中修是指根据设备的实际技术状态，对状态劣化已达不到生产工艺要求的项目进行针对性的修理，一般中修只做局部拆卸、检查、更换和修复，从而恢复所修部分的精度和性能。小修主要是指针对日常和定期检查时发现的磨损、老化、失效或即将失效的设备元器件和零件等进行拆卸、更换等，以恢复设备的正常工作能力。

一、设备的在线维护和非在线维护

设备维护从形式上分为在线维护和非在线维护，具体如下。

1. 在线维护

在线维护是指设备在生产车间不进行移动的情况下进行的维护。在线维护应以不影响生产区域洁净度和不污染药品为前提。维修人员如需要进入洁净区，应同该区域操作人员一样遵守洁净区内的一切规章制度，进行洁净区更衣程序，并使用已消毒灭菌的工具和设备。如因维修使该区域不能保持无菌，则生产前应予以清洗及消毒。

常用维修工具和易损配件、紧固件等可放置在洁净室内的专用柜子里，不能内外混用，以防交叉污染。如需要带入工具和零配件，必须先清洁，再用75%乙醇绸布将外表面擦洗干净。

设备维护结束后，先用注射用水（或纯化水）将设备外部进行清洗，然后用75%乙醇绸布擦洗干净。此外，还必须完善设备维护记录。

2. 非在线维护

非在线维护是指将生产设备移动到专门的维护区域所进行的维护。一般而言，非在线维护都是基础维护。非在线维护又分为两种情况：一种是将设备移出洁净区进行维护，另一种是在洁净区其他房间进行维护。如果是前一种情况，设备维护后进入洁净区，必须进行必要的清洗和灭菌工作；如果是后一种情况，则不得影响其他药品的生产，也不得影响洁净区的环境。

二、设备的基础维护

设备的基础维护主要由企业工程设备管理部门负责，其主要工作内容如下：

① 制定每类（台）设备的维修与保养规程、保养计划。定期对所有设备进行检查、保养、校正、更换、维修和评价，以支持对其运行安全性与可靠性的保障。经改造或重大维修的设备应当进行再确认，符合要求后方可用于生产。

② 制定设备的使用、日常维护的规程和方法，并对有关员工开展正确使用设备的知识和技能的培训与考核，包括设备结构性能、安全知识、清洁要求、保养方法等。

③ 在生产现场配备专职设备基础维护管理工作人员，负责对设备使用人员进行指导并处理疑难问题。

④ 建立设备管理信息系统，开展对设备信息管理的研究。在设备运转与药品生产相结合的平台上，进行对设备全生命周期各个阶段信息资料的收集、整理、分类、贮存和反馈，使设计、选型、安装、验证、使用、清洁、维修保养构成一个有机的整体，将GMP的要点和原则切入设备管理的环节与要素中，构造药品生产企业的设备质量保证体系。

三、设备的日常维护

设备的日常维护主要由设备使用员工负责进行，其主要工作内容如下：

① 生产和使用人员必须严格遵循设备的操作规程和安全守则。

② 设备的日常维护应明确责任人与实施人、内容与方法、要求与标准、时间与地点、记录与保存等。

③ 建立设备的运行记录和状态标识，在设备保养与维修的过程中应有可供识别的状态标识。做好交接班制度，做到安全交接。

④ 主要设备应当在验证后并证明其性能与精度安全可靠、符合要求方能投入使用。特殊设备的管理还应按有关法规及专业要求执行，例如压力容器类设备。

四、设备维修计划和规程

1. 设备维修计划

设备维修计划是制订维修任务时所使用的文件化依据，其目的是通过系统、有效的方法对设备的组成部分、生产流程或整个系统进行维护，以保证系统持续、稳定运行。设备维修计划包含维修任务执行的时间计划、具体的维修方法。

设备维修计划主要有年度计划和月度计划两种。

① 年度计划规定了设备大修、中修实施的大致时间，并包括以下内容：

a. 年度维修计划表；

b. 大修计划任务书，主要包括大修内容、参与修理的工种及各工种人数、实施修理时间、设备大修标准、大修工时定额、大修主要备件及材料表、大修所需其他技术资料、中修项目表、中修标准等。

② 月度计划中具体规定了上述维修的执行日期以及小修、部分事后维修的内容，它的全部内容都由月度维修计划表反映。

2. 设备维护检修规程

制定《设备维护检修规程》，其内容包括以下几点：

① 检修间隔期。

② 检修内容。

③ 检修前的准备（技术准备、物质准备、安全技术准备、检修方案制定、检修计划编制、费用计划、明确责任人员）、检修方案（设备拆装程序和方法、主要零部件检修工艺）。

④ 检修质量标准。

⑤ 试车与验收。

⑥ 维护及常见故障处理。

第五节　计量器具

计量器具是指能用以直接或间接测出被测对象量值的装置、仪器仪表、量具和用于统一量值的标准物质。在药品生产的每个环节都离不开检测与检验活动，这些活动都离不开计量器具，计量器具的准确性在产品质量的形成过程以及质量结果的评判中具有重要的影响。

一、计量器具的分类

在实施计量校准的过程中，企业可以根据实际情况进行计量器具分类。分类后，选择合适的校准方式。

1. 按结构特点分类

根据结构特点，计量器具分为量具、计量仪器仪表和计量装置 3 种类型。量具是用固定形式复现量值的计量器具，如砝码、标准品、标准电池、线纹米尺等。计量仪器仪表是将被测量的量转换成可直接观测的指标值（等效信息）的计量器具，如压力表、流量计、温度计、电流表等。计量装置是为了确定被测量值所必需的计量器具和辅助设备的总体组合，如高效液相色谱仪、电导率仪等。

2. 按管理标准进行分类

按管理标准，计量器具分为 A 类、B 类和 C 类。具体如下。

（1）A 类计量器具

① 我国现行法规《中华人民共和国计量法》和《实施强制管理的计量器具目录》规定：企业使用的最高计量标准器，以及用于贸易结算、医疗卫生、安全防护和环境监测并列入强制检定计量器具目录的工作计量器具，都属于强制检定的范围。

② 企业内部用于量值传递的计量标准器。

③ 用于关键工艺参数、关键质量属性检测的计量器具。

④ 使用频率较高且量值易改变的计量检测设备。

（2）B 类计量器具

① 在准确度等级和位置的重要程度方面都不高、可进行一般性管理的检测设备。该类仪表常用于非强制检定的计量器具，企业也应制定相应的管理文件对其检定或校准周期做出

明确规定，并按程序进行周期检定或校准，以保证B类计量器具合格有效，以能够溯源至国家标准。

② 对计量数据有较高准确度要求，但平时拆装不便、实行周期检定有困难的检测设备。

③ 对计量数据有准确度要求，计量性能稳定，质量好的检测设备。如紫外分光光度计、气相色谱仪、高效液相色谱仪等。

(3) C类计量器具　除A类、B类外的其他类计量器具均为C类计量器具。例如普通指示的计量仪表，如风压表等。

二、计量器具的校准

计量器具由于不断使用，性能会发生漂移，因此必须对这些器具与设备进行科学、必要的校验，确保它们在生产等工作中能保持正常的工作状态。

中国GMP（2010年修订）第五章设备第九十至九十五条，对计量器具的校准提出了原则规定。

根据这些器具的分类及重要性，对它们的校验分为强制性校验、第三方校验和企业自行的校验。

第一，一般而言，A类计量器具应按国家检定规程要求由政府计量行政部门检定。经政府计量行政部门授权开展自检的企业，也应严格按国家检定规程要求安排检定。暂无检定规程的计量器具，企业应依照国家有关规定自行制定校验或比对方法，并报当地计量行政主管部门备案。凡使用强制检定计量器具的企业，应设专职或兼职人员进行检验管理，以保证严格按规程实施周期检定，并监督检查使用情况。使用标准物质的企业，应严格加以保管和进行操作。

第二，对于B类计量器具，一般要经有资质的单位进行第三方校验。对于连续性运转装置上拆卸下来不使用的计量器具，根据有关检定规程，可随设备检修周期同步安排检定周期，但在日常运转中必须严格监督检查。对准确度要求较高，但性能稳定、使用不频繁的计量器具，检定周期可适当延长，所延长的时间应以保证计量器具可靠性为原则。对使用频次高和需确保使用精度的计量器具，应酌情缩短检定周期。通用计量器具专用时，按其实际使用需要，根据检定规程要求，可适当减少检定项目或只做部分项目的检定，但检定证书应注明准许使用范围和使用地点，并在计量器具的明显位置处粘贴限用标志。

第三，对于C类计量器具，一般企业可采用自行校验的办法。对一些准确度无严格要求、性能不易改变的低值易耗的或作为工具使用的计量器具，可实行一次性检定。非生产关键部位起指示作用、使用频率低、性能稳定而耐用以及连续运转设备上固定安装的计量器具，可以实行有效期管理，或延长检定周期，一般控制在2～4个周期内。用于非生产方面的计量器具严禁流入生产和其他领域。对列入C类管理范围的其余计量器具，可根据计量器具类别和使用情况实行监督性管理。

第四，计量器具的周期校验工作要有明确的测量范围、操作条件和允许误差范围，并在校验记录中加以确定，还要预先确定校验值、校验仪器和校验方法。校验用的标准品要经过校准并具有校准证书。可根据对仪器仪表已有的经验确定校验周期，并应随时根据最新的科研结果做相应的调整。

应根据国家计量检定规程和生产使用情况制订各种计量器具的周期校准计划，应特别注意校准的量程范围与实际生产和检验用的量程范围相互一致。企业内最高一级计量标准器具由有关部门按规定校准周期及时送国家、省、市计量管理部门进行周期校准，并由企业有关部门负责保管相关文件，如校准、证书检定证书等。非国家强检、企业可自检的计量器具，如压力表、温度计等，企业可由经国家、省、市级检定员考核获得检定员证书资质的人员根据国家检定规程进行检定、校准。校准所用计量器具应可以溯源到国际或国家计量器具的计量合格证明。校准记录应标明所用校准计量器具的名称、编号、校准有效期和计量合格证明编号，确保记录的可追溯性。如检定不能恢复原准确度等级的计量器具应予以降级。不合格的计量器具应及时修理，经修理后仍不合格的应停用并报废。

第六节　无菌转运

中国 GMP（2010 年修订）附录 1 无菌药品第三章洁净度级别及监测第十三条规定中有非最终灭菌产品的生产操作环境要求，从中可以看出高风险的核心生产区必须是 B+A 级的环境，以最大程度进行保护。实际上经过多年的实践和不断改进，在实际生产中的关键操作工位的工艺设备，如灭菌隧道烘箱、灌装机或水针灌封机，甚至部分轧盖机等，都能完全做到 A 级单向流保护下的操作，并具备单机设备的达标验证报告。那么药品、内包材和器具在相关联设备之间是如何转运的？诸如胶塞、铝盖灭菌后如何转运？无菌转运的设计与生产布局有极大的关联影响，下面是主要的几种无菌转运方式。

一、连续 A 级单向流保护下转运

连续 A 级单向流保护下转运是最直接明了的方式，在药品、工器具或内包材的转运路线上设置 A 级单向流并完全覆盖相关操作。在一些固定设备联动线上很早就已采用这种方式，如灭菌隧道烘箱出瓶至灌装机的轨道，包括转盘。这种方式在 B 级核心区中较短距离的物料或工器具转运中有采用，在冻干生产中灌装后的药品进冻干机也有采用 A 级单向流下的转运。

这种方式的最大好处就是经典，针对具体需要设置，直接服从规范要求。

但有如下缺点：

① 由于该部分 A 级单向流的设置针对性很强，直接对接需保护的目标，因此会无形中将整个 B 级区分隔成几块，对 B 级背景的洁净空调设计带来干扰。

② 通常这种 A 级单向流从吊顶往下送，对于操作面高度的保护效果须经过验证，并进行合适的监控。一般为了达到较好的 A 级单向流效果采用围帘或围挡，会影响实际生产操作的方便性，同时也存在围挡部件的清洁灭菌问题。对于转盘和轨道可采用在转盘上方处设置，但这种处理在布置上选用开启式轨道处（方便人员穿越轨道）就不易实现。

③ 对于一个空间（房间）内这种方式还能实现连续保护，但一旦需要跨两个或两个以上房间时，除了联动线轨道可直接穿墙并辅以适当的 A 级单向流保护外，人工转运在房门处肯定有连续 A 级单向流的盲点出现。

④ 中国 GMP（2010 年修订）附录 1 无菌药品第八章设备第三十八条："无菌药品生产的洁净区空气净化系统应当保持连续运行，维持相应的洁净度级别。因故停机再次开启空气净化系统，应当进行必要的测试以确认仍能达到规定的洁净度级别要求"。据此，在正式生产后，B+A 级理论上是要连续运行的，至少 A 级单向流要严格保证，因此能耗较高。

二、呼吸袋转运

呼吸袋是一面为高密度聚乙烯材质的薄膜，另一面为透析纸样的袋状物件。蒸汽、环氧乙烷及 γ 射线可以从纸面穿透进出，细菌则不能通过。灭菌前封好口，灭菌结束后进行减压

抽真空，将蒸汽灭菌时带入里面的水蒸气再排出来。灭菌后无论放到 C 级区还是 D 级区，里面的物品都不会染菌。袋上还可设置两种灭菌过程指示标记，用于指示欲灭菌物件是否经过灭菌处理。也有特卫强（Tyvek）材料的呼吸袋，强度更好，但只能在 125℃以下进行蒸汽灭菌。实际生产中无菌管道管件、灌装机的灌装部件、洁净服、胶塞都可通过呼吸袋进行灭菌保存。对于外购的免洗胶塞，通常也会装入呼吸袋中灭菌和转运。

用呼吸袋实现无菌转运无须 A 级单向流保护，可以跨区域传送，使无菌转运变得相对简捷方便。相关的验证工作也相对简单可靠。缺点是：①呼吸袋是一次性用品，使用成本较高；②受规格尺寸限制，对于稍大的物件无法使用。

三、利用 αβ 阀转运

αβ 阀（charge point valve）适用于密闭条件下的装料/卸料、配料、粉碎、取样等。αβ 阀灭菌方式有：①在线灭菌，配置相应的在线附件对分体阀的内部表面进行在线的彻底清洁灭菌；②离线灭菌，将主动阀和被动阀拆卸下来，采用蒸汽灭菌柜灭菌。

使用 αβ 阀的无菌转运过程不太复杂，可重复操作使用，使用又较方便，同时这种方式也被检查员认可，因此当这种方式被引入国内后，得到企业广泛响应，并迅速得到推广。但此法存在局限性，如：①一般 αβ 阀安装在金属容器上，考虑到桶重和阀重，同时考虑清洗灭菌方便，该类转运容器不会很大，αβ 阀也会尽量选用小口径，这样对于稍大的工器具转运不适用；②涉及阀的专利因素，阀门价格不菲，这也限制了该阀的大范围推广。

四、层流车转运

带层流（A 级单向流）的小车可以实现核心区内或跨房间的无菌转移。但在带来极大方便的同时，也必须考虑层流车自身的清洁验证。同时作为一个设备，对其动力供应也是一个值得商榷的问题。现在市场上的层流车有有线供电和电池供电两种方式。显而易见，拖个尾巴的层流车使用肯定不甚方便，尤其是跨房间转运。但电池供电的层流车需考虑其附带电池的重量问题，同时电池的充电也是问题。通常宜在室外或贴邻外墙处设置这些复杂工位，但有进、出核心洁净区的问题，而直接在使用区域内充电又会带来安全隐患。（通常这些电池充电时会产生氢气，氢气积聚就会产生爆炸危险，因而集中室内充电时充电间会采用防爆设计，设斜顶，并在最高点设防爆通风。）

五、快速传递接口

隔离器从设备结构上严格将生产人员与产品生产过程隔离开来。人们不禁会有疑问：生产过程中的物料是怎样做到无菌传递的？在所有类型的无菌工艺中，消除人工干预生产过程是首要任务。隔离器要求不存在直接或开放式的人员干预，这是理想的方式。物料的传递是挑战隔离器完整性的过程。隔离器功能性如图 5.2 所示。隔离器存在连续传递和间歇传递的需求。连续传递针对的物品是连续成品输出和主要包材（例如西林瓶）连续进入，系统设计有持续的正压维持隔离器内部的无菌条件；间歇传递的物品可以是少量包材（如胶塞）或是辅助用品，由特殊设计的传递仓和快速传递接口（rapid transfer ports，RTP）完成。

RTP 是隔离器系统广泛使用的一种接口，可以在非受控环境中实现两个隔离器之间或隔离器和另一个容器之间的无菌连接以及物品的无菌传递。胶塞和铝盖等物品可以经 RTP 进料或出料。如图 5.3 所示，RTP 上未经灭菌的表面通过互锁环或法兰互相叠合，并通过密封圈封闭，从而防止微生物进入隔离器内。传递物品时仍须遵循无菌操作要求，传递的物品及操作手套均不能触碰到 RTP 的密封圈。

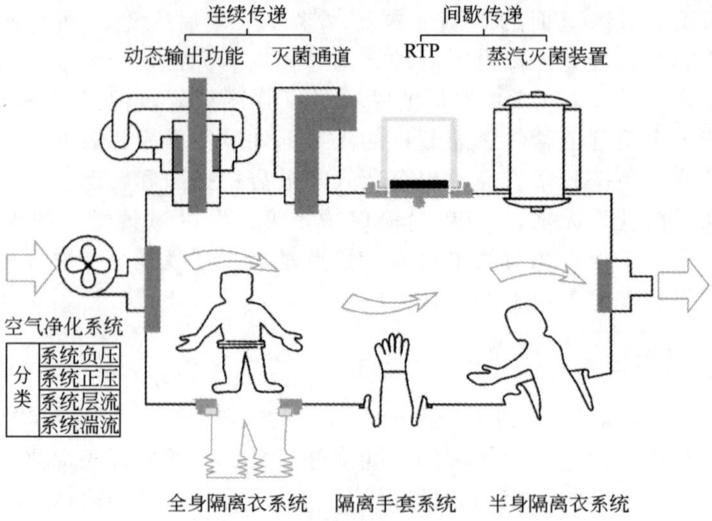

图 5.2 隔离器功能性示意

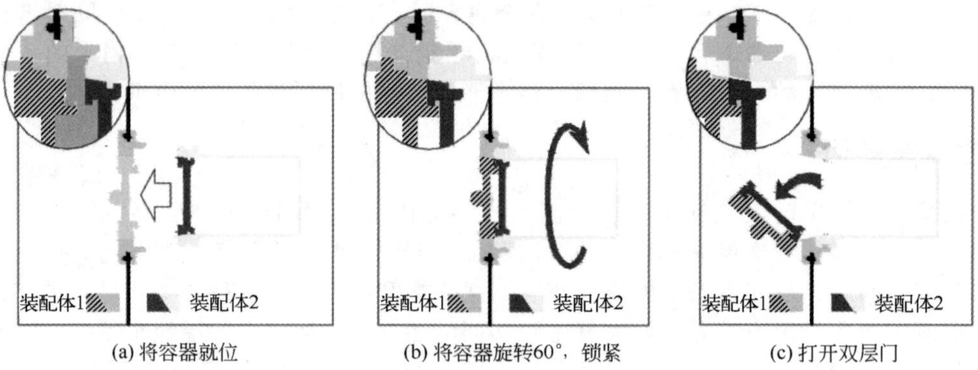

图 5.3 RTP 原理示意

RTP 的应用示例（灌装设备的连接）如图 5.4 所示。

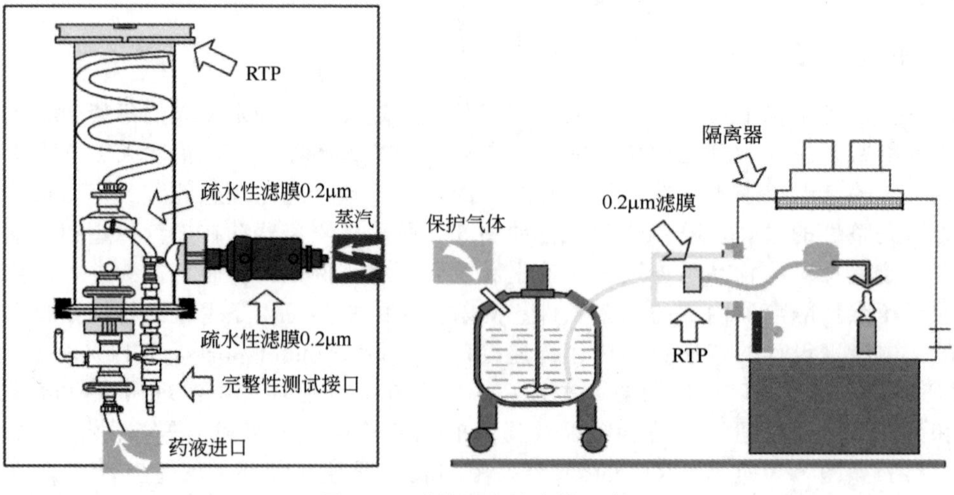

图 5.4 灌装设备的连接示意

第七节　吹灌封系统

中国 GMP（2010 年修订）附录 1 无菌药品第五章吹灌封技术第十七条：“用于生产非最终灭菌产品的吹灌封设备自身应装有 A 级空气风淋装置，人员着装应当符合 A/B 级洁净区的式样，该设备至少应当安装在 C 级洁净区环境中。在静态条件下，此环境的悬浮粒子和微生物均应当达到标准，在动态条件下，此环境的微生物应当达到标准。用于生产最终灭菌产品的吹灌封设备至少应当安装在 D 级洁净区环境中”。

吹塑、灌装、密封（简称吹灌封，blow-fill-seal，BFS）系统是一套专用机械设备，可连续操作，从将热塑性材料吹制成容器至灌装和密封，整个过程由一台全自动机器完成。

BFS 工作过程分解示意如图 5.5 所示。首先，熔化塑料颗粒挤成型坯，型坯内部有连续无菌空气吹出[图 5.5(a)]。接着，模具闭合后，无菌空气将型坯吹成瓶子[图 5.5(b)]。然后，除菌过滤后的药液即刻注入瓶中[图 5.5(c)]，完成药液灌入瓶中后立刻封口[图 5.5(d)]。最后，封口的瓶子从模具中送出[图 5.5(e)]。

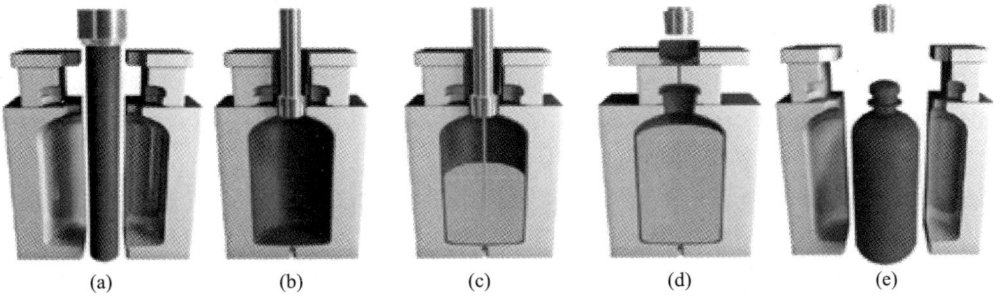

图 5.5　制瓶到出瓶过程分解示意

BFS 设备在灌装前，能保证药液经过的相关路线在 CIP/SIP（CIP：cleaning in place，在线清洗；SIP：sterilizing in place，在线灭菌）后达到清洗标准，灭菌效果达到 $F_0 \geqslant 12$（F_0 值为标准灭菌时间，即灭菌过程赋予一个产品 121℃下的等效灭菌时间），并且系统始终处于正压状态。出现异常，及时报警提示并锁定运行程序，避免在外界污染的条件下程序继续向下一步运行。该技术具有一般灌装工艺无法比拟的无菌性能，灌封过程中的人为干扰因素很小。容器的成型方式一般通过高温、高压等条件，确保容器本身的无菌性。成型的容器敞口时间非常短。在 BFS 设备入口处进行除菌过滤，包括对药液除菌、对吹塑成型气体等除菌。

BFS 生产线的工艺布局按无菌工艺设计，在净化施工、设备配置、CIP/SIP、无菌工艺验证、人员培训等方面要求较高。然而，因 BFS 技术生产的产品不需最终灭菌，不但可以减少厂房建筑面积、简化净化区域、减少配套设备和生产操作人员，还可以大幅度降低能耗、减少污染、降低生产成本，最大限度地发挥 BFS 无菌灌装技术的优势。BFS 设备广泛应用在塑料包装的最终灭菌产品、无菌产品等生产领域，具有无菌稳定性良好、交叉污染概率小、生产成本和管理成本低等优点，受到无菌制药、医疗器械、生物制剂生产厂家的高度关注，被应用于高端的以及相关特殊领域的药品制造。国内已经用于滴眼剂、小容量注射剂等方面。

第八节　制药用水系统

《中国药典》(2025年版)规定：制药用水用于药物生产过程和药物制剂的制备。制药用水通常指制药工艺过程中用到的各种质量标准的水，参与整个生产工艺过程，包括原料生产、分离纯化、成品制备、洗涤过程、清洗过程和消毒过程等，是制药生产过程的重要原料，同时，制药用水在制药工业中是应用最广泛的原辅料。

制药用水系统的设计、材质选择、制备过程、储存、分配、使用、维护和退役均应符合GMP的要求。制药用水系统应经过验证，并建立日常监控、检测和报告制度，有完善的原始记录备查。制药用水系统应定期进行清洗与消毒，消毒可以采用热处理、物理处理或化学处理等方法，采用的清洗、消毒方法以及清洗剂、消毒剂的去除应经过验证。

一、制药用水的分类和使用

以质量标准为准，比较科学的制药用水分类为：①饮用水，它属于国家层面的强制标准；②药典水，它属于药典层面的质量标准，《中国药典》收载的药典水按其质量标准和使用用途的不同分为纯化水（国际上术语为散装纯化水，Bulk PW）、注射用水（国际术语为散装注射用水，Bulk WFI）和灭菌注射用水（一种包装类型的药典水）；③非药典水，它属于企业或区域（例如某中药企业、某生物制品企业、某医药园区等）的质量标准，典型的非药典水为反渗透（reverse osmosis，RO）水、软化水或其他形式的制药用水。因为分类原则的不同，也可以将饮用水归为非药典水。

中国GMP（2010年修订）第五章设备第六节制药用水第九十六条规定：“制药用水应当适合其用途，并符合《中华人民共和国药典》的质量标准及相关要求”。药品生产企业应确保制药用水的质量符合预期用途的要求，一般应根据各生产工序或使用目的与要求选用适宜的制药用水。例如，固体制剂车间的终淋用水和最终配料用水需使用药典级纯化水，冻干制剂车间的终淋用水和最终配料用水需使用药典级注射用水。需要注意的是，中国GMP（2010年修订）第九十六条只强调了“终淋用水和最终配料用水”要符合《中国药典》的质量标准及相关要求，并没有强调前处理部分的制药用水（如洗手、CIP预冲洗、洁具等）一定要满足纯化水要求，企业可以结合风险评估原则，合理选择并采用饮用水或非药典水实施。

以使用形式为准，制药用水分为散装水与包装水。在欧美，包装制药用水用于制药工艺过程是习以为常的事情，制药企业可以从外面买到被药典收录的包装好的包装纯化水，企业可直接用于药品生产环节。而在美国，灭菌纯化水是美国药典（USP）收录的一种产品药典水，它是指包装并灭菌的纯化水，主要用于非肠道给药制剂以外的制剂配料，同时灭菌纯化水还可用于分析应用领域。

我国药典暂没有收录任何形式的包装纯化水，部分小型研发或生产企业还需要安装纯化水成套装置。可喜的是，相关监管部门已经关注到企业的此部分诉求。未来相关课题一旦启动并落地，全行业纯化水系统的初期投资压力、管理成本压力与运行成本压力都将得到极大的释放。与此同时，随着全行业非蒸馏法制备注射用水、快速微生物监测技术（RMM，在线与离线）的成熟与普及，制药企业对纯化水与注射用水的质量控制手段与应用类型选择也将得到极大的简化。生物膜与不可接受微生物污染风险将得到极大降低，具体可参考《中国药典》(2025年版)(9209制药用水微生物监测和控制指导原则)的相关内容。

1. 饮用水

饮用水是指不经额外净化处理、可直接供给人体饮用的水。饮用水分为散装饮用水与包装饮用水。散装饮用水包括由用户自行取用的天然泉水、井水、河水和湖水，或者由饮用水输送装置输送到用户端的管道直饮水；包装饮用水有瓶装水（例如矿泉水、纯净水）与桶装水等形式，包装饮用水完全可以用于需要饮用水的工艺岗位，尤其是想用饮用水但直供水又达不到的工艺场合，它是完全符合 GMP 要求的。

自来水是一种可以管道直供的散装饮用水，是指通过自来水处理厂净化、消毒后生产出来的符合相应标准的供人们生活、生产使用的水。生活用水主要通过水厂的取水泵站汲取江河湖泊及地下水、地表水，由自来水厂按照国家《生活饮用水卫生标准》，经过沉淀、消毒、过滤等工艺流程处理，最后通过配水泵站输送到各个用户。在我国，很多人认为自来水本身就是与饮用水有着不同质量属性的水，允许自来水达不到饮用水标准，这应该是一个行业认知误区。理论上来说，如果按照自来水的名词解释和质量控制要求，自来水本身就属于散装饮用水，它具有管道直饮水的特性。与纯化水系统一样，自来水系统同样具有制备、储存与分配单元操作，并最后通过输送泵输送到各个用户，其用水点水质必须满足国家强制规定的 GB 5749《生活饮用水卫生标准》。中国 GMP（2010 年修订）第九十六条规定制药用水应适合其用途，应至少采用饮用水作为制药用水。与我国制药行业药典水（纯化水、注射用水）已经达到的普及程度不同，目前，除香港、深圳与上海等少数地区外，因为环境污染与市政管网建设等诸多原因，我国大部分地区的自来水还无法实现真正意义上的全民直饮，同时其近百项的质量检测指标（包含强制检测项和非强制检测项）也加剧了企业或个人自建饮用水系统的困难，这个客观现状不仅是我国普通大众健康饮水的障碍，也成了制药行业科学发展与节能减排的阻力。需要注意的是，并不是国家市政管网管辖的水系统就是自来水系统的全部范畴，自来水作为散装饮用水，在城市市政管网系统无法时刻满足饮用水质量标准的现实状况下，企业需结合实际情况采用各种灵活措施确保使用的是符合国家标准的饮用水。例如，结合市政管网系统，企业可采用终端预处理工艺保证饮用水质量，或者地方政府或工业园区统筹设计规划饮用水工程，它本身也是一种符合规定的散装饮用水系统设计。可喜的是，随着国家健康饮水战略工程的持续不断推进，我国城镇与农村自来水的品质已经有了很大改进，实现全民健康饮水指日可待。

2. 非药典水

非药典水是指没有被药典收录但满足制药生产工艺且质量可控的制药用水。例如软化水、蒸馏水和反渗透水等，饮用水也可以看作一种特殊的非药典水。

非药典水至少要符合饮用水的要求，通常还需要进行其他加工以符合工艺要求，非药典水中可能包含一些用于微生物负荷控制的物质，因而它无须符合所有的药典要求。非药典水可根据其所采用的最终操作单元或关键纯化工艺来命名，例如反渗透水；在其他情况下非药典水还可以用水的特殊质量属性命名，例如低内毒素水。需要注意的是，非药典水的质量不一定比药典水差，事实上，如果应用需要，非药典水的某个质量属性可能比药典水规定得更高。

常见的非药典水包括以下几种。

（1）饮用水　指天然水经净化处理所得的水，其质量必须符合官方标准，它是可用于制药生产的最低标准的非药典水。饮用水可作为药材净制时的漂洗及制药用具的粗洗用水。除另有规定外，饮用水也可作为药材的提取溶剂。

（2）软化水　指饮用水经过去硬度处理所得的水，人体长期饮用的水必须是软化水。将软化处理作为最终操作单元或最重要操作单元，以降低通常由钙和镁等离子污染物造成的硬度。

（3）反渗透水　指将反渗透作为最终操作单元或最重要操作单元的水。反渗透水通常质量相对较高，可以广泛应用于制药工艺各个岗位。

（4）超滤水　指将超滤作为最终操作单元或最重要操作单元的水。超滤水的内毒素和微生物控制水平相对较高。

（5）去离子水　指将离子去除或离子交换过程作为最终操作单元或最重要操作单元的水。当去离子过程是用特定的电去离子法时，则称为电去离子水。

（6）蒸馏水　指将简单蒸馏作为最终单元操作或最重要单元操作的水。这一类水在实验室环节应用非常广泛。

（7）实验室用水　指经过特殊加工的饮用水，使其符合实验室用水要求。它是以使用的特定场所命名的。

通过合理的选择，非药典水可应用到整个制药工艺操作中的多个岗位，包括生产设备的清洗、实验室应用以及作为原料药生产或合成的原料。需要注意的是，GMP 车间药物制剂的配制必须使用药典水。无论是药典水还是非药典水，用户均应制定适宜的微生物限度企业内控标准，应根据产品的用途、产品本身的性质以及对用户潜在的危害评估微生物在非无菌制剂中的重要性，并期望企业根据所用制药用水的类型制定适当的微生物数量的警戒限和行动限，这些限度的制定应基于工艺要求和讨论的系统的历史记录，这方面在过程监控技术的应用普及下已经得到了很好的响应。

国家饮用水标准的各项质量检测指标使制药企业的确很难自建系统并自检，采用其他形式的非药典水将是一个有效解决途径。例如，行业内可以通过民间组织或企业自身定义出来公认的反渗透水、软化水、超滤水或离子水等质量标准，这个工作对我国制药行业非常重要。这个质量标准可以由民间机构、企业或地方组织沟通确认，但前提是必须设计合理且水质指标需不低于饮用水质量标准。在车间工艺设计阶段，无菌或生物制品车间可以采用“饮用水＋注射用水”或“非药典水＋注射用水”等多种柔性模式；非无菌原料药或非无菌制剂车间可以采用“饮用水＋纯化水”或“非药典水＋纯化水”等多种柔性模式。

3. 纯化水

《中华人民共和国药典》（2025 年版）规定：纯化水为符合官方标准的饮用水经蒸馏法、离子交换法、反渗透法或其他适宜的方法制备的制药用水。其质量应符合纯化水项下的规定。

纯化水属于一种用于药品生产的原料水。纯化水可作为配制普通药物制剂用的溶剂或试验用水；可作为中药注射剂、滴眼剂等灭菌制剂所用饮片的提取溶剂；口服、外用制剂配制用溶剂或稀释剂；非灭菌制剂用器具的精洗用水；也可用作非灭菌制剂所用饮片的提取溶剂。纯化水不得用于注射剂的配制与稀释。纯化水是一种药典水，作为制药企业最为重要的原料及清洗剂，广泛应用于制药行业的药品配制工艺及清洗工艺。

4. 注射用水

《中华人民共和国药典》（2025 年版）规定：注射用水为纯化水经蒸馏所得，其质量应符合注射用水的规定；或为通过一个等同于蒸馏的纯化工艺制备所得，其制备工艺应符合监管部门有关要求，其质量应符合有关规定。与纯化水的要求不同，注射用水还应符合细菌内毒素试验等具体要求，必须在防止细菌内毒素产生的设计条件下生产、贮藏及分装。需要注意的是，《中华人民共和国药典》（2025 年版）取消了对注射用水制法仅为蒸馏法的限制。同时也取消了对注射用水工作温度的限制。注射用水属于一种用于药品生产的原料水。注射用水可作为配制注射剂、滴眼剂等的溶剂或稀释剂及用于容器的精洗。

注射用水的微生物控制手段可以参考无菌操作进行管理，但注射用水作为原料或清洗用水本身不需要是无菌水，其微生物限度为 10CFU/100mL，注射用水需要控制微生物负荷，但它不是“无菌原料药”。

5. 灭菌注射用水

灭菌注射用水为注射用水按照注射剂生产工艺制备所得。灭菌注射用水属于一种包装药典注射用水，也是唯一被我国药典收录的包装药典水。灭菌注射用水不含任何添加剂，主要用作注射用灭菌粉末的溶剂或注射剂的稀释剂，其质量应符合灭菌注射用水项下的规定。灭菌注射用水灌装规格应与临床需要相适应，避免大规格、多次使用造成污染。

《中国药典》（2025 年版）收录了灭菌注射用水这种包装注射用水，而且在描述中明文规定了规格与应用场景的关系。

二、制药用水系统的组成

通常，制药生产企业关心的是散装制药用水系统，即散装饮用水、软化水、纯化水和注射用水等。

从使用功能角度分类，散装制药用水系统主要由制备单元和储存与分配系统两部分组成。制备单元主要包括软化水机、纯化水机和注射用水机等，其主要功能为连续、稳定地将原水净化成符合企业内控指标或药典要求的散装制药用水。典型的储存与分配系统主要包括储存单元、分配单元和用水点管网单元，其主要功能为以一定缓冲能力将散装制药用水输送到所需的工艺岗位，满足相应的流量、压力和温度等需求，并维持制药用水的质量始终符合药典要求。需要注意的是，只要可持续确保水质符合企业内控或药典要求，没有储存单元、没有分配单元甚至没有管网系统的散装制药用水也是可以客观存在且符合 GMP 要求的。

1. 纯化水制备装置

从定义上可以看出，符合药典的纯化水机是从饮用水为原水开始的，纯化水机通常分为预处理与纯化两个工段。预处理工段的目的是将不符合饮用水标准的自来水净化成达到或超过《生活饮用水卫生标准》的制药用水。纯化工段的目的是以饮用水及高于饮用水标准的制药用水作为原水，采用反渗透（RO）、离子交换、超滤、电去离子（EDI）等合适的单元或组合操作制备纯化水。纯化水机特指 RO/RO、RO/EDI、RO/RO/EDI 等机组。

图 5.6 所示是纯化水制备的传统工艺。原水水质应达到饮用水标准，方可作为制药用水或纯化水的起始用水。如果原水达不到饮用水标准，就要将原水（例如市政水、井水或地表水）首先处理到饮用水的标准，再进一步处理成符合药典要求的纯化水。

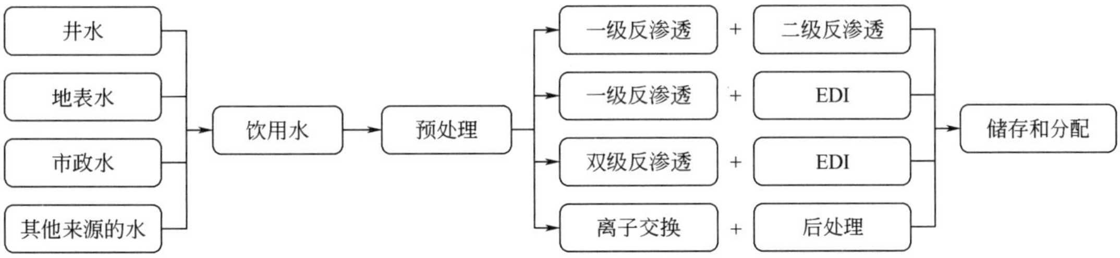

图 5.6　纯化水制备的传统工艺

纯化水制备单元主要组件包括多介质过滤器、活性炭过滤器、软化器、微滤膜/超滤膜/纳滤膜、反渗透系统、离子交换系统、电去离子装置、紫外灯、换热器等，分为制备饮用水的预处理单元和制备纯化水的纯化单元。纯化水的消毒工艺包括：巴氏消毒、臭氧消毒、紫外线消毒、物理杀菌等。

2. 注射用水制备单元

注射用水属于一种用于药品生产的原料水，可作为配制注射剂、眼用制剂等的溶剂或稀释剂，以及容器的精洗用水等。为保证注射用水的质量，应减少原水中的微生物、颗粒物与细菌内毒素等污染物，应有效监控注射用水的各生产环节，防止微生物污染，并定期清洗与消毒注射用水系统，这也是制药企业落实污染控制策略（CCS）的基本要求。

制备注射用水的方法主要有蒸馏法与非蒸馏法，其中，蒸馏法是世界各国公认的制备注射用水的首选方法，注射用水的制备通常通过多效蒸馏与热压式蒸馏两种蒸馏方式获得。与此同时，膜过滤等非蒸馏法已得到全世界药典法规的认可，它具有非常大的节能与成本优势，也是传统制备注射用水方式的有力补充。

为保证注射用水的质量，应减少原水中的细菌内毒素，监控蒸馏法制备注射用水的各生产环节，并防止微生物污染，应定期清洗与消毒注射用水系统。注射用水的储存方式和储存期限应经过验证，确保水质符合质量要求。中国 GMP 并没有强制规定注射用水的储存与分配温度，只是推荐采用高温巴氏消毒模式，例如可以在 70℃以上保温，这是因为当下的科技水平表明：高温对浮游微生物控制的效果是经济、安全、有效的。

3. 制药用水储存与分配系统

中国 GMP（2010 年修订）规定：纯化水、注射用水的制备、储存和分配应当能够防止微生物的滋生。纯化水可采用循环，注射用水可采用 70℃以上保温循环。

制药用水储存与分配系统主要组成部分有纯化水储罐、注射用水储罐、输送泵、换热器、输送循环管路、取样点和使用点、阀门、监控系统和仪器仪表等。在制药用水系统的安装及使用过程中，为使流速符合要求，避免死角产生，很多相关组织都制定了相应的技术标准和参数。

储存与分配系统的正确设计对制药用水系统的成功至关重要。任何制药用水储存与分配系统都必须达到下列 3 个目的：①保持制药用水水质在药典要求的范围之内；②将制药用水以符合生产要求的流量、压力和温度输送到各工艺使用点；③保证初期投资和运行费用的合理匹配。

为保证制药用水的质量，避免在储存和分配过程中受到污染，目前已经有很多种储存与分配方式。储存与分配系统设计思路可归纳为 8 种形式，目前常规使用的设计原则均可从如下基本原理中得到印证：①批处理循环系统；②多分支/单通道系统；③单罐、平行循环系统；④热储存、热循环系统；⑤常温储存、常温循环系统；⑥热储存、冷却再加热系统；⑦热储存、独立循环系统；⑧使用点降温系统。

三、制药用水系统关键工艺参数控制

对于制药用水系统，关键工艺参数主要包括以下几种。

1. 工作温度

温度对水的电导率、酸碱性等关键质量属性有影响，也是微生物繁殖的一个重要影响因素。对温度的控制也应该与整个厂区的能耗相结合。高温对于微生物有明显的致死作用，不同的微生物对高温的抵抗力不同，当环境温度超过微生物生长的最高温度范围时，微生物很容易死亡，超过的温度越多或在高温条件下灭菌时间越长微生物死亡得越快。GMP 建议“注射用水可采用 70℃以上保温循环”。对于很多生物制品企业，常温或低温循环的注射用水设计与实践也符合 GMP 要求，该设计也将越来越普及。

需要注意的是，温度与电导率、TOC（total organic carbon，总有机碳）不同，仅是制药用水的关键工艺参数，而非药典水的核心质量属性（质量放行的电导率补偿用温度除外），企业需要将温度与工艺应用需求相结合，并不是纯化水就必须是常温设计、注射用水就必须是高温设计，企业完全可以设计高温纯化水、低温注射用水或常温注射用水。实际上，低温注射用水系统在血液制品的生产工艺中大有用途，常温注射用水系统在生物制品项目中大有用武之地，高温纯化水在日化行业广泛应用。虽然日化行业并不需要强制按药典纯化水执行，但企业往往会参考药典纯化水或注射用水标准，其微生物控制要求往往也会高于制药行业。

2. 消毒时间/频率/温度

在我国，纯化水常采用巴氏消毒（消毒时间不低于 60min；消毒频率通常为 1～6 个月；消毒温度 80℃），注射用水常采用过热水或纯蒸汽消毒（消毒时间不低于 30min；消毒频率通常为 3～12 个月；消毒温度 121℃），需要注意的是，这些热消毒模式对不锈钢制药用水系统的抗腐蚀性伤害较大。实际上，最安全、最节能的消毒方式是常温的化学消毒（例如臭氧）或物理消毒（可验证的未来新科技），这种方式也是有效避免纯化水与注射用水不锈钢系统快速滋生红锈的有效途径。

3. 压力

除了容器安装呼吸器（通风过滤器）外，制药用水系统在运行的任何时间相对于外界环境为正压，回水压力通过喷淋球本身的憋压需求和回水管网正压实现。同时，也应当考虑防止水系统逆流或其他物质泄漏对制药用水系统产生污染。

4. 流量

在常温系统或低温系统中，增加水流速或流速高于湍流雷诺数有助于减少水中微生物的生长。分配系统中水循环部分的湍流流量被认为是最低设计要求。同时，在正常系统操作时流量需被监控。在巴氏消毒的高温注射用水或纯化水系统中，流速给微生物控制带来的价值相对较小，但对保证正压有帮助。

5. 液位

可以通过保持储罐内的液位控制供水量和下游泵的气穴现象（亦称空穴现象、汽蚀）。一般情况下，液位对水质来说不被视为关键因素，但在纯化水机组的操作中可能是一个关键性因素。

● 案例

案例一　部分设备维护、保养不规范

（一）背景

在某企业的 GMP 检查中，关于设备维修保养发现了以下问题。

(1)《2019 年设备维修保养计划》中设备的维护保养内容及频率与《设备使用、维修和保养管理规程》(执行日期 2018.12.21) 规定的不一致，管理规程规定设备维护保养分为日常保养、一级保养、二级保养，但计划中无法区分一级保养、二级保养，而且频率和内容与管理规程均不一致。

(2) 设备维护保养填写《设备仪器维修、验收记录》，无独立维护、保养记录。

(3)《设备使用、维修和保养管理规程》规定，一级保养项目应包含“检查设备内部，检查、调整各操纵机构、运行机件，检查、调节各指示仪器仪表与安全防护装置的可靠性，检查、清扫、调整电器控制部位，检查油泵，疏通油路，检查油量”。《2019 年设备维修保养计划》显示，2019 年 2 月应对摇摆式颗粒机进行维护保养，项目为“维护、保养、加油、其他”，但《设备仪器维修、验收记录》显示，企业于 2019 年 2 月对该设备进行了“设备清洁、加油”，无法有效显示维护保养的内容与管理规程、计划的一致性，现场检查时该摇摆式颗粒机内转轴处有锈迹。

（二）解题思路

(1) 设备维修与维护是 GMP 的基本要求之一。GMP 规定：设备的维护和维修不得影响产品质量；应当制定设备的预防性维护计划和操作规程，设备的维护和维修应当有相应的记录；经改造或重大维修的设备应当进行再确认，符合要求后方可用于生产。

（2）企业在设备维护保养时，应严格按照制定的维护保养计划的具体要求、保养项目、频次等进行维护，并做好相应的记录。未严格按照规定进行维护或缺少维护记录都不符合GMP的要求，会对药品的生产带来风险。

案例二 颗粒物污染排查

（一）背景

用户在配液过程中发现多批料液配制过程中存在肉眼可见的黄色粉末状颗粒污染物，该污染物不溶于水且可以通过过滤器进行过滤，公司启动工艺排查、车间停产并进行产品召回处理。

（二）解题思路

1. 根本原因的调查

多批次发现黄色颗粒，直接进入生产过程中偏差调查，从原料水、配液、过滤和清洗等各工序开展调查。

2. 偏差的评估

对产品质量与风险的影响较大，属于高风险。

（三）调查结果

生产部门与设备部门沟通，要求设备部门对水系统和配液系统材质、原料水、粉末原料等进行彻底检测，发现在每次配料和清洗过程中配料系统、纯化水、注射用水与纯蒸汽系统会引入黄色粉末状颗粒。通过将注射用水分配系统与纯蒸汽分配系统进行微生物与颗粒物的污染控制（不合规设备/系统退役并更换，定期进行GMP合规清洗），此现象消失后，工程部将污染控制策略（CCS）与预防性维护作为年度周期性维保并纳入GMP管理。

● 阅读链接

[1] 许龙．制药行业CIP清洗站的组成及设计要素．机电信息，2018（2）：22-24，54.

[2] 李世雄．运用吹灌封技术的滴眼剂车间工艺设计探讨．化工与医药工程，2014，35（3）：34-37.

[3] 李世雄．无菌原料药精干包车间工艺设计．化工管理，2014（5）：234-236.

[4] 陈琦，缪晡．洁净粉体的系统输送技术．医药工程设计，2013，34（6）：7-9.

[5] 王庆，朱建伟．化学合成原料药生产设备清洗的关键因素探讨．中国医药工业杂志，2019，50（3）：260-269.

[6] 顾锋，王双乐．高活性固体物料密闭转运方式的探讨．化工与医药工程，2019，40（2）：18-22.

[7] 汤海勇．冻干无菌原料药生产整体解决方案的探索与实施．机电信息，2012，（32）：27-32.

[8] 张洪飞，冯丽莉．浅谈BFS无菌灌装生产线．流程工业，2019，4：40-43.

[9] 徐丹．原料药规避物料输送风险的方案探讨．化工与医药工程，2017，38（5）：38-41.

[10] 夏跃坚．制药企业智能工厂介绍．中国医药工业杂志，2016，47（8）：1-7.

[11] 张功臣．制药用水系统．北京：化学工业出版社，2021.

[12] 国家药品监督管理局食品药品审核查验中心．药品GMP指南．北京：中国医药科技出版社，2023.

[13] 国家药典委员会．中华人民共和国药典．北京：中国医药科技出版社，2025.

● 思考题

1. 注射用水是否是无菌的？是否按照注射剂来检验？为什么？

2. 制药工艺用水有哪几种？分别列举这几类水的应用。

3. 职业暴露等级（OEB）值（1、2、3、4、5）与物质本身的毒性有关。分类系统的目的是选择最佳的生产设备和工艺技术。简述根据API，药物的OEB值需要什么级别的污染控制并采取何种相应的密闭隔离措施。

4. 举例说明设备清洁流程及其清洁剂选择理由。

第六章　物料与产品管理

- **本章学习要求**

1. 掌握物料的验收、储存、发放要求。
2. 掌握物料、产品、印刷性包装材料的管理要求。

随堂练习

药品生产过程是通过生产起始物料的输入，按照规定的生产工艺进行加工，生产出符合法定质量标准的药品的一系列过程。产品的质量取决于物料的质量，形成于药品生产的全过程。药品生产过程中，物料和产品是药品生产操作的主要对象，原料、辅料及包装材料等物料是构成产品生产工艺的基本内容，也是影响产品质量的因素，若要始终如一地生产出安全、有效、质量可控的药品，加强物料管理必定是药品生产质量管理工作的重要内容之一。

物料管理是企业一切管理的基础和关键，良好的生产作业管理系统和严密的控制系统将成为企业在不断增强的经济竞争中得以生存的重要因素。制药企业应充分认识到物料管理的重要性，具备风险意识，从物料采购管理、放行管理、仓储管理和使用管理等各方面保证药品的质量，减少各类药害事件发生，从而保证稳定的产品质量、可靠的交货期，降低时间、空间、人力、资金等成本，具有良好的“柔性”生产能力。

第一节　基本概念和一般要求

药品生产涉及很多物料，除了药品原料外，其他物料由于生产厂家行业分布广、品种规格多，所依据的标准也各种各样。

物料是指原料、辅料和包装材料。原料、辅料是指除包装材料之外药品生产中使用的任何物料。它是药品生产的物质基础，也是药品生产过程的第一关，其质量状况直接影响制药企业的最终产品的质量。

就药品制剂而言，化学药品制剂的原料是指原料药，生物制品的原料是指原材料，中药制剂的原料是指中药材、中药饮片和外购中药提取物；就原料药而言，原料指用于原料药生产的除包装材料之外的其他物料。

辅料是指生产药品和调配处方时所用的赋形剂和附加剂。

产品包括药品的中间产品、半成品、待包装产品和成品。中间产品是指完成部分加工步骤的产品，但仍需要进一步加工方可成为待包装产品。待包装产品是指尚未进行包装但已完成所有其他加工工序的产品。成品是指已完成所有生产操作步骤并最终包装的产品。

包装材料指药品包装所用的材料，包括与药品直接接触的包装材料和容器、印刷包装材料，但不包括发运用的外包装材料。印刷包装材料是指具有特定式样和印刷内容的包装材料，如印字铝箔、标签、说明书、纸盒等。

待验是指原辅料、包装材料、中间产品、待包装产品或成品，采用物理手段或其他有效方式将其隔离或区分，在允许用于投料生产或上市销售之前贮存、等待作出放行决定的状态。

物料和产品管理的一般要求主要如下：

① 建立物料和产品的操作规程，确保物料和产品的正确接收、贮存、发放、使用和发运，防止污染、交叉污染、混淆和差错。

② 物料和产品的处理应当按照操作规程或工艺规程执行，并有记录。

③ 物料的流转具有可追溯性。做到账、物、卡三相符。

④ 物料接收和成品生产后按待验管理，直至检验合格并放行。

⑤ 应当制定相应的操作规程，采取核对或检验等适当措施，确认每一包装内的原辅料正确无误。

⑥ 物料和产品根据性质有序分批贮存和周转，发放及发运遵循先进先出和近效期先出原则。

⑦ 按批堆放、分类、分区定置管理。选择合适的储存条件。

第二节　物料管理系统

物料管理系统是指药品生产所需物料的购入、储存、发放和使用过程中的管理，所涉及的物料是指原料、辅料、中间产品、待包装产品、成品（包括生物制品）、包装材料。对物料和产品的管理是一项系统工程，包括供应商审计与物料采购、生产过程管理、产品控制与放行、产品售后管理几个方面，形成一个系统的质量管理体系。

总体而言，对物料和产品的管理是一项系统工程，从物料输入到生产加工过程，再到产品输出，整个物流过程要做到全程可追溯。

制药企业的物料管理系统具有以下三大功能。

（1）采购和生产计划　与质量管理部门共同负责供应商的选择、物料采购计划的制订与实施、生产计划的制订与实施。

（2）物料管理　负责原料、辅料、包装材料的接收、储存、发放及销毁。

（3）成品管理　负责成品的接收、储存、发放及销毁。

对物料管理系统的要求有以下几点：

① 使物料的流转具有可追溯性。从供货单位采购的原料到成品销售给用户，其中任何环节的偏差都能从物料管理系统中得到可靠的信息。

② 仓库的物料管理核心是做到账、物、卡三相符。物料要有固定的企业统一编号标识，实行定位管理，有条件的单位可实行计算机自动化管理。

③ 生产部门领用物料的科学管理。生产部门领用物料，要计算物料平衡，必要时写出偏差调查报告；领用物料要与物料检验的质量相符，与仓库发放的来料批号、数量相符；要落实物料主要流转程序的工作职责，实现物流现代化。

第三节　物料的管理

对于药品生产的质量控制，源头即为物料的管理。物料的质量控制包括从物料的购进开始到物料的接收、检验、储存、发放和使用等几个方面。

药品生产企业不能任意从一个物料生产企业购入物料，需从合法的单位即“合格供应商清单”上选择供应商购进符合规定标准的物料（具体参见第十章第七节　供应商的评估与批准相关内容），并按规定入库。

企业在采购原辅料时，按规定程序向生产或经营企业索取产品检验合格证、检验证书，并签订经济合同，规定买卖双方、标的、数量、价格、规格、交货地点、违约责任、原辅料质量标准要求和卫生要求。生产企业按药品特性要求发运产品，确保物料质量。

一、物料的验收

物料的验收是库房管理人员管理工作的关键所在，是防止伪劣物品入库、保证物料质量不可忽视的环节。物料入库时，为保证物料质量和数量，必须进行严格的检查验收，按批进行核查。

物料的验收包括以下三个环节。

（1）审查书面凭证　物料到货后，验收人员首先核对送货厂商是否是经质量管理部门批准的合格供应商目录上的合格供应商，确保合格后再对随货到达的书面凭证如合同、订单、发票、产品合格证和检验报告书等进行逐项审查，确定这些单据的真实性、规范性以及它们与所到货物的一致性，确认无误后准予卸车，确认不一致的则不予收料。

（2）外观目检　对照书面凭证从标签和外观上逐项核对所到原辅料的品名、批号、厂家、商标，检查包装有无破损，原辅料有无受到污染、渗漏、受潮、水渍、虫咬等情况，大致判定所到货物的品质。当发现外包装损坏或是其他可能影响物料质量的问题时，应及时向质量管理部门报告并进行调查和记录。

（3）填写接收记录　物料接收应有记录。记录内容包括：交货单和包装容器上所注物料的名称；企业内部所用物料名称和（或）代码（用以追溯和审查该宗物料的接收、使用历史，例如：Y 055 05 201 为原料类别字符＋原料代码号＋年份号＋流水号）；接收日期；供应商和生产商（如不同）的名称；供应商和生产商（如不同）的批号；接收总量和包装容器数量；接收后企业指定的编号或流水号；有关说明（如包装状况）。记录要及时，信息真实准确，注明接收结论，并由负责人签名。

二、物料的暂存

物料在接收后，即处于待验隔离状态（无需检验放行的其他辅助物料除外），按规定程序进行统一编码，放入待验区隔离（挂黄色标志），按照待验管理，直至放行。隔离方法可以根据企业物料管理系统的实际情况进行选择，可以采用物理隔离区域或已验证的计算机化物料控制系统，确保放行前物料处于待验隔离状态。

三、物料的请验

接收的物料应按企业内部批号请验。仓库管理员填写“物料请验单”，送质量控制部门。请验单内容包括：物料名称、供应商批号、企业内部批号或流水号、物料代码、规格、包装规格、总件数、取样地点、请验日期、请验人、请验项目、备注等。

四、物料的检验

企业质量管理部门接到仓储部门的请验单后，通知质量检验部门进行检验。质量检验部门接到质量管理部门的通知后，立即派人员按规定的抽样办法及时取样。如果一次接收数个批次的物料，应当按批取样、检验及放行。

物料取样操作的具体要求参见第十章第一节质量控制室中相关内容。取样过程参照中国

GMP（2010年修订）附录9取样执行。取样后，贴取样标签（白色）并填写取样记录。待取样结束后，库房人员复核被抽样物料均贴有取样标签、件数正确。取样后容器密封完好后将被抽样物料集中放置在托盘上收入库区。

被取样物料返回该批次所在的库区时，若存在同批物料多货位分散存放的情况（如人工高位库），应对其所在货位进行标识（如标识其分类账中的货位号），以确保在该批物料发放时优先发出被取样物料。取样后的包装应及时密封，密封应与原包装效果一致或相当。

样品经检验后，质量检验部门将检验结果报质量管理部门审核。经检验合格的生产物料，由质量管理部门发放检验合格报告书、合格标签和物料放行单，并将结果通知仓储部门。仓储部门根据结果对物料进行处理，除去原来的标签和标识。对合格的物料将物料状态由“待检”变为“合格”，挂上绿色标识，移送至合格品区储存；对不合格的物料将物料状态由“待检”变为“不合格”，挂上红色标识，移送至不合格品区，按规定程序进行处理。

五、物料的发放

1. 物料发放的原则

经质量管理部门批准放行并在有效期或复验期内的物料才可发放。物料发放时，应遵循“先进先出”按批发放的原则，缩短物料的储存期限。此外，在物料发放的实际操作过程中还应执行“零头先发”和“整包发放”原则。

“零头先发”即上一次产品生产结束后退回仓库的剩余物料（即零头）在下一次生产时应首先使用。这一原则的执行便于物料的管理，防止零头累积。通常零头多为开封的物料，为避免长时间储存可能带来的质量风险，一般原则上应最先使用。

“整包发放”即根据生产指令或生产订单的要求整件/整包发放所需的物料，但每种物料的发放总量应大于生产指令或生产订单中的所需量。通常一批产品生产所需的物料若根据生产所需量发放，则可能需要对每种物料的最后一件整包装进行拆零，在这种情况下采用整包发放的原则比较适用。

2. 物料发放的程序

生产车间按照生产需要填“领料单”送仓库；物料保管员依照“领料单”所列内容将所需物料备齐；领料员逐件核对所备物料，在“领料单”上签字后，将物料送到车间指定位置。

六、物料异常处理

物料接收和请验过程中的异常情况均需要向质量管理部门报告，必要时进行调查处理。

物料验收不合格、检验不合格及使用过程中出现异常等，由发现部门将信息反馈给QA部门，由QA部门牵头向供应商进行投诉，必要时进行偏差调查。

最终判定为不合格的物料，应及时更改状态标识，每件粘贴不合格物料标签并移至不合格品库内。对不合格物料的投诉，采购员应跟踪供应商的处理进度，最终应将调查结果反馈给QA部门。

需要退货的物料，采购员联系供应商办理退货手续。通常情况下，不合格印刷类包材不得退回供应商，采购员应联系供应商对不合格包材进行确认，在QA部门监督下组织销毁；特殊情况下，如需退回供应商，应监督其处理过程，确保处于受控状态。

如涉及委托生产，应根据委托生产协议将物料接收、检验、贮存及放行中遇到的偏差及问题及时向合同方反馈，以合同方的处理意见作为最终意见。

七、计算机化仓储管理系统

随着信息化技术进步，计算机化物料处理系统的使用越发普及。通过计算机化系统进行物料管理，则该系统必须经过验证。

仓储管理系统（warehouse management system，WMS）是通过入库业务、出库业务等功能，实现批次管理、物料对应、库存盘点、质检管理、即时库存管理、标签打印等功能，有效控制并跟踪仓库业务的物流和成本管理过程，实现企业的仓储信息管理。该系统可独立执行库存操作，也可与其他系统的信息互通共享。

物料接收前，需预先根据合格供应商清单建立物料的主数据，通常包括物料代码、物料名称、有效期等。物料接收时，按照 SOP 规定进行相应的验收检查，合格后录入系统。包括订单号、生产商信息，选择物料代码后编制企业内部批号，输入物料生产日期和数量。打印物料标识并粘贴到每箱物料上，关联物料的托盘信息后入库。系统根据物料主数据的信息，入库到相应库区并记录相应货位号。完成入库操作后查询库存，可显示该物料的所有库存信息，包括物料代码、物料名称、批号、生产日期、有效期、数量、贮存库区、货位号、当前质量状态、收货日期、供应商信息等，后续物料的接收发放记录均可在计算机化仓储处理系统中记录追溯，不必以可读的方式在标签上标出上述信息。使用计算机化仓储管理的，应当有相应的操作规程，防止因系统故障、停机等特殊情况而造成物料和产品的混淆和差错。

八、印刷性包材的管理

药品生产中使用的印刷性包装材料种类较多，有说明书、标签、直接印刷的包装材料（眼药水瓶、铝箔）、内包装容器说明、封签、装箱单、合格证、外包装容器说明、箱贴等。印刷性包装材料直接给用户和患者提供使用药品所需要的信息，因错误信息引起的用药事故亦较为常见，故对印刷包装材料必须进行严格管理，避免由此造成的混药和差错危险。

印刷性包装材料的管理与前面所述物料的管理相同，还有些特别的要求，主要如下：

① 药品的标签、使用说明书与标准样本需要经企业质量管理部门详细核对无误后签发检验合格证，才能印刷、发放和使用。

② 印刷性包装材料应当设置专门区域妥善存放，专人管理，未经批准的人员不得进入。

③ 切割式标签或其他散装印刷材料应当分别放置于密闭容器内储运。

④ 标签实用数、残损数及剩余数之和与领用数相符，印有批号的破损标签应由两人负责销毁，并做好记录和签名确认。

⑤ 不合格标签、说明书应定期销毁，销毁时应有专人监督，并在记录上签字。

第四节　物料储存与日常养护

仓储部门应根据物料的物理化学特性、使用目的及相互间的影响进行评估，确定储存条件。合适的储存条件、正确的储存养护可保证物料的安全有效。

一、物料的储存

仓库管理员根据物料储存条件的要求将其放入相应的仓库/区域内，按照批号码放整齐。仓库管理员合理安排仓库货位，按物料或产品的品种、规格、批号分区码放。一个货位上，只能存放同一品种、同一规格、同一批号、同一状态的物料或产品。码放要安全、整齐、牢固。高架库应合理设计，通常情况下，其物料码放相对简单。

1. 确定物料品种与性质

根据物料的物理化学性质、预期使用目的及物料间的相互影响进行风险评估，确定物料的贮存条件。例如，酸、碱不宜贮存在同一仓库内，腐蚀性大的物料应单独贮存。

对于易燃易爆、剧毒、放射性等特殊物料，应根据国家相关规定进行单独存放和管理。

对于贮存麻醉药品、精神药品、医疗用毒性药品、放射性药品、药品类易制毒化学品类特殊管理药品的仓库设置特殊药品库，单独管理。

2. 确定物料存放条件

根据物料生产企业说明书或质量标准，结合物料的稳定性数据和风险评估结果，确定物料的贮存条件。常见的贮存条件包括常温、阴凉、冷藏等。

温湿度控制：仓库应根据物料的贮存条件配备相应的温湿度控制设施，如空调、除湿机等，并定期监测和记录温湿度情况。

一般库：指没有温度、湿度要求的仓库。通常用于贮存没有温度、湿度要求或贮存条件低的生产用辅助材料，如打包带、运输用横木等。一般库通常保持清洁、干燥和安全等基本条件和要求即可。

常温库：指温度要求在10～30℃的仓库。常温库应有温度监控，可采用自动监控记录仪或人工读数监测仪。需要采用相应措施确保仓库温度在要求范围内，例如使用空调或空调机组调控。

阴凉库：指温度要求在20℃以下的仓库。阴凉库应有温度监控设施或系统，确保仓库和内温控制在20℃以下，该温度监控设施或系统应经过适当的确认。

冷库：指温度要求在2～10℃的仓库。冷库应有温度监控设施或系统，确保库内温度控制在要求的范围内，并对温度进行实时监测和调控，该温度监控设施或系统应经过适当的确认。

3. 物料的标识

GMP规定储存区内的物料应当有适当的标识，并至少标明下述内容：①指定的物料名称和企业内部的物料代码；②企业接收时设定的批号；③物料质量状态（如待检、合格、不合格、已取样）；④数量或重量；⑤有效期或复验期。用于同一批号药品生产的所有配料应当集中存放，并做好标识。

二、物料的养护

日常养护是企业确保储存物料的质量的一项重要工作。物料经质量检验后进入仓库，到进入生产后流出，其质量都是靠管理养护工作提供充分保障。在质量管理部门的指导下，养护组织或养护人员具体负责物料储存中的养护和质量检查工作，对保管或储存人员进行技术指导和监督。

1. 制订养护方案

企业应根据物料的性质和贮存条件，制订详细的养护方案，确保物料在贮存期间保持其质量。养护方案应包括温湿度控制、防虫防鼠、防火等措施。定期对仓库的温湿度、物料包装及标识等进行检查，确保物料贮存环境符合要求。

2. 制订养护措施

（1）避光　有些物料对光敏感，遇光易氧化变质。对这些物料必须采取相应的避光措施。除包装用避光容器或其他遮光包装材料外，物料在库储存期间尽量置于阴暗处，对门窗、灯具等采取相应的措施进行遮光。

（2）温度控制　有些物料对温度要求较高，如生物制品、抗生素、疫苗、血清制品等，需根据要求保持适宜的温度。库内温度较高时，可采取开门窗通风或启用通风设备进行降温，对于易潮解、对湿度敏感的物料可置地下室或冰箱、冷藏库内储存。气温较低时，可采取保温措施，如采用空调或暖气片保温。

（3）湿度控制　在阴雨季节或气候潮湿的南方地区湿气较大，仓库需要采取一定的降湿除潮措施。可设置适量的湿度计，定期观测和记录湿度情况，掌握湿度变化的规律，作为考察储存药品质量的依据之一。密封是指将仓库门窗封严，以防止湿气进入。人工降湿是指无法采用通风或密封降湿时，可使用吸潮剂（生石灰、氯化钙、硅胶等）、除湿机等。

（4）防鼠虫害　采用多种措施进行防治。

（5）防火防爆　大多数物料尤其是化学试剂多为可燃物质，其中少数在一定条件下可发生更为剧烈的爆炸，所以防火防爆是一项不可或缺的工作。首先应建立严格的防火防爆管理制度，仓库需在合适位置配备一定数量的消防用具和灭火器等，对相关人员进行相应的安全教育，熟练掌握消防器材的使用，对器材定期进行检查和保养。

3. 检查储存质量

物料储存在仓库期间，由于外界条件和环境的变化可能发生变质现象，因此在日常养护之外还需定期进行检查。检查内容包括物料的堆放是否符合规定要求、物料包装是否破损、外观性状是否正常、库房的环境和储存条件是否适合等。在检查过程中要重点检查质量不够稳定的物料、包装易破损的物料及接近有效期的物料。

检查可分为不同类型，常见的有定期检查、随机检查等。定期检查一般为半年一次，对库存物料逐个进行全面检查，尤其对易受外界环境变化影响的物料要加强检查。季度检查为一个季度，每个月检查一定比例的库存物料，一个季度完成对所有库存物料的全检。随机检查为在特殊时期如高温、雨季、严寒或者外界环境变化会对物料质量产生较大影响时组织对个别或所有物料进行检查，随时发现问题，及时处理问题。检查结束后，及时完成检查报告和小结，为储存条件和相关规定的制定提供依据，同时也能够不断提高工作水平。

物料储存应制定储存期限，储存期限不得超过物料的有效期或使用期限。储存期满后应复验。复验期是指原辅料、包装材料储存一定时间后，为确保其仍适用于预定用途，由企业确定的需重新检验的日期。不合格、超过有效期的物料应及时按照规定处理，并做好记录。检验合格的原辅料在仓储区内要定期复验，检查其质量是否发生变化，检验出不符合质量标准的物料应及时报告质量管理部门进行处理。临近有效期的物料和易变质品种要增加复验率，当发生对物料质量有不良影响的特殊情况时应立刻展开此物料的复验。

4. 建立养护档案

企业应建立物料养护档案，记录物料的贮存条件、温湿度监测数据、定期检查结果、盘存记录等。养护档案应定期归档保存，确保物料管理的可追溯性。

如果贮存过程中发生偏差（如温湿度超出规定范围），应对偏差原因进行调查，制订纠正和预防措施，并评估偏差对物料质量的影响，以及是否影响到物料或产品的有效期及安全性。

第五节　产品的管理

产品的概念中包含中间产品、待包装产品、成品。产品的管理理念和程序与物料管理基本相同。中间产品和待包装产品应当有明确的标识，并至少标明下述内容：①产品名称和企业内部的产品代码；②产品批号；③数量或重量（如毛重、净重等）；④生产工序；⑤产品质量状况（必要时，如待验、合格、不合格、已取样）。

一、中间产品的管理

1. 中间产品的存放

将加工的中间产品盛于洁净容器内，悬挂状态标识，并注明品名、规格、数量、批号等；生产结束后，各工序将加工好的中间产品存放于中转间（区），按品种要求定置存放，码放整齐，并填写货位卡，待验品种存于待验区；严格按中间产品储存要求存放，保证储存质量；有可能互相影响质量、有混药可能的中间产品不能同室存放。各工序班组长负责中间产品的储存管理，做到账、卡、物相符。

2. 中间产品的交接

中间产品交接应遵循“先进先出”原则；中间产品经检验合格后方可向下一工序移交；工艺员检查下一工序生产准备情况，方可领料；各工序领料人员依据批生产指令领取待加工的中间产品，检查是否有中间产品合格证，并核对品名、规格、数量、批号等；领料人员检查无误后，在“中间产品交接记录”上签字，领取中间产品；中间产品交接后，及时填好各种记录，做到账、卡、物相符。

二、不合格产品、退货产品、废弃物的管理

1. 不合格产品

不合格产品的处理流程通常为“不合格品的标识—存放—处置”。不合格产品的每个包装容器上均应有清晰、醒目的标识，存放在有明确标识的隔离区域，并且人员的进出和不合格品的出库均应严格遵守相应的流程规范操作。不合格品的处置应由质量管理部门批准，并做处置记录。

不合格物料不得投入生产，不合格中间产品、待包装产品不得流入下一工序，不合格成品不得出厂。检验完成前投入使用的物料、中间产品、待包装产品等，经检验不合格的，后续所有工序产品均应判为不合格产品。任何情况下出现的不合格品均应按企业内部制定的偏差、投诉或其他既定程序组织调查或处理。

2. 退货产品

企业应建立药品退货操作规程，并有相应的记录，内容包括名称、批号、规程、数量、退货单位和地址、退货原因和日期、最终处理意见。同一产品、同一批号、不同渠道的退货应当分别记录、存放和处理。

退货接收后应立即单独隔离，存放于符合储存条件的退货区域，并标识为待验状态，直到经质量管理部门评估、确定处理意见后进行处理。其储存同常规的产品一样进行管理。

只有经过检查、检验和调查，有证据证明退货产品质量未受影响，而且经质量管理部门根据操作规程评估后，方可考虑将退货重新包装、重新发运销售。评估的因素至少应包括药品的性质、所需的储存条件、药品的现状和历史以及发运与退货之间的间隔等。

不符合质量标准及储存和运输要求的退货，应在质量管理部门监督下予以销毁。对退货质量有怀疑时，不得重新发运。

3. 废弃物

通常废弃物的收集可根据不同部门、来源及性质分开收集。对废弃物应进行清晰、明确的标识，之后及时转移至相对独立的区域。废弃物的转移和存放应防止对其他物料与产品的

污染和交叉污染，可分库存放。

废弃物的处置主要可分为回收与销毁。可回收的一般为废弃的纸质包装材料和包装容器、废弃金属、废弃塑料。销毁的一般为含药品的废弃物、实验室的废弃物、工程的废弃物等。

- 案例

物料与产品管理：全链条失控引发的致命危机

（一）事故简介

2006 年 4 月 24 日起，某医院有患者使用某制药厂生产的亮菌甲素注射液后出现急性肾衰竭的临床症状，截至 4 月底，该院共有 65 名患者出现了肾衰竭等严重临床症状，有 14 名患者死亡。原因是患者使用的亮菌甲素注射液中含有毒有害物质二甘醇。

（二）事故分析

经食品药品监管部门、公安部门联合查明：王某伪造药品注册证、药品生产许可证，用“二甘醇”假冒“丙二醇”销售给该制药厂。该制药厂采购员贪图便宜，未核实供应商王某的供货资质，即购进了假冒的丙二醇；副总经理未按规定派人实地考察供货方，也未要求供货方提供原、辅料样品进行检验，就同意了采购计划；主管生产质量的副总经理在这批原料被检出相对密度不合格的情况下，仍指令化验室主任开具虚假的合格检验报告书；总经理认为采购原料是小事，自己根本不屑于管。假药案就此酿成。

（三）预防整改措施

1. 加强人员管理

要严格按照药品生产岗位对人员资质及培训的要求加强从业人员管理，配备专业的药学技术人员。采购员的任职要安排培训，采购员应及时自我学习。质检工作人员要熟悉药品生产质检过程中从原料到产品的每一个检测环节，提高自身的职业素质和操作能力。

要加强生产及管理人员责任意识、法律法规、职业操守的教育。每一位药品从业人员都要牢记“诚信为本，操守为重”的做人处世原则，坚持“人无信不立，商无信不通，国无信不稳”的经营理念，在药品生产经营活动中诚实守信、脚踏实地，决不做以假充真、以次充好、虚假宣传、诱骗消费等违背诚信、丧失道德的事情。

2. 公司与物料供应商要加强监督管理力度

对于新的供应商，企业应要求对方提供样品，进行检测，确认是否符合国家标准。如有必要，相关负责人对生产厂家的资质、生产流程等进行实地考察。在本案中，采购员依据互联网和电话确定供应商，没有按企业内部管理要求进行确定，为后面的惨案埋下了隐患。

公司与物料供应商要加强监督管理力度，同时要尽快从法律上予以充实、调整和完善，特别要尽快理顺体制、健全机制，使采购和质量部门之间责任更加明确，工作有效落实，形成良好的监管链条。

3. 监督

假药事件暴露了有关部门监管不力的问题。在该药厂获取GMP认证后，有关部门若能尽职尽责，加强后续监管，认真进行跟踪检查，并在生产、流通、使用环节层层严格把关，就很可能不会出现这个恶果。

● 阅读链接

[1] 《药品生产质量管理规范（2010年修订）》药用辅料附录、药包材附录的公告（2025年第1号）. 国家药监局. 2024-12-27.

[2] 化药口服固体制剂中间产品存放时限研究技术指导原则. 国家药监局药审中心. 2025-1-14.

[3] 国家药监局关于发布《药品追溯码标识规范》等2项信息化标准的公告2022年第50号）. 国家药监局. 2022-6-23.

[4] 国家药品监督管理局食品药品审核查验中心. 药品GMP指南—质量控制实验室与物料系统. 中国医药科技出版社，2023.

● 思考题

1. 物料管理“四防”指什么？
2. 一次接收数个批次的物料，为什么要按批取样、检验、放行？
3. 在物料管理过程中需要做记录的有哪些环节？
4. 成品药生产中有时会用到非专用槽车运送大宗物料，为避免来自槽车的交叉污染，可采用哪些措施？
5. 管理印刷性包装材料时应注意哪些问题？

第七章 确认与验证

- **本章学习要求**

1. 掌握确认与验证的定义、分类、范围及文件要求。
2. 了解厂房设施验证的流程和主要内容。
3. 了解分析方法验证的内容和方法。
4. 掌握工艺验证和清洁验证的内容和方法。
5. 掌握GMP对运输确认的要求。

随堂练习

从现代制药工业的发展来看，验证技术已成为支撑药品质量管理体系运行的核心手段。从产品设计、研发、试验、放大生产，直至商业化生产，验证技术已渗透到制药工业的全过程和全部细节。

中国GMP（2010年修订）中将验证（validation）定义为：证明任何操作规程（或方法）、生产工艺或系统能够达到预期结果的一系列活动。将确认（qualification）定义为：证明厂房、设施、设备能正确运行并可达到预期结果的一系列活动。

中国GMP（2010年修订）中规定确认与验证的条款为第一百三十八条至第一百四十九条。国家食品药品监督管理总局（China Food and Drug Administration，CFDA）在2015年5月26日发布了中国GMP新附录“确认与验证”“计算机化系统”，两个附录于2015年12月1日生效。在“确认与验证”附录中，对厂房、设施、设备、检验仪器、生产工艺、操作规程和检验方法的确认与验证活动进行了要求。

实施验证的目的就是确认生产按照GMP的要求进行，提供高度的质量保证，证明生产过程的稳定性、可靠性，可生产出符合其预期规格和品质属性的产品。调试和确认是验证的基础，进一步讲，这些操作在提供有效、安全、高效率的设施、设备和公用设施运行中起至关重要的作用。

第一节 概述

按照不同的对象分类，验证可分为厂房设施与设备的验证、生产设备验证、产品工艺验证（process validation，PV）、分析方法验证、计算机化验证、实验室仪器验证和清洁验证。

① 厂房设施与设备的验证包括厂房验证、公用设施（空气净化系统、工艺用水系统等系统）验证。

② 生产设备验证包括单机设备验证和设备系统验证。

③ 产品工艺验证即对某个产品工艺的整体进行的验证，也可以是对工艺中关键工序进行的验证。

④ 分析方法验证即对药品检测分析所使用的分析方法进行的验证。

⑤ 清洁验证即对与药品及生产所用到的原料、辅料、包装材料，生产所用到的介质、

水等发生直接接触的设备、管道、容器、器具等的清洁效果进行的验证。

一、验证生命周期

验证是建立一个书面的证据，保证用一个特殊的过程始终如一地生产产品且保证符合客户预先确定规格的质量特性。要进行验证工作，就必须按照验证生命周期设计出一套完整的验证计划（validation plan，VP）及有效的测试方法。通过系列化研究完成的过程称为生命周期。验证生命周期是以制定用户需求说明（user requirement specification，URS）为起点，经过设计阶段、建造阶段、安装确认（installation qualification，IQ）、运行确认（operational qualification，OQ）和性能确认（performance qualification，PQ）等环节，证实用户需求说明是否完成的一个周期。V-模型是验证生命周期的常用模型（图 7.1）。

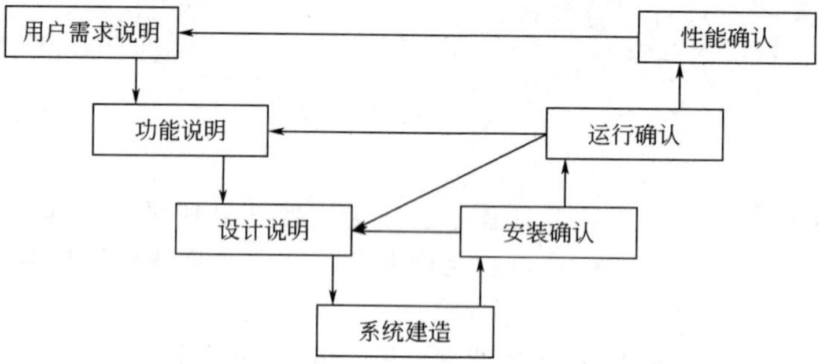

图 7.1　常用的验证生命周期的 V-模型

二、验证的范围

验证范围的确定原则应依据制药工艺要求而定。如果一个系统可能影响或者潜在影响药品或医疗设备的安全性、有效性及关键质量属性，或者如果按照 GCP、GLP 或 GMP 的要求进行某一功能时，则认为是 GxP 关键，应该进行验证。其包括用于制药产品生产的公用设施、工艺设备、分析方法、清洁验证、工艺验证、计算机化系统等的确认与验证。关键设备及无菌药品的验证内容还应包括灭菌设备、药液滤过及灌封（分装）系统、分析方法及其检测设备和仪器。中国 GMP（2010 年修订）对影响产品质量的主要因素的范围进行了扩大。

验证管理中涉及的要素有《良好工程管理规范》（Good Engineering Practice，GEP），科学地理解生产工艺、质量风险管理、质量源于设计、持续改进、知识管理。

中国 GMP（2010 年修订）中引入了通过风险评估确定确认与验证的范围和程度的要求。关键工艺参数（critical process parameter，CPP）是由关键质量属性（critical quality attribute，CQA）导出，一般在 URS 之前应识别，CQA、CPP 是 URS 编制的基础，验证的风险评估是分析步骤、操作或功能与 CPP 的关联性，从而确定需要进行哪些验证。将系统分为直接影响系统、非直接影响系统。直接影响药品质量的，与制药工艺过程、质量控制、清洁、消毒或灭菌等方面相关的制药机械设备属于必须验证的范围，其他起辅助作用或不对药品质量产生影响的系统可不列为验证的范围。对直接影响系统在 GEP 基础上进行 GMP 要求下的确认，对非直接影响系统按照 GEP 进行设计、安装和调试。

三、验证的组织及职责

对于制药企业来讲，验证是一项经常性的工作且对验证人员的专业知识有很高的要求，所以建议成立专管部门并由专人进行管理。职责包括验证管理和操作规程的制订与修订，变更控制的审核，验证计划、验证方案的制订和监督实施，参加企业新建和改建项目的验证以及新产品生产工艺的验证，企业验证总计划的制订、修订和执行情况的监督。

例如实施工艺验证（PV），职责划分一般如下：

① 研发部负责处方开发与研究、产品注册申报及对 PV 进行技术支持、指导。

② 制造部负责编制工艺验证方案（生产部分），实施工艺验证。

③ QC（质量控制）部负责编制工艺验证方案（取样、检验部分），实施检验。

④ QA（质量保证）部负责审核、批准方案及报告，生产监控。

⑤ 工程部负责提供洁净环境及动力能源支持。

⑥ 供应部负责采购生产用物料、检验用物料。

四、验证文件

验证既是一系列文件，包含验证管理要求、验证总计划、验证方案、验证记录、验证报告；也是一种证明，对参数进行一系列测试；更是一种符合性，与预期目标对比，在验证文件中规定标准，对验证结果进行审核和批准。

1. 验证总计划

验证总计划是为整个项目及总结生产者全部观点和方法建立的保护性验证计划，它是一份较高层次的文件，用来保证验证执行的充分性。验证总计划提供总的验证策略和验证工作程序的信息，并说明执行验证工作时间的安排，包括与计划相关责任的统计。

2. 验证方案和报告

验证方案是阐述验证中即将进行的活动的文件，包括批准常规工艺或部分工艺的可接受标准。验证方案的主要内容包括验证目的、验证对象、职责、应遵循的 SOP（标准操作程序）描述、验证方法、工艺和（或）参数、取样、测试和监控要求、可接受标准。

验证报告是验证程序完成后将记录、结果和评估汇集并总结的文件，它也可以包括改进工艺和（或）设备的建议。验证报告的主要内容包括标题和验证目的、参照的方案、所用物料、设备、程序和运转工序（验证记录）、规程和检验方法、验证结果、偏差评估及采取的相应纠正措施和预防措施、最终结论（包括建议）。

供应商或第三方提供验证服务的，企业应当对其提供的确认与验证的方案、数据或报告的适用性和符合性进行审核、批准。

变更已批准的确认与验证方案，应当进行评估并采取相应的控制措施。确认或验证报告应当经过书面审核、批准。

当确认或验证分阶段进行时，只有当上一阶段的确认或验证报告得到批准，或者确认或验证活动符合预定目标并经批准后，方可进行下一阶段的确认或验证活动。

上一阶段的确认或验证活动中不能满足某项预先设定标准或偏差处理未完成，经评估对下一阶段的确认或验证活动无重大影响，企业可对上一阶段的确认或验证活动进行有条件的批准。

当验证结果不符合预先设定的可接受标准时，应当进行记录并分析原因。企业如对原先设定的可接受标准进行调整，需进行科学评估，得出最终的验证结论。

3. 验证总结报告

所有的验证活动完成后需要完成验证总结报告，该报告是一个对所有验证方案内提到的与验证活动相关的验证工作的详细总结。该报告通过对所有的验证活动进行总结，对验证过程和结论有清晰的理解。

验证总结报告包括但不限于以下内容：

① 设计确认总结。该总结是描述设计确认的主要结论，记录其中同验证方案不一致的内容。

② 安装确认总结。该总结是描述安装确认的主要结论，记录其中同验证方案不一致的内容。

③ 运行确认总结。该总结是描述运行确认的主要结论，记录其中同验证方案不一致的内容。

④ 性能确认总结。该总结是描述性能确认的主要结论，记录其中同验证方案不一致的内容。如涉及验证批次的放行，必须遵守在性能确认中定义的放行方法，验证批次要在性能确认报告批准后才能放行。

⑤ 未完成的工作。列出在验证方案里规定但没有完成的工作。应列出对所有未完成的工作的完成计划和这些未完成的工作对目前验证结论没有影响的理由。

⑥ 偏差和变更情况。列出在执行验证方案过程中发生的所有偏差和变更情况，并且总结这些偏差和变更是否已经关闭。

五、验证状态维护

验证状态维护对于设备、工艺或系统始终处于“验证的”和“受控的”状态是非常关键的，同样也是GMP所要求的，必须通过采用有效的变更控制和支持性程序维护系统的验证状态，此过程通过GMP程序和规程实现。所涉及的主要程序包含与变更控制、校准、预防性维护和培训等相关的已批准规程。制定和使用这些规程的目的是保持工厂长期持续符合GMP要求。应定期对这些规程进行审查和更新，应有相关的控制体系保证所有的设备/系统处于验证状态。验证状态的维护是验证的持续过程。

第二节　确认

一、设计确认

1. 概述

设计确认（design qualification，DQ）是为确认设施、系统和设备的设计方案符合期望目标所作的各种查证及文件记录。完善的设计确认是保证用户需求以及设备正常发挥功能的基础。经过批准的设计确认报告是后续确认活动（如IQ、OQ、PQ）的基础。

设计确认主要是对设备/系统选型和技术规格、技术参数与图纸等文件的适用性的审查，通过审查确认设备/系统用户要求说明中的各项内容得以实施，并考察设备/系统是否适合该产品的生产工艺、校准、维修保养、清洗等方面的要求，同时也提供有用的信息以及必需的建议，以利于设备/系统的制造、安装和验证。设计确认文件是证明厂房、支持系统、公用系统、设备和程序按照GMP要求设计的证据。新的厂房、设施和设备确认的第一步为设计确认，在欧洲GMP、PIC/S以及ICH中都对设计确认有要求。在中国GMP（2010年修订）中，对设计确认予以了明确和强化，同时将其作为整个确认活动的起点。

设计确认的依据是用户需求说明，它是指制药企业根据自己的使用目的、环境、用途等对设备、厂房、硬件设施和系统等提出的自己的期望使用需求的说明。ISPE（国际制药工程协会）基准指南第3卷“无菌生产设施”中指出，用户需求说明一般是系列技术说明中的第一个，它是用户对项目范围的预期情况进行的高层次说明，重点强调产品参数和工艺性能参数。

设计确认适用于新的或改造的关键设备和系统。对于所有直接影响系统，应进行设计确认，用以在设计完成后对 URS 要求进行确认。设计审核报告以可追溯的 URS 要求为基础，检查设计文件是否满足 URS 要求、是否需要确认活动等，对设计的执行情况形成报告。

当购买的设备是相同的或者当设备是“标准出售的设备”时，可以减少设计审核的范围。URS 中设定的要求是设计确认的基础。设计确认实施过程中，需检查系统/设备的如下常规设计要求是否已经被考虑：设备能力与位置的项目要求、从 URS 中获得的 GMP 要求、从 URS 中获得的 EHS（环境、健康和安全一体化）要求等。

2. 文件

设计文件是所有与系统/设备的订购相关联的经批准的文件，并且属于订购协议和/或合同的文件。设计文件的形式和数量由单个系统/设备决定，可能是供应商的技术报价，包括修订稿、功能设计规格书、详细工程标书（包括修订稿、流程图、PID 图、结构图）等。

功能说明（functional specification，FS）描述如何实现用户需求说明中所描述的要求和目标，明确说明系统预期的实现方式。功能说明通常由供应商完成，但是需要用户审核、批准。功能说明在满足用户需求说明的前提下对设备的功能进行记录，主要对设备自身所具备的所有功能进行说明，是有助于用户和供应商熟悉设备功能的文件。

设计说明（design specification，DS）通常由供应商完成，并且供应商拥有该文件的所有权和保密权，但是需要用户审核、批准。设计说明需详细和准确地说明满足功能说明和用户需求说明的详细的、具体的要求。通过设计说明，使用者能够知道设备的正确安装、测试和维护。设计说明应该包括详细设计说明（detailed design specification，DDS）。

当该文件由供应商的标准文件（如说明书）组成时，该文件通常同设计确认相结合。对一些简单的设备或已经详细了解设计方案的设备，功能说明可以和设计说明合并成一个文件，即功能设计说明（functional design specification，FDS）文件。

以制药用水系统为例，在施工之前，设计文件（FS、DS 等）都要逐一进行检查，以确保系统能够完全满足 URS 及 GMP 中的所有要求。设计确认应该持续整个设计阶段，从概念设计到开始采购施工，应该是一个动态的过程。设计确认的形式是多样和不固定的，会议记录、参数计算书、技术交流记录、邮件等都是设计确认的证明文件。但是目前的通用做法是在设计文件最终确定后总结一份设计确认报告，其中包括对 URS 的审核报告。

3. 变更控制

DQ 偏差是在 DQ 可接受标准（URS 要求）和订购文件/设计文件之间的偏差。DQ 缺陷可以分为次要和主要两类。次要偏差（即没有和/或次要的 GMP 关键偏差）不需要更多的措施就能澄清，可在将来的确认步骤（例如 IQ）中提到，能被覆盖或被检查。次要缺陷不影响 DQ 报告的编写和批准以及下一步确认步骤的开始。主要缺陷（即 GMP 关键偏差）没有被澄清前，不能批准 DQ 报告。

如果一项偏差需要订购文件的配合/修改，可以填写有关的变更申请表，交给项目负责人进行追加订货及订货文件的修改。将变更申请的复印件附在偏差表后，并在偏差表中对偏差进行澄清。变更的检查可在进一步的确认步骤（例如 IQ）中进行。

如果在 URS 批准后，由于项目进度和细化工程进度的影响对系统/设备执行变更导致出现偏差，将批准的变更申请的复印件和完整的变更的复印件附在偏差表后，并在偏差表的“结果”项中提到该复印件，对偏差进行澄清。变更后设计的检查可在进一步的确认步骤（例如 IQ）中进行。

应该在设备订购后正式制造前执行 DQ。设备正式订购后，供应商提交相关设计文件

（例如供应商的 FDS、图纸等）后，应及时完成设备/系统的设计确认。

当完成一个完整系统设计阶段，应该对设计确认的结果进行审核。根据公司的要求及程序，如果需要，在该阶段可以准备一个正式的报告，包括 DQ 方案中的总结数据、设计确认合格标准、与 URS 要求一致的供应商设计文件。

二、安装确认

1. 概述

安装确认（IQ）是为确认安装或改造后的设施、系统和设备符合已批准的设计及制造商建议所作的各种查证及文件记录。安装确认就是确认用户收到的设备符合双方确认的内容，这是根据用户需求说明和设计说明以及相关文件对收到的设备进行确认，是资料收集并归档的过程。

安装确认过程一般不做动力接通和动作测试，只有等安装确认核对完全无误后方能进行后续的确认工作。安装确认是证实设备或系统中的主要部件已正确安装以及和设计要求（例如标准规定、采购单、合同、招标数据包）一致，应存在相关支持文件，仪器应该经过校准。

2. 文件

（1）方案编写　如果工程文件经过合理计划、起草、组织及授权，这些被确认的文件对于直接影响系统将成为确认支持文件的一部分。编写 IQ 方案需要的文件包括验证主计划、用户需求简介或要求说明书与供应商图纸和说明。

没有标准的 IQ 方案格式，方案内容随公司以及设备的不同而异，主要取决于方案所涉及的范围。IQ 方案应该根据标准操作规范编写。IQ 方案应注意的事项包括：①审批页，最初和最终的审核与批准应当同公司的要求和程序保持一致，应当包括 QA 审核和批准；②先决条件，应在方案执行前完成；③对象，描述 IQ 的目的、实施对象；④系统描述，描述系统的关键组件、设备或工序，包括组件名称、标签号、位置以及对系统功能的总体描述。另外，还应包括系统的界限描述和/或指出确定的界限。

（2）方案审批　方案编写完成后，应进行审批，这会耗费一定的时间。可以用以下几种方式保证该工作顺利进行，包括：①使需要审批的数目最小化；②在项目早期与各个团队澄清审核程序；③尽可能使用存在的或标准的模板；④用一个主文件收集所有团队的评论；⑤建立一个正式化方案的追踪程序；⑥通过队伍的审核循环次数最小化；⑦执行一个简单审核和批准工程程序；⑧开展由所有团队参加的方案评论审核会议；⑨确保方案的审核及批准程序包含在总的项目日程表中。

（3）准备执行　一旦方案被批准，可准备执行。执行 IQ 方案所需要的文件清单如下：①工序流程和仪表图及图纸；②仪表清单；③设备清单；④材料资质证书；⑤备用部分清单；⑥变更部分清单；⑦安装核查清单；⑧润滑剂时间表（可变动的时间表）；⑨在 IQ 阶段如果需要的校准检查。

（4）执行之前的培训　IQ 执行之前的培训包括设备/系统的目的、测试设备的使用、适用的 SOP（标准操作程序）与 cGMP（现行药品生产质量管理规范）文件培训。所有的培训应该记录归档，并定期对培训效果进行审核。

（5）方案执行　方案执行包括对已安装的系统和批准的安装文件要求对照检查。在建造期间，当系统的部分或整个系统完成，应该对它们进行检查，检查结果在 IQ 方案中进行记录。对照建造图纸检查安装，确保所有相关的组件合理安装。不符合标准要求的任何偏差都应该记录及评估。

（6）IQ 方案执行后的审批　在方案执行完成及偏差评估之后，需要对执行过程进行批准/验收。批准过程一般需要通过原始签字进行，对已执行方案的签批即系统 IQ 完成后可以进行后续运行确认的工作。

（7）IQ 总结报告　系统安装阶段完成后，应对安装确认结果进行审核。根据公司的要求及程序，如果需要，在该阶段可以准备正式的报告。以下内容可以用于总结结果和提供数据分析，包括：①总结 IQ 方案的数据；②结合 IQ/OQ 的详细内容起草一份报告；③在 IQ/OQ/PQ 工序完成时起草一份报告。

（8）IQ 日程表　起草一份安装确认的工程日程表并保存。列出在 IQ 执行前必须完成的内容（如系统安装完成、系统 DQ 完成）。

3. 变更控制

对于有些直接影响系统的变更会影响确认方案、测试或文件。直接影响系统的变更应该评估其潜在影响并与合适的人员沟通，在执行变更前应该获得批准。

在开始 IQ 执行前以及执行过程中，当发生以下情况时，应该允许 QA 审核、批准和输入变更（发表意见），包括：变更改变影响评估、设计概念的基础性变更，用户需求简介或要求说明书的变更。

三、运行确认

1. 概述

运行确认（OQ）是为确认已安装或改造后的设施、系统和设备能在预期的范围内正常运行而作的试车、查证及文件记录。运行确认是通过检查、检测等测试方式，用文件的形式证明设备的运行状况符合设备出厂技术参数，并能满足设备的用户需求说明和设计确认中的功能技术指标，是证明系统或设备各项技术参数能达到设定要求的一系列活动。

运行确认是确立可信范围，确认设施/设备/公用设施在既定的限度和容许范围内能够正常运行。运行确认在系统（包括设施、设备及公用设施）执行，核实其在规定的参数（例如温度、压力、流速等）内运行。运行确认的执行包括：检测参数，这些参数调节工艺或产品质量；核实控制程序中显示器、记录、预警及联锁装置的运行是否合理，这些需要在运行确认检测期间执行并记录在案。

为了保证生产设备/系统符合用户要求，需对设备的设计、制造、安装阶段进行遵循 GEP 要求的调试工作。调试是用一个良好的有计划、有文件和有管理的工程方法启用厂房设备、系统和设施，交给最终使用者，并使其有一个符合设计要求与客户期望的功能和安全的环境。调试活动的主要依据是 GEP，是在工程技术方面对调试对象进行测试和检查，主要关注工程学方面的要求。

2. 文件

OQ 的程序是通过记录在案的测试确定所有的关键组件和直接影响系统在已定的限度和容许范围内能够正常运行。

功能设计规范应该说明记录的保存、设计/规范范围、正常运行范围、预警和报警限制以及在系统中每一个组件的相互功能关系。所有的要求应该在 OQ 阶段进行核实，以确保系统可按照计划运行并确保功能能够正常实现。

OQ 方案的目的就是确定可信范围，设施/设备/公共设施在既定的限度和容许范围内能够正常运行。在 OQ 方案起草之前应该完成以下事项：①系统分类；②系统风险评估；③设计。

获得关于所有的系统的详细设计资料（包括工艺流程和仪表图等），包括：①范围；②日程表；③团队建立；④培训；⑤验证总计划；⑥变更。

在OQ执行期间，QA变更控制程序应完成审批以控制可能出现的变更。当然，任何设计变更应该遵循总的工程变更管理程序。

调试与确认的整合是通过对某系统限定执行一系列检测和核查来实现的，这些检测和核查过程可以是调试和确认的整合。当然，对于OQ，也存在同样类型的关系：仪表、设备、报警及联锁装置、次序等的设置运行、调节以及检测，能在一个项目的多个阶段执行，从而可以支持OQ工作。

如果需要对设备进行工厂验收测试（factory acceptance test，FAT），部分测试或全部测试可以在供应商现场进行；如果系统是一个分配系统或其他类型的系统，这种系统只能现场组装，那么这些测试可以作为调试工作的一部分执行。对于直接影响系统的关键部件，若在FAT之前不能执行相关测试，可以在OQ阶段执行。

（1）方案起草　起草OQ方案，应该获得充足的工程信息和文件。如果对工程文件进行合理规划、创建、组织和授权，它们也可以作为直接影响系统确认支持文件的一部分。以下是起草OQ方案需要的相关资料：①工艺流程及仪表图；②功能要求规范；③设备运行手册；④标准操作规范（草案）；⑤供应商图纸和说明书。

OQ方案没有标准的格式，内容随着公司不同以及合约商不同而变化，主要依赖方案的范围来确定。OQ方案起草应该与一种标准操作规范保持一致，下面列出了方案中可以包括的内容：①审批页；②先决条件，是在开始执行OQ之前必须完成的工作；③目标，用于描述OQ的目的；④系统描述；⑤责任，指OQ准备、审核、批准及执行的具体责任；⑥确认要求（包括验收标准），验收标准应基于对工艺、产品或材料重要的操作参数进行设定，一般来说特殊系统的设计条件比在方案中的验收标准更加严格，设备在规范限定的所有运行范围必须满足所有的运行测试，OQ方案应该列出所有的关键操作参数以及它们相应的检测功能；⑦签字记录，确认检测设备/仪表列表包括所有关键计量和检测装置，如计时器、压力指示器、温度传感器和任何记录性能的图表记录；⑧OQ测试计划，包括仪表/控制装置，核实开关、指示器、记录器、阀门等的合理操作，预警和联锁检测（包括安全性装置和警报）；⑨运行确认，确认试运行分析单元的运行功能，如温度、压力、转速、流速、容量、控制、重量、计时等，包括能力测试、无线电干扰测试、电源故障检测、联锁序列测试；⑩测试数据表；⑪标准操作规程，用来执行OQ工序；⑫确认验收，验收标准总结，更改/现场变更控制；⑬偏差/调整和校正措施，PQ执行之前所有的修正和偏差必须充分表达以及通过合理人员的批准；⑭OQ总结。

（2）方案审批　一旦完成方案起草工作，应进行审批。审批可能需要耗费一定的时间，可以用以下方式缩短审批过程，包括：①使需要审批的数目最小化；②在项目早期与各个团队澄清审核程序；③尽可能使用已存在的或标准的模板；④用一个主文件收集所有团队的评论；⑤建立一个正式化方案的追踪程序；⑥使通过队伍的审核循环次数最小化；⑦执行一个简单审核和批准工程程序；⑧开展由所有团队参加的草案评论审核会议；⑨确保方案的审核及批准工序被包括在总的项目日程表中。

（3）准备执行　一旦方案被批准，立即准备执行。执行方案需要的文件列表如下：①工序流程和仪表图纸；②仪表清单；③设备清单；④在OQ阶段需要的校准检查；⑤标准操作规程；⑥已批准的IQ报告。在任何一个直接影响系统开始OQ之前，应确认IQ方案已完成审批，并记录批准的合理理由。

（4）执行之前的培训　OQ执行之前应进行员工培训，可包括以下关键内容：①设备/系统的使用目的；②如何正确操作设备/系统；③如何确保设备/系统正常运行；④当不能运行时采取什么合理的措施；⑤保持其正常运行需要哪些工作（例如校准、维护等）；⑥通过安装、确认和运行的变更控制程序及适用的标准操作规范。所有的培训应该记录在案。

（5）方案执行　OQ 对系统的每一个功能（例如单元运行的功能、具体的设备功能检测等）进行测试，是为了确保系统在允许的运行范围内通过合理的矫正和操作能执行预定的任务。OQ 执行工序应该提供系统运行评估，目标是证实通过操作步骤系统能正常运行、对关键工序参数或功能进行检查以确保与操作规范相一致。OQ 也应该确保系统在超出运行范围时不会运行（这些功能和“正常”模式运行并存）以及系统在错误或故障条件下做出合理的反应。

为了确保已安装的系统能进行 OQ，应该对安装确认的情况进行审核。审核包括证实在设备运行之前支持系统可以正常运行（例如在运行之前应该检测电力供应和电机紧急停止操作）。

如果可能，在系统运到现场之前应该对系统或主要系统部件进行出厂检查和工厂验收测试并记录在案。这对任何故障处理工作都是有效的补救措施，能避免由于现场发现问题导致验证时间推迟。当系统直接影响产品质量时，尽量将出厂检查和工厂验收测试并入确认工作中（分别是 IQ 和 OQ）。该决定应进行成本利益分析。所有的关键仪表应校准合格。

（6）OQ 方案执行后的审批　在方案执行完成及偏差评估之后，需要对执行结果进行批准和验收。一般需要通过原始签字签批，对已执行方案的签批既表示系统的 OQ 已完成，也表示可以进行 PQ。在 PQ 开始之前，OQ 应该完成并批准。OQ 结果如果出现偏差应该进行评估，在开始 PQ 之前应该完成 PQ/PV 的风险评估。

（7）OQ 总结报告　完成某系统的完整操作后，应该对运行确认结果进行审核。根据公司的要求及程序，如果需要，在该阶段可以准备正式的报告。如果没有，下面一些选项用于总结结果和提供数据分析，包括：总结 OQ 的数据；结合 IQ/OQ 的详细内容起草报告；在 IQ/OQ/PQ 工序完成时起草报告。

（8）OQ 日程表　日程表应该包括对每个系统的 OQ 的起草、审核、批准和执行。在日程表建立的早期阶段，日程表中也可以一个系统对应一个单项目。

OQ 需要的时间随公司的不同而变化。关于时间，当对 OQ 的起草和执行进行时间排序时，应该考虑各个系统的具体功能，以便优化项目时间表。在设施、设备及公共设施投入生产前，通过确定需要检测的关键性运行标准以及相应的计划时间表，可以缩短测试时间。

为了避免在一个紧密控制的确认制度里发现和纠正一些基本问题带来的不便，所有的系统在开始 OQ 前需要进行一次非正式的试运行。试运行能确保 IQ 和 OQ 的顺利过渡，以及在 IQ 和 OQ 期间尽量降低发生变更的可能性。该阶段可以存档，也可以不存档。

3. 变更控制

对于直接影响系统，某些变更可以影响确认计划、测试或文件。对于直接影响系统的变更，应该与合适的人员沟通，并对其潜在的影响进行评估。变更的结果可以使间接影响系统成为直接影响系统。在执行变更之前应该获得批准签字。

当以下条件发生时，工程变更管理系统应当允许 QA 审核、批准和输入变更（发表意见）：改变影响评估的变更、设计概念的基础性变更、用户需求简介或要求说明书的变更。

四、性能确认

1. 概述

性能确认（PQ）是为确认已安装连接的设施、系统和设备能够根据批准的生产方法和产品的技术要求有效稳定（重现性好）运行所作的试车、查证及文件记录。性能确认应在安装确认和运行确认成功完成之后执行。可以将性能确认作为一个单独的活动进行描述，在有些情况下也可以将性能确认与运行确认结合在一起进行。

性能确认可通过文件证明设备、设施等与其他系统完成连接后能够有效地、可重复地发挥作用，即通过测试设施、设备等的产出物证明它们的正确性。就工艺设备而言，性能确认实际上是通过实际负载生产的方法考察其运行的可靠性、关键工艺参数的稳定性、产出的产品的质量均一性和重现性的一系列活动。

性能确认是提供文件证据证明系统能基于批准的工艺方法和产品标准作为组合或分别进行有效重复的运行。性能测试应在真实生产条件下进行，应收集确认数据并记录在附件的测试报告中。对于药厂设施和支持系统，性能确认是正式测试的最后步骤，以及确认需求矩阵中被识别为进行性能确认测试的系统正式运行前性能正确的文件证据。最终性能确认报告批准后，系统可用于正常生产操作或用于工艺验证。

性能确认是工艺验证开始前的最后确认工作。对于药厂设施和支持系统，性能确认是最后的确认步骤。

2. 文件

性能确认整合程序、人员、系统及材料，证实药厂的级别设施、环境、设备或支持系统的输出能够达到要求。输出可以是接触产品的设施（洁净压缩空气、注射用水等）、消毒条件（高压灭菌器、除热原烘箱）或者环境（空气净化系统、隔离器）。

在 PQ 方案起草之前的文件内容包括：

① 参考验证总计划确定 PQ 的范围。

② 日程表：起草和执行草案的工作应该被确定，在确认阶段 PQ 工序的执行经常需要大量的时间。尽管起草 PQ 方案日程表不是必需的，但是日程表应该参照 PQ 文件，确保有充足的时间用于大范围的取样、样品分析以及重复检测等。

③ 职责：确认执行相应工作的人员，包括所有承包商、供应商和公司人员的范围、角色以及责任。职责也应该包括谁来起草、审核、批准、执行草案；在公司内部协调 PQ 工作，负责取样、分析测试；提供测试仪器，以及核实测试要求是否完成等，均需要专人负责。例如，PQ 需要确定取样方案，如果公司的分析实验室不支持该方案，有可能需要到外面的实验室进行，该决定必须在 PQ 执行前确定，因为这对 PQ 的执行非常关键。

④ 确保 PQ 程序遵循验证主计划。

⑤ 在 PQ 期间，为了控制任何变更，应该有已批准的变更控制程序。另外，任何设计变更应该遵循工程变更管理程序。

（1）调试和 PQ 整合　PQ 期间，调试工作已经完成，如果调试工作阶段已经完成 PQ 的部分测试，并且相关测试是在确认操作规范下执行，则 PQ 阶段可以不必执行重复测试，引用相关数据即可。具体文件如下。

① 工序流程及仪器仪表图：PQ 工序应该参考图纸上的仪器和设备确定具体的取样点。

② 用户需求文件：在 PQ 文件中建立验收标准时应该参照用户的相关要求。注意，这里不同于设计要求规范和设备供应商要求规范。PQ 的目标是确保满足用户需求。

③ 相关规程、指导原则。

④ 系统验收标准：系统验收标准必须包含在 PQ 文件中。如果可利用，应该提供系统对应的用户需求标准。依据系统，验收标准包含在以下文件中：a. 对于空气净化系统，有空调图纸和工厂标准，另外根据工艺需要公司可以有内部标准要求；b. 对于药厂工艺用水系统，验收标准如注射用水、纯化水等；c. 对于清洁压缩空气（产品接触），在美国药典（USP）中有较宽的验收标准，许多公司有内部标准。

（2）标准操作规程　PQ 文件应该参考具体的标准操作规程，确保系统操作的一致性，正确地取样以及遵循分析程序。标准操作规程不应该在方案文件里重复出现，但是SOP必须作为参考。

（3）方案组织和起草　没有标准的方案格式，方案格式和内容可依据使用者、系统、范围和项目变化。方案编写应该与支持性标准操作规程保持一致。例如，内容包括审批页、先决条件（在开始执行方案前必须完成的工作，有IQ/OQ已完成、IQ/OQ所有关键的遗留事项已经解决、相关的SOP已经完成审批、SOP相关的培训已完成并记录存档）、目标（描述PQ的目的）、系统描述（描述设备或工序以及系统关键组件，包括陈述指定单元如何正常操作。当然，也包括描述设备的极限参数，如瓶子的最大、最小、最常用尺寸）、责任（PQ准备、审核、批准及执行的具体责任）、参考资料（进行PQ工序用到的操作规程、指导原则及标准）、PQ测试方案（描述具体的测试过程、测试理由和具体的验收标准）。

（4）方案审批　一旦方案起草完成，需要相关部门包括质保部进行审批。PQ文件要受到审批团队的审查，这会导致较长的审批程序，在项目时间表中应允许有充足的时间。一旦方案签批完成，需要准备执行。

（5）需要的文件　需要的文件包括工作流程和仪表图纸、批准的系统操作SOP、批准的测试设备操作SOP、批准的取样SOP、批准的分析SOP、图纸（如湿热灭菌柜等）、分析方法、校准证明（执行PQ时用到的监测仪器和工序仪表）。

（6）执行之前的培训　在PQ执行之前，员工应经过合理的培训以确保整个PQ能顺利进行。对员工进行新系统培训时，关键点包括分析SOP、取样操作、生产操作、分析设备（HPLC、TOC分析仪等）、洁净服、测试设备使用、环境监测（温度及压力等）、超出试验结果处理、变更控制、适用的设备/系统SOP、现行药品生产质量管理规范培训。所有的培训应该记录在案，并定期审核培训内容。

（7）方案执行　PQ执行包括测试活动，确保系统的性能达到既定的接受标准，包括长时间的测试或检测。在PQ执行期间，各系统必须按照批准的SOP进行操作，以确保经过确认之后仍能达到同样的性能。另外，在PQ执行期间，负责系统运行的人员必须经过合理的培训，并应保存相关的培训记录。

依据系统不同，PQ检测包括以下内容（注意：以下实例只是用作说明，实际上PQ依据每个工序要求或公司的实际情况，以下描述的确认内容也可能包括在OQ阶段）。

① 空气净化系统：对于直接影响区域，测试内容包括动态条件和静态条件下的环境监测。

② 药厂洁净设施：根据PQ方案确定的质量特性，测试内容包括长时间取样（一段生产时间内的不间断取样）。

③ 灭菌器：测试内容包括热穿透研究，以核实在接触期间的负荷达到了累积灭菌值。灭菌曲线使用物理灭菌值（温度）和生物灭菌值（生物指示剂）进行核实。

④ 灌装生产线：PQ包括使用培养基检验生产线在无菌条件下灌装无菌样品的能力，并确认系统在一定的设计容量条件下能以设计的灌装速度精确地灌装无菌介质。

验收标准应该包括在PQ文件里，偏差应该记录并评估，失败（未达到验收标准）应该记录在案和评估。另外，评估和处理检测结果应严格按照SOP执行。

（8）PQ方案执行后的审批　在PQ方案执行完成以及偏差评估后，需要进行审批。对已执行方案的签批既表示PQ已完成，也表示接下来可以执行工艺验证（如果需要）。

（9）PQ总结报告　某系统的性能确认完成后，应该通过对确认数据的分析，对性能确认结果进行审核。根据公司的要求及程序，如果需要，在该阶段应完成正式的报告，给出该系统能否达到接受标准的结论。

（10）PQ 日程表　PQ 日程表比较关键，PQ 测试是确认工作中花费时间最多的一步。PQ 执行前必须满足先决条件，包括所有支持系统的调试、标准操作规程、系统的相互独立性等。

3. 变更控制

规范/验收标准、操作程序、关键设备和已经完成 PQ 的组件如果需要变更，必须按照 QA 的变更控制操作规程执行。

应该评估每个变更，确定是否需要再验证，并确定是否告知相关的监管机构。另外，当发生变更涉及影响评估的改变、设计概念的基础性变更、用户需求简介或要求说明书的变更情况时，应当允许 QA 对工程变更管理系统进行审核、批准和输入变更（发表意见）。

第三节　厂房设施验证

GMP 要求制药企业最大限度地减少任何药品生产所包含的、通过检验最终产品不能消除的风险。为达到这一目的，制药企业必须具备与其生产相适应的厂房与设施。药品生产企业的厂房与设施是指制剂、原料药、药用辅料和直接接触药品的药用包装材料生产中所需的建筑物，以及与工艺配套的空气调节、水处理等公用工程。本节结合 GMP 条款和药品生产企业验证的操作经验，对厂房设施的验证工作进行详细阐述。

一、厂房设施的设计确认

应在建设项目完成施工设计之后、开始施工之前进行厂房设施的设计确认。设计确认的目的是检查并证明洁净厂房中各种结构、系统的建设都符合 GMP 和现行的各种技术法规条款的要求。

设计确认的重点是审核设计过程中的各种文件资料。审核的范围至少应包括药品生产企业提供的用户需求说明、施工单位提供的设计文件、详细的施工图设计文件。

一般从以下几方面进行设计确认：

①厂区选址规划是否合理；②厂区应按生产、行政、生活和辅助区划区布局，布局应合理；③厂区总体规划须考虑风向，减少交叉污染；④厂区内道路的人流、物流应明确分开；⑤保持厂区清洁卫生。

二、厂房设施的安装确认

厂房设施的安装确认应在建设项目竣工验收之后进行。厂房设施安装确认的目的是检查并证明洁净厂房中各种结构、系统的建设和安装都符合设计确认中规定的各项指标。

厂房设施安装确认的内容应包括：

① 在安装确认的过程中，应该将各种系统、各种设备的建造、施工合格证书整理、归纳、存档。

② 对构成厂房设施的各种组件进行检查，检查部件的型号、规格、生产厂家、安装位置是否与用户需求说明和施工设计文件保持一致，施工建设所用的材料、方法及最终质量都应符合预定的标准。

③ 确认厂房设施各种组件都按照设计文件进行了建造，竣工后的平面布局与设计文件保持一致。

检查项目包括但不限于洁净区房间布局检查、洁净区房门开向检查、洁净灯具布局检查、电源插座布局检查、水池及地漏布局检查等方面。

如果在建设过程中有任何项目更改了原设计文件中规定的指标，则应有设计变更的批准文件。在这些批准文件中必须有设计确认的有关设计人员的签批，同时设计变更文件中的内容应包括变更的内容、变更的必要性、变更对总体设计的影响及费用等。提供这些文件的目的在于为使用者（即药品生产企业）提供从设计确认到实际建设过程中设计变更的详细文件，包括变更的内容、变更的依据和变更的轨迹，以供其审计和验证使用。

对洁净区内表面及密封性进行检查，检查应从以下几方面进行：

① 洁净区内表面（墙壁、地面、天棚）应当平整光滑、无裂缝、接口严密、无颗粒物脱落，避免积尘，便于有效清洁，必要时应当进行消毒。

② 各种管道、照明设施、风口和其他公用设施的设计和安装应当避免出现不易清洁的部位，应当尽可能在生产区外部对其进行维护。

③ 排水设施应当大小适宜并安装防止倒灌的装置，应当尽可能避免明沟排水，不可避免时明沟宜浅，以方便清洁和消毒。

三、厂房设施的运行确认

运行确认执行之前，应确认安装确认已完成，并且没有未关闭的偏差或存在的偏差不影响运行确认的进行。

运行确认应从以下几个方面进行。

① 文件检查。检查洁净室运行确认所需要的 SOP 及测试用仪器仪表的操作 SOP 是否都存在，并确认其状态。

② 测试用仪器仪表的校准检查。测试过程中所使用的所有仪器仪表均具有校准报告，并且在有效期内。

③ 互锁门功能检查。互锁的门应具备互锁功能，即当任意一扇房门打开时，该房间其他的房门都不能打开。

④ 房间内照度测试。药品生产企业在编制用户需求时，应根据工艺操作的需求明确提出房间内照度要求。如无特殊要求，主要工作室宜为 300lx，辅助工作室、走廊、气闸室、人员净化和物料净化用室宜为 200lx。对照度要求高的部位可增加局部照明。

⑤ 房间内噪声测试。参考国家标准相关规定。更合理的噪声标准应由药品生产企业和施工单位协商确定。

四、厂房设施的性能确认

厂房设施的性能确认一般不单独进行，各药品生产企业的常规做法是把该部分内容合并到空气净化系统的性能确认中进行。

第四节　分析方法验证

一般情况下，每一测试项目可选用不同的分析方法。必须对所采用的分析方法的科学性、准确性和可行性进行验证，以使测试结果准确、可靠，并充分表明分析方法符合测试项目的目的和要求，这就是通常所说的分析方法验证。

分析方法需在使用前进行适当的确认与验证。必须有资料论证所用的分析方法是符合一定的准确度和可靠性标准的。分析方法验证是论证某一分析方法是否适用于其用途的过程。

分析方法验证在分析方法建立过程中具有重要的作用，是质量研究和质量控制的组成部分。只有经过验证的分析方法才能用于控制产品质量，因此分析方法验证是制订质量标准的基础。分析方法验证是药物研究过程中的重要内容。

从验证的角度来看，所有的分析方法有着同样的重要性。一般来说，应当使用已验证过的分析方法，而不论其是用于过程控制、放行、合格还是用于稳定性试验。验证每个定量分析方法时都应当减小其分析误差。

一、分析方法验证的一般原则

原则上每个检测项目采用的分析方法均需要进行分析方法验证。一般包含以下 3 种类型。

（1）药典分析方法　药典分析方法用来评估原料药或制剂的特定性质，是法定的用于药典项目检测的分析方法。药典分析方法不需要重新进行验证。

（2）替代分析方法　替代分析方法是提出用于代替法定分析方法的分析方法。只有当替代分析方法相当于或优于法定分析方法时，才可以应用验证过的替代分析方法。如果提交了替代分析方法，还应当提供其理由并标明其用途（如放行、稳定性试验）、验证资料及其与法定分析方法的对比资料。

（3）非药典分析方法　需要进行验证，检测中所用的分析方法必须满足适当的准确度和可靠性要求。分析方法验证是论述分析方法是否适用于其拟定用途的过程，还应当包含分析方法验证资料以支持分析方法的准确度。

同一分析方法用于不同的检测项目会有不同的验证要求。例如，采用高效液相色谱法用于制剂的鉴别和杂质定量试验应进行不同的分析方法验证，前者重点要求验证专属性，后者重点要求验证准确性、专属性及定量限。

二、分析方法验证的具体措施

（一）需要验证的检测项目

检测项目是为控制产品质量、保证产品安全有效而设定的测试项目。根据检测项目的设定目的和验证内容的不同要求，本节将需要验证的检测项目分为鉴别、杂质检查（限度试验、定量试验）、定量测定（含量测定、溶出度、释放度等）、其他特定检测项目 4 类。

（二）分析方法

本节所指分析方法是为完成上述各检测项目而建立的测试方法，一般包括分析方法原理、仪器及仪器参数、试剂、系统适用性试验、供试品溶液制备、对照品溶液制备、测定、计算及测试结果的报告等。

测试方法可采用化学分析方法和仪器分析方法。这些方法各有特点，同一测试方法可用于不同的检测项目，但验证内容可不相同。

（三）验证内容

分析方法验证内容包括验证分析方法的专属性、线性、范围、准确度、精密度、检测限、定量限、耐用性和系统适用性等。应根据检测项目的要求，结合所采用分析方法的特点确定。

分析方法验证的具体内容介绍如下。

1. 专属性

专属性是指在其他成分（如杂质、降解物、辅料等）可能存在的情况下，采用的分析方法具备正确鉴定、检出被分析物质的特性。

（1）要求

① 专属性的研究一般优先于其他验证项目。

② 收集被分析物的相关文件（色谱图、分析报告、参考文献等），包括杂质、降解物、溶液、相关的或相近的物质的信息。

③ 应有对典型样品的分析。新方法应能对相关降解物和/或杂质具有明确性和专属性。若杂质或降解物的标准不存在，通过对比研究含有杂质或降解物的产品采用不同程序检测的结果，来研究专属性，且这个样品的成分应已得到鉴别确认。为了更适合，应当包括临近有效期或相关的强降解条件下的样品。

（2）可接受标准

为证明专属性，需要有重要成分的积极响应和对一些干扰物质的响应的控制。鉴别试验对降解物和杂质的专属性不做要求。

通常，在鉴别、杂质检查、含量测定方法中均应考察其专属性。如采用的方法专属性不高，应采用多个方法予以补充。

① 鉴别。鉴别试验应确证被分析物符合其特征。专属性试验要求证明能与可能共存的物质或结构相似化合物区分，需确证含被分析物的样品呈正反应（可与已知对照物比较）、不含被分析物的样品呈负反应、结构相似或组分中的有关化合物也应呈负反应。

鉴别测试是为了鉴别样品中的待测成分，这通常是用合适的样本与对照品进行比较来实现（如光谱、色谱、化学反应等）。

② 杂质检查。作为纯度检查，所采用的分析方法应确保可检出被分析物中杂质的含量，如有关物质、重金属、残留溶剂等，因此杂质检查要求分析方法有一定的专属性。在杂质可获得的情况下，可向供试品中加入一定量的杂质，证明杂质与共存物质能得到分离和检出，并具适当的准确度与精密度。在杂质或降解物不能获得的情况下，专属性可通过与另一种已证明合理但分离或检测原理不同或具较强分辨能力的方法进行结果比较确定，或将供试品用强光照射、高温、高湿、酸碱水解及氧化的方法进行破坏（制剂应考虑辅料的影响），比较破坏前后检出的杂质数量及含量。必要时可采用二极管阵列检测和质谱检测，进行色谱峰纯度检查。

③ 含量测定。含量测定目的是得到样品中被分析物的含量或效价的准确结果。

在杂质可获得的情况下，对于主成分含量测定可在供试品中加入杂质或辅料，考察测定结果是否受干扰，并与未加杂质和辅料的试样比较测定结果。

在杂质不能获得的情况下，可采用另一个经验证的或《中国药典》收载的方法进行比较，对比两种方法测定的结果。也可采用破坏性试验（强光照射、高温、高湿、酸碱水解及氧化），得到含有杂质或降解物的试样，用两种方法进行含量测定，比较测定结果。必要时进行色谱峰纯度检查，证明含量测定成分的色谱峰中不包含其他成分。

2. 线性

线性是指在设计的范围内检测结果与试样中被分析物的浓度（量）直接呈线性关系的程度。

线性是定量测定的基础，涉及定量测定的项目，如杂质定量试验和含量测定均需要验证线性。应在设计的范围内测定线性关系。可用贮备液经精密稀释或分别精密称样制备被测物质系列溶液进行测定，至少制备 5 个浓度。以测得的响应信号作为被测物浓度的函数作图，用最小二乘法进行线性回归。必要时，响应信号可经数学转换再进行线性回归计算，并说明依据。

3. 范围

范围是指能够达到一定的准确度、精密度和线性，测试方法适用的试样中被分析物的高低限浓度或量的区间。范围是规定值，在试验研究开始之前确定验证的范围和试验方法。可采用符合要求的原料药配制成不同的浓度，按照相应的测定方法进行试验。

范围通常用与分析方法的测试结果相同的单位（如浓度百分数）表示。涉及定量测定的检测项目均需要对范围进行验证，如含量测定、含量均匀度测定、溶出度或释放度测定、杂质定量试验等。

范围应根据剂型和（或）检测项目的要求确定。含量测定范围应为测试浓度的80%～120%。制剂含量均匀度范围应为测试浓度的70%～130%。根据剂型特点，范围可适当放宽。溶出度范围应为限度的±20%；如规定限度范围，则应为下限的－20%至上限的＋20%。对于释放度，如规定限度范围从1h后为20%至24h后为90%，则验证范围应为0%～110%。杂质测定时，范围应根据初步实测拟定出规定限度的50%～120%。如果含量测定与杂质检查同时测定，用面积归一化法，则线性范围应为杂质规定限度的－20%至含量限度（或上限）的＋20%。

4. 准确度

准确度是指用该方法测定的结果与真实值或认可的参考值之间接近的程度，有时也称真实度。涉及定量测定的检测项目均需要验证准确度。

准确度应在规定的范围内建立。对于制剂，一般以回收率试验进行验证。试验设计需考虑在规定范围内制备3个不同浓度的样品，各测定3次，即共测定9次，报告已知加入量的回收率（%）或测定结果平均值与真实值之差及其可信限。

5. 精密度

精密度是指在规定的测试条件下，同一均质样品经多次取样进行一系列检测所得结果之间的接近程度（离散程度）。精密度一般用偏差、标准偏差或相对标准偏差表示。用标准偏差或相对标准偏差表示时，取样测定次数至少以6次结果进行评价。

精密度可以从重复性、中间精密度、重现性3个层次考察。

（1）重复性　重复性是指在同样的操作条件下，在较短时间间隔内，由一个分析人员测定所得结果的精密度。重复性测定可在规定范围内，至少用9次测定结果进行评价，如制备3个不同浓度的样品各测定3次，或100%的浓度水平用至少测定6次的结果进行评价。分为测量精密度和方法精密度。

测量精密度是同一分析员多次对同一样品进行检测（每个至少检测6次）。方法精密度是同一分析员将样品和标准溶液各准备6份，进行分析检测。所有数据应符合表7.1提供的标准。测量精密度和方法精密度常用可接受标准（USP32、ICH指南Q2A和Q2B）见表7.1。

表7.1　不同类别的测量精密度

类别	测量精密度	样品/标准品方法精密度
类别Ⅰ——原料药	≤1%	≤1%
类别Ⅰ——制剂	≤1%	≤2.5%
类别Ⅰ——防腐剂	≤3%	≤3%
类别Ⅱ——原料药和大剂量制剂	≤3%	≤10%（等于或大于0.5%）； ≤25%（小于0.5%）
类别Ⅱ——小剂量制剂	≤3%	≤10%（等于或大于1.0%）； ≤25%（小于1.0%）
类别Ⅲ	≤3%	≤5%

（2）中间精密度　中间精密度是指在同一实验室，实验室内部条件如时间、分析人员、仪器设备改变时测定其结果的精密度。

验证设计方案中的变动因素一般为日期、分析人员、仪器设备。

两个分析人员分别对至少三批样品（若有）的含量测定两次。分析操作应分别在两天进行，在操作条件基本不变的情况下，用不同的仪器、设备、试剂、溶液、标准溶液、样品溶液进行微小变动。当分析物中的检测成分不存在时，可以加入相应标准使其出现响应峰。

中间精密度常用可接受标准（USP32、ICH 指南 Q2A 和 Q2B）见表 7.2。

表 7.2　Ⅰ类与Ⅱ类对应的要求及标准

类别	要求	标准(偏差)
Ⅰ类	含量:原料药	±1%
Ⅱ类	降解物含量:小剂量制剂	±0.2%(≤2%); ±0.5%(>2%)
	降解物含量:原料药和大剂量制剂	±0.1%(≤1%); ±1%(>1%)
	残留溶剂	初浓度的±25%(≤1%); 初浓度的±10%(>1%)

（3）重现性　重现性是指不同实验室之间不同分析员测定结果的精密度。当分析方法被法定标准采用时，应进行重现性试验。

6. 检测限

检测限是指试样中的被分析物能够被检测到的最低量，但不一定要准确定量。

该验证指标的意义在于考察方法是否具备灵敏的检测能力。对杂质限度试验，需证明方法具有足够低的检测限，以保证检出需控制的杂质。

（1）直观法　直观评价可以用于非仪器分析方法，也可用于仪器分析方法。检测限的测定是通过对一系列已知浓度的被测物样品进行分析，并以能准确、可靠检测被测物的最小量或最低浓度建立。

（2）信噪比法　用于能显示基线噪声的分析方法，即把已知低浓度试样测出的信号与噪声信号进行比较，计算出可检出的最低浓度或量。一般以信噪比为 3∶1 时相应的浓度或注入仪器的量确定检测限。

其他方法有基于工作曲线的斜率和响应的标准偏差进行计算的方法等。

无论用何种方法，均应用一定数量的样品进行分析，其浓度为接近于或等于检测限，以可靠地测定检测限。

7. 定量限

定量限是指试样中的被分析物能够被定量测定的最低量，其测定结果应具有一定的准确度和精密度。

定量限体现了分析方法是否具备灵敏的定量检测能力。杂质定量试验，需考察方法的定量限，以保证含量很少的杂质能够被准确测出。

（1）直观法　直观评价可以用于非仪器分析方法，也可用于仪器分析方法。一般通过对一系列含有已知浓度被测物的样品进行分析，在准确度和精密度都符合要求的情况下确定被测物能被定量的最小量。

（2）信噪比法　用于能显示基线噪声的分析方法，即把已知低浓度试样测出的信号与噪声信号进行比较，计算出可检出的最低浓度或量。常用信噪比法确定定量限，一般以信噪比为 10∶1 时相应的浓度或注入仪器的量进行确定。

其他方法有基于工作曲线的斜率和响应的标准偏差进行计算的方法等。

8. 耐用性

耐用性是指测定条件发生细小变动时测定结果保持不受影响的承受程度。

耐用性主要考察方法本身对可变试验因素的抗干扰能力。开始研究分析方法时，就应考虑其耐用性。如果测试条件要求苛刻，则建议在方法中予以写明。

典型的变动因素包括：高效液相色谱法中流动相的组成、流速和 pH 值，不同品牌或不同批号的同类型色谱柱、柱温等；气相色谱法中载气及流速、不同品牌或批号的色谱柱、固定相、载体、柱温、进样口和检测器温度等。一般分析标准品或系统适应性溶液，观察关键系统适应性参数（如分离度、信噪比等）。表 7.3 列举了一些 HPLC 法的变化。

表 7.3 HPLC 法的变化（USP32、ICH 指南 Q2A 和 Q2B）

方法变量	推荐范围
流速	±10%
缓冲液离子强度	±20%
柱温	室温（20～25℃），周围环境温度应该 30～40℃，其他所有温度为±5～10℃
缓冲液的 pH	±0.5 pH 单位
流动相成分	有机相±5%
色谱柱	同一厂家的三个批号，若可以的话选来自不同厂家的两根柱子（相同的固定相、填充物和柱子的尺寸）
检测波长	±5nm

对于样品/标准溶液的稳定性，应用不同时间段的样品和标准品溶液与新制的标准品溶液的对比结果分析（一般每隔 24h 到 5d）。溶液应储存在预先设定的条件下，以模拟正常的实验室操作条件（如冷冻、冷藏或室温）。溶液的稳定性由方法中每次设定的时间点的计算结果确定，与每次时间为零时的溶液所测得的结果计算绝对差。表 7.4 为样品/标准溶液稳定性的标准。

表 7.4 样品/标准溶液稳定性的标准（USP32、ICH 指南 Q2A 和 Q2B）

类别	可接受标准：与零点的绝对差（样品或标准品）
类别Ⅰ主成分	±1%
类别Ⅱ降解物	±0.1%
类别Ⅱ杂质	±0.05%
类别Ⅲ	±3%

经试验，应说明小的变动能否通过方法的系统适用性试验，以确保方法有效。

9. 系统适用性

对一些仪器测试方法，在进行分析方法验证时，有必要将分析设备、电子仪器与实验操作、测试样品等一起当作完整的系统进行评估。系统适用性是对整个系统进行评估的指标。系统适用性试验参数的设置需根据被验证的方法类型而定。

色谱方法对分析设备、电子仪器的依赖程度较高，因此所有色谱方法均应进行该指标验证，并将系统适用性作为分析方法的组成部分。具体验证参数和方法参考《中国药典》（2025 年版）有关规定。

10. 相对响应因子

当用质量分数报告产品的降解物和杂质时，用标准品（若有）测定相对响应因子。若给定降解物和杂质时所测得的相关响应因子的值的范围不在 0.8～1.2，就作为校正系数，在最后的计算中算入，以对降解物和杂质进行定量。若因为不存在降解物而无法检测到相关响应因子，相关系数就定为 1.0。

降解物的标准作为方法的一部分，用于校正已知样品的纯度计算公式。

已知浓度的降解物或已知峰面积的杂质，其相对响应因子（relative response factor，RRF）的计算公式如下（DEG 为样品，PARENT 为对照品）：

$$\mathrm{RRF}=\frac{\text{面积}_{\mathrm{DEG}}/\text{浓度}_{\mathrm{DEG}}}{\text{面积}_{\mathrm{PARENT}}/\text{浓度}_{\mathrm{PARENT}}}\times 100\%$$

对每个降解物或杂质的研究都应报告，在降解物或杂质的计算中包括 RRF 值。

三、分析方法再验证

在某些情况下，如原料药合成工艺改变、制剂处方改变、分析方法发生部分改变等，均有必要对分析方法再次进行全面或部分验证，以保证分析方法的可靠性，这一过程称为分析方法再验证。

再验证原则是根据改变的程度进行相应的再验证。

当原料药合成工艺发生改变时，可能引入新的杂质，杂质检查方法和含量测定方法的专属性就需要重新验证，以证明有关物质检查方法能够检测新引入的杂质且新引入的杂质对主成分的含量测定无干扰。

当制剂的处方组成改变、辅料变更时，可能会影响鉴别的专属性、溶出度和含量测定的准确度，因此需要对鉴别、含量测定方法进行再验证。当原料药产地发生变更时，可能会影响杂质检查和含量测定的专属性和准确度，因此需要对杂质检查方法和含量测定进行再验证。

当质量标准中某一项目分析方法发生改变时，如采用高效液相色谱法测定含量时检测波长发生改变，则需要重新进行检测限、专属性、准确度、精密度、线性等内容的验证，证明修订后分析方法的合理性、可行性。

同样，已有国家标准的药品质量研究中，基于申报的原料药合成工艺、制剂处方中的辅料等一般无法保证与已上市产品的一致性，需对质量标准中部分项目进行分析方法再验证。

分析方法再验证是对分析方法的完善过程，应根据实际改变情况进行再验证，从而保证所采用的分析方法能够控制产品的内在质量。

四、对分析方法验证的评价

对于分析方法验证，有以下两个方面值得关注。

1. 有关分析方法验证评价的注意事项

总体上，分析方法验证应围绕验证目的和一般原则进行，分析方法验证内容的选择和试验设计方案应系统、合理，验证过程应规范、严谨。

并非每个检测项目的分析方法都要进行所有内容的验证，但要考虑验证内容应充分，足以证明采用的分析方法的合理性。如杂质的限度试验一般需要验证专属性和检测限，而对于精密度、线性、定量限等涉及定量测定的项目则一般不需要进行验证。

2. 分析方法验证的整体性和系统性

分析方法验证内容之间相互关联，是一个整体，因此不论从研发角度还是评价角度分析方法验证均注重整体性和系统性。例如，对于鉴别项目所需要的专属性，一般一种分析方法不太可能完全鉴别被分析物，此时采用两种或两种以上分析方法可加强鉴别项目的整体专属性。

在分析方法验证指标之间也存在较多的关联性，可以相互补充。如原料药含量测定采用容量滴定法时，由于方法本身原因，专属性略差，但假如在杂质检测时采用了专属性较强的色谱法，则一般认为整个检测方法也具有较强的专属性。

总之，由于实际情况较复杂，在分析方法验证过程中不提倡教条地进行分析方法验证。此外，越来越多的新方法不断用于质量控制中，对于这些方法如何进行验证需要具体情况具体分析，而不能照搬本节的内容。

第五节　工艺验证

中国 GMP（2010 年修订）附录 11 确认与验证中明确，工艺验证（PV）为证明工艺在设定参数范围内能有效稳定地运行并生产出符合预定质量标准和质量特性药品的验证活动。

对生产工艺过程进行验证是十分重要的，是保证产品质量均一性和有效性的必要手段。工艺验证是一项跨越产品整个生命周期的活动，连接工艺开发、商业规模生产工艺验证和常规的商业规模生产时期的工艺验证状态维护。质量风险管理应当贯穿于整个生命周期验证工作中。工艺验证批的批量应当与预定的商业批的批量一致。企业应当根据质量风险管理原则确定工艺验证批次数和取样计划，以获得充分的数据来评价工艺和产品质量。

验证方案的编写、审批和实施，验证结果的汇总、报告、评价，是十分重要的。验证文件应由各相关主管审核和批准，验证方案及报告应得到企业的妥善保存。

一、工艺验证阶段与实施

工艺验证贯穿产品生命周期的全过程，涉及在产品生命周期中所发生的一系列活动（图 7.2）。从产品研发到产品退市，根据各阶段工艺验证内容的不同，将工艺验证活动描述为三个阶段。

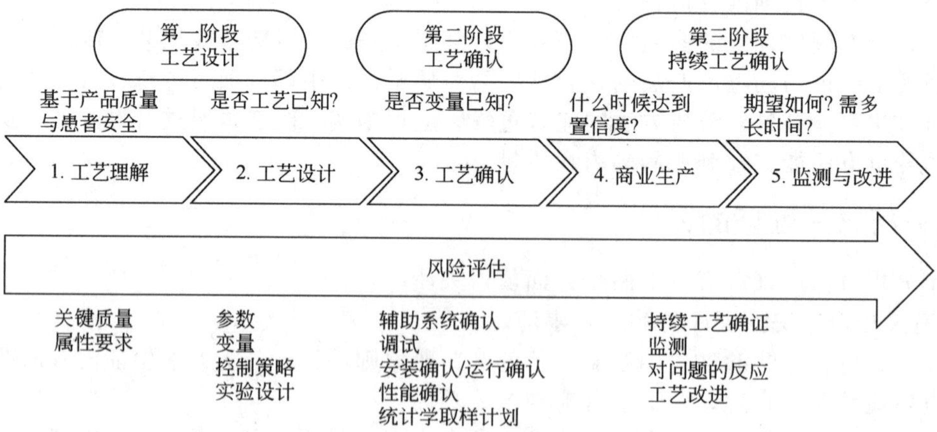

图 7.2　工艺生命周期

1. 第一阶段——工艺设计

工艺验证生命周期的第一阶段是工艺设计，是基于工艺开发、工艺放大活动获得的产品和工艺知识确定商业规模生产工艺并形成相应文件的活动。

在新的制剂产品开发过程中，首先要设计试验方案，对制剂的处方进行筛选并同时对生产采取的工艺进行探索，通过预试验找出影响产品关键质量属性的所有变量。在完成初步的筛选和确认后，应进行3～5个批次的临床试制，即进入产品的中试阶段，中试批次数量可在10000～20000片（粒）间，并尽可能使用与大生产设备相同或近似的中试设备。中试阶段应通过最差条件试验、极限试验和挑战性试验等确认关键工艺的工艺限度，建立最差条件下的过程控制，从而得出关键工艺参数的控制范围，并通过不少于3个月的加速稳定性试验和室温条件下的留样考察试验写出总结报告，作为生产处方、工艺条件合理与否的技术支持数据，为商业化生产积累足够的数据和知识支持后期产品的上市放行，因此从研究和开发阶段收集的工艺验证数据是非常重要的。

一般来说，早期工艺过程设计实验不需要在cGMP条件下进行。但是，早期工艺设计应当按照合理的科学方法和原则，包括良好的文件规范实施。控制过程的各种决策及其依据应该充分记录归档并进行内部审核，以便核实和保存其价值，从而在以后的工艺与产品生命周期内使用。

工艺参数（如温度、pH值、搅拌速度、通气量、压力等）的变化能对产品的标识、效力、质量、纯度、效价、安全性和/或收率造成负面影响。此类需严格控制的工艺相关变量或输入为关键工艺参数。关键工艺参数可能会对关键质量属性或工艺的产出情况产生直接的影响，企业建立良好的监控和控制可以降低工艺的风险，但是并不会降低该工艺参数的关键性。

2. 第二阶段——工艺确认

第二阶段是工艺确认，在该阶段对已经设计的工艺进行确认，证明其能够进行重复性的商业化生产。

此阶段是对在工艺设计阶段确认的工艺参数范围进行验证，应当在工艺确认前确定产品的关键质量属性、影响产品关键质量属性的关键工艺参数、常规生产和工艺控制中的关键工艺参数范围，通过验证证明工艺操作的重现性，关键质量属性和关键工艺参数通常在研发阶段或根据历史资料和数据确定。

此阶段工艺验证的要求如下：

① 所有对产品质量有直接影响的设备和相关公用系统的验证已经完成；

② 相关的标准操作规程已经生效；

③ 质量关键工艺参数必须明确和证实；

④ 质量关键工艺步骤必须明确和证实；

⑤ 分析仪器和分析方法必须经过验证；

⑥ 在工艺验证中使用的关键仪器和控制设备必须经过校准并在校准期内；

⑦ 验证用生产批档案和生产指导被批准。

在该阶段，如果产品用于商业化销售，则设备与公用系统的确认以及性能确认等必须遵守并符合GMP，而且在规模化生产前已成功完成。

确定最差条件需要由企业对工艺相当了解的部门如研发部门或者技术部门进行。比较复杂的制造部分的工艺通常在产品研发阶段的最后也就是在正式工艺验证前已经确定。

参数的上限或者下限并不一定是最差条件，整个生产工艺的最差条件通常在工艺研发过程中确定。因为如果在生产过程中使用极限参数生产或者验证，对设备来说是一种挑战，很容易造成设备故障或过早损坏，而且正常生产状态下基本不会遇到这些苛刻、极限的生产条件，所以不强制在工艺验证时进行挑战性试验。

3. 第三阶段——持续工艺确认

此阶段的目标是持续保证工艺在大规模生产中的可控性（即验证的状态），包括收集与评估关于工艺性能的信息和数据，所收集的数据应包括有关的工艺趋势以及引入物料或成分、中间物料及成品的质量数据，通过数据分析探查出工艺的漂移程度，并确定是否须采取措施防止工艺因漂移失去控制，所收集的信息应该能够证明产品的关键质量属性在整个工艺过程中处于可控状态。

企业应由经过充分培训的人员开发制定用于衡量与评价工艺稳定性和兼容性的数据收集方案、统计方法和程序，程序中应说明如何进行趋势分析和计算。质量部门应当审核这些资料，并识别出工艺或产品的变异性。这些信息可以用于警告生产企业应对该工艺加以完善。

二、工艺验证的类型

基于生命周期管理的工艺验证原则，结合工艺验证开展的原因和时机，工艺验证的类型包括首次工艺验证、工艺再验证和持续工艺确认。

1. 首次工艺验证

首次工艺验证是在工艺开发、设计完成后进行的第一次工艺验证，证明在商业规模生产下工艺设计的有效性和工艺控制策略的适用性。

采用新处方、新工艺时应当进行首次工艺验证。首次工艺验证应当涵盖产品的所有规格，可根据风险评估的结果采用简略的方式（如括号法、矩阵法）进行后续的工艺验证，如选取有代表性的产品规格或包装规格、最差工艺条件等进行验证，或适当减少验证批次。首次工艺验证应当涵盖产品涉及的所有生产线，以证明生产工艺在每条生产线上的可行性和稳健性。

2. 工艺再验证

工艺再验证包括发生变更时的再验证和间隔一段时间进行的再验证，旨在证实已经验证过的工艺其“验证状态”没有发生漂移，生产工艺和产品质量始终处于受控的状态。

当发生影响产品质量的变更或持续工艺确认表明工艺性能可能超出控制范围时，应当基于质量风险管理的原则，进行充分评估，必要时进行再验证。关键的生产工艺和操作规程应当定期进行再验证，确保其能够达到预期效果，如灭菌工艺每年至少一次再验证。根据产品年度回顾分析情况、偏差/OOS超标结果调查结果、投诉调查结果等，经充分评估后，必要时进行再验证。

3. 持续工艺确认

持续工艺确认是指在常规生产过程中，持续收集和分析产品工艺数据，以证明工艺在商业化生产中始终处于受控状态的验证活动。属于工艺验证生命周期的第三阶段。

首次工艺验证完成后，应当在常规的商业规模生产中持续确认工艺的受控状态，根据产品或工艺所涉及的风险制订持续工艺监控计划，确保工艺参数始终维持在首次验证确认的范围内。持续工艺确认内容有产品质量与工艺的监控与趋势分析、产品质量一致性与工艺能力的分析与评估、触发再验证的趋势结果及后续确认。

三、工艺验证方法

根据工艺验证的实施方法，工艺验证通常包括传统工艺验证、连续工艺确证、混合型工艺验证，应当根据工艺验证类型及产品生产工艺技术（如批量生产模式/连续制造模式）选择相应的工艺验证方法。

1. 传统工艺验证

（1）前验证　前验证是前瞻性工艺验证的简称，是目前首选的工艺验证方法，首次工艺验证应当采用前验证方法。前验证一般在药物研发和/或工艺开发结束，放大至商业生产规模后，在产品上市前进行；验证的批量应当与拟上市商业规模生产批次的批量一致；应当基于质量风险管理原则确定验证的批次数量，通常应当在商业规模生产条件下至少进行连续三批成功的工艺验证。在新产品、新处方、新工艺、新设备正式投入生产使用前，应当采用前验证方法完成工艺验证并达到设定要求。当发生影响产品质量的重大变更后（如产品处方、工艺、批量发生变更，新建/改建/扩建生产线等），通常采用前验证的方法开展工艺验证，验证的批次应当基于风险评估确定。

（2）同步验证　同步验证是同步性工艺验证的简称，指在商业化生产过程中进行的验证。验证批次产品的质量应符合验证方案中所有规定的要求，但该产品未完成所有工艺和质量的评价即放行上市。

在极个别情况下，允许进行同步验证，如因药品短缺可能增加患者健康风险、因产品的市场需求量极小而无法连续进行验证批次的生产。对进行同步验证的决定必须证明其合理性，并经过质量管理负责人员的批准。同步验证批次产品的工艺和质量评价尚未全部完成产品即已上市，企业应当增加对验证批次产品的监控。

2. 连续工艺确证

连续工艺确证是一种对生产工艺性能进行连续监控和评估的工艺验证方法。通过利用先进的生产技术和分析技术，如过程分析技术（PAT），连续不断地获得质量属性和工艺数据，通过对生产工艺性能进行连续的监控和评估确证工艺的可行性和稳健性。因该方法能够对生产工艺性能进行连续的监控和确认，该工艺验证方法可以替代传统工艺验证方法。

连续工艺确证可以应用于工艺验证生命周期中的任何阶段，适用于不同的生产规模，以在线数据为主，可包括多个数据来源（中控检测、批处理、在线和离线），通过实时采集、实时分析及实时判断，确保批次的受控状态。

3. 混合型工艺验证

混合型工艺验证是一种由传统工艺验证方法和连续工艺确证方法组合而成的工艺验证方法。一般遵循以下原则：

① 基于大量的产品与生产工艺知识、生产经验和历史生产数据等，在保证对工艺有良好认识的情况下，可以使用传统工艺验证方法和连续工艺确证方法组成的混合方法进行工艺验证。

② 如产品最初采用传统方法进行了验证，在商业化生产后可采取混合方法进行工艺验证；混合方法也可用于变更后或持续工艺确认的任何验证活动中。

③ 对于不同的生产工序，可以分别使用传统工艺验证或连续工艺确证方法，当采用这种混合方法进行验证时，验证计划/方案中应当明确何种工序采用何种验证方法。验证的批量和批次取决于工艺的风险和连续工艺确证的应用程度。

四、工艺验证方案

工艺验证方案至少包括验证方法、工艺的简短描述（包括批量等），关键质量属性的概述及可接受限度，关键工艺参数的概述及其范围，应当进行验证的其他质量属性和工艺参数的概述，所要使用的主要设备设施清单以及它们的校准状态，成品放行的质量标准，相应的检验方法清单，中间控制参数及其范围，拟进行的额外试验及测试项目的可接受标准，已验证的用于测试的分析方法、取样方法及计划，记录和评估结果的方法（包括偏差处理），职能部门和职责，建议的时间进度表。其中的取样计划中应当对每个抽取的样品进行详细的描述，主要包括地点（哪里？上—中—底）、时间（什么时候？频次，开始—中间—结束）、类型（怎么取？使用什么取样工具?）、样品量（多少克/毫升？多少件?）、样品数量（每次抽取多少个?）、用途（含量均一度、物理特性的确定、残留水分等）、包装和储存、标签（样品序列追溯）、所用检测方法和取样人。

五、工艺验证举例——终混混合均匀性取样和评价

制剂终混是指通过一定的操作使物料相互分散而达到一定的均匀程度，是制剂过程中不可或缺的部分。终混工艺验证主要考察的是终混颗粒含量的均匀度，要求在设备上找出均匀性较差的点（以证明所取样品的代表性），测试颗粒含量的均匀度。

《化药口服固体制剂混合均匀度和中控剂量单位均匀度研究技术指导原则（试行）》（2022 年 2 月 8 日发布）规定如下。

（1）取样　根据经验、容器的形状或实验，找出均匀性较差和代表性的点（以证明取样品的代表性）。至少要取 10 个位置点，每个位置一次取 3 个样品，取样量为单位剂量的 1～3 倍（通常应在 1～10 倍范围内），当取样量大于 3 倍单位剂量时，需进行论证或科学说明，并提供依据。

（2）可接受标准　每个取样点总混颗粒含量的相对标准偏差满足 RSD≤5%，单点含量与平均值的绝对差≤±10%。

每个取样点检测一个样品，计算所有样品的相对标准偏差（RSD），所有单值在均值的±10.0%（绝对）以内。如果 RSD≤5.0%，进行中控剂量单位（指生产中的未经包衣或包装的单个胶囊和药片）均匀度的测定。如果 RSD＞5.0%，则测定剩余样品（每个取样点的所有未检验的样品）的混合均匀度。

剩余样品的混合均匀度检测要求如下：

测定每个取样点的其他混合样品，计算所有样品的 RSD（$n \geqslant 30$），所有单值在均值的±10.0%（绝对）以内。

如果 RSD≤5.0%，进行中控剂量单位均匀度的测定（至少测定 20 个取样点，每个取样点至少检测 7 个剂量单位）；

如果 RSD＞5.0%，则进行调查，以确定变异性是否是由产品/工艺问题或取样/分析误差引起的。

如果高 RSD 归因于取样/含量测定误差，则进行中控剂量单位均匀度（至少测定 20 个取样点，每个取样点至少检测 7 个剂量单位）；如果高 RSD 归因于产品/工艺相关的原因，混合均匀性则是不可接受的。

如图 7.3 所示，在设备的上部选择 6 个取样点、中部选择 5 个取样点、底部选择 1 个取样点，共 12 个取样点，每个位置一次取 3 个样品，三个连续批分别为 A、B、C，共测定 36 个数据，列于表 7.5，计算每个取样点总混颗粒含量的平均值、相对标准偏差（RSD）和单点含量与平均值的绝对差，得出每个取样点总混颗粒含量的相对标准偏差满足 RSD≤5%，各个取样点总混颗粒单点含量与平均值的绝对差≤±10%，每批进行后续中控剂量单位均匀度的测定，如果每批符合中控剂量单位均匀度的测定标准，最终可以得出总混颗粒含量均匀度符合标准、物料混合均一的结论。

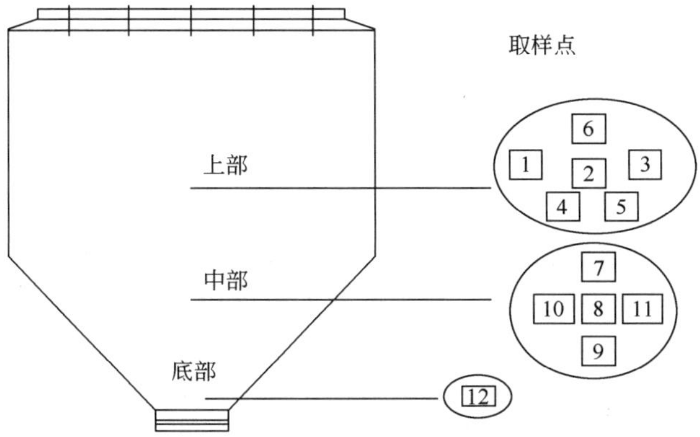

图 7.3　终混颗粒含量均匀度检查取样图

表 7.5　终混颗粒含量均匀度检查取样数据与结果

取样点	A	B	C
1	102.8	102.5	104.6
2	101.2	100.3	104
3	103.1	102.6	104.1
4	104.2	102.7	99.8
5	101.3	102.5	103.4
6	99.5	100.5	100.9
7	99.6	103.4	102.1
8	100.3	105.1	101.3
9	99.0	102.1	100.6
10	101.1	102.7	101.4
11	101.4	102.3	101.2
12	98.1	100.7	102.1
平均值	101.0	102.3	102.1
平均值±10%区间	90.9	92.1	91.9
	111.1	112.5	112.3
RSD	1.8%	1.3%	1.5%
说明	RSD≤5%，未超出平均值±10%	RSD≤5%，未超出平均值±10%	RSD≤5%，未超出平均值±10%

第六节　清洁验证

清洁验证（cleaning validation）是有文件和记录证明所批准的清洁规程能有效清洁设备，使之符合药品生产的要求。通过科学的方法采集足够的数据，以证明按规定方法清洁后的设备能始终如一地达到预定的清洁标准。清洁确认（cleaning verification）是指一次性取样和测试以确保所指定的设备在清洁后已得到适当清洁。清洁确认是清洁验证的一部分；清洁验证是清洁确认的延伸。清洁验证一定是针对清洁程序的，而清洁确认可能针对清洁也可能针对清洁程序。近几年，清洁验证在制药企业中已经占有很重要的位置，各国的 GMP 也已经认识到，无论从最初的原料药还是到最后的制剂生产，在保证产品质量方面，设备的清洁已经成为一个关键的问题。

直接与产品接触的设备（如反应罐、物料桶）在生产中使用并直接与产品接触，所以需要进行清洁验证。间接或偶然与产品接触的设备（如冻干箱的内表面，托盘式烘箱的内表面，机械保护装置的内表面和某些设施房间的墙壁、地面、天棚等）在生产中使用但不直接与产品接触，但有可能污染产品，需要根据风险评估的结果决定是否需要进行清洁验证。不与产品接触的设备（如密闭系统的外表面、蠕动泵和废物处理系统等）在生产中使用但不与产品接触，通常不需要进行清洁验证。

一、清洁验证的工作阶段

验证结论的准确性与完整性是验证的核心。验证的方法学是保证验证结论完整可靠的关键。从方法学上考虑，科学、完整的清洁验证一般可按以下几个工作阶段依次进行。

1. 开发阶段

根据产品性质、设备特点、生产工艺及所使用的原辅料等因素进行实验室模拟，拟定清洁方法，制定清洁规程，对清洁人员进行操作培训。

2. 方案准备阶段

对生产设备进行详细考察，根据设备的整体情况和清洁方面的设计进行相关的风险分析和实验研究互动，确定有代表性的、难清洁的部位作为取样点；根据公司内产品类型和设备生产链对设备和产品进行分类及分组，计算设备的内表面积；根据产品的相关性质选定某种物质作为参照物质，确定清洁后允许的最大残留量为合格标准，验证中通过检验其含量确定设备清洁的程度，如果使用清洁剂则必须考察清洁剂的残留量；根据验证要求制订并批准验证方案；开发验证有关取样方法和检验方法，以保证数据的准确性。在验证开始前需对有关人员进行培训。

3. 方案实施阶段

按照批准的验证方案开展试验，获取数据，评价结果，得出结论。如验证的结果表明清洁程序无法确保设备清洁达到预定标准，则需查找原因、修改程序并重新验证，直至结果合格。

4. 监控及再验证阶段

对已验证并投入运行的清洁方法进行监控，对清洁方法的变更实行变更管理，根据监控的结果评估各种生产活动中所采用的清洁方法能达到的实际效果，以确定再验证周期，进行再验证。

二、清洁验证的通用要求

① 通常情况下清洁验证需要在生产商业批/验证批产品时进行。

② 在清洁验证中，不能采用反复清洗至清洁的方法。

③ 需要建立专门的清洁验证总计划或将清洁验证作为验证总计划中的一部分。如果不制定清洁验证总计划，要考虑在清洁验证 SOP 中或在清洁验证方案中做出相关内容的明确要求。

④ 对于最差情况产品须进行三次成功的验证。如果出现一个产品组中有两个或多个最差条件情况产品，一般需要每个最差情况产品至少做两次成功的验证。当引入产品、增加新设备、设备发生重大变更或产品批量发生改变时，需根据评估结果重新进行 1～3 次验证。

⑤ 用于清洁确认或清洁验证的化学检测方法或微生物检测方法都要经过方法确认或验证。分析仪器应经过确认，并定期校验和维护，确保符合 GMP 要求。

⑥ 清洁验证的风险评估——应采用风险评估的方法进行多方位的评估（最坏条件、取样点、验证状态的维护等）。

⑦ 通常批间的小清洁不需要进行清洁验证，只需要每批清洁后的目视检查确认。

⑧ 连续生产一定批数或一定时间后进行的批间大清洁应进行清洁验证，此时清洁验证

考虑的残留检测物通常不考虑活性物质，应考虑的是降解物、清洁剂残留、微生物负载、内毒素等累积效应。如果活性物质很稳定，也可用活性物质作为指示性的残留物标准。

⑨ 所有直接或间接与产品接触的共用设备都应进行清洁验证，不与产品接触的共用设备应基于风险评估决定，凡对产品有潜在污染风险的设备或设施也应进行清洁验证。

⑩ 清洁验证考虑的残留检测物应基于对工艺的理解和风险评估决定，可能包括活性成分、辅料、工艺助剂、清洁剂、微生物负载、内毒素和降解物等。

三、清洁验证方案的准备

清洁验证方案必须符合一般验证方案的共性要求。验证方案中最关键技术问题为选定参照物质（或最难清洁物质）、最难清洁部位和取样部位、残留物允许限度和相应的检测方法。

（一）参照物质（或最难清洁物质）

一般药品由活性成分和辅料组成，复方制剂含有多个活性成分。所有这些物质的残留物都是必须除去的。在清洁验证中是否需要为所有残留物制定限度标准并一一检测呢？这是不切实际且没有必要的。在一定意义上，清洁的过程是溶解的过程，因此通常的做法是从各组分中确定最难清洁（溶解）的物质，以此作为参照物质。通常，相对于辅料，人们更关注活性成分的残留，因为它可能直接影响下批产品的质量、疗效和安全性。因此，活性成分的残留限度必须作为验证的合格标准之一，通常会根据风险评估的结果确认最难清洁物质。药效最强、溶解度最差的成分将作为清洁参照物。当存在两个以上的活性成分时，其中最难溶解的成分即可作为最难清洁物质。以复方氨基酸注射液（18AA）为例，它有 18 种氨基酸，均为活性成分，其中最难溶解的为胱氨酸，仅微溶于热水，因此可将其作为最难清洁物质。

（二）残留物限度的确定

FDA 在其《清洁验证检查指南》中指出，FDA 不打算为清洁验证设立一个通用方法或限度标准。那是不切实际的，因为原料和制剂生产企业使用的设备和生产的产品千差万别，确立残留物限度不仅必须对所有有关物质有足够的了解，而且所定的限度必须是现实的、能达到的和可被验证的。也就是说，鉴于生产设备和产品性质的多样性，由药品监督机构设立统一的限度标准和检验方法是不现实的。企业应当根据其生产设备和产品的实际情况，制定科学合理的、能实现并能通过适当的方法检验的限度标准。

共用设备的清洁接受限度有传统方法（10×10^{-6}、1/1000 日治疗剂量法、LD_{50} 等）和现代方法［健康的毒理学方法、每日暴露量（PDE）法和毒理学关注阈值（TTC）法］，传统方法适用于生物药、中药、专用设备、化学物质残留（非药/中间体）、清洁剂等。现代方法适用于共用设备的化学药（包括 API 和制剂），但生物药、中药不适用。

对于某个过敏性的活性成分，青霉素、头孢或胆固醇和细胞毒素，限度要低于用最灵敏的分析方法检测到的限度。在实际生产中这些产品要用专用的厂房。

1. 肉眼观察限度

肉眼观察限度是不得有可见的残留物。虽然这与个人的视力、照明、设备的尺寸形状和观察的角度等许多因素有关，不可能作为定量、半定量的依据，也无法验证，但该法最简单，而且能直观、定性地评估清洁的程度，有助于发现已验证的清洁程序在执行过程中发生的偏差，对于日常监控是有价值的。因此清洁规程中都要求在清洁完成或某些步骤完成后检查不得有可见的残留物。

2. 残留物浓度限度

将残留物浓度限度定为 10×10^{-6}，其要求是规定由上一批产品残留在设备中的物质全部溶解到下一批产品中所致的浓度不得高于 10×10^{-6}。一般来说，除非是高活性、高敏感性的药品，该限度是足够安全的。

按 10×10^{-6} 标准计算 A 产品带入 B 产品中总残留量换算为单位面积的残留限度的计算公式如下。

$$AC = \frac{10B}{SA}$$

式中，AC 为单位面积的残留限度，mg/cm^2；B 为清洁后产品生产批量，kg；SA 为设备物料接触表面积，cm^2。

对于确定的设备，内表面积是定值，批量值应取最小批量，以获取最差情况下的表面残留物限度。

表面残留物限度测定的前提是残留物溶解到下批产品后均匀分配到各瓶/片产品中。实际生产中可能存在某些特殊表面（如灌封头），残留物溶解后并不均匀分散到整个批中，而是全部进入一瓶产品中。在这种情况下，上述限度就不适用了，必须为这些特殊部位制定特殊的限度。制定特殊表面限度的依据就是以最低日治疗剂量为基础的生物学活性的限度。

3. 最低日治疗剂量

依据药物的生物学活性数据最低日治疗剂量（minimum treatment daily dosage，MTDD）确定残留物限度是制药企业普遍采用的方法。从确保安全的角度出发，一般取最低日治疗剂量的 1/1000 为残留物限度。根据临床药理学、毒理学和临床应用的观察统计，对于非常敏感的病人，如果服用了 MTDD 的 1/1000，也不会由此产生药理反应。这样就符合了 GMP 足够安全的理念。因此高生物活性药物宜使用本法确定残留物限度。

按 MTDD 的 1/1000 标准计算 A 产品带入 B 产品中总残留量换算为单位面积的残留限度的计算公式如下。

$$AC = \frac{MTDD_A \times B_B}{1000 \times MDD_B \times S}$$

式中，AC 为单位面积的残留限度，mg/cm^2；$MTDD_A$ 为 A 产品最低日治疗剂量，mg/d；MDD_B 为 B 产品最大日剂量，mg/d；B_B 为 B 产品最小批量，mg；S 为设备总表面积，cm^2。

可根据具体情况决定是否再除以安全因子以确保安全。也有文献建议采用最低生物活性量为出发点计算残留物限度，其原理和实际计算过程与上述 MTDD 法基本相同。但由于最低生物活性量数据不易获取，也缺乏法定依据，使用起来不如 MTDD 法方便可靠。

4. 允许的日接触量

允许的日接触量（permitted daily exposure，PDE）指一个同活性物质本身性质相关的剂量，在生命周期内每天使用该剂量或者低于该剂量不会产生不良反应。可接受的日暴露量（acceptable daily exposure，ADE）指通过任何途径在等于或低于此剂量时一个人终身接触都不可能造成不利影响的剂量。

PDE 或 ADE 适用于共用设备的化学药。

PDE 计算公式如下。

PDE（ICH Q3C，《杂质：残留溶液的指导原则》）：

$$PDE = \frac{NOEL \times 体重调整}{F_1 \times F_2 \times F_3 \times F_4 \times F_5}$$

PDE（EMA 指南：EMA//CHMP/CVMP/SWP/169430/2012）：

$$PDE=\frac{NOAEL \times 体重调整}{F_1 \times F_2 \times F_3 \times F_4 \times F_5}$$

式中，NOEL 为未观察到反应剂量（no observed effect level，NOEL），指某物质被人体或动物接触后不引起机体出现可检测到的明显作用的最高剂量或浓度；NOAEL 为未观察到损害作用剂量（no observed adverse effect level，NOAEL），指某物质被人体或动物接触后不引起机体出现可检测到的损害作用的最高剂量或浓度；F_1 为物种差异系数（$F_1=5$，大鼠；$F_1=12$，小鼠；$F_1=2$，犬；$F_1=2.5$，兔；$F_1=3$，猴；$F_1=10$，其他）；F_2 为个体差异系数（$F_2=10$）；F_3 为短期接触急性毒性研究的可变系数［$F_3=1$，研究时间至少为动物寿命的一半（鼠兔寿命的一半为 1 年，猫、狗、猴寿命的一半为 7 年）和器官形成的整个过程的生殖研究；$F_3=2$，啮齿动物 6 个月或者非啮齿动物 3.5 年的研究；$F_3=5$，啮齿动物 3 个月或者非啮齿动物 2 年的研究；$F_3=10$，更短的研究时间］；F_4 为用于产生严重毒性情况的系数（$F_4=1$，与母体毒性有关的胎儿毒性；$F_4=5$，无母体毒性的胎儿毒性和受母体毒性影响的致畸反应；$F_4=10$，无母体毒性影响的致畸反应）；F_5 为 NOAEL 到 LOAEL 的转换系数（当使用 LOAEL 或 LOEL 时，$F_5=10$；当使用 NOAEL 或 NOEL 时，$F_5=1$）。

NOAEL 或 NOEL 多数情况下是不好得到的，一般是用 LOAEL（lowest observed adverse effect level，最小可见损害作用剂量）或 LOEL（lowest observed effect level，最小可见反应剂量）代替。

通常用 NOEL 计算出来的 PDE 低于用 NOAEL 计算出来的 PDE，建议按 EMA 的公式计算；另外 PDE 法与 ADE 法等同。

查找计算 PDE 和报告输出要求途径如下：

① 生产车间提供信息；

② 毒理室专业人员查找计算 PDE，并输出报告（输出报告必须具有可跟踪性），提供给产品 QA 人员；

③ QA 人员提供 PDE 数据（如某产品的 PDE=1.5mg/d）给生产车间（不提供报告）。

根据前一产品的 PDE 计算最大允许残留量（maximum allowable carry over，MACO）示例如下：

前一产品为 A，后一产品为 B。A 产品的 PDE 为 0.41mg/d，口服；B 产品的最小批量为 2kg，最大日剂量（maximum daily dose，MDD）为 60mg。那么

$$MACO=(PDE \times B_B)/MDD_B=0.41 \times 2 \times 1000000 \div 60=13667(mg)$$

式中，MACO 为 A 产品残留到 B 产品中的最大允许残留量，mg；PDE 为允许的日接触量，mg/d；B_B 为 B 产品最小批量，mg；MDD_B 为 B 产品最大日剂量，mg/d。

5. 半数致死量（LD_{50}）

如果没办法获得其他数据（例如，ADE、PDE 等值）来确定残留物的限度，只能获得半数致死量（LD_{50}）数据（例如化学物质、中间体、清洁剂等），允许最大残留量（MACO）可以基于半数致死量数据来计算。根据如下公式，计算 NOEL 值（无可见影响水平），用于建立 MACO 值。

$$NOEL=LD_{50} \times BW/2000$$

式中，BW 为成年人平均体重，kg（例如 70kg）；2000 为经验常数。

根据 NOEL 值，用如下公式计算 MACO 值：

$$MACO=\frac{NOEL_{上一产品} \times MBS_{下一产品}}{SF_{下一产品} \times TDD_{下一产品}}$$

式中，MACO 为允许最大残留量，即从上一产品中可以接受转入下一产品的质量，

mg；$NOEL_{上一产品}$为无可见影响水平；$TDD_{下一产品}$为下一产品的日标准治疗剂量，mg/d；$MBS_{下一产品}$为下一产品的最小批量会携入的产品，mg；$SF_{下一产品}$为安全系数。

安全系数（SF）根据摄入途径不同而不同，如局部给药，SF值为10～100，注射给药，SF值为1000～10000。口服给药，SF值为100～1000。一般系数200用于口服剂型原料药生产。

6. 微生物的允许残留限度

微生物污染水平的制定应满足生产和质量控制的要求，包括菌落总数、不可接受微生物、细菌内毒素（如有）和无菌性等。发达国家的GMP一般明确要求控制生产各步的微生物污染水平，尤其对无菌制剂，产品最终灭菌或除菌过滤前的微生物污染水平必须严格控制。如果设备清洁后立即投入下批生产，则设备中的微生物污染水平必须足够低，以免产品配制完成后微生物项目超标。微生物的特点是在一定环境条件下会迅速繁殖，数量急剧增加，而且空气中存在的微生物能通过各种途径污染已清洁的设备。设备清洗后存放的时间越长，被微生物污染的概率越大。因此，企业应综合考虑其生产实际情况和需求，自行制定微生物污染水平限度，并对设备使用后到清洗前的时间内及清洗后到下次生产的最长贮存期限进行验证，如果可能则对设备连续生产同一品种最长时间进行验证。

对于非无菌生产设备，通常表面取样法采用1～2CFU/cm^2或100～200CFU/100cm^2。淋洗样采用纯化水，限度为100CFU/mL。对于无菌生产设备，如采用注射用水进行最终淋洗，通常限度会设为注射用水限度，即10CFU/100mL。

拭法取样，在A/B级洁净环境下微生物限度应小于1CFU/25cm^2，在C级洁净环境下微生物限度应小于25CFU/25cm^2，在D级洁净环境下微生物限度应小于50CFU/25cm^2。

7. 内毒素的允许残留限度

凡有内毒素限度要求的产品，都需要考虑内毒素残留，通常最终淋洗水中的内毒素限度与灭菌注射用水标准（0.25EU/mL）相同。如果已清洗设备后续还有去除内毒素的方法，则不需要考虑内毒素残留。

（三）取样

取样方法有擦拭法和淋洗法，最理想的方法是对设备表面直接取样的擦拭法。由于残留物在设备表面并不是均匀分布的，因此取样点应考虑“最差条件”，例如最难清洗的材质或位置。微生物污染取样根据生产设备和环境条件，可采用擦拭法（使用无菌棉签）、接触平皿法或淋洗法。取样点应包括最差条件，如最难清洁的位置或最难干燥的位置。凡是死角、清洁剂不易接触的部位如带密封垫圈的管道连接处，压力、流速迅速变化的部位如有歧管或岔管处、管径由小变大处，容易吸附残留物的部位如内表面不光滑处等，都应视为最难清洁的部位。显然，取样点应包括各类最难清洁部位。宏观上不容易形成湍流的部位也是难清洁的部位。

1. 擦拭取样

擦拭取样的优点是能对最难清洁部位直接取样，通过考察有代表性的最难清洁部位的残留物水平评价整套生产设备的清洁状况。通过选择适当的擦拭溶剂、擦拭工具和擦拭方法，可将清洁过程中未溶解的、已“干结”在设备表面或溶解度很小的物质擦拭下来，能有效弥补淋洗取样的缺点。检验的结果能直接反映出各取样点的清洁状况，为优化清洁规程提供依据。擦拭取样的缺点是很多情况下须拆卸设备后方能接触到取样部位，对取样工具、溶剂、取样人员的操作等都有一定的要求，总的来说比较复杂。

进行擦拭取样时应注意擦拭工具和溶剂对检验结果的干扰。常用的擦拭工具为药签，在一定长度的尼龙或塑料棒的一端缠有不掉纤维的织物。药签应耐一般有机溶剂。棉签容易脱落纤维，故在使用前应用取样用溶剂预先清洗，以免纤维遗留在取样表面。溶剂用于擦拭时溶解残留物，并将吸附在擦拭工具上的残留物萃取出来，以便检测。用于擦拭和萃取的溶剂可以相同，也可以不同。一般为水、有机溶剂或两者的混合物，也可含有表面活性剂等，以帮助残留物质溶解。

2. 淋洗取样

淋洗法是检测最后一次淋洗水，通过残留物的量确定是否符合限度。残留物可能被稀释到很高倍以接受定量检测。这种方法的优点是适用于大面积范围的取样，尤其适用于不易接触的表面，如阀门和管路或难以拆开的系统。淋洗法测试的先决条件是产品对冲淋介质有良好的溶解性（通过溶解性测试验证）和设备表面对冲淋介质有完全的润湿性。

这个方法的缺点在于它的适用范围有限。第一，这个方法不适用于所有类型的设备。第二，它的适用范围只对在溶剂中易溶的物质，通常是水溶性的。第二，也不适用于堵塞在设备中难以冲洗的残留物。通常取样中残留物的浓度不一定与表面残留物的总量一致，因此残留物的去除仅是基于溶解的过程。设备中是否完全没有残留不能从分析结果中获得，当使用有机溶剂时必须采取必要的安全措施。第四，大量的清洗导致较高的材料和清洗成本。

最终淋洗液的取样研究过程可以对后续产品中潜在污染物进行上限推算。工艺过程的改进可以通过从取样冲洗液中分离工艺冲洗液完成。这样可生成更精确的实际推算，分析程序的选择更具有灵活性，与工艺冲洗液不同的取样冲洗液的选择也更加灵活。这种确定程序取决于充分的冲洗液回收研究。

3. 取样过程验证

取样过程需经过验证。通过回收率试验验证取样过程的回收率和重现性。要求包括取样回收率和检验方法回收率在内的综合回收率一般不低于 50%，有的企业甚至要求不低于 80%，多次取样回收率的 RSD 不大于 20%。

取样过程的验证实际上是对药签、溶剂的选择、取样人员操作、残留物转移到药签、样品溶出（萃取）过程的全面考察。

四、验证方案

清洁验证方案可有多种形式，其共性是必须体现方案蕴含的科学性。一般而言应当包含如下的内容。

（1）目的　明确待验证的设备和清洁方法。

（2）清洁规程　待验证的清洁方法的 SOP 即清洁规程应当在验证开始前确定下来，在验证方案中列出清洁规程以表明清洁规程已经制定。

（3）验证人员　列出参加验证人员的名单，说明参加者所属的部门和各自的职责、对相关操作人员的培训要求。

（4）确定参照物和限度标准　在本部分应详细阐述确定参照物的依据、确定限度标准的计算过程和结果。一般可将相关设备列表，计算总表面积、特殊表面面积；将相关产品列表，列入主要活性成分及其相关物理化学性质、MTDD 值等，确定参照物质，计算限度标准。

（5）检验方法学　本部分应说明取样方法、工具、溶剂，主要检验仪器，取样方法和检验方法的验证情况等。

（6）取样要求　用示意图、文字等指明取样点的具体位置和取样计划，明确规定何时、何地、取多少样品，如何给各样品标记。这部分的内容对方案的实施和保证验证结果的客观性是至关重要的。

（7）可靠性判断标准　本部分应规定为证明待验证清洁规程的可靠性，验证试验须重复的次数。一般至少连续进行三次试验，所有数据都符合限度标准方可。

五、验证的实施

当验证方案获得批准，所有准备工作进行完毕后，即进入验证实施阶段。验证实施应严格按照批准的方案执行。本阶段的关键在于清洁规程的执行和数据的采集、取样与化验。验证实施后写出验证报告。应及时、准确地填写清洁规程执行记录，保证清洁过程完全按照规程进行。执行规程的人员应当是将来进行正式操作的人员，而不应由方案设计人员或其他技术人员代替。当然，有关技术人员可在旁观察规程的执行情况，以便及时发现偏差并予以纠正。取样应由经过专门培训并通过取样验证的人员进行。样品标签可在取样前贴好，根据标签的指示取样，也可在取样后立即贴上标签，无论采取何种方式都应以方案规定为准。检验应按照预先开发并验证的方法进行。所用的试剂、对照品、仪器等都应符合预定要求。检验机构出具的化验报告及其原始记录应作为验证报告的内容或附件。

验证过程中出现的偏差均应记录在案，由专门人员讨论并判断偏差的性质，确定是否对验证结果产生实质影响。一般如果检验结果超出限度，经证明并非化验误差所致时，该偏差应作为关键偏差。这时应进行原因调查，确定原因，采取必要措施后重新进行验证试验。验证结论应在审核了所有清洁作业记录、检验原始记录、化验报告、偏差记录后方能做出。其结果只有合格或不合格两种，不可模棱两可。

验证报告至少包括以下内容：

① 清洁规程的执行情况描述，附原始清洁作业记录。

② 检验结果及其评价，附检验原始记录和化验报告。

③ 偏差说明，附偏差记录与调查。

④ 验证结论。

六、清洁方法的监控与再验证

1. 日常监控

清洁验证报告一旦批准，清洁验证即告完成，该清洁方法即可正式投入使用。同药品生产工艺过程一样，经验证后，清洁方法即进入监控与再验证阶段，应当以实际生产运行的结果进一步考核清洁规程的科学性和合理性。

在日常生产过程中对清洁方法进行监控的目的是进一步考察清洁程序的可靠性。验证过程中进行的试验往往是有限的，无法包括实际生产中各种可能的特殊情况，监控则正好弥补这方面的不足。对手工清洗规程来说，这点尤其重要，因为其重现性很大程度上取决于对人员的培训和实施清洁人员的工作态度。

监控的方法一般为肉眼观察是否有可见残留物，必要时可定期取淋洗水或擦拭取样进行化验。由于对指定残留物的定量分析通常比较烦琐，可开发某些有足够灵敏度且快速的非专属性检验方法，如测定总有机碳（TOC）。美国药典、欧洲药典已将 TOC 指标确立为注射用水和纯化水的法定项目，以反映水中有机物污染情况。由于该方法的高灵敏性和自动化且绝大多数残留物是有机物，发达国家或技术水平较高的制药企业越来越多地将其作为清洁作业的日常监控方法。如果日常样品的 TOC 值低且波动较小，则证明清洁效果好，清洁规程得到了良好的遵守。一旦出现异常，则提示可能出现了问题，此时再采用专门的分析方法对污染物定性定量。通过对日常监控数据的回顾确定是否需要再验证或确定再验证的周期。

2. 变更管理

对已验证设备、清洁规程的任何变更以及诸如改变产品处方、增加新产品等可能导致清洁规程或设备的变更，应有专门人员如验证工程师、生产经理、QA 经理等审核变更申请后再确定是否需要进行再验证。企业应有变更管理 SOP 统一规范所有变更行为。

在发生下列情形之一时，须进行清洁规程的再验证：

① 清洁剂改变或对清洁程序做重要修改。

② 增加生产相对更难清洁的产品。

③ 设备有重大变更。

④ 清洁规程有定期再验证的要求。

七、清洁方法的优化

在实际生产中，一台（组）设备用于多种产品的生产是非常普遍的现象。有时各种产品的物理、化学性质有很大差异。这就给清洁规程的制定者提出这样的问题：是否要为每个产品分别制定清洁规程呢？经验告诉人们，为一台（组）设备制定多个清洁规程并不可取，这不但由于为每个规程进行验证的工作量过于庞大，更主要的是对操作者来说要在多个规程中选择适当的清洁方法很容易造成差错。比较可行的方法是在所有涉及的产品中选择最难清洁的产品为参照产品，以所有产品/原料中最大允许残留量最低的限度为标准（最差条件），优化设计足以清除该产品/原料以达到限度要求的清洁程序。验证就以该程序为对象，只要证明其能达到预定的要求，则该程序适用于所有产品的清洁。当然，从环保和节约费用的角度考虑，如果实践证明该清洁程序对大多数产品而言过于浪费，也可再选择一个典型的产品进行上述规程制定和验证工作。这时，在规程中必须非常明确地规定该方法适用于哪些产品，还必须明确为防止选择时发生错误需要采取的必要的措施。

参照产品的选择原则如下：

① 将所有产品列表（见表 7.6）。

表 7.6　某设备生产产品统计表（已按溶解度由小到大排序）

产品名称	活性成分溶解度	适用的清洁剂	最大允许残留限度/($\mu g/cm^2$)
产品丙	1	1% NaOH 热水溶液	1.5
产品甲	1	95%乙醇	2.5
产品己	1	70%乙醇	3.0
产品丁	2	热水	2.5
产品乙	3	水	2.0
产品戊	4	水	1.0

② 确定产品的若干物理、化学性质为评价项目，如主要活性成分的溶解度、黏度、吸附性等，其中最主要的性质为溶解度。

③ 对每个产品的评价项目打分。如将溶解度分为 1/2/3/4 级，依次表示难溶/微溶/可溶/易溶。

④ 根据经验和产品性质拟定适当的清洁剂种类。

⑤ 计算各产品的最大允许残留限度。

⑥ 将产品按照溶解度由小到大排序，选择溶解度最小的产品作为参照产品。

⑦ 如果表格中使用的清洁剂可分为水/水溶性清洁剂（包括酸、碱溶液）和有机溶剂两类，应分别选择一种参照代表产品。

⑧ 将表中最大允许残留限度最小的数值确定为验证方案的最大允许残留物限度标准。

⑨ 将与参照产品对应的清洁剂确定为清洁方法使用的清洁剂。

从表 7.6 可见，产品丙、丁、乙、戊可用水溶性清洁剂清洁，应选最难溶的产品丙为参照产品，清洁剂为 1% NaOH 热水溶液，最大允许残留限度定为 $1.0\mu g/cm^2$；产品甲、己用乙醇为清洁剂，可另算一类，应选择产品甲为代表产品，清洁剂为95%乙醇，最大允许残留限度定为2.5$\mu g/cm^2$。

根据设备的情况、已确定的清洁剂和残留限度设计清洗方法。在生产后依法清洁并验证。

清洁验证试验至少进行3次。每批生产后按清洁规程清洁，按验证方案检查清洁效果、取样并化验。重复上述过程3次。3次试验的结果均应符合预定标准。如果出现个别化验结果超标的情况，必须详细调查原因。如果有证据表明结果超标是因为取样、化验失误等原因造成，可将此数据从统计表中删除。否则应判验证失败。不得采用重新取样再化验直至合格的做法。验证失败意味着清洁规程存在缺陷，应当根据化验结果提供的线索修改清洁规程，随后开展新一轮的验证试验。

第七节　运输确认

随着中国GSP的颁布实施，国内制药企业和药品批发经营企业均面临着药品流通领域的法规符合性和如何保证药品质量的挑战。2015年5月国家食品药品监督管理总局发布2010年版GMP附录“确认和验证”最终稿，对运输确认进行了规定，进一步对制药企业提出了要求，具体为第三十四至三十七条。

药品供应链是非常复杂的，产品从离开制造商的设备到最终分发给患者的过程中会经历多次转手，甚至可能在不同国家的批发商之间完成交易。药品运输是制药和生物制药流通过程中与产品处理有关的专业环节，要求必须在温度受控的环境中储存和发运产品。目前对药品运输过程实施充分控制的标准不断增强，主要原因有：供应涉及从制造商到分销中心再到药房、医院和诊所的过程；供应链中冷藏产品的数量不断增长（需求）；产品的特性，如冷藏产品的复杂性；供应链的复杂性（全球供应）；监管部门的期望。

因此，应考虑对药品生产、储存和流通过程中的所有步骤和程序实施充分的控制，从而对产品质量提供保护。而且，对药品运输过程的法规要求的理解有助于集中力量确保各项活动和开发计划实现增值，并在科学技术的基础上开展适当的风险分析，满足监管者的预期要求并有助于明确药品储存与运输过程的控制要点。

对任何一种温度控制过程来说，最重要的是期望在受控的环境中储存与运输物料，将温度控制在规定的范围内。确切地说，该温度范围应处于来自稳定性数据推荐的产品储存范围，并维持以下要求：

① 在整个药品储存与运输期间，可靠、持续地将目标产品所处的环境温度控制在一定范围内（例如2～15℃）。

② 所有产品可能储存的位置均符合产品对环境温度的要求（例如靠近门的位置或者储存边界）。

确认过程应证明运输系统可持续满足产品对温度的需求。进行确认研究的策略应基于产品温度和稳定性要求以及运输和储存过程进行的风险分析活动。

风险分析应对储存与运输过程中的潜在危害源进行识别并分析危害的严重性和可能性，从而确定储存及运输环境对产品/药品成分的潜在影响。

以下为运输过程风险识别应考虑的因素。

一、产品特性

产品特性是风险识别过程中重要的参考因素，不同的产品对储存和运输条件的要求也不一样。

温度敏感产品的运输必须维持产品处于可接受的温度范围。如蛋黄卵磷脂，《中国药典》（2025 年版）中规定的贮藏条件是：密封，避光，－18℃以下保存。

产品运输温度与标识储存温度不一致时，应提供稳定性研究数据证明产品质量不受影响。产品的稳定性研究应通过在指定储存环境下的试验、加速试验和/或中间条件试验，获得与具体产品在偏离规定的储存温度时的承受能力有关的数据。

在产品特性分析时还应考虑仓储温度和运输温度的区别。仓储温度相对稳定，在进行产品稳定性研究时只需考虑很小的温度变化；运输温度相对难控制，在进行产品稳定性研究时需考虑极端温度环境（如低温条件和高温条件）。

二、储存和运输

药品储存、运输过程中的风险分析可以从以下几方面进行考虑。

1. 仓储设施

如冷藏室、冷冻室、温度监控系统等。

① 对于要求在冷藏环境中储存的材料来说，储存温度一般为 2～8℃。

② 对于要求在冷冻环境中储存的材料来说，储存温度一般为－25～－15℃。

③ 温度可低至－40℃的小型冷库（比如血浆的储存环境）。

④ 步入式冷冻室通常位于步入式冷藏室内部或通常需要穿过步入式冷藏室方可进入（旨在降低冷冻室内的湿度）。

2. 运输路线

如正常路线、应急路线等。

应当制定冷藏药品、冷冻药品运输应急预案，对运输途中可能发生的设备故障、异常天气影响、交通拥堵等突发事件能够采取相应的应对措施并分析措施所引起的风险及规避的风险。在风险分析中同样应针对正常路线运输的各阶段进行风险评估。

3. 运输方法

如陆运、海运、空运等。

药品运输过程中需要考虑整个运输环节，即从仓库发运到客户接收。一个药品运输过程可能使用多种运输工具，尤其是在当前国际间的贸易变得越来越频繁和便利的情况下。对于使用多种运输工具的，需特别关注产品离开冷藏车，交给运输部门的转运、储存、机场装机、飞行、出机场、到客户手中的过程。如果是国际货物，还需要考虑海关储存的问题。如果有海运，还应考虑潮湿环境、颠簸等恶劣环境条件对药品的影响。

4. 运输季节变化

如夏季高温天气。

对温度敏感的产品需要评估运输季节变化对产品的影响，尤其是高温条件下的运输。由于受条件限制，一些防疫机构很少配备冷藏车，比如疫苗等生物制品在运输过程中多采用保温瓶或保温箱，很难避免高温运输，甚至温度忽高忽低引起反复冻融，而降低了疫苗的效价。生物疫苗一般怕热，特别是冻苗，需保存在低温环境中。冷冻真空干燥的疫苗需冷冻保存在－15℃环境中，灭活疫苗需低温保存在 2～15℃环境中，如果保存不当，可能导致疫苗失效，进一步影响患者的安全。在这种情况下就需要参考运输路线上各地近几年的气温情况，并依此对最差条件进行挑战。

5. 运输过程

运输过程中的活动，如打包/拆包、装卸货、开门等。

药品运输过程同样受到装货和卸货、开门的外界温度、放置在受控环境空间内的物料温度和数量等因素影响。大型冷库应有程序限制开门状况，并且仓库可能需要附加措施，诸如风幕，以减少装货和卸货对物料温度的影响。

产品挑拣、包装及运输过程中的操作活动必须始终符合时限控制标准，以保证物料或产品的功效和安全。

6. 运输设备

如冷藏车、集装箱等。示例见表 7.7。

表 7.7 运输设备示例

<table>
<tr><th>设备/系统</th><th>GMP 影响领域</th><th>部件/子系统</th><th>部件对产品质量风险</th><th>基本原则</th><th>控制措施</th></tr>
<tr><td rowspan="7">到货的大型制冷机（2～8℃，有一个传感器监测内部温度，并有压缩机制冷）</td><td rowspan="7">符合 GMP 影响领域，因为系统需保持产品状态</td><td>制冷系统</td><td>低</td><td rowspan="3">采集温度均匀性信息来支持独立监测位置</td><td rowspan="3">在确认期间进行温度分布测试来确认温度均匀性，以确认该系统在持续运行中产生一致性结果的能力</td></tr>
<tr><td>机械传热系统</td><td>低</td></tr>
<tr><td>保温</td><td>低</td></tr>
<tr><td>独立温度监测仪器</td><td>高/中（直接）</td><td>提供产品温度记录</td><td>在确认中进行校准并测试相关报警</td></tr>
<tr><td>温度受控传感器</td><td>低</td><td>仅控制（不提供数据记录）</td><td>调试热分布图来确认系统运行</td></tr>
<tr><td>自动门禁</td><td>无</td><td>不是温度控制系统的一部分</td><td>按商业要求进行调试</td></tr>
</table>

对于运输设备风险控制措施的确认通常涉及设计确认、安装确认、运行确认与性能确认。确认的范围和程度可以根据风险评估的结果进行界定，并通过定期审核和持续监控来评估温度受控系统随时间的变化情况。个别系统可基于风险评估结果忽略一些测试要素。

7. 其他情况

如人员、运输时间等。

在药品运输确认风险分析中还应根据各个单位的实际情况进行考虑，需要关注人员在运输过程中的关键作用，良好的培训、标准化的操作可以有效降低运输过程中的风险，反之则可能带来风险。另外，对于整体的运输时间需要把控和分析，因为运输过程温度的相对不可控性，越长的运输时间带来的风险越大。

三、文件

关于运输确认应建立以下文件。

（1）运输工艺验证计划　目的是确定运输工艺验证的要求、策略、职责和计划，以便使产品的运输工艺得到有效验证；证实运输过程满足产品所有的质量要求，从而保证上市销售产品运输过程的质量得到有效控制。

（2）运输工艺验证风险评估　目的是应用 ICH Q9（质量风险管理）的原则以及使用危害分析和关键控制点（HACCP）的风险管理工具评估确定出运输过程所有的潜在危险和关键控制点，记录在文件中，以保证具有适宜的控制并以安全的方式运输产品。这种评估为针对运输过程关键控制点（CCP）的确定提供了支持。

（3）运输设备确认方案及报告　运输设备确认的目的是对运输过程中可能使用的冷藏箱、冷藏车等进行确认，以确认其是否符合用户及法规要求，为产品的运输提供合格环境。

（4）运输工艺验证方案及报告　运输工艺验证用于提供文件化的证据，证明公司冷藏/冷冻药品运输的人员、材料、设备、方法、环境条件以及其他有关公用设施的组合可以始终如一地满足冷藏/冷冻药品运输要求，符合 GSP 及 GMP 要求，工艺验证的过程和检查的结果将按照该验证方案进行记录。

● 案例

案例一　上海某药业有限公司制药用水系统验证

本案例可扫描二维码阅读。

上海某药业有限公司制药用水系统验证

案例二　未持续考察喹诺酮类原料药粉碎工艺关键参数

（一）背景

某药企的喹诺酮类原料药执行了3批粉碎工艺验证，之后按验证的关键工艺参数范围进行生产 。但正常生产10批次后，1批次出现产品粒度不合格的现象。

（二）原因分析

调查发现产品粒度与粉碎转速、加料转速、粉碎前产品粒度等因素相关。公司仅根据工艺验证3批产品的粉碎前粒度就确定了相应的粉碎转速与加料转速，建立了相关的矩阵表，未能有效考察多批次产品粉碎前粒度与转速之间的关系便建立相关图表，数据过少导致建立的图表不合适，设立的工艺关键参数没有很好的指导意义，从而导致发生偏差。

（三）措施

工艺验证不是简单的3批次生产，而是一个持续的过程，3批之后还应该更多地收集与评估关于工艺性能的信息和数据，在一定批次内对已经建立的工艺参数和质量属性进行持续监测和取样。

● 阅读链接

[1]　GB/T 34399—2017. 医药产品冷链物流温控设施设备验证性能确认技术规范.

[2]　GB/T 36036—2018 制药机械（设备）清洗、灭菌验证导则.

[3]　GB/T 36030—2018 制药机械（设备）在位清洗、灭菌通用技术要求.

[4]　韩庆福，毛明亮，杨洪周，等. 制药用器具清洗机清洁效果验证探讨. 机电信息，2015，(32)：8-11.

[5]　贺振宇. GMP 洁净室施工验证全过程（上）. 流程工业，2016，(14)：42-45.

[6]　刘德富，彭剑锋. 药品工艺验证及其方案设计. 机电信息，2017，(26)：1-7，54.

[7]　孙巍. 盐酸奈福泮片压片生产工艺验证. 安徽化工，2016，3（42)：24-27.

[8]　陈维腾. 实用的多功能生产线清洁验证方法实践. 海峡药学，2015，27（1)：95-99.

[9]　路佳特. 计算机化系统验证方法探讨. 中国医药工业杂志，2017，48（12)：1818-1821.

[10]　俞育庆，张利英. 我国药企工艺验证研究和分析. 中国医药工业杂志，2017，48（2)：284-287.

[11]　张兰平，王媛. 现行国内外药品工艺验证指南解读. 中国医药工业杂志，2019，50（5)：573-578.

[12]　胡卫林. 片剂工艺验证中应用失效模式和影响分析的风险评估. 今日药学，2017，27（9)：620-625.

[13]　国家药品监督管理局药品评审中心. 化药口服固体制剂混合均匀度和中控剂量单位均匀度研究技术指导原则（试行)，2022-2-8.

[14]　国家药品监督管理局食品药品审核查验中心. 清洁验证技术指南. 2025-1-17.

[15]　国家药品监督管理局食品药品审核查验中心. 工艺验证检查指南. 2025-4-7.

[16]　国家药品监督管理局. 除菌过滤技术及应用指南，2018-7-31.

[17]　国家药品监督管理局. 无菌工艺模拟试验指南（无菌原料药)，2018-7-31.

[18]　国家药品监督管理局. 无菌工艺模拟试验指南（无菌制剂)，2018-7-31.

● 思考题

1. 假如某台设备属于直接影响系统，那么在投入使用前该设备应该经过哪些确认？

2. 性能确认需要重复执行几次？

3. 厂房设施的选址应该在什么阶段进行考虑？

4. 房间压差确认应该在厂房设施确认的什么阶段考虑？

5. 以某制药企业D级洁净区厂房为例，说明应该进行的验证项目。

6. 以压片机为例，其设计确认可能包括哪些方面？

7. 产品规定储存条件为阴凉处，在运输过程中是否必须采取措施将运输温度控制在20℃以下？

8. 什么类型的药品需要进行运输确认？

9. 用图表示出进行清洁验证时釜式配料罐的取样点位置。

10. 假设所有残留物均匀分布在设备的内表面，任何污染的最大允许残留为10×10^{-6}，下批生产最小批产量为500kg，生产中物料接触设备的总面积为$98m^2$，擦拭面积以10cm×10cm的区域计，擦拭法取样回收率为70%，计算擦拭测试的残留限量。

11. 固体制剂多种产品使用同一设备生产，清洁验证该如何做？相互之间检测哪种残留？多产品前、后生产都是无序的，当更换品种时，是否都要检测各残留？

12. 说明前验证、再验证、同步验证的适用要求。

13. 说明压片工艺验证的取样计划。

第八章　文件管理

● **本章学习要求**

1. 掌握文件的分类和文件管理的生命周期。
2. 了解工艺规程、批生产记录、标准操作规程的内容及要求。
3. 了解手工系统与电子系统。

随堂练习

良好的文件管理系统是质量保证体系的重要组成部分。质量保证体系的有效与否亦是通过文件反映的。实施 GMP 必须有良好的文件系统，文件系统能够避免信息由口头交流可能引起的差错，并保证批生产和质量控制全过程的记录具有可追溯性。因此，企业应当建立文件管理的操作规程，系统地设计、制定、审核、批准和发放文件。与 GMP 有关的文件应当经质量管理部门审核。

中国 GMP（2010 年修订）第八章对文件管理的要求进行了详细描述，总的原则要求涉及第一百五十至一百六十三条。

第一节　文件的体系结构

GMP 要求生产活动中涉及产品质量的每一行为都应有文件加以规定，每一行为的结果都有文件加以记录，因此制药企业的文件比较庞大。为进行有效的质量管理，可将文件分为四个层次进行管理，包括政策性文件、指导性文件、操作规程和记录。

政策性文件是公司最高管理层负责批准的文件，如质量手册、工厂主文件、工作职责说明书、质量目标。公司政策综述主要定义框架、基本原则和目标，不涉及具体的系统、工艺或要求。该类文件不需要频繁修订。

指导性文件是基于政策内容由相关的管理人员负责编写，如生产处方、设备的维护和校准、确认和验证、变更管理、偏差管理、质量标准、监测。该类文件可根据政策变更、注册要求、法规更新或新的客户要求随时进行修订或定期回顾更新。指导性文件定义通用性工艺和总体要求、职责。

操作规程是基于指导性文件的内容由相关的操作部门负责编写。基于相应的指导性文件，编写详细的操作要求和规程，包括通用性工艺的详细说明、工厂和（或）某职能的（内部）标准操作。该类文件可根据实际情况随时进行修订或定期回顾更新。

记录是基于操作规程内容编订的所有与 GMP 相关活动的记录文件，提供这些活动的历史和相关情况。该类文件可根据实际情况随时进行修订或定期回顾更新。

企业也可根据自身的情况，按 ISO 文件系统的架构，分为管理手册、程序文件、操作规程和记录四类。有些公司也可结合实际情况，对四类文件进行交叉合并，或者使用标准管理规程（SMP）和标准操作规程（SOP）两类文件亦可。

第二节　文件分类及编码

文件分为标准类文件和记录类文件。其中，标准类文件可分为标准技术规程（STP）、标准管理规程（SMP）和标准操作规程（SOP）。标准技术规程指生产及质量管理所需遵循的含有技术指标的文件；标准管理规程指企业为了行使生产计划、指挥、控制等管理职能使之标准化、规范化而制定的制度、规定、标准、办法等书面要求；标准操作规程指以人或人群为对象，对工作范围、职责、权限以及工作内容考核等所提出的规定、标准、程序等书面要求。记录类文件（RD）是反映实际生产活动中执行标准情况的实施结果，可分为过程记录、台账记录和凭证等。

一、标准类文件

（一）标准技术规程

1. 工艺规程

生产工艺规程是指为生产特定数量（批量）的成品制定的一个或一套文件，包括生产处方、生产操作要求和包装操作要求，规定原辅料和包装材料的数量、工艺参数和条件、加工说明（包括中间控制）、注意事项等内容。每种药品的每个生产批量均应当有经企业批准的工艺规程，不同药品规格的每种包装形式均应当有各自的包装操作要求。

每个药品的生产工艺规程均以在国家药政部门批准的药品注册文件中生产工艺和质量控制部分为依据，结合生产厂的实际情况，并经过工艺、系统、设备等方面验证后方能最终确立。它是产品设计，质量标准，生产、技术、质量管理的汇总，是企业组织和指导生产的主要依据和技术管理工作的基础，是生产操作规程、质量管理规程和内控标准等文件的制定依据。

（1）生产工艺规程内容及要求　工艺规程的制定应当以注册批准的工艺为依据，具体可参考中国 GMP（2010 年修订）第一百六十八至第一百七十条规定。每种药品的每个生产批量均应当有经企业批准的工艺规程，不同药品规格的每种包装形式均应当有各自的包装操作要求。所有工艺规程必须经过工艺验证，合格后方可用于正式生产，不得任意更改。如需更改，应当按照国家或企业相关的变更控制等操作规程进行修订、审核、批准。

生产工艺规程的主要内容如下。

① 基本信息。a. 产品名称、企业内部编号。b. 剂型、规格、标准批量。c. 规程依据、批准人签章、生效日期。d. 版本号、页数。

② 生产处方。a. 生产所用全部原辅料和包装材料的名称（包括在工艺过程中可能消失，不在成品中出现的物料）、企业内部编号。b. 原辅料用量、质量标准、检验发放号。c. 产品的理论收率。

③ 操作过程及工艺条件。a. 生产场所所需条件的说明，如操作间的洁净度、位置、温湿度、压差等（必要时）。b. 主要生产设备的名称、型号。c. 详细的生产步骤说明（如物料的核对、加入的顺序、数量、操作温度、时间、设备主要操作参数等）。d. 半成品、成品的包装容器、储存条件。e. 半成品、成品的质量标准和理论收率。f. 半成品的检查方法和控制标准。g. 包装操作步骤。

（2）原料药生产工艺规程　产品概述；原辅料、包装材料规格、质量标准；化学反应过程及生产流程图；生产工艺过程和质量控制检查，中间体和成品质量标准；技术安全与防火；综合利用与“三废”治理；操作工时与生产周期；劳动组织与岗位定员；设备一览表及主要设备生产能力；原材料、动力消耗定额和技术经济指标；物料平衡；附录或附页。

（3）制剂生产工艺规程　生产工艺流程和质量控制检查；操作过程及工艺条件；处方及依据；设备一览表及主要设备生产能力；技术安全、工艺卫生及劳动保护；技术经济指标的计算；包装要求、标签、说明书与储存方法；成品、半成品、原辅料、包装材料的质量标准、消耗定额及技术指标；附录或附页。

（4）中成药生产工艺规程　产品概述；处方和依据；工艺流程图；原材料的整理和炮制；制剂操作规程及工艺条件、工艺卫生要求；原辅料规格（等级）、质量标准和检查方法；成品、半成品的质量标准和检查方法；包装材料和包装规格、质量标准；说明书、产品包装文字说明和标志；设备一览表及主要设备生产能力；劳动组织、岗位定员、工时定额与产品生产周期；技术安全及劳动保护；附录或附页。

2. 质量标准

将药品质量特性的技术参数和指标明确规定下来，形成技术文件，规定药品质量规格及检验方法，就是药品质量标准。药品质量标准是药品的纯度、成分含量、组分、生物有效性、疗效、毒副作用、热原度、无菌度、物理化学性质以及杂质的综合表现。

药品质量标准分为法定标准和企业标准两种。法定标准又分为国家药典和注册标准。药品生产以药典为准，未收入药典的药品以注册标准为准，无法定标准和达不到法定标准的药品不准生产、销售和使用。

质量标准是质量评价的基础，是保证产品质量、安全性、有效性和一致性的重要因素。物料和成品应当有经批准的现行质量标准，必要时中间产品或待包装产品也应当有质量标准。具体可参考中国 GMP（2010 年修订）第一百六十五至一百六十七条的规定。

质量标准应根据药典、国家标准或注册文件的变化进行相应的修订。

（二）标准管理规程

标准管理规程以工作为对象，目的是明确管理职能、划清工作范围和权限、规范过程，强调“应该”怎么做。具体有生产管理类文件、质量管理类文件、物流管理类文件、工程维护管理类文件、卫生管理类文件、验证管理类文件等。

（三）标准操作规程

标准操作规程即经批准用来指导设备操作、维护与清洁、验证、环境控制、取样和检验等药品生产活动的通用性文件。

二、记录类文件

记录是反映药品生产质量管理过程中执行标准情况的结果。药品生产的所有环节，从生产、检验到最后销售，都要有记录可查证追溯。记录必须真实、完整填写，只有这样才能真实体现生产过程中的实际情况，严禁捏造和造假。

记录可分为三大类：过程记录、台账记录和凭证。

1. 过程记录

过程记录指为药品生产与质量保证过程中一切已完成的活动和达到的结果提供客观证据的文件，包括质量管理记录、批生产记录、检验记录、验证记录等。

批生产记录是用于描述每批药品生产、质量检验和放行审核的所有文件和记录。每批产品均应当有相应的批生产记录，可追溯该批产品的生产历史以及与质量有关的情况。批生产记录具体要求可参考中国 GMP（2010 年修订）第一百七十二至一百七十四条。

中国GMP（2010年修订）第一百七十五条和第一百八十条分别规定了批生产记录和批包装记录的内容。

2. 台账记录

台账记录指为物料、产品流转与管理活动及结果依时间顺序提供客观证据的文件，包括各类台账、编码表、定额表等。

3. 凭证

凭证指为生产活动和质量监控活动提供证据的文件，包括请验单、入库单、取样证、待验证、合格证、不合格证及其他状态标识等。

三、手工系统与电子系统

伴随自动化及网络应用技术的发展，计算机系统已广泛应用于药品生产及质量管理的各个环节，将计算机系统的特点与GMP记录结合，对企业GMP的实施效果、企业质量管理系统的稳定和高效运作有重要影响。

1. 手工系统

传统意义上，手工记录为文件记录的主要方式，但随着GMP的不断修订，新版GMP更强调软件建设及精细化管理，手工记录逐渐难以满足其要求。尤其是应对无菌制剂的生产，依靠工作人员手工记录，不仅存在污染的风险，同时企业长期使用手工记录再归档分析既不科学也不现实，因此，如温湿度、压差等常规的手工记录无论是从法规上还是从成本上都应该被淘汰。

2. 电子系统

电子系统记录指依赖计算机系统进行创建、修改、维护、存档、找回或发送的如文字、图表、数据、声音、图像以及其他以电子形式存在的信息组合。电子签名指计算机对一些被采纳、被授权的行为进行数字处理，使之在法律上等效于传统人工签名的行为。严格而言，电子签名也属于电子记录。

根据产生的方式，电子记录一般分为三类：药品生产过程中由各环节操作人员手动录入数据形成的记录、由计算机系统自动生成的数据，以及计算机系统将已有的信息加工整理后形成的以电子形式存储的档案。

与传统手工记录系统相比，电子记录系统采集的数据更为完整，更易于汇总统计及分析，同时数据记录及处理结果便于检索。

但是，电子记录系统也存在一些潜在风险，比如它易被改变、替代及伪造，一旦丢失不易补救，可能产生由计算机系统错误计算造成的负面影响等。

文件编码是在文件分类的基础上进行的，是文件系统形成的重要组成部分。其基本原则为系统性、准确性、可追溯性、识别性、相关一致性、稳定性及发展性。

文件编码方法采用编码、流水号、版本号相结合的模式。其中，编码包括部门代号、文件类别，其代码如图8.1所示，具体代码示例见表8.1。

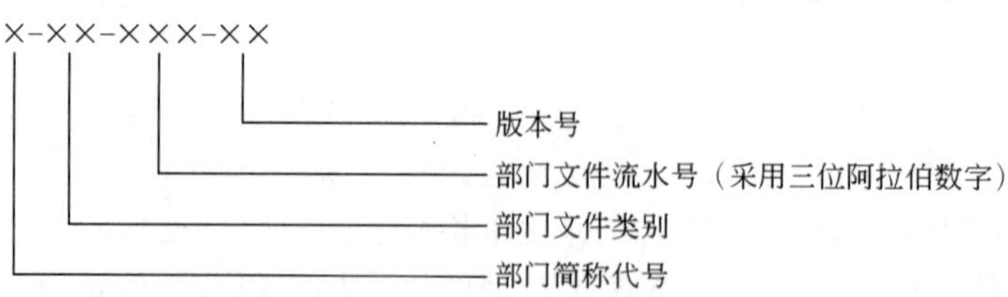

图8.1 代码示意图

表 8.1　文件代码示例

部门代号		文件类别		流水号		版本号
Q:质量部 QA:质量保证 QC:质量控制 P:生产部 P(1):一车间 P(2):二车间 M:物料部 E:设备部 S:营销部 A:行政部	分隔符	SOP:操作标准 SMP:管理标准 TMP:工艺流程 TQS:质量标准 TVP:验证方案 TVR:验证报告 BPR:批生产/包装记录 BCR:批检验记录 SOR:其他记录	分隔符	从 001 开始按顺序排列	分隔符	00:新订 01:第一次修订 02:第二次修订 ……

第三节　文件管理的生命周期

文件建立之后并不是一成不变和永久使用的，文件管理也有其生命周期，如图 8.2 所示。通过对整个生命周期的分阶段控制，确保文件管理符合相应的法规和程序要求。文件管理的生命周期不同阶段的描述见表 8.2。

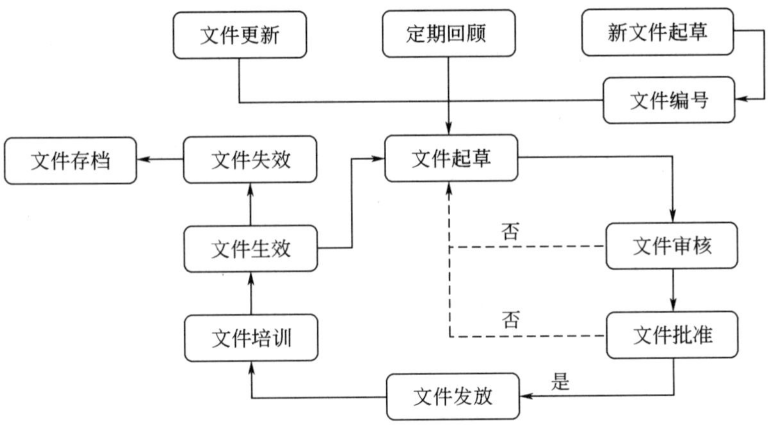

图 8.2　文件管理的生命周期

表 8.2　文件管理的生命周期不同阶段的描述

生命周期		描述
文件起草		建立新文件、对已有文件进行更新或定期回顾的过程。应由具有一定学历或资历、对相关工作有一定认识的人员起草，以保证内容的准确性、可操作性
文件审核		主要包括以下两个方面：①格式审核，即对照规定的文件标准格式检查相应的内容(如文件编号、版本号、字体、字号等)；②内容审核，从法规、技术和管理的角度确认文件内容，应注意文件内容的可行性及其与其他文件的衔接等
文件批准		文件在使用前必须经过批准，批准人应当是相应部门的负责人。跨部门的文件应由企业负责人或其授权委托人批准
文件发放、培训和生效	文件发放	文件批准后，在执行日前应发放到各工作现场，确保工作现场文件的获取。可根据需要发放文件的纸质版本或授权进入计算机文件管理系统。如发放纸质文件，应有原印章。如需向公司外部使用者提供文件，应有明确规定。文件发放应有相应记录
	文件培训	在有效日期前组织相关人员进行培训、考核，并有相应的记录
	文件生效	生效日期当天文件生效，正式按文件规定内容执行
文件失效		文件失效后，要及时撤销，防止错误使用失效版本的文件。发放文件时，应收回旧文件

续表

生命周期	描述
文件存档	按规定对相应文件进行保存和归档
定期回顾	根据归档时限对文件进行定期回顾，检查文件内容是否是最新的、是否适用

国内关于批相关文件保存期限的要求，在中国GMP（2010年修订）中有以下描述："批记录应当由质量管理部门负责管理，至少保存至药品有效期后一年。"对于非批相关文件，中国GMP（2010年修订）中规定："质量标准、工艺规程、操作规程、稳定性考察、确认、验证、变更等其他重要文件应当长期保存。"

• 案例

文件管理：批记录不完整

（一）背景

在对某企业的一个产品的生产批记录进行GMP检查时，发现其批记录存在不完整或发生偏差的现象：

（1）提取储罐设备出现异常，未见偏差记录和处理。

（2）投料操作无称量人、复核人签名；投料复秤未按电子秤精度要求填写记录。

（3）制粒工序颗粒尾料填写记录为1.7kg，但实际交库尾料为2.2kg；收率为99.88%，但工艺规程上颗粒收得率规定为93%～99%。

（4）压片工序未记录压片调试过程。

（5）包衣工艺规定包衣液应过80目筛，但批记录未记录该操作。

（6）铝塑包装未进行气密性检查。

（二）解题思路

GMP规定每批产品均应当有相应的批生产记录，可追溯该批产品的生产历史以及与质量有关的情况。在实际生产操作中，应严格按批记录的操作要求进行生产，做好相关记录并复核签名。特别要对特殊问题或异常事件做记录，包括对偏离工艺规程的偏差情况的详细说明或调查报告，并经签字批准。确保批记录能反映生产的实际情况，为产品放行提供可靠依据。

• 阅读链接

[1] 王维，沈正良．新版GMP要求下的制药企业SOP文件撰写．机电信息，2014，(14)：7-9.

[2] 徐卫国，靳利军．新版GMP要求下的文件管理．机电信息，2013，(20)：1-8.

[3] 中华人民共和国电子签名法（2019年修正）．全国人民代表大会常务委员会中华人民共和国主席令第二十九号，2019-04-23.

• 思考题

1. 在药品生产过程中，根据文件管理的层次可把GMP文件分为哪四级结构？
2. 什么是SOP？如何编写SOP？
3. 说明电子记录系统的优缺点。

第九章　生产管理

- 本章学习要求

1. 掌握批次管理、清场管理和物料平衡管理。
2. 掌握生产前、生产过程中、生产结束后的管理要求。
3. 掌握生产过程中防止污染、交叉污染、混淆和差错的措施。
4. 了解各类产品的生产操作的管理要求和生产质量控制要求。

随堂练习

药品质量源于设计，实现于制造过程，因此生产管理是保证药品质量形成的关键过程。生产管理的目的是采取有效措施，最大限度地降低药品生产过程中污染、交叉污染以及混淆、差错等风险。其一，完善生产工艺及规程的管理，严格有效地执行已验证批准的生产工艺，保证工艺过程的持续稳定性；其二，通过批次管理确保批产品的均质性和可追溯性；其三，通过生产技术文件的执行、批文件管理、污染控制、不合格品管理、物料平衡检查和清场管理等实现产品生产的全过程管理，确保生产的持续稳定和最终产品的质量，并符合药品生产许可和注册批准的要求。

第一节　批次管理

一、批的定义

批是药品生产的基本单元。企业应建立药品批次管理，明确批次划分，应能够通过批号追踪追溯该批药品的生产全过程和生产历史。其定义是：经一个或若干加工过程生产的，具有预期均一质量和特性的一定数量的原辅料、包装材料或成品。为完成某些生产操作步骤，可能有必要将一批产品分成若干亚批，最终合并成为一个均一的批。在连续生产的情况下，批必须与生产中具有预期均一特性的确定数量的产品相对应，批量可以是固定数量或固定时间段内生产的产品量。例如，眼用制剂、软膏剂等以同一配制罐最终一次配制生产的均质产品为一批，口服或外用的固体制剂在成型或分装前使用同一台混合设备一次混合生产的均质产品为一批。

二、批次的划分

在药品生产中，应根据不同的剂型和生产工艺划分产品批次，以确保每批药品达到均质的要求，并有利于生产管理。

一般而言，各种剂型的产品批次可按照如下的方式确定：

① 连续生产的原料药，在一定时间间隔内生产的在规定限度内的均质产品为一批；间歇生产的原料药，可由一定数量的产品经最后混合所得的在规定限度内的均质产品为一批。

② 无菌药品中，大（小）容量注射剂以同一配液罐最终一次配制的药液生产的均质产品为一批；同一批产品如用不同的灭菌设备或同一灭菌设备分次灭菌的，应当可以追溯。

③ 粉针剂以一批无菌原料药在同一连续生产周期内生产的均质产品为一批。

④ 冻干产品以同一批配制的药液使用同一台冻干设备在同一生产周期内生产的均质产品为一批。

⑤ 眼用制剂、软膏剂、乳剂和混悬剂等以同一配制罐最终一次配制生产的均质产品为一批。

⑥ 口服或外用的固体、半固体制剂（如颗粒剂、片剂、胶囊剂、散剂等），在成型或分装前使用同一台混合设备一次混合生产的均质产品为一批。片剂以压片前使用同一台混合设备生产的一次混合量为一批；胶囊剂以填充前使用同一台混合设备生产的一次混合量为一批。

⑦ 中成药提取物以经最后混合质量均一的一次混合量为一批。

⑧ 生物制品的批号按照《中国药典》(2025 年版）中的“生物制品分包装及贮运管理”分批并编制批号。

三、批号的编制

批号的定义是：用于识别一个特定批的具有唯一性的数字和（或）字母的组合，如 140903、140905 等。批号编制以简单识别为原则，确保生产批次的可追溯性和唯一性。

批号可用以追溯和审查该批次药品的生产历史和信息。批记录就是用于记述每批药品生产、质量检验和放行审核的所有文件和记录，可追溯所有与成品质量有关的历史信息。

根据批号形成的批记录，能查到该批药品的生产日期及相关的生产、检验、销售等记录，查到药品生产的操作员工、生产检验使用的软硬件以及工作现场的情况等。

应建立编制药品批号的规程，每批药品应编制唯一的批号。

批号的编码通常为年月日或流水号，通常为 6 位数，前面两位为年份，中间两位为月份，后面两位为日期或流水号。例如，190605 可理解为 2019 年 6 月份生产的第 5 批该药品，190605 (1) 可理解为 2019 年 6 月 5 日生产的第一批产品。

一般而言可有以下两种批号形式。

正常批号：如 190712，即 2019 年 7 月生产的第 12 批药品。

返工批号：返工后原批号主干不变，可在原批号后加一符号以示区别，如 190712R 表示 2019 年 7 月生产的第 12 批药品的返工批。

四、批次的管理要求

要求药品的每一次生产都有指定的唯一永久批号，不得随意更改。应确定批号编制规则，明显标记于批记录的每一页和药品的标签与包装物上。生产企业要严格按照批划分生产，以确保药品的均一性。根据批号，应能查明该批药品的生产日期、时间、班次、人员以及批记录，可追溯该批药品的完整生产历史。在每个品种生产批号的各关键生产工序的批生产和包装记录中都需明确规定物料平衡的计算方法以及根据检验结果确定的物料平衡合格范围，以防止生产过程偏离工艺，或者发生混药、混料、错投料等事故。

第二节 物料平衡

一、物料平衡的意义

物料平衡是指产品或物料实际产量或实际用量及收集到的损耗之和与理论产量或理论用

量之间的比较，并考虑可允许的偏差范围。对于每一个工序产出数量（实际产出、样品、废品）与投入量的比值应该在规定的范围内，这是物料平衡实施的基本要求。保证物料平衡可以有效防止和发现生产过程中可能的偏差、混淆或交叉污染等。

所有工序都应有物料平衡的计算公式，并规定可接受的限度。公式如下：

$$物料平衡=\frac{实际产出+样品+废品}{投入量}\times 100\%$$

式中，实际产出为用于下一步工序或商业销售的产出数量；样品为在线和最终检验样品、留样及其他样品；废品为含活性成分或药品的废品。

如果实际结果和限度有差异，应查明原因，未得出结论前不得进行下一步操作。

二、物料平衡的限度

物料平衡的限度需考虑实际设备、工艺的状况以及历史数据进行指定。调整必须有依据，并经过批准。对于印有批号、生产日期和有效期的印字包材，在本批结束后必须做废品处理，并以销毁或适当的方式保证其不能被使用。离线打印批号、生产日期和有效期的印字包材需计数发放，数量平衡的限度为 100%。

物料平衡的限度可允许存在正常的偏差。物料平衡的限度应从生产经验中得出，对正常生产情况下连续生产的几十批产品计算其物料平衡，根据数据所处的范围制定出该产品的平衡限度。限度设置过大，失去意义；限度设置过小，浪费人力物力。物料平衡的限度应列入工艺规程、批生产记录。出现偏差时应保存当时的记录及偏差情况的处理、分析和结论。当物料平衡的数值过高时，分析有可能是有上一批生产的物料混入本批产品，该批次产品则不能继续生产加工或出厂，必须找出原因，予以解决。当物料平衡的数值过低时，分析有可能是本批次物料存在跑料损失、混入下批次产品、丢失等多方面原因，同样不能继续生产加工或出厂，也必须分析原因，予以处理。

第三节　污染控制

实施污染控制的目的之一是要采取有效措施防止生产中的污染、交叉污染、混淆和人为差错的产生。污染是药品质量的最大威胁者。药品从原料到成品的每一个生产环节和过程中，任何一个细节上的疏忽，都可能造成药品的污染，生产出不合格药品。受污染的药品不仅给企业在经济上造成损失，更有可能对使用该药品的患者构成严重健康威胁。

一、污染的概念和来源

中国 GMP（2010 年修订）对污染有如下的定义：“在生产、取样、包装或重新包装、贮存或运输等操作过程中，原辅料、中间产品、待包装产品、成品受到具有化学或微生物特性的杂质或异物的不利影响。”也可将污染理解为药品（物料或中间体）中混入不需要的物质，并且其含量超过规定的限度。

药品常见的污染形式有物理污染、化学污染和生物或微生物污染等三种。在药品生产过程中，常经一种污染形式或多种污染形式造成药品的污染，甚至交叉污染。交叉污染是指药品生产过程中，两个或两个以上产品的生产活动，如人流、物流或环境区划，未能很好区分，造成彼此相互污染的情况。

在日常药品生产中，生产相关的每个方面或环节都有可能导致污染。人员、厂房设施、设备、物料、工艺技术和环境等各方面都可能成为污染的来源。如空气、水及物料因未经过适当处理，可将污染经系统和物流通道带入洁净区，对药品造成污染；厂房设施设备未经严格消毒或清洁，残留的污染物会对药品造成污染；不当的生产工艺管理可造成不同品种间的交叉污染；生产人员是洁净区最大的污染源，未进行严格的更衣和清洁也会在生产洁净区内造成很多污染。

二、污染的防范

由于污染来源的多样性以及所造成的严重后果，生产过程应采取有效措施避免对产品造成污染。做好污染控制最有效的措施就是将制药企业实施GMP的三要素（硬件、软件、人员）结合起来，“软”“硬”兼施，从而降低质量风险。

可从以下几方面控制、防范药品的污染。

① 厂房设施设备是药品生产企业实施的基础，特别是生产的洁净区的设置，需与所生产药品的品种和规模相适应，还需考虑防止昆虫及其他动物侵扰造成的污染。

② 生产人员在洁净区的活动也会造成很大的污染，如人的头发和皮肤散发出的微生物或微粒、呼吸和咳嗽产生的飞沫和微生物污染、工作服散落的纤维和微粒等。

③ 原辅料和包装材料是药品质量的第一关，是药品生产的基础物质。其管理重点在于预防污染、混淆和差错，并确保储存条件，最终保证药品质量。

④ 工艺设计、验证和生产全过程管理是防止药品污染的重要环节，单靠最终产品的质量检验是不够的，需按照工艺流程，从布局、材料和设备选型、合适的隔离技术和管理等方面通盘考虑，以避免污染和交叉污染。

归纳起来就是：建立适宜相应产品生产使用的厂房设施设备；组织一支训练有素的人员队伍（包括管理人员和生产人员）；选购符合法规要求的物料；用经过验证的工艺和设备进行生产；对生产过程进行严格控制和质量管理。企业可根据污染风险级别选择不同措施或数种措施防止污染和交叉污染。

1. 厂房设施设备污染的控制

制药企业宜选址在周围环境较洁净且绿化较好的地区，厂区总体规划必须考虑风向以减少污染；厂区内道路按人流、物流分开，并按生产、行政、生活和辅助区分开；工艺布局遵循“三协调”原则，即人流物流协调、工艺流程协调、洁净度级别协调；空气净化系统除满足厂房净化和温湿度要求外，重要的是要对生产区的粉尘进行有效控制，防止粉尘通过空气净化系统产生污染。

洁净厂房一般通过人流通道、物流通道、空气净化系统通道和厂房漏风等与外界有空气的交换，所有空气在进入洁净区前一定要经过处理，不能携带污染物，洁净厂房排出的空气也需经过处理，防止对其他环境造成污染。在洁净区内，合理设置功能房间和人流、物流走向，控制好洁净气流走向和压差，防止出现污染和交叉污染。要对厂房密闭性、各个功能房间的温湿度、压力和粒子进行测试监控；定期对空气系统及其空调箱、管道、风机等部件进行清洗、消毒或性能测试；控制人流、物流通道对外部区域的空气压差在10Pa以上，并用联锁门、气闸等装置控制污染的进入。

设备在使用前应进行确认、校验并维护。设备外表面应光洁，易清洁；凡与药物及腐蚀性介质接触的及在潮湿环境下工作的设备应选用低含碳量的不锈钢材料、钛及钛复合材料或有耐腐蚀、耐热、耐磨等涂层的材料制造；设备的传动部位要密封良好，防止润滑油、冷却剂等泄漏对药品的污染；对生产中发尘量大的工序设备，如粉碎、过筛、混合、制粒等，应选用自身带有捕尘吸粉装置的设备；与药物直接接触的惰性气体、压缩空气应设置净化装置，干燥设备出风口要有防止空气倒灌的装置；地漏应该有足够的体积，并安装防回流盖以阻止倒吸。详见本书第四章和第五章相关内容。

2. 人员污染的控制

控制人员的污染，需从人员卫生要求、培训、更衣要求和规范操作行为等方面加强管理。

人员卫生要求主要包括：直接接触药品人员每年至少进行一次健康体检（包括肝功能、X射线透视、便常规、皮肤等）；任何患传染病、皮肤病者不得从事药品生产工作，任何有外部伤口人员不得从事处理暴露的原辅料、中间体和散装成品等工作。

新员工或转岗人员需遵循“先体检后上岗”原则。

勤洗澡、勤洗手、理须发、剪指甲，工作时不得戴戒指、手镯等饰物，不得化妆。

定期对所有人员进行卫生要求培训，对新员工进行上岗前培训，针对特定区域的工作人员进行专门培训。

洁净工作服和口罩应透气、吸湿、少发尘、少透尘，应能阻止皮肤屑、微生物、颗粒等穿透。应选用防尘去静电材质，常见为涤纶长丝加导电纤维，棉质和混合纤维亦可。式样为连体或分体（上衣和头罩相连），建议不设口袋、无横褶和带子、在袖口裤腰及脚口收拢。帽子或头罩应遮住全部毛发，口罩应全部遮住口鼻。

洁净工作服应定期清洗和更换。清洗和储存周期及包裹方式应根据不同洁净区的要求而定。对多品种生产的车间应有额外措施避免因工作服而造成不同产品间的交叉污染。

在洁净区内，所有人员行为应规范，即穿着正确、行动正确、工作正确。任何情况下进入洁净区应按更衣程序洗手、消毒和更衣；生产区不得存放个人物品，严禁进食或吸烟，避免裸手接触药品等；进出洁净区要随时关门，动作应轻缓以减少发尘量，不同产品或工序的人员不得随意串岗以避免交叉污染。

3. 物料污染的控制

（1）物料使用前洁净控制　物料使用前洁净控制指对物料的采购、运输、存放和取样等环节的控制，确保物料在进入生产前没有受到污染。

采购的原辅料符合药用要求，并经现场检查和小样验证。使用的润滑剂和印字油墨至少为食用级。

采用一定的运输方式和必要的监控使得物料运输过程中温湿度、光照、受压等条件符合要求。

物料的验收、存放和标识需符合相关规定，合理控制温湿度和光照，先进先出，定期检查。

物料的取样环境需与生产时投料区洁净度级别一致，要有空气净化系统，人流、物流分开设置；取样器具及其存放处应按规定清洁或消毒，活性成分物料和非活性成分物料取样工具应分开，不同类别活性成分物料取样工具也应分开；打开容器取样后，应重新封口，以防止污染。

（2）物料传送洁净控制　物料运送至生产车间后，应该有专门环境控制的脱外包房间，并配备清洁、消毒和灭菌设施，便于物料脱外包时进行必要的清洁和消毒。脱外包房间和生产车间之间要有缓冲间，缓冲间的门有联锁。如果物料通过传递窗进入生产车间，传递窗须有联锁和消毒灭菌装置。

（3）物料配料洁净控制　物料进入生产区域后，要有专门的配料间存放和配料。配料时只允许在配料间进行一种物料的配料操作，所有配好的物料必须在规定的时间内使用完毕。配料所用的器具和容器需按规定进行清洁，以防止交叉污染。

物料如果需要进行灭菌或消毒，必须按一定的操作程序在规定时间内完成，消毒灭菌后的物料和包装材料必须在规定时间内使用。

应建立各产品、中间产品或物料的储存条件和时限控制标准，并将余料及时退库或处理。

4. 工艺技术对污染的控制

污染防护一般依据生产工艺流程的设计，主要从建筑布局、建筑材料、空气净化系统及设备选型、材质等方面考虑。

可通过如下适当的技术和管理措施避免污染和交叉污染：

① 生产操作人员和管理人员需经防止污染技能的培训。

② 同一房间内同一时间，不得生产不同品种、不同规格或不同批次的产品。

③ 不同工序的人员一般不得互相流动，以防止交叉污染。在易产生交叉污染的生产区域，如粉碎、过筛等工序，操作人员可选用不同颜色的洁净工作服或专用的防护服。

④ 外包装工序生产不同品种的药品时，必须设置有效的物理隔断。

⑤ 生产过程中物料/产品的转移尽量在管道和封闭容器等密闭系统内进行，如利用位差或压差（真空、压缩空气）通过管道密闭转移。

⑥ 直接接触药品的设备及管道、工具、容器等，应按验证确定的清洗周期和方法进行清洁。

⑦ 采用隔离技术及局部吸尘的设备、捕尘设施等手段防止尘埃产生和扩散。产尘量大的房间不得回风，需除尘后直排。

⑧ 高危险产品应特殊考虑其防护措施，如生产青霉素类药品应采用专用和独立的厂房、生产设施与设备，产尘量大的操作区域应保持相对负压，排至室外的废气应经净化处理并符合要求，排风口应远离其他空气净化系统的进风口；生产 β-内酰胺结构类、性激素类避孕药品必须使用与其他药品生产区严格分开的独立的空气净化系统和设备。

第四节　混淆防范和清场管理

一、混淆防范

混淆指一种或一种以上的其他原材料或成品与已标明品名的原材料或成品相混。造成混淆的原因多种多样，如：原辅料、包装材料、中间体等物料无明显标志，放置混乱，未严格核对种类或数量；使用的设备或容器无状态标识；清场不彻底；员工工作责任心不强，管理制度不健全等。

通过对生产全过程的管理以及加强每次药品生产后的清场管理，可减少并防止混淆的发生。

二、清场管理

清场是指每次生产结束后确保设备和工作场所没有遗留与本批生产有关的物料、产品。下次生产开始前，应对前次清场情况进行确认。清场的目的是防止混淆和污染。清场分为大清场和小清场，大清场指换品种时或连续生产一定批次后进行的清场，小清场指同品种生产的批间清场和生产完工后的每日清场。

清场的范围包括生产操作的整个区域及生产设备，清场的内容包括各种物料、生产文件、各种状态标识、清洁卫生等。

其基本要求为：

① 将完成的产品转移到指定的区域存放；

② 收集所有设备上、集尘装置中或操作间内的报废物料，转移至指定的区域存放；

③ 清除或转移所有剩余的物料到指定的区域存放；

④ 将与本批生产有关的各种标签放入批生产记录中，待全部清扫结束后送到指定的位置；

⑤ 包装工序更换品种时，多余的标签和包装材料应全部清点退库或销毁；

⑥ 根据相关的清洁规程清洁操作间和设备；

⑦ 更换现场所有操作间、设备、容器的状态标识；

⑧ 完成清场和清洁记录，该记录可与清扫记录为同一表格。

清场结束后，清场记录需双人复核。检查结束后在清场记录上签字，合格后发给"清场合格证"或其他合适的证明记录，附入生产记录。清场未合格，不得进行另一品种或规格药品的生产。

第五节　生产全过程管理

生产过程是决定药品质量的最关键和最复杂的环节之一，既是产品的生产过程，又是文件记录的形成过程。为了确保产品满足质量标准要求，需对生产过程中影响产品质量的各个因素进行控制，实施生产全过程管理。

生产全过程管理是建立在工艺规程的基础上，虽然不同药品剂型涉及的生产和过程控制的要求不同，但总的生产全过程管理的原则是一致的。应该对生产环境、人员卫生、生产现场、物料、设备和过程工艺操作等方面严格管理，以保证生产出符合质量标准的产品。

在生产全过程管理中，不同的部门承担不同的管理职责。生产部门负责参与制定工艺规范，负责实施生产、过程检验及监控；生产工艺部门从技术角度对工艺规范进行审核；工程维修部门负责按要求为生产提供适宜的环境，负责测量设备校验及设备预防维修管理工作；质量保证部门从质量保证角度对工艺规范进行审核并检查其实施情况，参与偏差过程的处理，审核批生产记录及相关记录，负责各类生产文件的控制及批记录存档工作；质量控制部门负责中间体、半成品及成品的检验工作。

生产全过程管理在生产前、生产过程中和生产结束后，分别针对不同的控制重点进行管理。

一、生产前

表 9.1 列出了生产前检查内容和重点。

表 9.1　生产前检查内容和重点

对象	生产前检查内容和重点
生产环境	洁净度、温度、湿度、压差、微生物等符合生产工艺要求。检查重点一般有①洁净区微粒监测：按规定频次监测静态微粒数量，每班生产时监测动态微粒数量；②微生物监测：每班生产时按洁净度级别和规定频次分静态和动态监测沉降菌/浮游菌，分级分区定期监测表面微生物；③温湿度和压差监测；④定期进行风速监测
人员卫生	人员更衣卫生确认。对于无菌区工作人员，每班生产时检查工作服无菌性保持情况、手套手指、直接接触药品内包材的工具（如镊子）
生产现场	已按清洁程序完成清洁，任何部位都不允许有与即将生产的产品无关的物料。生产区域状态标识：已清洁/待清洁/相关生产区域使用情况；生产状态标识：生产品名/批号/生产开始时间；公用系统/各生产区域的系统图、管道内介质名称及流向；清场确认

续表

对象	生产前检查内容和重点
设备	各项功能符合生产要求。检查设施设备①状态标识：完好/运行/待修/停用；②各种容器标识：已清洁/待清洁/有效期限；③计量标识：校验合格/有效期/停用/校验不合格
物料	生产所使用的原辅料、半成品、包装材料等，其种类及数量应符合生产工艺要求。①物料领用车间执行双人复核的情况，复核内容：品名、入库编号、检验编号、状态标识、数量、包材版本号；检查物料平衡：原料、辅料、标签、小盒、中盒、大箱、待包品；复核品名、入库编号、检验编号、状态标识、包材版本号；②原料、辅料、标签、小盒、中盒、大箱批号、生产日期、有效期首印前车间执行双人复核的情况及首印复核
生产参数	直接影响产品质量的工艺参数设置应符合工艺文件规定
生产文件	文件有效版本及内容确认

二、生产过程中

1. 工艺规程的执行

工艺规程实施前应组织操作人员、技术质量管理人员学习，充分理解和掌握后方可进行操作，必须严格执行已批准的生产工艺规程，任何人不得擅自更改。

质量管理部门在药品生产过程中有效地监控生产工艺的执行情况，重点关注工艺控制及各项管理措施的科学性、有效性，保证工艺按规定进行生产，达到预期的质量标准，确保工艺稳定，降低各种生产质量风险。

同时不断跟踪生产过程参数或指标，按照相关变更管理规定和程序进一步改进和完善生产工艺规程。

2. 生产过程中的管理重点

在生产过程中应定期对生产现场、环境、物料、生产设备及工艺参数设置进行再确认，以确保以上生产条件始终符合生产工艺要求。

加强生产过程中的现场管理，如①卫生、清洁、消毒管理：规定、执行和记录的情况；②洁具管理：分类、整洁；③设施设备标识管理：完好/运行/待修/停用；④生产状态标识：生产品名/批号/生产开始时间；⑤生产区域状态标识：已清洁/待清洁/相关生产区域使用情况。现场管理的目标是现场整洁、有序，标识完整、清晰，记录填写完整、清晰、及时。

同时对人员操作进行再确认，关注每一位在岗人员行为的符合性以及熟悉程度、相关记录（批记录/运行记录等）填写的规范性等，尤其关注新上岗人员的操作。

生产过程中的物料控制需保证数量、账、卡和实物一致；质量人员参与放行控制。对于特殊物料（不合格物料、返回产品、样品等）的管理，需规定区域、标识、隔离并记录。检查储存条件是否与物料和产品相一致，记录需完整。

严格控制生产过程中的工艺参数，需由过程控制人员抽查复核质量控制点的主要工艺参数、质量标准和设备参数；检查操作人员是否按照文件规定执行；生产过程中应定期对所生产的产品质量特性进行检查和监控。检查结果应符合过程控制标准及产品质量标准，对于一些特殊的质量特性（如片重、灌装量等）应采用 X-R 控制图（平均值-极差控制图）的形式对其波动情况进行监控，以确保工序始终处于稳定状态。

如发生生产偏差，应隔离标识物料，进行调查并报告，及时形成纠正措施并执行，并记录相关情况和结果。

三、生产结束后

生产结束后，应进行清场、物料平衡的工作，完成生产文件的记录，将剩余或废弃物料按规定移出生产现场，按标准清洁程序对生产现场及设备及时进行清洁。现场做到四清：清洁、清物料、清文件（清记录）和清状态。特别关注重点工序如配灌、轧盖、灯检、包材准备、包装、打码等工序，防止药品的混淆、污染和差错。

保证生产所使用的物料流向正确，生产结束后将原辅料、中间体、半成品、成品及有印刷文字的包装材料数量进行物料平衡，结果应符合规定。关注各工序对特殊物料的处理，特别是对不合格品和尾料的处理等。

如有生产偏差，应根据程序由生产和质量等相关部门共同完成相关调查，形成整改和预防措施，最后形成调查报告送交质量部门。

及时完成批生产记录的填写和相关标签的整理，并送交审核。根据规定安排样品抽样和质量检验，由质量受权人完成批记录的审核，决定产品的放行。

第六节　无菌药品的生产操作

“无菌”从定义上来说是一个绝对的概念，即使在科学技术高度发展的今天，药品的绝对无菌也是做不到的，也无法加以证实。然而无菌制剂的安全性要求人们设定无菌的相对标准。美国和欧洲制药工业界将百万分之一微生物污染率作为灭菌产品的“无菌”相对标准，它和蒸汽灭菌后产品中微生物存活的概率为 10^{-6}（即产品的无菌保证值为 6）是同一标准的不同表示法。这一标准于 1980 年起收录于美国药典中，如今已为世界各国普遍接受和采用。

为提升药品质量安全保障水平，促进我国无菌药品生产行业高质量发展，2025 年 3 月，国家药监局综合司公开征求《药品生产质量管理规范（2010 年修订）》无菌药品附录（征求意见稿）意见。

一、无菌制剂工艺流程概述

无菌制剂的生产工艺不尽相同，通常根据产品的特性进行选择。无菌产品应在灌装到最终容器后进行最终灭菌，如果产品处方对热不稳定不能进行最终灭菌则应采用除菌过滤和/或无菌生产工艺，所以其工艺通常分为最终灭菌工艺和非最终灭菌工艺（无菌生产工艺）。

1. 最终灭菌工艺

采用最终灭菌工艺的产品常见的包括大容量注射剂和小容量注射剂等，一般大容量注射剂为 50mL 以上，小容量注射剂为 20mL 以下。图 9.1 是最终灭菌产品各工艺流程的通常洁净区要求，可根据产品特性采取合适的洁净管理措施。

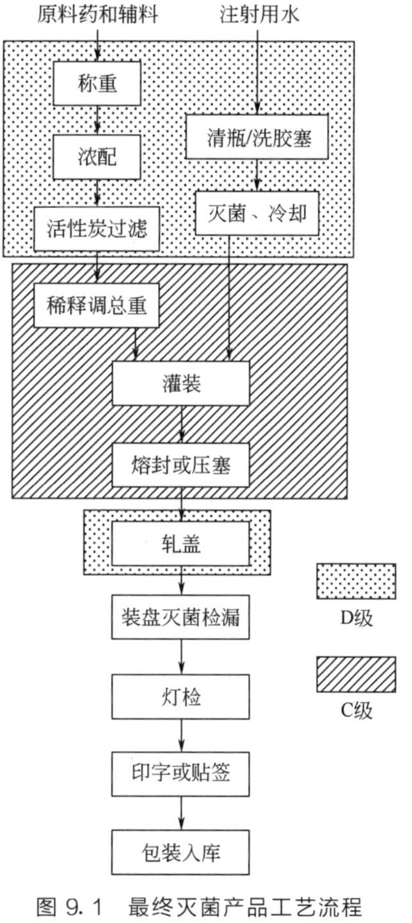

图 9.1　最终灭菌产品工艺流程

最终灭菌药品的主要工艺包含如下部分。

（1）清洗和准备　直接接触药品的包装材料（如胶塞、玻瓶）通常存在四种污染：微生物污染、内毒素污染、外部微粒污染和外部化学污染。清洗工艺可以将污染控制在规定的范围内，然后经灭菌在 C 级洁净保护下冷却后待用。物料的清洗和灭菌工艺应经过验证。

应选用化学性质稳定、物理强度高、易熔封的玻璃安瓿。胶塞应富于弹性及柔软性，能耐受多次穿刺而无碎屑脱落；可耐受高温灭菌，无毒性，无溶血作用。

工器具的准备同物料有相似的要求，与产品物料和内包装材料相接触的零部件按规定进行清洗灭菌。

（2）药液的配制、过滤　备料和药液配制的相关洁净区级别应根据产品的生产工艺确定。一般而言，按照工艺要求，原辅料的质量标准需对微生物和内毒素进行一定的控制，在外清后在D级洁净区中称重、浓配和过滤。

物料称重中应确保投料量符合指令要求，标识清晰，采用双人复核，及时打印或记录称量数据。使用容易产尘的物料时应采取物理隔离、除尘或其他装置，以降低污染。

药液配制前应对配制容器和附属系统进行在线或人工清洁灭菌，以防止源自上一批产品的残留污染。

配液结束后应对溶液的含量等指标进行检测。

除菌过滤可以降低灌装前的药液微生物的污染水平。过滤后的滤器完整性应该进行检查，必要时过滤前的滤器完整性也应该进行检查。同时过滤器和产品成分的相容性应在最差条件下得到确认，通常使用两只过滤器串联过滤。建议配液后直接过滤至专用缓冲罐，以缩短除菌过滤前的药液存放时间。

（3）灌装、熔封或压塞　灌装是高风险生产工序，可采用自动灌装机和压塞机完成灌装和压塞过程，并缩短灌装和密封时间以降低污染。液体装量的控制一般使用计量活塞泵或时间压力系统。

一般采用联动灌封机进行1～20mL小容量安瓿的生产。应避免药液粘壁焦化，易氧化药液用氮气驱氧保护。

在生产时应对灌封环境进行动态监控。

（4）轧盖　轧盖工序主要是防止胶塞脱落，为产品提供长期的密封保证。对于最终灭菌产品，可在D级区进行。该过程容易产生金属微粒或胶塞脱落现象，应设置单独的轧盖区域，并有适当的抽风装置。

（5）灭菌　应结合产品的特性和要求选择合适的灭菌工艺，保证无菌保证水平$\leqslant 10^{-6}$。如产品处方对热不稳定，则应选择无菌生产工艺。采用湿热灭菌方法进行最终灭菌的，通常标准灭菌时间F_0值应大于8min。灭菌设备性能和灭菌工艺应完成验证。

（6）最终处理　对无菌产品而言，包装工序不是产生污染的主要风险，但仍需要关注以下方面：

① 确认产品的密封性；

② 缺陷检查（如可见异物、破损）和控制；

③ 最终包装前，应对容器、包装材料、标签和打印内容（如批号、有效期）等进行确认，以减少产品的包装差错和混淆风险。

2. 非最终灭菌工艺

常见的采用非最终灭菌工艺的产品包括无菌灌装制剂、无菌分装粉针剂和无菌冻干粉针剂等（图9.2）。

图9.2是非最终灭菌产品工艺流程的通常洁净区要求，可根据产品特性采取合适的洁净管理措施。由图9.2可见，由于产品的热不稳定性，采用非最终灭菌工艺生产的产品，在洁净区的级别要求上比最终灭菌产品要更高。

在冻干产品的生产工序中，除洁净度级别有更高的要求之外，在除菌过滤工序，需采用

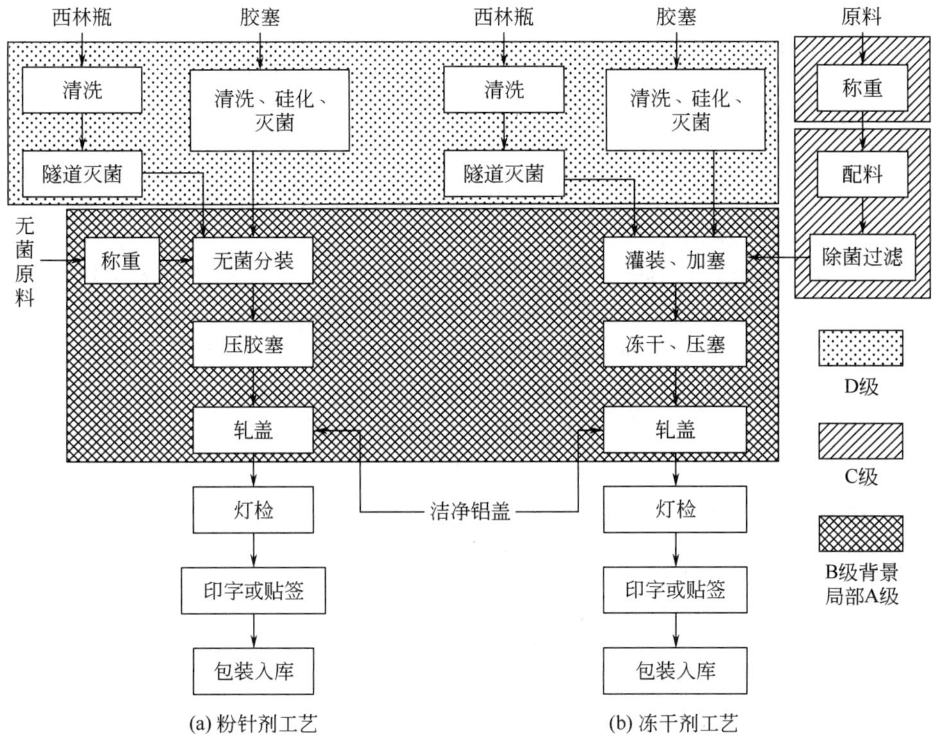

图 9.2　非最终灭菌产品工艺流程

0.22μm 的无菌过滤器彻底除去微生物和内毒素；同时从灌装到冻干应采取充分的保护措施，在无菌条件下进行半压塞后，通过冷冻、升华和解吸附三个阶段彻底除去水分；然后根据要求进行真空压塞或充氮压塞，真空压塞需在干燥结束后立即进行，如果是充氮压塞则可以通入除菌过滤的氮气到设定的压力再压塞。

非最终灭菌产品的工艺要求在洁净度级别、微生物和内毒素控制方面比最终灭菌产品高。在完成轧盖工序后，同样需进行产品密封性、缺陷检查，并防止产品的包装差错和混淆。

二、环境监控和消毒

GMP 中规定药品必须在一定级别的洁净环境下生产，特别是无菌药品（包括生物制品）一般采用无菌工艺生产。为确保药品质量安全，必须对洁净区的环境质量进行监控。

为了使洁净区的环境质量能得到客观评价并有效控制，生产环境监控项目应包括空气悬浮粒子、空气浮游菌及沉降菌、设施和设备表面的微生物以及操作人员的卫生状况等方面。

（一）洁净区洁净度级别的确认

洁净区的洁净度级别确认是厂房设施验证的一部分，并需要定期进行再确认。洁净度级别的确认和验证可分别参照第四章和第七章的有关内容和要求。例如，在初始分级阶段，对于 A 级区建议每 6 个月测一次空气流速、过滤器完整性以及压差，对于其他洁净度级别一般每年进行一次确认。

（二）监控方案

所有洁净区应制定环境监控方案。其目的在于通过获得代表性的微粒和微生物数据对清洁消毒措施的效果以及人员本身对环境中微生物的影响做出合理评价，并证明洁净区在处于良好的受控状态下运行。监控方案应包括监测方法/设备、监测频率、取样位置、取样数量、警戒限度与纠偏限度、结果超标应采取的纠偏措施、文件记录、数据分析等内容。

1. 监测方法和设备

在监测洁净区的空气悬浮粒子和微生物分布时，可选择多种不同类型的监测方法及监测设备。无论采取何种方法，所获得的测试结果必须具有准确性和重现性，以保证被监测区域的环境状况确实处于受控状态。

（1）空气悬浮粒子监测　目前，用于洁净环境中空气悬浮粒子监测的仪器多为光散射粒子计数器和激光粒子计数器。

通常一台仪器可同时测定多个粒径通道的粒子。用于洁净室（区）空气悬浮粒子测定的仪器设备均应在有效校验期内。为掌握整个生产过程中的空气悬浮粒子状况，通常需进行动态监测，即监测生产操作开始前、生产操作进行中及生产操作结束后 3 个阶段。

监测中的注意事项如下：

① 确认洁净区通风系统运行平稳后，方可进行取样。监测单向流时，宜将计数器取样口正向对着气流方向；监测紊流时，宜将取样口垂直朝上。

② 取样时，每次取样量不得少于规定量。例如，为了确定 A 级区的级别，每个取样点的取样量不得少于 $1m^3$。

（2）空气微生物监测　生产洁净区的微生物污染水平是生产环境中影响药品质量较为重要的因素，与最终药品的微生物污染水平控制密切相关。一般可采用空气沉降菌和空气浮游菌的测试方法。

（3）表面微生物监测　生产区域表面以及设备表面的微生物监测的基本方法主要有接触碟法、擦拭法以及表面冲洗法，但这些监测方法必须考虑取样的准确性和代表性。

（4）人员卫生监测　人员是无菌生产中主要污染源。对于无菌药品的人员要求参见第三章。人员卫生监测方法与表面微生物监测方法中的接触碟法相同。

（5）培养基及培养条件　环境监测用培养基的类型和培养条件取决于选用的检测方法，但必须具有广谱性。环境监测用微生物培养基必须进行灵敏度检查试验，验证其在适当的时间和温度条件下检出真菌（包括酵母菌和霉菌）和细菌的能力。

通常，营养琼脂（NA）或大豆胰蛋白胨琼脂（TSA）培养基属于通用型培养基。用于环境监控的培养基，每个配好的培养基批号均应进行培养基灵敏度检查试验。

2. 取样计划

环境监测的取样计划在各生产企业各不相同，主要考虑产品的类型、生产过程、设施/工艺的设计、生产密度、人为干扰、环境监测历史数据等因素。取样计划应随取样频率的变化而变化，根据趋势分析对取样点的数量做出相应的增加或减少。例如，对于无菌工艺产品的 A 级区取样频率可设为每批一次，D 级区的非关键辅助区取样频率可设为每季度一次。表 9.2 为某公司无菌药品不同生产用洁净环境的常规取样频率和监测项目。

表 9.2　某公司无菌药品不同生产用洁净环境的常规取样频率和监测项目

监测区(洁净度级别)		监测频率	监测项目	
最终灭菌产品生产区域	称量配料、配液（以 C 级区为例）	每月一次	空气悬浮粒子 空气沉降菌	空气浮游菌 表面微生物
	灌封间（以 C/A 级区为例）	每周一次	空气悬浮粒子① 空气沉降菌① 操作者手套表面微生物	空气浮游菌 表面微生物

续表

监测区(洁净度级别)		监测频率	监测项目
最终灭菌产品生产区域	轧盖间、洗塞间 (以C/A级区为例)	每月一次	空气悬浮粒子 空气浮游菌 空气沉降菌 表面微生物 操作者手套表面微生物
	容器精洗区 (以C/A级区为例)	每季度一次	空气悬浮粒子 空气浮游菌 空气沉降菌 表面微生物
非最终灭菌产品生产区域	称量配料、配液 (以C/A级区为例)	每周一次	空气悬浮粒子[①] 空气浮游菌 空气沉降菌[①] 表面微生物
	无菌灌封辅助区 (以C级区为例)	每周一次	空气悬浮粒子[①] 空气浮游菌 空气沉降菌 表面微生物
	无菌灌封间 (以B/A级区为例)	每批一次	空气悬浮粒子 空气浮游菌 空气沉降菌 表面微生物 操作者手套表面微生物
微生物实验室	无菌实验室 (以B/A级区为例)	每次实验	空气悬浮粒子 空气浮游菌 空气沉降菌 表面微生物 操作者手套表面微生物
	洁净度检查实验室 (以C/A级区为例)	每周一次	空气悬浮粒子[①] 空气浮游菌 空气沉降菌[①] 表面微生物 操作者手套表面微生物
	抗生素效价测定室 (以D级区为例)	每月一次	空气悬浮粒子 空气浮游菌 空气沉降菌 表面微生物

① 每月一次。

3. 取样点及取样量的设置

取样点的选择很大程度上取决于洁净室的设计和生产过程。在选择取样点时，应对每个程序仔细认真加以评估。取样点应设在如果取样点受到污染则产品很可能受到污染的位置，确保取样点靠近产品但不要接触产品。对反映产品的微生物污染水平有代表性的取样点必须取样并进行环境监测。

确定一个合适的取样点需要考虑很多因素，比如厂房设施、生产线的设定、验证数据、生产过程、历史数据、测试方法等。洁净区（室）监测中的取样点和取样量可以比洁净度级别验证时的取样点和取样量少，应该通过正式的风险分析研究和对监测结果的分析（至少要有6个月以上的运行数据作为分析基础）确定监测频次和限度。同时，监测频次和限度的确定也要考虑到生产工艺因素，监测限度及取样点应该定期进行回顾验证，以保证监测行为的有效性。

GB/T 16292、GB/T 16293和GB/T 16294在医药工业洁净室（区）悬浮粒子、浮游菌和沉降菌的监测方法中规定了最少取样点的数目。

在遵循最低取样点数的同时，还须执行以下环境取样规则。

（1）空气悬浮粒子监测

① 任何洁净区内取样点应不少于两个。

② 除受洁净区的设备限制外，取样点应在整个洁净区内均匀布置。

③ 在一个区域内应最少取样五次，每个取样点的取样次数可多于一次，不同取样点的取样次数可以不同。为了确定A级区的级别，每个取样点的取样量不得少于$1m^3$。

④取样点一般布置在距离地面0.8～1.5m之间或操作平台的高度。

⑤尽量避免在回风口附近取样，而且测试人员应站在取样口的下风侧。

（2）空气浮游菌监测

① 除受洁净区的设备限制外，取样点应在整个洁净区内均匀布置。

② 日常监控时，与产品相邻近的区域、可能与产品直接接触的空气以及设备附近均应考虑增加取样点和取样次数。

③ 人员活动频繁或人员较集中的区域也应视为关键区，需加强监控。

④ 取样点一般布置在距离地面 0.8～1.5m 之间或操作平台的高度。

⑤ 取样时，取样设备会对气流产生干扰，因此动态测试空气浮游菌取样时应避免可能对气流组织的干扰。

⑥ 应根据被测区域的浮游菌控制限度和取样方式确定取样量，每个点一般取样一次。

⑦ 尽量避免在回风口附近取样（距离 1m 以上）。测试人员应站在取样口的下风侧，并尽量少走动。

(3) 空气沉降菌监测

① 取样点的分布及取样位置与空气浮游菌监测相同。日常监控可以根据风险分析结果，沉降菌与浮游菌交替或混合取样。

② 沉降时间至少为 0.5h，但不得超过 4h。

(4) 表面微生物监测　根据洁净区内设施设备等表面对产品和洁净室环境的影响程度，通常将表面分为关键表面（与产品直接接触或暴露于产品的表面）、一般表面（如设备的外表面、墙壁等）和地板三类，并且分别设定不同的微生物限度要求。表面微生物的每点取样面积宜控制在 25 cm^2 左右。为避免干扰，宜在生产活动结束后取样。

表面微生物监测的取样点数应依下列因素确定。

① 洁净区（室）的大小；

② 设备、管路等的复杂程度；

③ 生产活动中易受污染的部位等，应考虑包含门、门把手、地板（至少两点）、墙壁（不易被清洁/消毒的部位，至少两点）、公用介质的管路（不易被清洁/消毒的部位）、生产设备的关键性部位（如灌装针、易与人员接触的塑料帘膜、胶塞筒及传输带等）。

(5) 人员监测

① 对无菌生产工艺的无菌生产区（例如 A/B 级区）的每位工作人员进行每班监测，甚至要对每次更衣进行监测。

② 取样部位应包括手套、操作服的易遭污染部位，有时（人员更衣确认时）还应包括头罩、口罩和脚套等。

③ 手套和操作服表面的微生物监测是人员卫生监测的关键。手套取样应包括双手的手指和手掌，操作服表面取样主要是前臂的袖管部位、肩前下部等，鞋套取样部位宜在套筒的上侧面（此部位在穿戴时易被污染）。

④ 人员卫生监测时每点取样面积宜控制在 25cm^2 左右。

⑤ 为避免干扰，宜在生产活动结束时取样（在人员离开无菌生产区时取样）。

4. 警戒限度与纠偏限度

根据不同洁净区域的级别标准和历史数据，可设定环境控制区域的警戒限度和纠偏限度，但纠偏限度不得高于相应洁净度级别下的参照性限度标准（GMP、国标规定的环境控制标准）。

对新厂房而言，可根据以前的类似设施或工艺制定这些限度，并且要进行一段时间的环境监测，根据监测数据评价事先确立的警戒限度是否合适，并做出相应调整。如采用数理统计（正态分布法）的方法，可将平均值加上 2 倍的标准差作为警戒限度，加上 3 倍的标准差作为纠偏限度。但通常环境控制区域的污染并不属于正态分布，可评估环境监测的实际数据，以确定合适的方法设定限度值。

警戒和纠偏限度设定后，应定期回顾评价，如每季度或年度。如果历史性数据表明环境有所改善，则限度也应做出相应调整，以反映实际的环境状况。

（三）超标处理

当偏差发生时，数据可能会高于设定限度，就必须调查发生问题的原因以及采取纠偏和预防措施。发现偏差及其纠偏措施都必须有记录。

为建立处理偏差的方法，必须预先制定调查和纠偏措施的步骤。连续或多个超标情况比单次超标更需采取严格的调查/纠偏措施。

当超出警戒和纠偏限度时，可以采用以下程序：

① 通知相关的管理层；

② 经过调查判断超标的原因和导致的结果；

③ 根据实际情况制定相应的纠偏措施并执行以解决问题；

④ 后续的回顾，评价纠偏措施的有效性。

一个适当的纠偏措施取决于每个工厂和工艺过程的设计，所有列出的纠偏措施都应评估其对产品的影响，需对纠偏限度进行常规总结回顾。

对于环境监控中发生的不同的超标情况，可以采取不同的相应纠偏措施。表 9.3 列举了一些常见的纠偏措施，可供参考。

表 9.3　不同情况下可采取的纠偏措施

高效空气过滤	回顾检查人员活动的水平 回顾检查/进行气流方式/烟雾试验 回顾无菌操作人员的技术 回顾生产区内更衣要求 对气体过滤器进行泄漏检验并测试两侧的压差 回顾车间的清洁/消毒程序、消毒间隔时间和消毒效率，检查区域压差，尤其是上一次消毒后的压差 对机械设备潜在的污染源进行评估 检查、评估房间的完整性（例如油漆有无剥落，天花板、墙和地面上有无裂缝） 回顾审核产品的风险
设施表面	对可能的污染源做调查 回顾检查清场记录，对清洁和消毒方法进行评估 回顾检查生产中的异常操作 对使用期间的区域进行检查 检查各种控制严格执行情况 回顾接触产品的风险 评价消毒剂对分离菌的杀灭效力 回顾检查其他试验中发现分离菌的情况
人员更衣 （衣服和手套）	评估人员对产品可能的影响/污染 回顾审查无菌检查的数据 回顾检查其他区域环境监测的数据 回顾检查用于手套的消毒剂的配制及其有效期 鉴定所有独特形态的分离菌（人与环境对比） 对操作人员的培训情况进行评估 与操作人员交流，寻找潜在风险 对操作人员进行再培训，重新确认资质（考核）

（四）数据分析

常规的回顾和日常环境监测数据的分析是必不可少的。应当由有经验的专业技术人员进行定期的数据分析。基于大量的取样数据，可使用经验证的电脑系统跟踪记录数据。

监测数据格式至少包括监测日期、取样地点、取样方法、微生物数或悬浮粒子数、监测形式、产品批号和目前的纠偏限度。每个区域（或不同洁净度级别）和相应的数据必须单独处理。通过数据的收集和分析，总结和评估生产环境受控状况，评估所采取的纠偏措施是否合适，评估目前的警戒/纠偏限度是否需要修订。

在对环境监测数据的评价中应对环境监测数据进行趋势分析，一旦超过纠偏限度，就应进行调查。应考察环境监测过程的稳定性，如果实际监测结果一直高于设定的纠偏限度，应回顾生产和监测过程，重新考虑合适的限度。

（五）环境微生物的鉴别

企业应开展微生物鉴别的相关工作。对检出的微生物进行鉴别，能为环境监测计划提供至关重要的信息。例如在失败的培养基灌封或无菌检查中分离到的污染菌通常会与环境监控中的分离菌密切相关，由此建立的微生物数据库能为调查提供有价值的信息。对关键区、周围洁净区以及人员的监控，应包括将微生物鉴定到属（或必要时鉴定到种）的常规试验。适当的传统生化和表型鉴定技术可用于各种分离菌的常规鉴别，但以基因/遗传特征为基础的方法比传统生化和表型鉴定技术更为准确和精确。这些方法尤其适用于失败的调查，如无菌检查、培养基灌封污染。

（六）环境的清洁消毒

药品生产必须保持清洁卫生环境，不同洁净区对生产环境、设备和人员等有不同的清洁卫生要求。在日常生产管理中，除了严格对生产环境监控、设置警戒和纠偏限度外，必须建立有效的清洁消毒体系确保生产环境的洁净要求，及时安全有效地对生产环境清洁消毒，确保药品质量。

清洁是指将物体上细菌污染的数量降低到公共卫生规定的安全水平以下的过程。常指清洗无生命的物体，主要指清洗操作，有时也与消毒相结合。消毒是指用化学试剂或物理方法杀灭致病微生物的过程。

1. 消毒方法及周期

一般来讲，根据消毒方法的作用方式和性质，消毒方法可分为化学和物理两类。

应结合洁净区实际使用情况制定同洁净区相对应的消毒周期，以满足实际使用需要。消毒周期的制定必须综合考虑实际环境监测趋势结果、消毒剂效力测试（如实验室硬面法和洁净区现场效力测试等）结果，同时必须满足 GMP 的最低要求。消毒剂应经常更换，通常情况下交叉使用消毒剂。每次清洁消毒完成后，应在相应日志或者记录上进行记录，注明日期、清洁消毒区域、所用消毒剂、消毒方法和操作人员姓名。

2. 消毒剂的使用

（1）通常在选择消毒剂时需要把握的一些原则

① 消毒剂的固有特性，消毒表面与消毒剂的适应性。

② 产品的适应性，消毒对象的理化特性和使用价值。

③ 人员的安全性，消毒剂的使用方法和使用频率。

④ 环境中微生物的菌群，污染微生物的种类、数量和存在状态。

（2）使用消毒剂时需要把握的原则　首先，确定选用消毒剂的种类必须基于消毒剂效力测试结果以及洁净区控制的实际环境情况；其次，在现场测试时应考虑评估消毒剂残留物和回收测试。在现场条件下加入特定环境挑战微生物，然后进行测定，检查被加入的微生物能否定量回收，以判断分析过程是否存在系统误差的方法。所得结果常用百分数表示，称为“百分回收率”，简称“回收率”。应防止环境中的微生物对同一种消毒剂产生抗性影响实际的消毒效果；消毒剂使用后有残留，并能不断积累，所以应该注意残留物的问题；不得将不同种类的消毒剂联合或混合使用，否则很可能会引发危险的或致命的化学反应并产生有毒化合物；交替使用消毒剂时必须进行有效清洗，如季铵盐类化合物和苯酚类化合物交替使用时。对于空调管道、设备间隙等洁净区内卫生死角的微生物污染，必要时可采用臭氧等熏蒸的方法，同时应该建立监测熏蒸剂残留水平的方法并进行验证，以及制订日常监测规程和方法。在建立的消毒方法投入实施一定阶段后，应对洁净区的环境监测结果数据进行回顾，以确认消毒方法的有效性。

（3）消毒剂储存和有效期管理参照的原则　应该有明确规程规定如何监测和检查消毒剂的微生物污染状况。对于盛放消毒液的容器，应制定清洗消毒的规程，并在容器上标明有效期。遵循现配现用原则，使用新鲜配制的消毒剂。配制及分装后，相关人员需及时在相关容器上贴签，标明使用有效期。同时应根据消毒剂的特性制订消毒剂存放期，但存放期不得超过相应消毒剂的最长规定时限。消毒剂如需稀释和分装使用，在稀释配制和分装前需检查母液的有效期，不得使用已超出有效期的消毒剂。

3. 实例

在制药企业进行清洁消毒以维持有效的污染控制体系时，一般需要遵循三步消毒法，步骤和原理如下。

第一步：清洁。表面清洁是非常重要的，它能够通过去除污垢（有机物）的方式避免消毒剂失效；在污垢被尽可能移除后，消毒剂与微生物的充分接触才有保障；同时应该考虑所用清洁剂与消毒剂的兼容性，避免两者之间发生反应；尽可能在清洁过程中将清洁剂冲洗干净，以免对消毒剂作用效果产生干扰。

第二步：消毒。将消毒剂施用于目标表面，通常采用的方法有拖洗法和擦拭法（适用于平整表面、易于到达的表面）、喷洒或喷雾法（适用于高处、管道、复杂设备）。简单来说，一个有效的消毒过程即将消毒剂安全地分布于目标表面并保持特定的有效作用时间。

第三步：清除残留。清除残留在实际运用中易被忽视，但是这一步骤对于保证消毒效果和避免再次污染很重要。如果使用消毒剂后至清除之间间隔太短，则难以确保充分的接触时间以致影响消毒的有效性。如果去除残留不够彻底，可能会引起二次污染或者影响工艺过程。应该有措施保证残留彻底清除，避免产生二次污染。对于清除残留程序的有效性可以通过验证确认，如清除开始前在待清除表面涂抹荧光性染料，在清除后用紫外线灯对相应表面进行检查，所清除表面没有荧光则表明已彻底清除残留。

三、无菌制剂生产管理

无菌药品质量保证的重点在于无菌保证、细菌内毒素和微粒污染控制，同时也应特别关注混淆和交叉污染。产品的无菌或其他质量特性绝不能只依赖任何形式的最终处理或成品检验，应对无菌药品生产和质量管理的全过程进行良好控制。

应重点关注以下内容。

1. 人员

对于无菌药品的生产而言，人员对最终产品质量的影响尤其大。在洁净区中，无菌操作人员的增加就意味着产品染菌的风险也会增大。为确保产品质量，无菌操作人员始终按无菌技术操作至关重要。

只有经过培训并通过更衣确认的合格人员才能进入无菌生产洁净区。培训内容包括无菌生产技能培训、更衣程序培训、人员/物料进出无菌生产洁净区及其他相关培训，进行必要的考核和资格确认。对于高风险操作区的关键人员，需通过培养基模拟灌装试验对其进行关键操作确认和技能考核。

工作服及其质量应当与生产操作的要求及操作区的洁净度级别相适应，其式样和穿着应当能够满足保护产品和人员的要求。个人外衣不得带入通向 B 级或 C 级洁净区的更衣室。每位员工每次进入 A/B 级洁净区，应当更换无菌工作服，或每班至少更换一次。各洁净区的着装要求见第三章。

人员在无菌生产洁净区的行为习惯对无菌药品最终质量影响最大，风险最高，因此应建立人员在无菌洁净区的良好行为规范如下。

① 尽量减少进入无菌生产洁净区的人数和次数。进入无菌生产洁净区的人员应保持工作需要的最低人数，生产无关人员尽量不进入无菌区，进入无菌区的人数应通过验证确定。

② 人员在进入无菌生产洁净区前应用乙醇等消毒剂消毒双手并晾干，每次接触物品操作后应消毒双手并晾干。双手都不应该接触地面，如果不小心接触，则应立即返回更衣室内更换手套。

③ 仅用无菌工器具接触无菌物料，无菌工器具应保存在 A 级环境中。人员不得将衣着或手套的任何部位直接接触无菌产品、无菌密封件及关键表面。

④ 缓慢和小心移动。快速移动会破坏单向流，造成紊流，导致控制参数处于不良状态。

⑤ 保持整个身体在单向流通道之外。单向流设计是为了保护无菌产品、无菌设备的表面、无菌容器和密封件等，破坏单向流会增加产品污染的风险。为保持物料的无菌状态，应在适当的单向流侧面进行操作，不得在产品的上游进行无菌操作。

应建立人员监控计划来有效督促现场工作人员培养良好的操作习惯，改善无菌保证水平。现场监控的方式可以多样化，例如通过视窗或通过监控录像系统观测无菌更衣过程和操作习惯，用验证评估清洁和消毒规程，用微生物取样确认更衣程序的污染风险等。

在无菌操作前或无菌操作过程中，操作人员应避免衣着遭受不必要的污染，更衣确认是为了保证人员的穿着质量和污染风险点的控制。用接触碟法取样可有效监控人员着装被微生物污染的可能性大小。日常生产中用接触碟法取样监控更衣程序的污染风险。

取样点有双手手指、头部、口罩、肩部、前臂、手腕和眼罩。在设计这些取样点的位置时应充分考虑实际生产中人员着装被微生物污染的可能性大小以及着装上残留微生物对于产品污染风险的高低。操作人员在洁净区工作时大部分时间往前走，正面被空气中微生物污染可能性较高，所以所有取样点都在身体正面（迎风面）；大部分操作动作通过双手完成，所以强调双手的取样，尤其手指；关注手腕、口罩和眼罩的取样，因这些部位更靠近人体皮肤，容易在运动中污染。

对取样后的接触碟进行培养，根据接触碟中生长的菌落数可以判断和监控更衣程序被微生物污染的可能性大小。

2. 物料

无菌药品质量保证的重点在于无菌保证、细菌内毒素和微粒污染的控制，所以对其物料应进行如下全过程的质量管理。

① 无菌物料应按最小包装的生产需求量发放，最好集中使用完毕以降低退出无菌室可能带来的风险。未使用完的物料需退库时应恢复原包装形态，由质量保证部门评估可能的污染风险，并建立相应管理制度。

② 物料的检验标准应增加微生物限度和细菌内毒素的相关指标，并不得检出致病菌。

内包材也应设定相应的微生物检测指标，并可通过微生物侵入试验等评估产品容器的密封性，以充分确保产品在贮存期的安全性。

③ 物料的传递方式应经过确认，证明可以有效去除物料内包装表面的微生物和颗粒。物料的无菌传递方式应根据物料的特性和工艺要求进行选择，如连续传递的隧道烘箱、双扉湿热灭菌器或干热灭菌柜等。对于不能进行灭菌的物品可考虑其他灭菌方式，如辐照、紫外线照射等方式，在进入无菌区前使用适当的消毒剂对物料包装表面进行消毒后，方可传入无菌室。

④ 无菌生产工艺用的药液可以由与无菌生产区相毗连的配液室提供，经过管道以除菌过滤的方式传入无菌区，传输管线和过滤器应考虑在线灭菌。

3. 厂房设施与设备

详见第四章　厂房与设施和第五章　设备相关内容。。

4. 水系统

无菌药品配制、直接接触药品的包装材料和器具等最终清洗、A/B级洁净区内消毒剂和清洁剂配制的用水应当符合注射用水的质量标准。

工艺用水系统和验证可参阅第五章　第八节　制药用水系统相关内容。生产过程中应有效控制水系统的微生物和细菌内毒素的污染水平，应设定污染的警戒限度及纠偏限度，以便及时发现异常，采取措施。

5. 气体系统

制药企业应根据需要配备气体系统，包括压缩空气系统和惰性气体系统，其中压缩空气通常用于设备驱动，惰性气体（常用氮气）用于隔绝氧气保护产品。无菌产品需要使用清洁的压缩空气和氮气，并在进入无菌生产区或与无菌容器及物料接触前经可靠的除菌过滤。

压缩空气通常采用无油空气压缩机将空气压缩，经冷却器冷却、分子筛除水、管道过滤器除去绝大部分尘埃粒子后，得到干燥、清洁的压缩空气。无菌生产工艺使用的压缩空气在使用点经过0.22μm孔径的终端疏水性过滤器过滤除去可能存在的微生物和颗粒。压缩空气系统应经验证，并定期消毒或更换过滤器。

一般制药企业通常采购专业气体企业供应的液氮，经蒸发汽化后进入缓冲罐，再经管道送达使用点。洁净厂房外的氮气管道一般采用镀锌铁管，进入洁净室后采用不锈钢管。无菌生产工艺使用的氮气在使用点经过0.22μm孔径的终端疏水性过滤器过滤除去可能存在的微生物和颗粒。氮气系统应经验证，并定期进行完整性测试、消毒或更换过滤器。

四、灭菌工艺和方法

在无菌药品的生产中，防止微生物和内毒素污染一直是生产企业和监管机构关注的重点。灭菌不仅要杀灭或除去所有微生物繁殖体和芽孢，最大限度地提高药品的安全性，同时必须保证制剂的稳定性及临床疗效，因此选择适宜的灭菌方法对保证产品质量具有重要意义。

灭菌方法可分为两大类：物理灭菌法和化学灭菌法。物理灭菌法是利用蛋白质与核酸具有遇热、射线不稳定的特性，采用加热、射线和过滤方法杀灭或除去微生物，包括干热灭菌、湿热灭菌、除菌过滤和辐射灭菌等。化学灭菌法是指用化学药品直接作用于微生物将其杀灭的方法。

1. 灭菌决策

灭菌方法的选择受灭菌对象的稳定性、使用目的和具体条件等限制，可以选择不同的方法。比如环境设施宜使用化学灭菌处理，玻璃容器一般使用干热灭菌处理，衣物、橡胶制品等多使用湿热灭菌处理，模拟分装用乳糖等粉剂则可以选择辐射灭菌处理。

制剂产品的灭菌方法通常根据产品特性进行选择。无菌产品应在灌装到最终容器内后进行最终灭菌。如果因产品处方对热不稳定不能进行最终灭菌，则应考虑除菌过滤和/或无菌生产。根据特定的处方选择最佳的灭菌方法后，再选择包装材料。

为了保证产品的质量和安全，确保规定的无菌保证水平，可以参考欧盟的灭菌方法选择决策树。图 9.3 所示为溶液剂型产品灭菌方法选择决策树。

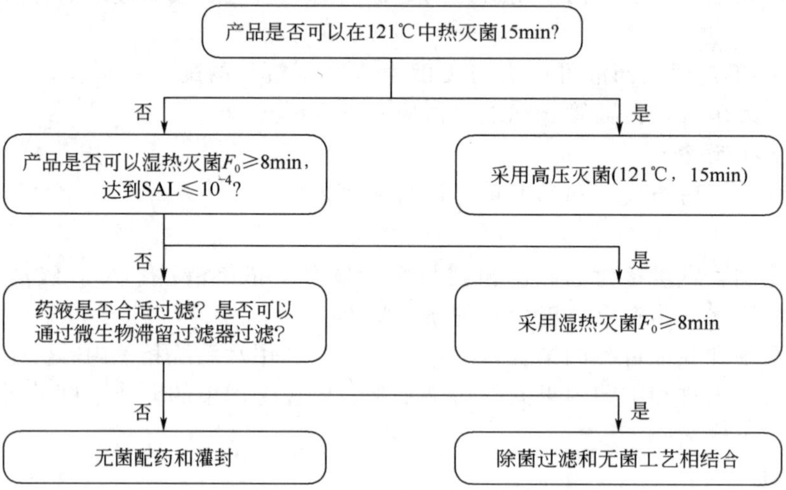

图 9.3　溶液剂型产品灭菌方法选择决策树

F_0—标准灭菌时间；SAL—sterility assurance level，无菌保证水平

2. 湿热灭菌

湿热灭菌为热力灭菌中最有效及用途最广的方法之一，热力灭菌通常包括湿热灭菌和干热灭菌。湿热灭菌系指物质在灭菌器内利用高压蒸汽或其他热力学灭菌手段杀灭微生物，具有穿透力强、传导快、灭菌能力强的特点。药品、玻璃器械、培养基、无菌衣、辅料以及其他遇高温与湿热不发生变化或损坏的物质均可选用。

由于蒸汽湿热灭菌本身具备无残留、不污染环境、不破坏产品表面、容易控制和重现性好等特点，广泛应用于最终灭菌产品（尤其是注射剂）的除菌过程。

3. 干热灭菌

干热灭菌是利用高温使微生物或脱氧核糖核酸酶等生物大分子产生非特异性氧化而杀灭微生物的方法。

按使用方式可把干热灭菌设备分为批量式（即间歇式）和连续式。前者如干热灭菌柜，可用于金属器具、设备部件的灭菌及除热原；后者如隧道式灭菌烘箱，可用于安瓿或西林瓶的灭菌。

干热灭菌适用于耐高温物品的灭菌，如玻璃、金属设备、器具、不需湿气穿透的油脂类、耐高温的粉末化学药品的灭菌，但不适用于橡胶、塑料及大部分药品的灭菌，同时干热也可用于除热原。

干热灭菌时，应记录灭菌过程的温度、时间和腔室内外压差。灭菌柜腔室内的空气应当循环并保持正压，以阻止非无菌空气进入。进入腔室的空气应经过高效过滤器过滤，过滤器应经过完整性测试。用于去除热原时，验证应包括细菌内毒素挑战试验。

4. 辐射灭菌

辐射灭菌是利用 γ 射线、X 射线和粒子辐射处理产品，杀灭其中微生物的灭菌方法。目前辐射灭菌多采用^{60}Co源放射出的γ射线，^{60}Co由高纯度的金属钴在原子反应堆中辐射后获得。

与传统的消毒灭菌方法相比，辐射灭菌有以下优点：

① 在常温下处理，特别适用于不耐热物品的处理。对温度、压力无特殊要求，常温常压下即可进行。

② 不会产生放射性污染，灭菌后的产品无残留毒性。^{60}Co源放射出的γ射线能量水平不足以活化任何材料而产生放射性。

③ 辐射穿透性强，可深入被灭菌物体内部，灭菌彻底，可对包装后的产品进行灭菌。

④ 辐射灭菌工艺参数易于控制，适合工业化大生产，节约能源。

辐射灭菌过程中，应采用剂量指示剂测定辐射量，经证明和验证对产品质量没有不利影响时方可采用，并符合《中国药典》和注册批准的相关要求。应当有措施防止已辐照物品与未辐照物品的混淆，在每个包装上均应有辐照后能产生颜色变化的辐照指示片。应在规定的时间内达到总辐射剂量标准。

5. 环氧乙烷灭菌

环氧乙烷灭菌是一种比较可靠的低温灭菌方法，环氧乙烷具有很强的化学活性和穿透性。该灭菌方法主要用于不宜用其他方法灭菌、对热敏感的产品或部件。在制药行业中常用于无菌生产的部件和用品的灭菌，也用于给药器械的最终灭菌，如塑料瓶或管、橡胶塞、塑料塞和盖，以及塑料或橡胶的给药器械。含氯的物品及能吸附环氧乙烷的物品不宜使用本方法。

环氧乙烷的灭菌工艺一般有预处理、抽真空、加湿、加药灭菌和充氮解析等环节。加湿时通常保证相对湿度为45%～65%(在40℃)。在灭菌过程中多次使用氮气，以避免环氧乙烷与空气或氧气混合引起爆炸。应经过验证以证明对产品不产生破坏性影响，并且在设定的排气条件和时间下保证所有的残留气体及反应产物降至设定的合格限度。

被灭菌物品达到工艺所规定的温湿度后，应尽快通入环氧乙烷，保证灭菌效果，并根据放在不同部位的生物指示剂监测灭菌效果。每次灭菌的记录包括整个灭菌过程的时间，腔室的压力、温度和湿度，环氧乙烷的浓度及总消耗量，灭菌曲线应纳入批记录中。灭菌后的物品应存放在受控的通风环境中，以便将残留的气体及反应物降至规定的限度。

6. 非最终灭菌产品的过滤除菌

可最终灭菌的产品不得以过滤除菌工艺替代最终灭菌工艺。如果药品不能在其最终包装容器中灭菌，可用0.22μm(更小或相同过滤效力）的除菌过滤器将药液滤入预先灭菌的容器内。除菌过滤器不能将病毒或支原体全部滤除，可采用热处理方法弥补除菌过滤的不足。

与其他灭菌方法相比，过滤除菌的风险最大，因此应采取措施降低过滤除菌的风险，如安装第二只已灭菌的除菌过滤器再次过滤药液，最终的除菌过滤器应当尽可能接近灌装点。过滤器应尽可能不脱落纤维。严禁使用含石棉的过滤器。过滤器不得因与产品发生反应、释放物质或产生吸附作用对产品质量造成不利影响。

除菌过滤器应进行细菌截留验证来证明过滤器滤膜的级别，并采用有代表性的微生物证明其能从某产品中完全去除微生物，产生无菌的滤出液。

除菌过滤器使用后，必须采用适当的方法立即对其完整性进行检查并记录，常用方法有起泡点试验、扩散流试验和压力保持试验。过滤除菌工艺应经过验证，验证中应当确定过滤一定量药液所需时间及过滤器两侧的压力。任何明显偏离正常时间或压力的情况应当记录并进行调查，调查结果应归入批记录。同一规格和型号的除菌过滤器使用时限应经过验证，一般不得超过1个工作日。

五、无菌药品最终处理

无菌药品最终处理一般包括测试无菌药品容器的密封完整性，颗粒/可见异物和其他缺陷检查以及半成品的灯检、贴签和包装等环节。

1. 密封完整性测试

无菌药品的容器应能在整个药品有效期内有完好的密封性，以防止微生物侵入。国际上普遍接受基于容器密封系统设计、密封组件生产、密封完成、最后经密封完整性验证的质量保证过程，以证明成品的密封性。

密封完整性验证的方法一般有微生物侵入试验法、饱和盐水法和亚甲基蓝溶液法。例如，微生物侵入试验法就是往产品容器内灌入培养基并按常规无菌生产工艺压塞轧盖，灭菌后冷却，将冷却后的容器倒置，将瓶口完全浸没于高浓度（$>10^5$ 个细菌/mL）的运动性菌液，如大肠埃希菌（*E. coli*）或铜绿假单胞菌（*Pseudomonas aeruginosa*）菌液中，4h 后，将容器外表面消毒并培养，看是否有挑战性细菌在容器中生长。

对已经灌入药物的容器，如安瓿或西林瓶，为防止微生物和外界空气中的氧气进入，瓶身不能存在任何裂缝或裂痕。除用目测方法剔除外，还可采用安瓿使用染色浴的方法、在高压电下检漏测试（适用于导电性$>5\mu S/cm$ 的溶液）、全自动灯检仪。

2. 颗粒/可见异物和其他缺陷检查

颗粒/可见异物是指除了气泡以外的来自外界的或产品析出的、可移动的、不可溶的颗粒，如金属、玻璃屑、纤维、黑点等，有些是原料或包装材料引入的，有些是生产操作中产生的。其他缺陷包括瓶身裂缝、安瓿泡头、轧盖缺陷等。

颗粒/可见异物和其他缺陷检查可利用人工或检测机器的方法实施。如采用人工灯检法，灯检应在照度和背景均符合《中国药典》(2025 年版）规定的条件下进行。

3. 半成品的灯检、贴签和包装

根据生产指令进入灯检、贴签和包装步骤，开始前应先进行清场确认。

在灯检工序中，对不良品进行识别、剔除、计数，并根据不良品的种类进行分析。

贴签和包装工序应重点关注标签平衡。产品的产量和不良品数均写入批生产记录中，计算产率后，由生产负责人签字，完成产品批生产记录。

第七节　原料药的生产操作

当某种物质用于生产药物制剂时，即可称为原料药，需按 GMP 的要求进行管理。原料药的生产即指通过化学合成、细胞培养或发酵提取、天然资源回收，或通过以上工艺的结合得到原料药。

一、厂房设施和原料药设备要求

1. 厂房设施要求

原料药厂房设施的设计和建造的具体方式及标准一般基于厂房所在地的法规要求、公司的 GMP 理念、原料药的特性以及厂房所在位置（所在地理环境、气候带）等因素，可由企业根据自身品种和工艺特点自行决定。应便于清洁、维护，满足不同品种的操作要求，并最大限度地控制可能的污染。对于有微生物控制要求的品种，其设计应减少微生物污染的风险。

在原料药厂设计选址时，需考虑当地位置和气候（包括当地最高、最低温度范围，最高最低、湿度范围，风力风向等）、空气质量和水源质量。例如我国西北部应特别注意风沙的影响，实现适当的密闭性，进风口应有过滤细小沙尘的装置；位于我国南方湿度大的药厂应特别考虑设施的防霉问题，厂房内表面应光滑，可采用耐受清洗消毒的防霉涂料或瓷砖。原料药生产区应置于制剂生产区的下风侧。

为减少污染的风险，从前期生产到最终成品应逐步提高对产品的保护，尽可能使用密闭系统或管道输送物料。非无菌原料药的精制阶段以前的操作，有敞口的反应罐或结晶罐等应安装在室内，精制、干燥、粉碎和包装等操作需在D级洁净区保护条件下进行。在产品短期暴露的同一区域内，只应进行同一产品的同一操作。对于长时间暴露的产品，应安装适当的空气净化系统，确保其必要的保护。

厂房的物流和人流的设计与管理应充分考虑防止混料和污染的要求。厂房内需要特定的区域或空间暂存生产物料、中间体或溶剂等，尤其对于多用途的生产厂房，需有严格的物料管理体系，对不同原料药的物料以及不同类型的危险物料进行隔离储存。

厂房应有有效措施防止昆虫或其他动物进入。使用易燃易爆物料的原料厂房应考虑安装安全防爆的照明设备。

2. 原料药设备要求

原料药生产中使用的设备应符合原料药的预定用途（如无菌或口服制剂）、特性（物化、药理性质等）和工艺操作要求（温度、冷却等）。

设备材质不应与工艺物料发生反应，直接接触物料的设备表面不会影响物料和原料药的质量。

生产设备只应在经确认的操作参数范围内运行。生产使用的主要设备（反应罐、储罐等）和固定工艺管道应有适当的标识，以便于操作，并避免因管道标识不清导致的差错和混淆。

设备运转所需的物质，如润滑剂、加热介质或冷却剂等，不应与中间体或原料药接触，以免影响产品质量。即使使用经批准的食用级润滑油，也应评估其潜在的质量风险。

应尽量使用密闭或隔离设备，特别在最后的生产步骤或原料药分离步骤，以将污染的风险降至最小。

应当保存一套与实际设备和关键部分（仪表和公用系统）相符的图纸，其更新应按照变更控制程序进行管理，并制订设备的预防性维修保养计划和程序，以减少设备故障对产品质量、生产进度的影响，减少设备维修成本。

企业应制订设备清洁消毒程序，规定具体完整的清洁方法、清洁用工具、清洁剂的名称和配制方法、已清洁设备的最长保存时限、设备的清洁状态标识以及使用前检查设备清洁状况的程序等，使操作者能以经验证的有效方式对设备进行清洁管理。在线清洗和在线灭菌消毒的程序也应经过确认和验证。特别是非专用设备在不同产品/物料生产之间切换时，应经过严格的清洗以防止交叉污染，对其残留物的标准、清洁规程和清洗剂的选用应有充分的说明和规定。

二、原料药典型生产操作流程

原料药典型的生产操作包括生产前准备、投料、化学反应或发酵、中间控制和取样、纯化或结晶、包装、检验入库等，生产控制中还需进行物料平衡（收率核算）、偏差处理、状态标识控制等内容，如图9.4所示。

1. 生产前准备

生产前准备包括人员、物料、设施设备检查、清场确认和文件准备等，通常包括：①批生

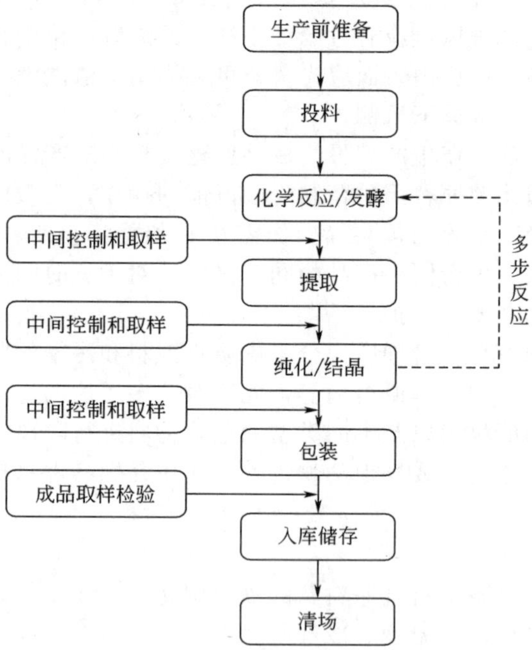

图 9.4　原料药典型生产操作流程

产指令下达；②生产批记录的发放；③设施设备检查和清场确认；④人员准备、健康和卫生状况、培训资格情况；⑤物料领用以及暂存；⑥文件检查（含操作规程和相关操作记录等）。

2. 投料

投料是物料开始进入生产的过程，应按照操作规程准确称量或计量，确保数量准确，避免污染。

投料前的检查中，物料的称量装置要经定期校准，设备要清洁，保证物料的名称和批号与批生产指令一致；投料时要根据物料情况（如粉尘、气味等）采取必要的保护措施，按照指令精确称量，及时记录并经第二人复核无误。

3. 化学反应的操作和中间控制

化学反应的操作和中间控制应严格以工艺规程和批记录为基础，认真操作，严格控制反应的关键参数，如温度、压力和反应时间等。对于设备缺陷或停电停水等非正常的工艺时限延迟，应评估其对产品质量的影响，并进行相应的偏差调查，采取一定的处理措施。

在原料药生产中，很多工艺是在密闭系统中进行的，应当综合考虑所生产原料药的特性、反应类型、工艺步骤对产品质量影响的大小来确定控制标准、检验类型和范围。前期生产的中间控制严格程度可较低，越接近最终工序（如分离和纯化）中间控制越严格。

有资质的生产部门人员可进行中间控制，并可在质量管理部门事先批准的范围内对生产操作进行必要的调整。对在调整过程中发生的中间控制检验结果超标需要调查以进一步明确调整的合理性。

为了缩短生产等待的时间，中间控制通常设立中间体化验室，进行反应液和中间体检验，如 pH 测试、水分测试、反应终点测试和中间体检验等，以监控过程。应严格按规定的中间控制取样规程进行取样，使样品具有代表性并不受污染。同时将对环境或设备的控制视作中间控制的一部分。

对于需多步化学反应的原料药，可在中间体初步结晶纯化后再投入至下步反应，直至完成原料药合成的所有反应。各步反应收率上的变化是反应工艺是否正常进行的标志之一，对照预期收率可对实际收率变化较大的原因进行调查，不仅能控制生产的波动，而且可提高工艺的重现性，保证产品质量的一致性。

预期收率的来源包括产品开发数据、工艺验证结果以及产品年度回顾数据等。应评估收率的预期和可变动性，并决定预期收率的数值以及其对质量的潜在影响。

4. 原料药的包装和入库储存

原料药及中间体的包装材料或容器应与物料有良好的兼容性，不分解或释放出干扰物质，需要有材料证明评估对物料的影响，尤其是用于液体原料药包装的容器。应根据稳定性研究结果确定对产品质量影响的关键的包装要求，包装条件应在主要生产文件中规定。

对于外部销售的原料药和中间体，销售包装提倡一次性包装到位。如没有明确的销售合同，可暂时完成贴内部标签的包装形式，在销售前按客户订单要求再进一步包装，贴签销售。整个包装和标签流程应有记录并可追溯。在销售运输环节，包装上应使用有专属性的防拆封的状态标识以辨识包装是否被开封过。

产品的包装与贴签是一个关键操作，应防止交叉污染、混淆和差错的情况发生。包装前，应对包装区域进行清场检查，确保现场没有与本次包装无关的物料。包装过程中，应核对物料的品名、批号和数量等，确保与标签上的信息一致，对待包装产品、印刷包装材料以及成品数量做物料平衡检查并双人复核，以保证包装和贴签操作准确无误。

原料药的库房设施，需要有与生产规模及其物化性质相适应的空间和环境（如温度、湿度等），符合物料储存要求的间隔距离和通道，有防鼠防虫设施等。

物料的入库接收，应进行入库前外观检查和清洁，并核对品名及代码、批号和数量等内容，及时登记和标识。根据产品的质量状态存放在不同颜色的标识区域，如待验区用黄色线、合格区用绿色线、不合格区用红色线，并有带锁的栅栏隔离。

原料药和中间体应分类、分品种、分批号、分规格分别存放，如同一品种的不同批号放置在不同的托盘上。如果不同批号的零头放在一个托盘上，应进行醒目的标识。其摆放要求离墙、离地留有一定距离的堆放，出库时应遵循先进先出、近复验期先出等原则，及时登记，保持账、卡、物的一致性。

5. 清场及清洗

清场就是将与本批生产无关的物料和文件清理出现场的活动。清场的目的是防止发生混淆，并在生产开始和结束时进行操作。应有专门的操作规程规定清场的每个细节，每一步作业都必须记录并签名，实施清场后由复核人员进行确认。

清洗是防止交叉污染的有效手段。对于专用设备的清洗，不一定要每批都进行，可根据验证结果确定合适的清洗频率；对于更换生产品种时的转产清洗，应严格按照验证过的清洗规程彻底清洗。清洗规程应详细规定清洗的方法，清洗液的成分、浓度、温度，清洗时间等参数。每次清洗都必须有相应的记录和签名。

三、不合格品管理和物料再利用

原料药和中间体不符合预设的质量标准，需明确地标识为“不合格”，并将物料隔离处理，如用库位状态卡标识或在计算机仓库管理系统中标识，也可移入不合格区域存放。

对于不合格的原料药和中间体，首先应进行偏差调查，得出调查结论后再给出处理意见，并采取必要的纠正和预防措施防止偏差重复发生。

对于生产的中间产品和原料药，可以通过进一步加工处理不合格物料，使其最终符合质量标准。

对于采购的不合格原料药，可进行质量投诉并退回给供应商处理。

如果无法进一步加工达到质量标准，需做出销毁的决定，并监督销毁过程，以防止物料未被销毁而失控流入销售渠道。

1. 返工

返工是指将某一生产工序生产的不符合质量标准的一批中间产品或待包装产品的一部分或全部返回到之前的工序，采用同样的常规生产工艺进行再加工，以符合预定的质量标准。

返工的关键点是不会偏离原来规定的工艺，仅是重复原工艺中的一步或几步的操作（即已批准工艺的一部分）。不能通过将不合格物料简单稀释混合在合格物料中达到符合质量标准的目的，这是被各国法规检查认定为掺假的行为。物料经常性地需要返工表明工艺不在受控状态下运行，通常需要对工艺重新验证。

返工必须有足够的记录、控制和监控。应该能追溯返工前物料的记录，记录应包括该批号发生的所有信息。对于返工批号的编制，企业可有自己的编号系统，并确保唯一性。

2. 重新加工

重新加工是将某一生产工序生产的不符合质量标准的一批中间产品或待包装产品的一部分或全部采用不同的生产工艺进行再加工，以符合预定的质量标准。

因为重新加工会涉及使用在原工艺中可能没有描述的其他工艺，所以世界众多国家包括我国规定，在得到药政部门批准前不得将重新加工物料用于商业用途，除非该重新加工工艺已得到药政部门批准。

重新加工因为采用了与注册不同的工艺，原有的质量标准和分析方法可能不再适用，应考虑开发和验证新的分析方法。

重新加工必须有足够的记录、控制和监控。应该能追溯返工前物料的记录，记录应包括该批号发生的所有信息。

为了能销售重新加工的批次，生产企业除了申报问题以外，还应该对重新加工批号扩大取样和检验，以确保该批号的质量具有等效性。

3. 物料与溶剂回收

原料药企业出于成本节约和环保安全的原因，常需要回收利用或套用工艺中的各种物料，如溶剂、助剂或母液等，对此都需要管控，以避免药品质量风险。

回收反应物、中间产品或原料药（如从母液或滤液中回收），应当有经批准的回收操作规程，并且回收的物料或产品符合与预定用途相适应的质量标准。通常许多国家的药品法规要求回收应该在注册申报文件中体现，并附上不影响最终产品质量的支持数据和文件，否则将受到违规的质疑。使用回收物料，应验证对产品质量的影响，重点考察杂质和套用周期及数量的关系，确保产品满足质量标准。

出于经济环保的考虑，也应回收溶剂，并可在合适的工艺步骤中重新使用，但须对回收过程进行控制和监测，以确保回收溶剂符合适当的质量标准，防止交叉污染。对套用的工艺过程需进行验证，以充分的数据证明其合理性和适用性。

回收反应物、中间产品或原料药及使用的过程应有完整可追溯的记录，并定期对其进行杂质检测。

4. 退货

企业常常需要面对各种各样的退货，有因为贮运过程破损退货的，有因为质量问题退货的，也有因为客户库存原因退货的，针对不同的情况采用不同的处理方式。

企业应该有明确的规程，说明各种常见退货的不同处理方式，并能合理解释不同处理方式的质量风险控制。

原料药退货的质量风险主要来自包装破损或其他外来物质的污染，如虫鼠啃咬、雨淋等；或因恶劣的贮运条件导致的产品降解或变质，如需要低温贮运的货物在高温高湿条件下运输导致的结块或降解。

企业在收到退货后应隔离存放，并进行检查、检验和调查。只有证据证明退货质量未受影响，并且经质量管理部门评价后，方可考虑将退货重新包装和发运销售。

有风险的退货，应进行必要的返工或重新加工检验合格后才能再次销售。

污染严重、不适合再加工的退货，应该进行监督销毁。

因质量原因和贮运过程破损的退货，应参考客户投诉的处理办法，调查问题根源，并采取必要的纠正预防措施，防止再次出现此类问题。

四、采用传统发酵工艺生产原料药的特殊要求

采用传统发酵工艺生产的原料药是指利用天然或重组有机体发酵生产的原料药，通常指小分子产品，如抗生素、氨基酸、维生素等，与生物技术即重组 DNA、杂交瘤或其他技术产生的细胞或组织生产的蛋白质和多肽等大分子量的物质有所不同。

传统发酵产品的一般生产流程为：

保存管（孢子或菌丝形式）—斜面或摇瓶种子培养—种子罐培养（一级或多级）—主发酵罐发酵—固液分离—目的产物提取纯化

由于传统发酵环节的特殊性，其生产操作还必须符合以下要求。

1. 防止污染的措施

由于其所用的原料（培养基、缓冲液组分）可能为微生物污染创造条件，应在生产过程中根据物料来源、制备方法和原料药或中间体的预期用途在生产中控制微生物、病毒或内毒素的污染。工艺控制可重点考虑以下内容：主菌种库和工作菌种的建立和维护；接种和扩增培养；发酵过程中关键操作参数的控制；菌体生长、生产能力的监控；收集和纯化过程，此过程去除菌体、菌体碎片、培养基组分，需保护中间体和原料药不受污染（特别是微生物学特征），避免质量下降；在适当的生产阶段进行微生物污染水平监控，必要时进行细菌内毒素监控。

必要时，可以考虑验证培养基、宿主微生物蛋白、其他与工艺及产品有关的杂质和污染物的去除效果。

菌种的维护和记录的保存：只有经授权的人员方能进入菌种存放的场所；菌种的储存条件应能保持菌种活力并防止污染；菌种的使用和储存条件应有记录；应对菌种定期监控，以确定其适用性，必要时应进行菌种鉴别。

2. 菌种培养或发酵

需在无菌操作条件下添加细胞基质、培养基、缓冲液和气体时，应采用密闭系统。如果初始容器接种、转种或加料（培养基、缓冲液）使用敞口容器操作，应有控制措施和操作规程将污染的风险降低至最低程度。

当微生物污染可能危及原料药质量时，敞口容器的操作应在生物安全柜或相似的控制环境下进行。操作人员应穿合适的工作服，并在处理培养基时采取特殊的防护措施。

应对关键的运行参数（如温度、pH、搅拌速度、通气量、压力）进行监测，确保与规定的工艺一致，同时应监控菌体生长和生产能力。

菌种培养设备使用后应清洁灭菌。必要时，发酵设备应清洁、消毒或灭菌。

菌种培养基使用前应灭菌，以保证原料药的质量。

应有适当的操作规程监测各工序是否染菌，并规定应采取的措施，以评估染菌对产品质

量的影响，确定能消除污染使设备恢复到正常的生产条件。在处置染菌的生产物料时，应对发酵工艺中检出的外来有机体进行鉴别，并在必要时评估外来有机体对产品质量的影响。

染菌事件的所有记录均应保存。更换品种生产时，对多产品共用设备应在清洁后进行必要的检测，以将交叉污染的风险降低至最低程度。

3. 收获、分离和纯化

无论是在破坏后除去菌体或菌体碎片，还是收集菌体组分，收获步骤的操作所用的设备以及操作区的设计应能将污染风险降低至最低程度。

灭活繁殖中的有机体、去除菌体碎片或培养基组分（应当注意减少降解和污染，防止质量受损）的收获及纯化操作规程，应足以确保所得中间产品或原料药具有持续稳定的质量。

所有设备使用后应适当清洁，必要时应消毒。如果中间产品和原料药的质量能得到保证，所用设备也可连续多批生产，即可在规定批次范围内延长清洁周期。

如果使用敞口系统，分离和纯化操作的环境条件应能保证产品质量。如果设备用于多个产品的收获、分离、纯化，需要增加额外的控制手段，如使用专用的色谱柱或进行附加检测。

第八节　生物制品的生产操作

生物制品包括细菌类疫苗（含类毒素）、病毒类疫苗、抗毒素及抗血清、血液制品、细胞因子、生长因子、酶、按药品管理的体内及体外诊断制品，以及其他生物活性制剂，如毒素、抗原、变态反应原、单克隆抗体、抗原抗体复合物、免疫调节剂及微生态制剂等。

生物制品具有以下特殊性，应当对生物制品的生产过程和中间产品的检验进行特殊控制。

① 生物制品的生产涉及生物过程和生物材料，如细胞培养、活生物体材料提取等。这些生产过程存在固有的可变性，因而其副产物的范围和特性也存在可变性，甚至培养过程中所用的物料也是污染微生物生长的良好培养基。

② 生物制品质量控制使用的生物学分析技术通常比理化测定具有更大的可变性。

③ 为提高产品效价（免疫原性）或维持生物活性，常需在成品中加入佐剂或保护剂，致使部分检验项目不能在制成成品后进行。

一、原辅料的控制

生物制品生产用物料需向合法和有质量保证的供应商采购，应对供应商进行评估，合格后签订较固定的供应合同，以明确规定原辅料的供货渠道、货源及适用范围，并确保其物料的质量和稳定性。生产用的原辅料必须符合批准的质量标准，并经质量部门检验合格后放行，方可使用。

当原辅料的检验周期较长时，允许检验完成前投入使用，但只有全部检验结果符合标准时成品才能放行。

二、种子批和细胞库系统

生产和检定用菌毒种应当建立完善的种子批系统（原始种子批、主种子批和工作种子批）。种子批系统、细胞库系统的建立、检定等均应当符合《中国药典》（2025 年版）的要求。

种子批系统应有菌毒种原始来源、菌毒种特征鉴定、传代谱系、菌毒种是否为单一纯微生物、生产和培育特征、最适保存条件等完整资料。

细胞库是生产单抗制品的起始原材料，因此直接影响生物制品的特性、质量和安全性。建立细胞库的目的是保证生产稳定性和批间一致性。一般情况下，主细胞库来自于细胞种子，工作细胞库来自于主细胞库。在某些特殊情况下（如每年生产的产品仅需有限的几支细胞时），仅建有主细胞库而没有工作细胞库的单级细胞库，原则上是可行的，但需要得到国家药品监管部门的批准。

应当在适当受控环境下建立种子批和细胞库，以保护种子批、细胞库以及操作人员，应对建库车间/区域的温度、湿度、压差等进行监测。在建立种子批和细胞库的过程中，操作人员不得在同一区域同时处理不同活性或具有传染性的物料（如病毒、细胞系或细胞株）。

在指定人员的监督下，经批准的人员才能进行种子批和细胞库的操作。未经批准不得接触种子批和细胞库。

种子批和细胞库的贮存和使用应尽量减少污染的风险（例如，分装在密封容器中并贮存在气相液氮中或其他替代方法）。应建立生产用细胞库的放行程序，待验细胞库与放行细胞库应严格区分，以免污染和交叉污染。不同种子和（或）细胞在同一区域或同一设备上贮存的控制措施应能防止混淆，同时应考虑物料的传染性，防止交叉污染。

三、生产操作的特殊要求

生物制品的生产工艺较为复杂，周期较长，因此需要对每一个生产环节都制定稳健的控制策略，确保最终产品能够符合质量要求。通常控制策略相关参数的重要性及可接受范围是在工艺开发过程中，通过风险评估和工艺表征确定的，主要依据其对生产工艺和关键质量属性（CQA）的潜在影响程度。

单克隆抗体的上游生产工艺通常包括细胞复苏、摇瓶扩增、反应器扩增、反应器培养和收获几个部分，原材料应无 TSE/BSE 风险（传染性海绵状脑病/牛海绵状脑病风险），质量标准制定应符合工艺需要并参考《中国药典》（2025 年版）的相关要求，并需关注一次性耗材对细胞生长的影响。在上游工艺控制中，应确保生产工艺不超出允许的传代限度，保证细胞基质的稳定性和安全性，进而保证产品的质量和安全性。如细胞培养工艺、规模和培养基等发生变化，应评估其对细胞传代限度的影响。对于生物制品的工艺验证与其他类型药品有所不同，可采用同一个反应器连续 3 批、其他反应器各 1 批的验证策略，如有多个相同反应器一起验证的总批次应不少于 3 批，需减少验证批次数的应进行充分风险评估。清洁验证是生产过程中的重要一环，主要针对与产品直接接触的非一次性使用的设备系统，旨在避免污染和交叉污染，如对于培养基配制系统的清洁工艺设计应综合考虑培养基黏度、配比浓度、配制体积等，选择最难清洁的培养基作为残留目标，同时需考虑清洁剂残留的研究。

下游生产工艺通常包括纯化、病毒灭活、去除杂质、除病毒过滤、超滤、配液过滤及分装。色谱分离是下游生产中最为常用的工序，应建立色谱分离相关的操作及管理规程、预防性维护保养程序、色谱介质（填料）入厂验收程序、色谱分离工序样品收集标准、色谱分离系统及色谱柱的清洁和在线消毒程序。色谱分离系统长期使用时，应关注管路的钝化和老化情况，必要时对于色谱介质入厂检测应考虑动态载量测试等；色谱分离过程应连续监控关键工艺参数，以及过程中的色谱图情况等，自动色谱分离程序运行前需确认程序配方，电子记录保存需符合数据可靠性要求。为考察工艺的稳健性，建议定期对商业化生产阶段批次间图谱的一致性做分析。下游工艺验证的批次数需根据风险评估予以确定，首次工艺验证不少于连续 3 批。清洁验证是下游生产过程中的重要一环，生产中不可避免有部分设备表面与产品直接接触，因此对清洁方法（流程）进行验证也是各国监管机构关注的重要质量管理要求之一，清洁方法开发可进行清洗能力、降解实验等研究作为支持，验证可接受标准一般包括产品残留、清洁剂残留、微生物负荷、细菌内毒素限度等。

生物制品具有诸多特殊性，应对生物制品的生产过程和中间产品的检验进行特殊控制。如生产和检测具有更多的可变性，为提高产品效价（免疫原性）或维持生物活性，常需在成品中加入佐剂或保护剂，致使部分检验项目不能在制成成品后进行。培养过程中所用的物料也是污染微生物生长的良好培养基，应建立完善的生物安全管理制度体系，对包括生物原材料、辅料、生产制造过程及检定等整个生物制品生产活动的生物安全进行评估，并采取有效的控制措施。

污染控制是生产过程中重要的质量控制内容，主要指对药品生产中的微生物、热原/细菌内毒素、粒子、病毒的污染控制。

上游污染源常见来源包括厂房、公用系统、设备设施、人员及物料、细胞株及动物来源的物料等。重点需关注细胞培养物的外源污染控制，包括非目标细胞对生产细胞的污染控制、微生物（细菌、真菌）的污染控制、支原体和病毒、细菌内毒素、其他生物污染物的控制等。由于朊病毒不易在后续工序中去除，且检测手段有限，属于上游工序必须完全控制的污染源。

下游病毒污染源引入控制可从人员、设备设施、起始原材料、辅料、耗材、细胞培养过程及中控检测等方面进行控制。生产过程中严格按照 GMP 要求执行，根据产品特性、工艺、预定用途和设备等因素进行风险评估，采取相应的措施预防污染和交叉污染。如，使用专用厂房和设备、阶段性生产、使用密闭系统等，尽量避免同一设备用于不同阶段的纯化操作，对共用设备采取清洁和消毒措施，特别关注病毒后区域是否被污染。下游生产过程对微生物负荷的监控尤为关键，应基于科学的风险评估建立微生物控制措施，从厂房、设施设备、人员、物料及工艺设计等多方面建立控制程序，保证生产环境具有良好的微生物控制水平。如评估确定贮存和传输系统消毒后最长保持时间、缓冲液配制后过滤时限、中间产品暂存条件及时长等。应建立中间产品日常微生物和细菌内毒素监测计划，考察生产过程中微生物分布情况。

第九节　血液制品的生产操作

血液制品特指人血浆蛋白类制品。原料血浆可能含有经血液传播疾病的病原体［如人类免疫缺陷病毒（HIV）、乙型肝炎病毒（HBV）、丙型肝炎病毒（HCV）］，为确保产品的安全性，必须确保原料血浆的质量和来源的合法性，必须对生产过程进行严格控制。特别是病毒的去除和/或灭活工序，必须对原辅料及产品进行严格的质量控制。

一、原料血浆的控制

国家实行单采血浆站统一规划、设置的制度。单采血浆站必须对供血浆者进行健康检查和血液化验。对检查和化验合格的，建立供血浆者健康检查及供血浆记录档案；对检查和化验不合格的，由单采血浆站收缴供血浆证，并由所在地县级人民政府卫生行政部门监督销毁。

企业不得向无证单采血浆站或者未与其签订质量责任书的单采血浆站及其他任何单位收集原料血浆，不得向其他任何单位供应原料血浆。企业对每批接收的原料血浆，应当检查以下各项内容：原料血浆采集单位与法定部门批准的单采血浆站一致；运输过程中的温度监控记录完整，温度符合要求；血浆袋的包装完整无破损；血浆袋上的标签内容完整，至少含有供血浆者姓名、卡号、血型、血浆编号、采血浆日期、血浆重量及单采血浆站名称等信息；血浆的检测符合要求，并附检测报告。

在原料血浆投料生产前，必须使用有产品批准文号并经国家药品生物制品检定机构逐批检定合格的体外诊断试剂，对每一人份血浆进行全面复检，并作检测记录。现有经血液途径传播疾病的，必须通知供应血浆的单采血浆站。体外诊断试剂验收入库、贮存、发放和使用等，应当与原辅料的管理相同。对每批放行的原料血浆进行质量评价，内容应当包括：原料血浆采集单位与法定部门批准的单采血浆站一致；贮存过程中的温度监控记录完整，温度符合要求，贮存过程中出现的温度偏差，按照偏差处理规程进行处理，并有相关记录；采用经批准的体外诊断试剂对每袋血浆进行复检并符合要求；已达到检疫期管理的要求；血浆袋破损或复检不合格的血浆已被剔除并按规定处理。血液制品出厂前，必须经过质量检验；经检验不符合国家标准的，严禁出厂。企业应当建立原料血浆的追溯系统，确保每份血浆可追溯至献血浆者，并可向前追溯到献血浆者最后一次采集的血浆之前至少 60 天内所采集的血浆。

发现已投料血浆中混有经血液传播疾病的病原体的，应当立即停止全部产品的生产，封存相关产品，报告省级药品监督管理部门，启动原因调查，进行风险评估，并采取相应的风险控制措施。

二、生产和质量控制

企业应当对原料血浆、血浆蛋白组分、中间产品、成品的储存、运输温度及条件进行验证。应当对储存、运输温度及条件进行监控，并有记录。

原料血浆解冻、破袋、化浆的操作人员应当穿戴适当的防护服、面罩和手套。企业应当制定操作规程，定期对破袋、融浆的生产过程进行环境监测，并逐一对所有合并容器中的合并血浆进行微生物限度检查，尽可能降低操作过程中的微生物污染。已经过病毒去除和/或灭活处理的产品与尚未处理的产品应当有明显区分和标识，并应当采用适当的方法避免不同产品的混淆、交叉污染，避免生产或质量控制操作发生遗漏或差错。不得用生产设施和设备进行病毒去除或灭活方法的验证。

企业应当对成品开展有关病毒污染和安全风险评估。经评估无法有效排除风险的，企业应当对成品开展有关病毒标志物检测，以确保其质量安全。企业对血液制品的放行应当符合《生物制品批签发管理办法》的要求。

为贯彻落实《国务院办公厅关于加快推进重要产品追溯体系建设的意见》，国家药监局和商务部等多部门就建立药品信息化追溯体系提出了指导意见，疫苗、麻醉药品、精神药品、药品类易制毒化学品、血液制品等重点产品应率先建立药品信息化追溯体系。企业应当采用信息化手段如实记录血浆接收、生产、检验过程中形成的所有数据，确保生产全过程持续符合法定要求，并基于质量风险评估情况对关键生产、检验环节采取适宜的可视化监控措施。对于人工操作（包括人工作业、观察及记录等）步骤，应当将该过程形成的数据及时录入相关信息化系统或转化为电子数据，确保相关数据的真实、完整和可追溯。企业应履行药品信息化追溯管理责任，按照统一药品追溯编码要求，对产品各级销售包装单元赋予唯一追溯标识，以实现及时、准确地获得药品生产、流通、使用等全过程信息。

三、留样及不合格品处理

单份血浆按照生产规模混合后进行血液制品各组分的提取前，企业应当根据产品工艺特点逐一对所有合并容器中的合并血浆（或者分离冷沉淀后的合并血浆）留取有代表性样品，并将样品保存至血浆投料生产的所有产品有效期届满后 1 年，留样不得用于生产。企业应当建立安全和有效处理不合格原料血浆、中间产品、成品的操作规程，处理应当有记录。

第十节　中药制剂的生产操作

中药制剂的质量与中药材和中药饮片的质量、中药材前处理和中药提取工艺密切相关。应当对其严格控制。在中药材前处理以及中药提取、储存和运输过程中，应当采取措施控制微生物污染，防止变质。

中药材前处理时应当按照规定进行拣选、整理、剪切、洗涤、浸润或其他炮制加工。未经处理的中药材不得直接用于提取加工。

中药注射剂所需的原药材应当由企业采购并自行加工处理。鲜用中药材采收后应当在规定的期限内投料，可存放的鲜用中药材应当采取适当的措施储存，储存的条件和期限应当有规定并经验证，不得对产品质量和预定用途有不利影响。

在生产过程中应当采取以下措施防止微生物污染：处理后的中药材不得直接接触地面，不得露天干燥；应当使用流动的工艺用水洗涤拣选后的中药材，用过的水不得用于洗涤其他药材，不同的中药材不得同时在同一容器中洗涤。

毒性中药材和中药饮片的操作应当有防止污染和交叉污染的措施。

中药材洗涤、浸润、提取用水的质量标准不得低于饮用水标准，无菌制剂的提取用水应当采用纯化水。

中药提取用溶剂需回收使用的，应当制定回收操作规程。回收后溶剂的再使用不得对产品造成交叉污染，不得对产品的质量和安全性有不利影响。

第十一节　临床试验用药品的生产操作

临床试验用药品是指在临床试验中被研究测试或被用作参照物的一种含有活性成分的药物制剂或安慰剂（包括试验药物、安慰剂），其制备和质量控制应当遵循《药品生产质量管理规范》（2010 年修订）的相关基本原则以及数据可靠性要求，最大限度降低制备环节污染、交叉污染、混淆和差错的风险，确保临床试验用药品质量，保障受试者安全。

以创新药研发历程为例，药物研发历程一般包括 5 个阶段。早期开发阶段、毒理研究阶段、Ⅰ期临床试验阶段、Ⅱ期临床试验阶段、Ⅲ期临床试验阶段。由于临床试验用药品的研发属性以及多变性，随着临床研究的推进，受试人群数量的加大，不断推进药物的安全性、有效性、疗效等了解程度加深，GMP 的管理要求随之加强，需制定不同的管理要求。

临床阶段的药品会作用于人类受试对象，应参考 GMP 的管理原则，进行临床阶段的生产质量管理。

一、物料管理

应当建立原辅料及包装材料质量标准，其内容的详细程度应当与药物研发所处阶段相适应，并适时进行再评估和更新。被《中国药典》收载的物料，应首选《中国药典》标准开展质量控制。

物料管理的基本要素包括但不限于：

① 清晰的物料标识（物料基本信息标识、状态标识）；

② 可靠的来源/去向追溯（发票、台账、使用记录）；

③ 满足物料储存要求的仓储条件；

④ 满足药用物质（包括生物制品原液）稳定性要求的运输条件，使用经确认的运输系统，收货时审核运输监测温度数据；

⑤ 物料质量控制及放行（质量标准、分析方法、放行流程）；

⑥ 物料供应商审计的评估和确认；

⑦ 关键物料的变更控制。

对于早期临床试验用药品所用辅料及包装材料，可凭供应商的分析报告接收，并至少开展鉴别。当供应商分析报告作为使用方物料放行的重要参考时，对相关物料供应商的评估工作也应该同步开展，供应商资质、检验能力、质量管理水平也应该被纳入物料放行的考虑。

二、制备管理

早期临床试验阶段，试验药物制备工艺尚不能完全确定的，应当通过必要的监测以保证符合质量要求，保障受试者安全。

临床试验用药品在制备过程中应对人员、设备及生产过程进行管控，尽可能采取措施防止污染、交叉污染以及混淆、差错。制备过程中部分关键控制要点应予以关注：①收率限度；②工序生产时限；③工艺参数；④过程监测。

临床试验用药品在不同的场地进行制备时，应当开展不同场地之间药物质量的可比性研究。临床试验用药品为无菌药品的，灭菌工艺或无菌生产工艺的验证应当遵循现行相关技术要求，确保其无菌保证水平满足要求；临床试验用药品为生物制品的，还应当确保病毒等病原体或其他外源因子灭活/去除效果，保障受试者安全。

安慰剂的外观（如片剂的大小、形状、颜色等）应与试验用药品保持一致，必要时还应考虑其他可能导致揭盲的产品特性，如味道等。应当建立安慰剂的质量标准，经检验合格后方可放行使用。应考虑的安慰剂关键质量属性包括：

① 性状，应与试验用药品保持一致；

② 鉴别/含量，不得检出试验用药品的活性物质；

③ 质量均一性考察指标，如装量差异或重量差异等；

④ 安全性指标，如注射剂的无菌、细菌内毒素、可见异物等。

一般安慰剂不包含药用活性成分，性质相对稳定。应依据稳定性研究确定安慰剂的贮存条件和有效期。

临床试验用药品通常以独立包装的形式提供给临床试验中的受试者。包装与贴签活动现场应采取物理隔离、现场标识等措施对不同种类、不同批次的产品进行区分，避免出现混淆与差错。

三、质量控制

质量控制活动应当按照质量标准、相关操作规程等组织实施。

质量标准的建立应充分考虑不同开发阶段的目的及特点，使用风险评估的方法建立合适的质量标准。同时，应建立检验操作规程，并按照检验操作规程对产品进行检验，以确认其符合质量标准。应当对检验结果超标的情况进行调查评估。

应当制订稳定性研究方案，明确稳定性考察的批次、考察条件、考察点以及依据的标准和测试方法等信息。对于变更包装材料的临床试验用药品，应当考察变更包装后样品的稳定性。

临床试验用药品可能涉及多个不同的场地以及相对独立、非连贯的生产工序，如临床试验用药品的生产、内包装、外包装与贴签等，此时采用分阶段放行可能更加有利于临床试验用药品的放行管控。

四、留样和召回处理

应当建立操作规程，对留样进行管理。用于临床试验用药品制备的每个批次的原辅料、与药品直接接触的包装材料、每批临床试验用药品均应当留样。留样数量应当至少满足鉴别的需要，留样时间应当不短于相应的临床试验用药品的留样时间（稳定性较差的原辅料除外）。与药品直接接触的包装材料（如输液瓶），如成品已留样，可不必单独留样。

需要召回临床试验用药品时，申请人应当根据操作规程及时组织召回。收回的临床试验用药品通常不得再次用于临床试验。申请人负责对未使用的和收回的临床试验用药品进行销毁，保存销毁记录。

第十二节　口服固体制剂的连续制造

连续制造（continuous manufacture，CM）是指在生产过程中，输入物料持续进料、持续转化，同时伴随输出物料的持续产出。口服固体制剂连续制造是一种药物生产方法，通过连续的生产流程来制造固体药物制剂，如片剂、胶囊等。

根据《化药口服固体制剂连续制造技术指导原则（试行）》，口服固体制剂连续制造一般分为两种模式。一是部分连续生产模式，该生产模式下，部分单元操作为批生产模式，其他两个或两个以上单元操作直接相连为连续模式。二是全过程连续的生产模式，该生产模式下，生产过程的所有单元操作均为连续模式。生产模式中可以包含缓冲管线或储罐，以便在上述任何连续制造模式下维持恒定的输入和输出物料流。

连续制造的历史可以追溯到工业革命时期，最早应用于钢铁生产中的高炉炼铁工艺。这种技术通过持续加入原材料和连续产出，极大地提高了生产效率。随着技术的进步，连续制造逐渐被引入其他行业，如化工、食品和制药。在制药行业，连续制造技术的应用在2000年初开始受到重视，FDA在2010年推动了这一技术的发展，并于2015年批准了第一个通过连续制造工艺生产的药物Orkambi。如今，连续制造技术在多个行业得到广泛应用，特别是在提高生产效率和产品质量一致性方面发挥着重要作用。

连续制造能够显著缩短生产周期，提高生产效率，并通过消除批次切换的时间，使生产线不间断运行，提升产量。此外，借助过程分析技术（process analytical technology，PAT）和实时质量监控，连续制造提高了产品质量的一致性，减少人为操作带来的错误，同时节省生产成本，降低物料浪费和人力成本。该技术还具备灵活性，适应小批量、多品种生产需求，并对环境更友好，三废排放量较低。未来，结合大数据的应用，连续制造能优化供应链管理，减少库存压力。

尽管优点众多，但连续制造的推广面临挑战，首要挑战的是高昂的投资成本，现有设施需大规模改造，且设备采购和人员培训的支出巨大。其次，设计和优化连续制造体系的难度较高，需确保生产环节的完美衔接并考虑维修问题。药品生产过程的差异也使得设计通用性强的系统复杂。此外，该技术依赖复杂的质量分析系统和数据管理，对技术人员要求较高。而且，连续制造与传统制造的监管标准不同，合规和审批程序也更为复杂。

一、连续制造相关的指南和法规

连续制造作为制药行业中的一种新兴生产模式，已被全球多个监管机构认可和推广。为确保药品生产过程中的质量和安全性，各国相继发布了针对连续制造的法规和指导原则。这些法规大多侧重于工艺验证、质量控制、风险管理以及数据完整性等关键方面。

1. 国际人用药品注册技术协调会（ICH）

ICH 发布了 Q8、Q9、Q10、Q11、Q13 等指南（表 9.4），强调连续制造与质量源于设计（QbD）的关系。这些文件为制药行业提供了 QdD 的范围和定义，推动了生产控制和质量管理。

表 9.4 ICH 连续制造相关指南

指南名称	年份	与连续制造相关的内容
Q8(R2):Pharmaceutical Development	2009	控制策略,连续工艺验证
Q9:Quality Risk Management	2005	风险评估与控制
Q10:Pharmaceutical Quality System	2008	连续工艺性能以及产品质量改进
Qualit-IWC: ICH Quality Implementation Working Group Points to Consider(R2)	2011	QbD 模型,连续工艺验证
Q11: Development and Manufacture of Durg Substances (Chemical Entities and Biotechnological/Biological Entities)	2012	原料药连续工艺开发,关键质量属性及其控制策略
Q12:Technical and Regulatory Considerations for Pharmaceutical Product Lifecycle Management	Step 4 2019	产品生命周期管理
Q13: Continuous Manufacturing of Drug Substances and Drug Products	Step 2022	原料药和制剂连续制造概念、科学方法和监管考量

2. 美国 FDA

美国 FDA 通过多个法规和指导文件规范药品生产（表 9.5），包括药品生产质量管理规范（21 CFR Part 210&211）。这些法规适用于所有药品制造过程，包括连续制造，确保生产过程中的质量控制。

表 9.5 美国 FDA 连续制造相关指南

指南名称	年份	与连续制造相关的内容
FDA's Quality Considerations for Continuous Manufacturing: Guidance for Industry(draft)	2019	小分子连续制造的质量考量
SUPAC-IR:Immediate-Release Solid Oral Dosage Forms. Scale-Up and Post-Approval Changes: Chemistry, Manufacturing and Controls. In Vitro Dissolution Testing, and In Vivo Bioequivalence Documentation	1995	口服固体常释制剂连续工艺商业化和上市后变更的药学、溶出和生物等效性考量
Development and Submission of Near Infrared Analytical Procedures:Guidance for Industry	2015	使用近红外技术对连续工艺进行过程检测
Guidance for Industry:PAT-A Framework for Innovative Pharmaceutical Development. Manufacturing, and Quality Assurance	2004	连续工艺中的过程分析技术(PAT)
Process Validation:General Principles and Practicers	2011	连续工艺验证

3. 欧洲 EMA

欧洲药品管理局（EMA）在 2017 年公开会议上支持药品创新制造技术，尽管尚未发布具体指南，但现有监管框架已支持连续制造。EMA 批准了两项连续制造应用，并成立了 PAT 小组和创新专责小组，鼓励早期对话。表 9.6 列出了 EMA 连续制造的相关指南。

表 9.6 EMA 连续制造相关指南

指南名称	年份	与连续制造相关的内容
Guideline on Manufacture of the Finished Dosage Form	2017	连续工艺开发
Guideline on the Use of Near Infrared Spectroscopy by the Pharmaceutical Industry and the Data Requirements for New Submissions and Varations	2014	近红外技术用于连续工艺过程检测

续表

指南名称	年份	与连续制造相关的内容
Addendum to EMA/CHMP/CVMP/QWP/17760/2009 Rev 2:Defining the Scope of an NIRS Procedure	2014	近红外技术
Guideline on Real Time Release Testing(formerly Guideline on Parametric Release)	2012	连续制造中的实时放行检验
Guideline on process validation for finished products-information and data to be provided in regulatory submissions	2016	连续工艺验证

4. 日本医药品医疗器械综合机构（Pharmaceuticals and Medical Devices Agency，PMDA）

日本 PMDA 积极支持连续制造技术，成立了创新制造技术工作组（IMT－WG），旨在推动该技术的引入。PMDA 于 2018 年批准了一款采用连续制造工艺的片剂产品上市申请，重点关注控制策略和验证等方面。表 9.7 列出了 PMDA 连续制造的相关指南。

表 9.7　PMDA 连续制造相关指南

指南名称	年份	与连续制造相关的内容
PMDA Views on Applying Continuous Manufacturing to Pharmaceutical Products for Industry(Provisional Draft)	2018	连续制造控制策略、批次定义、验证和稳定性的监管建议
Points to Consider Regarding Continuous Manufacturing	2017	连续制造考量要点
State of Control in Continuous Pharmaceutical Manufacturing	2018	连续制造工艺控制
Sakura Bloom Tablets P2 Mock in Japan	2015	申报资料模板实例

5. 中国国家药品监督管理局（NMPA）

NMPA 发布了《化药口服固体制剂连续制造技术指导原则（试行）》，填补了国内在法规和技术层面的空白。该指导原则与 ICH Q13 基本一致，涵盖了多个方面，如控制策略和稳定性研究。同时，中国 GMP 也适用于连续制造过程，确保药品生产质量。

尽管各国在法规细节上存在差异，但在确保药品质量、增强生产效率及推动技术创新的核心原则上有许多共通点，强调实时监控和工艺验证的重要性。这些共通性反映了全球监管机构对连续制造技术的高度关注。

二、连续制造的批号管理

批号管理起源于工业化生产的发展，尤其在制药和食品行业中逐渐成为确保产品可追溯性和质量一致性的关键手段。它的重要性在于能够追踪每批次产品的来源和生产过程，便于在出现质量问题时快速召回，并确保产品符合质量标准和法规要求。

间歇生产口服或外用的固体、半固体制剂在成型或分装前使用同一台混合设备一次混合所生产的均质产品为一批；口服或外用的液体制剂以灌装（封）前经最后混合的药液所生产的均质产品为一批。

在连续生产中，批必须与生产中具有预期均一特性的确定数量的产品相对应，批量可以是固定数量或固定时间段内生产的产品量。

通常可参照输出物料量、输入物料量和规定的质量流量下的运行时间来拟定生产批量。

当然，也可以考虑采用其他基于连续制造工艺特征和 GMP 要求的科学合理的方法来定义批量。根据上述内容，以下列举几种常见的批号管理方法。

（1）时间分割法　这种方法将连续生产过程按时间段进行分割，每个时间段内生产的产品被归为一个批次。这种方法常用于生产速度较快且每个时间段的生产条件基本一致的情况。但基于时间（如生产周期）定义的批次，必须建立物料可追溯性和批次之间的联系，以确定药品的具体数量。

（2）输入物料量分割法　根据输入物料量来划分批次。例如，每加工一定数量的原料就划分为一个新的批次。这种方法适用于生产条件稳定且产量固定的场景。

（3）输出物料量分割法　根据输出物料量来划分批次。例如，每生产一定数量的产品就划分为一个新的批次。这种方法适用于生产条件稳定且产量固定的场景。

（4）原材料批次关联法　当使用新一批次的原材料时，新的产品批次也会相应形成。这种方法确保可以追溯到特定原材料批次对成品质量的影响。

（5）工艺条件分割法　根据工艺条件的变化来划分批次。当生产工艺参数发生显著变化时，这些变化后生产的产品可以被定义为一个新的批次。这种方法可确保批次间的产品质量一致性。（以上部分内容根据 FDA 关于连续制造的相关文件编写）

批量变更前要评估所选方法的合理性，了解其对整体控制策略和工艺性能的影响，并根据需要更新控制策略。尤其当工艺变更会引起停留时间分布（residence time distribution，RTD）、过程动态和系统整合等要素的变化时，应评估原始控制策略的适用性，并在需要时调整，当变更可能改变质量流量时，应非常慎重。

三、连续制造生产流程

连续制造生产流程与批生产流程在本质上差别不大，主要基于自动物流系统、自动参数监控和反馈系统及过程分析技术（PAT）等现代技术的应用，使各生产工序能自动连通实现连续制造。

图 9.5 所示为口服固体制剂连续制造工艺流程图。

1. 物料准备

原料辅料称量：使用能够精确称量或计量物料的设备，如自动称配系统，按处方比例采用自动输送系统（气流、失重、机械等方式）输送至下一工序。

2. 混合与制粒

（1）连续混合　合成后的原料药（API）需要与辅料（如赋形剂、黏合剂）进行均匀混合。混合过程采用连续混合器，使得原料药和辅料在设定的处方配比下不断进入混合器，并在短时间内均匀混合。由于是连续进料，混合的一致性和稳定性更好。在这个工序一般会使用双螺杆混合器或者旋转剪切混合器。

（2）湿法制粒　混合后的物料通过连续湿法制粒技术处理。在这个过程中，混合物通过连续的喷雾或加入液体黏合剂，形成均匀的颗粒。这种制粒技术确保了颗粒的粒径分布均匀，最终的片剂质量更一致。在这个工序一般会使用高剪切制粒机。

（3）干法制粒　对于不适合使用湿法制粒的制剂，可以采用干法制粒设备如辊压制粒机。

3. 干燥、整粒与筛分

（1）干燥　湿法制粒后的湿颗粒通过连续干燥装置使其达到所需的含水量，一般会使用流化床干燥器。

（2）整粒　将干燥后的颗粒磨成均匀的粒度，常用的有锤式整粒机和筛式整粒机。

（3）筛分　筛分整粒后的颗粒，保证颗粒均匀。

4. 终混、压片与包衣

（1）终混　加入辅料后进行最终混合，常使用气流混合器或者双螺杆混合器。

（2）压片　将终混后的颗粒在压片机中压制成片剂。连续压片的优点在于其能够精确控制每片药的重量、硬度和厚度。这一过程确保了每片药的药物含量和物理特性的一致性。通常使用旋转式压片机。

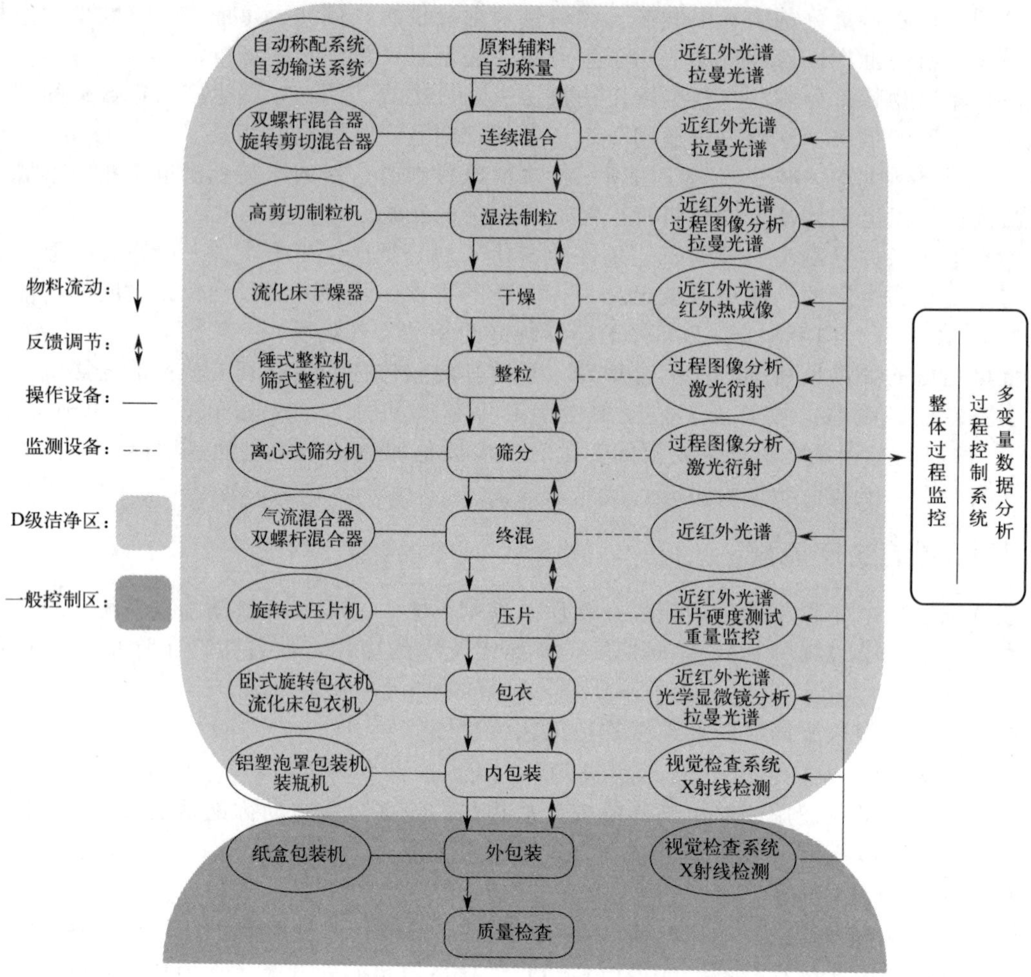

图 9.5　口服固体制剂连续制造工艺流程图

(3) 包衣　片剂压制完成后，接下来是包衣过程。片剂通过连续包衣机进行包衣处理，通常使用的是聚合物包衣材料，这有助于控制药物的释放速率，并保护药物免受环境因素的影响。连续包衣工艺能够确保每片药物的包衣厚度一致，从而保证药物在患者体内的稳定释放。通常使用卧式旋转包衣机或流化床包衣机。

5. 包装与最终质量检查

(1) 连续包装　制成的片剂通过连续包装线进行自动化包装，通常包括装瓶或泡罩包装。包装线的自动化程度高，能够处理大量产品，减少人为操作错误。常使用铝塑泡罩包装机或者装瓶机。

(2) 质量检查　在包装过程中，药厂会对每一批次的产品进行严格的质量检查，包括外观检查、重量测试、包衣完整性检查等。包装完成后，还会进行抽样检测，确保最终产品符合药典和法规标准。

6. 实时监控与质量控制

(1) 过程分析技术（PAT）　在整个制造过程中使用了 PAT 系统。这些系统包括在线监测工具，如近红外光谱（NIR）和在线质量分析仪。这些工具可以实时检测混合均匀性、颗粒大小、药物含量等关键质量参数。

(2) 反馈控制系统　基于 PAT 系统的实时数据，反馈控制系统可以即时调整生产参数

（如混合时间、制粒速度、压片压力等），以确保生产过程始终在最优条件下运行。这样可以最大限度地减少批次间的差异，确保每一片药物的质量一致。

7. 最终产品放行

（1）质量保证　所有质量数据汇总后，由质量保证团队审核和批准。只有符合所有质量标准的产品才会被放行进入市场，连续制造产品因实时监控和质量控制，工艺经确认稳定后可实现实时放行。

（2）持续监控　在产品上市后，还会进行持续的质量监控，以确保产品在整个保质期内的安全性和有效性。

四、连续制造的控制策略

连续制造和间歇制造不同，连续制造工艺正常运行期间，因输入物料的属性、工艺条件或环境因素的影响，都有可能导致系统出现瞬时扰动，可能是计划内的（如启动、关闭和暂停），也可能是计划外的（如扰动），可通过科学合理的方法来描述工艺过程中的物料流动，一种常见方法是用各单元操作和/或整合系统的停留时间分布（RTD）表征。

RTD是描述物料在工艺中停留时间的概率分布，其取决于多个因素（例如输入物料属性、质量流量、工艺参数、设备设计和操作等），可通过示踪实验、产品质量属性的在线测量和/或工艺模型来确定。

1. 物料可追溯性和分流

通过了解单个操作单元和整个系统内物料的停留时间分布（RTD）和工艺动态，可以在一段时间内对输入物料进行追踪。应制定标准来触发分流的开始和结束以及产品重新收集，分流的物料量会受到多种因素的影响，如工艺动态、控制策略、扰动的严重程度（如幅度、持续时间、频率）以及采样点和分流点的位置。因此，必须制定有效的分流策略，将可能产生的不合格的物料从系统中分流，降低潜在扰动对产品质量的风险。

质量监控在连续制造体系中尤为重要，因为它确保每个生产环节的稳定性和一致性，实时检测并纠正潜在问题，提升生产效率，满足法规要求，并通过数据驱动的决策优化工艺流程，从而保障最终产品的高质量和生产过程的高效性。

在谈论连续制造体系的质量监控之前，先来了解几个概念，具体如下：

（1）质量源于设计（QbD）　是一套系统的、基于充分的科学知识和质量风险管理的研发方法，从预先确定的目标出发，强调对产品和工艺的理解以及工艺控制。基于科学的质量风险评估理念，为实现理想的质量控制状态，研发应以预先设定的目标产品质量特性为起点。在充分了解关键物料属性（CMA）的基础上，通过实验设计研究产品的关键质量属性（CQA），并确立关键工艺参数（CPP）。这意味着最终药品的关键质量属性（CQA）是在药品研发和生产过程中被精心设计的，这就是质量源于设计的核心思想。

质量源于设计（QbD）的理念可以总结为如下公式：

$$\mathrm{CQA}=f(\mathrm{CPP}_1,\mathrm{CPP}_2,\cdots,\mathrm{CPP}_n,\mathrm{CMA}_1,\mathrm{CMA}_2,\cdots,\mathrm{CMA}_n)$$

通常，在药物开发初期，通过风险评估识别哪些物料属性和工艺参数对产品质量属性（CQA）有影响。在此基础上，通过处方前研究、小试和中试放大研究等阶段，积累各种数据和信息，并利用产品生命周期中收集的生产数据进行持续分析，不断完善和优化这些关系。随着研究的深入和数据的增加，对这一影响过程进行反复评估和优化，最终实现：在可控范围内，调整变化的关键物料属性和关键工艺参数，稳定地输出关键质量属性。

（2）过程分析技术（PAT）　通过实时测定（如在工艺过程中测定）原料、中间体和过程中的关键质量和性能属性，建立一个设计、分析及生产控制体系，以确保最终产品质量。

过程分析技术（PAT）是为了落实“质量源于设计”这一思想理念的重要手段，其中的分析是一种包含了化学、物理学和数学等在内的多学科综合分析方式。药品生产包含多个操作环节，每个环节都会改变原料的属性。过去对化学属性的分析较为充分，但对物理和可加工特性的了解不足，导致未检测的原料变量可能影响产品质量。应用过程分析技术（PAT），可实时获取物理、化学、生物等相关信息，深化对工艺的理解，优化控制过程，弥补终点判定方法的不足，提升生产效率和产品质量。

过程分析技术的框架体系中，以下几个方面非常关键。

① 过程理解：深入了解工艺过程，包括原材料和工艺参数对产品质量的影响。

② 实时监控：使用分析仪器，实时收集和监控工艺数据。

③ 过程控制：根据监控数据动态调整工艺参数，确保产品质量一致。

④ 数据分析：利用数据分析和建模工具，优化工艺流程和控制策略。

⑤ 设计空间：确定工艺参数的操作范围，确保在此范围内生产质量稳定。

⑥ 风险管理：识别和控制生产过程中的质量风险。

⑦ 持续改进：基于实时数据，持续优化工艺和产品质量。

其中分析仪器技术的发展，实现了过程数据的多方位采集，使得过程分析技术的水平显著提升。过程分析技术监测的变量、监测方法和频率、采样物料的数量、采样位置、统计方法和可接受标准取决于数据的预期用途和工艺动态。数据的预期用途可能包括监测瞬时变化（如扰动）、产品实时放行检测（real time release testing，RTRT）。

常用的分析仪器技术有以下几种，它们是实现连续制造实时监控的重要手段。

① 近红外光谱（near-infrared spectroscopy，NIR）：主要用于原料鉴定、混合均匀性检测、含水量测定、片剂或颗粒的质量控制等。

② 拉曼光谱（Raman spectroscopy）：主要用于多晶型物质的鉴别、成分分析、混合均匀性监测、实时检测化学反应进程等。

③ 过程图像分析（process imaging analysis）：主要用于颗粒形态分析、混合均匀性检测、包衣厚度监测等。

这些常见的分析仪器技术主要有以下三种采样检测类型：

① 近线检测：样品经取样、分离，尽可能接近生产线进行测定，以减少数据的延迟，提高依靠数据决策的时效性，符合 GMP 要求。

② 线上检测：样品取自生产过程中，经过旁路进行测量，检测完成后，样品可再返回生产线中测定。

③ 在线检测：产品不离开生产线，可以是嵌入式或非嵌入式的测定，但无论采取何种技术，均需保证该测量方法不会对原生产工艺流程、状态及产品本身产生影响。

在选择相应的分析仪器时，需要关注以下的一些要求。

① 在生产线已有的工艺设备上安装过程分析仪器时，应保证该安装不会对过程或产品质量产生不利影响，只有在完成该风险分析后才能进行安装。

② 过程分析技术的稳定性，应尽量避免其他环境、设备等对分析参数造成的影响。例如，应尽量消除空气、环境光、温度、颜色、形状、运动状态等对监控参数的影响。

③ 过程分析数据的实时性，根据采集时间对产品质量影响的程度，设定数据采集的速度。例如，在干燥过程中，某些产品水分数据采集 1min 的滞后便可能造成物料过度干燥，导致整批物料报废。

④ 过程数据的采集和分析过程，应尽量避免对原生产工艺动态的影响，减少对工艺过程自身的影响。例如，在上文提到的三种采样检测的方式中，应尽量采用在线的方式进行，

以减少采样延迟，保证有足够量的数据提供给智能控制系统。

根据上述要求，列举了一些在连续制造流程中常用到的分析技术（表 9.8）。

表 9.8　连续制造流程中常用到的分析技术

步骤	使用的技术	主要功能
原料准备与输送	近红外光谱	在线监测原料的化学成分、含水量等
	拉曼光谱	检测原料的分子结构和多晶型，确保成分正确
混合与制粒	近红外光谱	在线监测混合物的均匀性，确保各成分均匀分布
	拉曼光谱	监测混合物中的化学成分变化和颗粒形成的均匀性
	过程图像分析	监控颗粒形态和大小分布，确保颗粒的均匀性
干燥	近红外光谱	实时监测颗粒的含水量，确保干燥至目标水分含量
	红外热成像	监控干燥过程中的温度分布，防止过度干燥或不均匀干燥
整粒与筛分	激光衍射	实时监测颗粒的粒度分布，确保符合标准
	过程图像分析	在线监测颗粒的形态和大小，确保筛分过程的有效性
终混与压片	近红外光谱	在线监测混合后的粉末或颗粒的均匀性，以及压片过程中的化学均匀性
	压片硬度测试	实时监测片剂的硬度，确保片剂的机械强度符合要求
	重量监控	通过在线称重系统确保每片的重量均匀
包衣	近红外光谱和拉曼光谱	监测包衣材料的厚度和均匀性，确保包衣过程的质量
	光学显微镜分析	监控包衣的均匀性和表面质量
包装	视觉检查系统	监控包装过程中的外观缺陷，如标签完整性、密封性、外观一致性等
	X 射线检测	检测包装中是否存在异物、包装的完整性
整体过程监控	多变量数据分析	结合多种 PAT 工具的数据，进行综合分析，以实时监控整个连续制造过程的稳定性和一致性
	过程控制系统	集成各个阶段的监控数据，提供整体的过程控制和反馈调整

（3）工艺模型　可作为控制策略的一部分，用于连续制造（CM）工艺开发和商业化生产。在开发过程中，工艺模型可以通过建立输入（如工艺参数、物料属性）和输出（如产品质量属性）之间的关系来支持设计空间的建立。

（4）模型验证　根据预先确定的可接受标准，采用合理的统计方法来评估模型是否适合其预期用途。在商业化生产过程中，应定期持续监测模型性能，在实施工艺变更（如输入材料、工艺参数变更）时，应评估模型变更的影响，实现有效和高效的模型生命周期管理。

五、口服固体制剂连续制造案例

某片剂产品的干法制粒工艺连续制造过程见图 9.6。

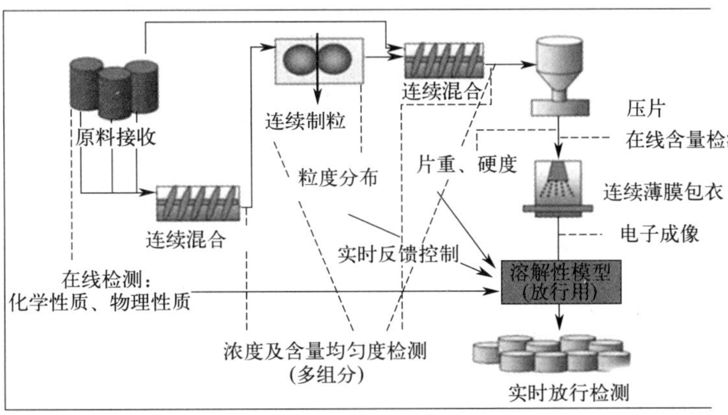

图 9.6　干法制粒工艺连续制造过程

（1）配料　利用失重式进料器（loss-in weight feeder，LIWF）。根据处方，每个LIWF能够根据不同的物料性质和流量范围适配不同的螺杆直径和类型，采用高精度称重单元采集单位时间物料的排出速度，反馈控制电机输出，确保每个组分的质量流量稳定控制在处方配比范围内，在原料药分配罐配置近红外光谱仪，实时监测原料药含量，配置过程图像分析仪，实时监测原料药粒度分布。

（2）连续混合　物料进入连续混合器（图9.7），横向和径向同时混合，连续混合过程主要受物料性质、工艺参数和混合器本身的影响，总流量和叶轮转速作为输入变量。

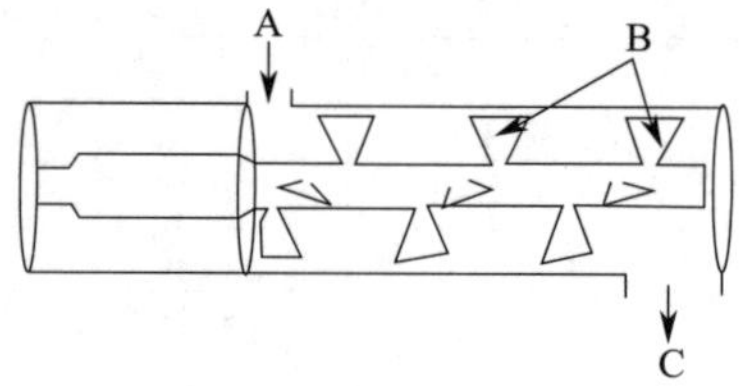

图9.7　连续混合器示意图
A—原料进料区；B—叶片；
C—混合粉末流出

混合器内粉末流动行为可以用停留时间分布（RTD）来描述。停留时间可以通过加入示踪物质来测量，通过这种测量可以确定混合器中处于稳定状态的物质的数量。

（3）干法制粒　物料通过螺旋进料系统将粉末均匀输送到两根压力辊或冲之间，粉末被压缩成片状，之后进入低剪切碾磨机进行粉碎，过筛，与润滑剂通过连续混合器进行终混，通过传输管道输送至压片机。在粉碎终端配置过程图像分析仪测粒度分布，连续混合器末端配置近红外光谱仪，实时监测含量及含量均匀度。

（4）压片　总混颗粒通过连续加料装置进入压片机的模具，经过压缩后形成片剂。这个过程应确保片剂的一致性、质量和稳定性，在压片机出口配置近红外光谱仪，实时监测片子的含量，安装旁线检测仪自动取样检测片子的硬度和片重。

（5）包衣　压好的片子通过自动输送或重力输送进入卧式连续包衣机，机内布置多组喷枪，片子通过横向滚动及纵向流动完成连续包衣过程。在包衣机后端配置电子成像图像分析仪，实时监测包衣片外观。

（6）包装　包衣片剂直接进入包装设备，完成装瓶或铝塑包装。

产品批量为原料桶所装原料的总量对应的产品量，每批次的API和辅料投料时间、来源批次及重量被自动记录后，生成追溯码。通过自动化系统关联投料批次与对应的片剂批号。在生产过程中可设定每24小时自动生成新的批号，设备在运转过程中无需停机。批次标识直接关联实验室信息管理系统和制造执行系统，方便追溯。

六、口服固体制剂连续制造的总结和展望

口服固体制剂连续制造是一项革新技术，通过将传统的间歇式生产转变为连续化、集成化的流程，大大提高了药品生产的效率和质量。传统生产方式中的多个离散步骤（如混合、制粒、压片等）需物料转移和设备清洗，增加了复杂性和成本，且可能导致产品质量波动。相比之下，连续制造将这些步骤整合到一条连贯的生产线上，实现更高的效率和一致性，减少了人为操作的混淆、污染、偏差等风险。

连续制造的核心优势在于实时监控与自动化控制。通过先进的过程分析技术（PAT）和在线传感器，制造商可实时监测关键工艺参数（CPP）和关键质量属性（CQA），并根据数据动态调整。这种机制确保了每批药品的质量一致性，并能快速修正生产中的异常问题。展望未来，随着自动化和数字化技术的发展，连续制造将在制药行业中扮演更加重要的角色，推动其向智能化和可持续发展方向迈进。

批生产记录示例

批生产记录示例可扫描二维码阅读。

案例

检验记录和报告存在的问题

（一）中药饮片检验记录和报告存在的问题

发现中药饮片检验记录不完善、检验报告不真实，具体问题如下。

（1）乳香（批号 1183—161101）药材检验报告书中出具了全项检验合格报告。但现场检查确认：该公司没有鉴别试验所需对照品 α—蒎烯，气相色谱仪未配备聚乙二醇（PEG—20M）毛细管柱，没有检验这两个项目的能力。

（2）2017 年 3 月 10 日上午抽查化验室 1 号高效液相色谱仪，计算机系统显示时间为 2017 年 4 月 10 日，说明计算机系统时间被修改。

（3）存在编造批生产记录的嫌疑。

（4）现场检查发现：企业四个人在质量部三楼现场编写批生产记录，见到检查员后散开，但桌面上散落有未写完的批生产记录。待检查组表明态度后，企业开始提供大量尚未装订的批生产指令，如甘草（批号 161201）等。上述批次的生产记录均无批生产指令，“成品放行审核单”和“成品放行证”的质量受权人一栏均未签名，但上述产品均已有销售记录。

（二）原因及解决措施

（1）经营者法律意识淡薄；质量人员不能坚守底线，为达到经营者要求的同时也把自己彻底推向违法违规的深渊。检验仪器设备落后或配备不全，企业经不起检查。

（2）完全没有质量管理体系可言。生产出的药品完全不能满足合规的最低要求。

（3）重建质量管理体系，依法合规。

（4）实行行业内、企业内、职业打假人的举报制度。

阅读链接

[1] 刘易勤．从甲氨蝶呤事件到药品安全．当代医学，2008，（1）：40－42.

[2] 魏桂梅，张金甲．浅析“欣弗事件”——药品质量管理认识．中医临床研究，2015，7（25）：123－125.

[3]《药品生产质量管理规范（2010 年修订）》临床试验用药品（试行）附录（2022 年第 43 号），国家药品监督管理局，2022-05-27.

[4] 国家药品监督管理局食品药品审核查验中心．药品 GMP 指南-原料药．中国医药科技出版社，2023.

[5] 国家药品监督管理局食品药品审核查验中心．药品 GMP 指南-无菌制剂（上下册）．中国医药科技出版社，2023.

[6] 国家药品监督管理局食品药品审核查验中心．药品 GMP 指南-口服固体制剂与非无菌吸入制剂．中国医药科技出版社，2023.

[7] ICH．Q 13：Continuous Manufacturing of Drug Substances and Drug Products，Step 4 Document，2022-11-16.

[8] 国家药品监督管理局药品审评中心．化药口服固体制剂连续制造技术指导原则（试行），2023-03-20.

[9] 曹萌，丁力承，胡延臣，等．国外已上市连续制造药品的注册审评情况及其启示．中国药事，2022，36（4）：377-383.

思考题

1．生产过程中应当尽可能采取哪些措施防止污染和交叉污染？
2．生产批次的划分原则是什么？
3．写出批生产记录的内容。
4．写出清场的目的和清场工作的主要内容。

第十章　质量控制和质量保证

- 本章学习要求

1. 掌握质量控制实验室的管理内容。
2. 掌握物料和产品的放行要求。
3. 掌握偏差分类及其处理流程。
4. 掌握持续稳定性考察的要求。
5. 掌握变更控制的适用范围与分类、程序。
6. 掌握纠正措施和预防措施实施的程序及内容。
7. 掌握供应商评估和批准流程、内容、分级及其管理要求，以及供应商的审计内容、供应商质量回顾。
8. 掌握产品质量回顾分析的主要范围、内容及工作流程。
9. 掌握药物警戒与投诉分类及管理流程。

随堂练习

质量保证（QA）是为使产品、过程或服务符合规定的质量要求并提供足够的置信度所必须进行的全部有计划有组织的活动，它涵盖影响产品质量的所有因素。质量控制（QC）指为达到质量标准所采取的作业技术和活动，功能为鉴别、测试、报告，具体是指按照规定的方法和规程对原辅料、包材、中间品和成品进行取样、检验和复核，以保证这些物料和产品的成分、含量、纯度及其他性状符合已经确定的质量标准。质量控制是质量保证的重要组成部分，应当贯穿药品生产全过程。其工作内容包括但不限于：原辅料、包装材料、工艺用水、中间产品及成品的质量标准的建立与维护；取样与检验规程的制定与执行；分析方法验证与转移；检验结果的超标调查；产品的持续稳定性考察；留样管理；以及市场投诉样品与退货产品的质量复核等。

质量保证和质量控制是企业质量管理的两个方面。质量管理是指确定质量方针、目标和职责，并通过诸如质量策划、质量控制、质量保证和质量改进的方法在组织内部实施全部管理活动。药品生产企业的质量管理是执行 GMP 的质量管理。

质量保证和质量控制的活动具有不同的范围和目的，但两者相互依赖、相互关联，确保 GMP 质量管理的贯彻执行，充分保证药品质量。

第一节　质量控制实验室

一、质量控制流程及内容

质量控制具体就是按照规定的方法和规程对原辅料、包装材料、中间产品、待包装产品和成品等进行取样、检验和复核的过程，以证明其成分、含量等其他特性符合已确定的质量标准。其流程如图 10.1 所示。

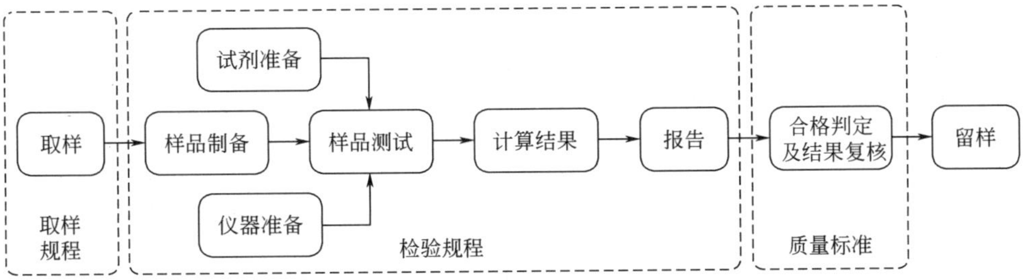

图 10.1 质量控制流程

由图 10.1 可见，质量控制实验室工作流程大致为：按照取样规程对原辅料、包材及成品等取样，然后按照检验规程对样品进行检验并计算结果，最后根据质量标准做出合格与否的判断并通过复核，同时对合格放行的产品做好留样工作。

在检验过程中，根据实际情况，可先制备好样品，做好仪器和试剂的相关准备，按照检验规程进行测试，并对测试全过程做好记录。

二、实验室文件的要求

质量控制实验室的文件除了符合 GMP 中关于文件管理的要求外，还应有下列详细文件：质量标准，取样操作规程和记录，检验操作规程和记录（包括检验记录或实验室工作日志），检验报告或证书，必要的环境监测操作规程和记录报告，检验方法的验证报告及记录，仪器校准和设备使用、清洁及维护的操作规程和记录等。

质量标准可以是国家药典标准或企业在药品申报时的注册标准。质量标准的建立是保证物料和产品的质量、安全、有效和一致性的基础。质量标准详细描述物料和产品必须符合的质量属性或关键属性。

质量标准一般包括两大部分内容：物料和产品的基本信息；检验项目及其相应的取样、检验方法和合格标准。

物料和产品的基本信息包括名称代码、质量标准依据、经批准的供应商（适用于物料）、印刷包装材料的实样或样稿、储存条件和注意事项，以及有效期或复验期等。

质量控制实验室的取样或检验等任何操作都应该有相应的操作规程，并有相关的记录。实验室的相关仪器设备都要按相应的操作规程使用、清洁和维护，并有相关的记录，以备复核及追溯。

生产出的每批药品，包括中间产品和待包装产品，都要进行质量控制检验。检验过程要按照已实施的操作规程进行，并有相关的完整检验记录，以便追溯该批药品所有相关的质量检验情况，以确保药品的质量。

实验室在保存实验数据（如检验数据、环境监测数据、制药用水的微生物监测数据等）的同时，应对数据进行趋势分析（如质量回顾或风险分析等），以更好地保存分析数据。

三、取样要求

质量控制实验室的取样工作是进行质量检验的基础，不但关系到检验结果和判定，更关系到生产的药品质量。应设置取样间，取样区域的空气洁净度级别应与生产要求一致。不同物料取样时，应对取样间进行彻底清洁，以防止污染或交叉污染。

取样人员必须有一定的学历、资历和经验并经过相关的培训，经过授权的人员才能进入生产区和仓储区取样及调查。

中国GMP(2010年修订）中规定质量管理部门的人员有权进入生产区和仓储区进行取样及调查。在企业的实际操作中，一般由QA人员取样，QC人员检验，但QC人员经过培训和授权也可负责取样工作，一些企业的无菌取样往往由QC人员操作。总之取样管理以减少污染和便于管理为原则。

取样人员在取样过程中的任何操作都要严格按照经批准的取样操作规程进行。取样操作规程应详细规定以下内容：经授权的取样人；取样方法；所用器具；样品量；分样的方法；存放样品容器的类型和状态；取样后剩余部分及样品的处置和标识；取样注意事项，包括为降低取样过程产生的各种风险采取的预防措施，尤其是无菌或有害物料的取样以及防止取样过程中污染和交叉污染的注意事项；储存条件；取样器具的清洁方法和储存要求。

取样方法应当科学、合理，以保证样品的代表性。留样应当能够代表被取样批次的产品或物料，也可抽取其他样品监控生产过程中最重要的环节（如生产的开始或结束）。样品的容器应当贴有标签，注明样品名称、批号、取样日期、取自哪一包装容器、取样人等信息。样品应当按照规定的储存要求保存。

四、检验要求

检验操作是质量控制实验室的核心工作，检验结果也是判断物料或产品合格与否的主要标准。物料和不同生产阶段产品的检验必须按照质量标准进行。生产的药品应当确保按照注册批准的方法进行全项检验。检验应当有书面操作规程，规定所用方法、仪器和设备，检验操作规程的内容应当与经确认或验证的检验方法一致。

如果采用新的检验方法，或检验方法需变更，以及采用《中国药典》及其他法定标准未收载的检验方法时，应当对检验方法进行验证。如采用《中国药典》收载的检验方法或注册批准的方法，则不需要再次验证，但需对检验方法进行确认，以确保检验数据准确可靠。

检验应当有可追溯的记录并应当复核，确保结果与记录一致。所有计算均应当严格核对。

检验记录应当至少包括以下内容：

① 产品或物料的名称、剂型、规格、批号或供货批号，必要时注明供应商和生产商（如不同）的名称或来源；

② 依据的质量标准和检验操作规程；

③ 检验所用的仪器或设备的型号和编号；

④ 检验所用的试液和培养基的配制批号、对照品或标准品的来源和批号；

⑤ 检验所用动物的相关信息；

⑥ 检验过程，包括对照品溶液的配制、各项具体的检验操作、必要的环境温湿度；

⑦ 检验结果，包括观察情况、计算结果、图谱或曲线图，以及依据的检验报告编号；

⑧ 检验日期；

⑨ 检验人员的签名和日期；

⑩ 检验、计算复核人员的签名和日期。

所有中间控制（包括生产人员进行的中间控制）均应按照经质量管理部门批准的方法进行，检验应当有记录。

应当对实验室容量分析用玻璃仪器、试剂、试液、对照品以及培养基进行质量检查。必要时应当将检验用实验动物在使用前进行检验或隔离检疫。饲养和管理应当符合相关的实验动物管理规定。动物应当有标识，并应当保存使用的历史记录。

质量控制实验室应当建立检验结果超标（out of specification，OOS）调查的操作规程。任何检验结果超标都必须按照操作规程进行完整的调查，并有相应的记录。

五、留样要求

企业按规定保存的用于药品质量追溯或调查的物料、产品样品为留样。用于产品稳定性考察的样品不属于留样。

鉴于留样的质量追溯和调查的目的，应当按照操作规程对留样进行管理，同时留样应当能够代表被取样批次的物料或产品，所以留样的存放条件应与产品规定的储存条件一致。

1. 成品的留样应符合的相关规定

① 每批药品均应当有留样。如果一批药品分成数次进行包装，则每次包装至少应当保留一件最小市售包装的成品。

② 留样的包装形式应当与药品市售包装形式相同。

③ 每批药品的留样数量一般至少应当能够确保按照注册批准的质量标准完成两次全检（无菌检查和热原检查等除外）。

④ 如果不影响留样的包装完整性，保存期间内至少应当每年对留样进行一次目检观察，如有异常，应当进行彻底调查并采取相应的处理措施。

⑤ 留样观察应当有记录。

⑥ 留样应当按照注册批准的储存条件至少保存至药品有效期后 1 年。

⑦ 如企业终止药品生产或关闭，应当将留样转交授权单位保存，并告知当地药品监督管理部门，以便在必要时可随时取得留样。

2. 物料的留样应符合的相关规定

① 制剂生产用每批原辅料和与药品直接接触的包装材料均应有留样。与药品直接接触的包装材料（如输液瓶），如成品已有留样，可不必单独留样。

② 物料的留样量应当至少满足鉴别的需要。

③ 除稳定性较差的原辅料外，用于制剂生产的原辅料（不包括生产过程中使用的溶剂、气体或制药用水）和与药品直接接触的包装材料的留样应当至少保存至产品放行后两年。如果物料的有效期较短，则留样时间可相应缩短。

④ 物料的留样应当按照规定的条件储存，必要时还应当适当包装密封。

⑤ 原料药的留样如无法采用市售包装形式，可采用模拟包装。

六、试剂、试液、培养基和检定菌的要求

试剂、试液、培养基和检定菌的管理应当至少符合以下要求：

① 试剂和培养基应当从可靠的供应商处采购，必要时应当对供应商进行评估。

② 应当有接收试剂、试液和培养基的记录。必要时，应当在试剂、试液和培养基的容器上标注接收日期。

③ 应当按照相关规定或使用说明配制、储存及使用试剂、试液和培养基。特殊情况下，在接收或使用前还应当对试剂进行鉴别或其他检验。

④ 试液和已配制的培养基应当标注配制批号、配制日期和配制人员姓名，并有配制（包括灭菌）记录。不稳定的试剂、试液和培养基应当标注有效期及特殊储存条件。标准液、滴定液还应当标注最后一次标定的日期和校正因子，并有标定记录。

⑤ 配制的培养基应当进行适用性检查，并有相关记录。应当有培养基使用记录。

⑥ 应当有检验所需的各种检定菌，并建立检定菌保存、传代、使用、销毁的操作规程和相应记录。

⑦ 检定菌应当有适当的标识，内容至少包括菌种名称、编号、代次、传代日期、传代操作人。

⑧ 检定菌应当按照规定的条件储存，储存的方式和时间不应对检定菌的生长特性有不利影响。

七、标准品或对照品的要求

标准品或对照品的管理应当至少符合以下要求：

① 标准品或对照品应当按照规定储存和使用。

② 标准品或对照品应当有适当的标识，内容至少包括名称、批号、制备日期（如有）、有效期（如有）、首次开启日期、含量或效价、储存条件。

③ 企业如需自制工作标准品或对照品，应当建立工作标准品或对照品的质量标准以及制备、鉴别、检验、批准和储存的操作规程，每批工作标准品或对照品应当用法定标准品或对照品进行标化并确定有效期，还应当通过定期标化证明工作标准品或对照品的效价或含量在有效期内保持稳定。标化的过程和结果应当有相应的记录。

第二节　物料和产品放行

放行是指对一批物料或产品进行质量评价，做出批准使用、投放市场或其他决定的操作。实施物料和产品放行的主要目的是保证物料、产品及其生产过程符合相应的法规要求和质量标准。由于物料和产品的性质不同，应当分别建立物料和产品批准放行的操作规程，明确放行的标准职责，并进行相关的记录。

物料和产品放行的主要流程为质量评价和批准放行。物料放行的质量评价主要包括对生产商的检验报告和质量部门的检验报告（含物料初检情况，如物料包装完整性和密封性的检查结果）的评价。产品放行的质量评价主要包括对批生产记录和批检验记录的回顾，另外评价时还需要考虑环境监测和中间过程控制的数据。

产品最终放行的决策人必须是质量受权人。物料最终放行的决策人可以是质量受权人，也可以是企业指定的其他关键人员，如 QA 经理或人员。

物料和产品放行需要对物料和产品及其生产和检验的全过程进行评价，仅依靠放行决策者个人精通生产和检验的所有细节并完成相应的评价是不现实的，物料和产品质量评价的相关部门（质量部门和生产部门等）必须承担相应的职责，将正确可信的信息、决议和评价传递给放行决策者，以保证放行决策者能够正确进行放行决策。总之，质量受权人、质量部门和生产部门都是物料和产品放行职责的主要承担者，生产部门主要负责批生产文件的评价和批准，质量部门主要负责批检验文件的评价和批准以及批生产文件的评价和批准，质量受权人对所有相关文件和数据进行综合评估并做出最终批准放行的决定。

1. 物料放行应当至少符合以下要求

① 物料的质量评价内容应至少包括生产商的检验报告（certificate of analysis，COA），物料包装完整性、密封性的检查情况和检验结果。

② 物料的质量评价应有明确的结论，如批准放行、不合格或其他决定。

③ 物料应由指定人员（内部放行可参照质量受权人）签名批准后放行。

2. 产品放行应当至少符合以下要求

① 在批准放行前，药品及其生产应符合注册批准的要求和质量标准，主要生产工艺和检验方法应经过验证，保证药品的生产符合 GMP 要求。

应对每批药品进行质量评价并确认符合以下各项要求：

a. 已完成所有必需的检查、检验，并综合考虑实际生产条件和生产记录；

b. 所有必需的生产和质量控制均已完成，并由经相关主管人员签名；

c. 变更已按照相关规程处理完毕，需要经药品监督管理部门批准的变更已得到批准；

d. 对变更或偏差已完成所有额外的取样、检查、检验和审核；

e. 所有与该批产品有关的偏差均已有明确的解释或说明，或者已经过彻底调查和适当处理，如偏差还涉及其他批次产品则应一并处理。

② 药品的质量评价应有明确的结论，如批准放行、不合格或其他决定。

③ 每批药品均应由质量受权人签名批准放行。

④ 疫苗类制品、血液制品、用于血源筛查的体外诊断试剂以及 NMPA 规定的其他生物制品，放行前还应当取得批签发合格证明。

第三节 持续稳定性考察

持续稳定性考察是在有效期内监控已上市药品的质量，以发现药品与生产相关的稳定性问题（如杂质含量或溶出度特性的变化），并确定药品能够在标示的储存条件下符合质量标准的各项要求。

一、持续稳定性考察的要求

产品研发阶段获取的药品稳定性数据有其局限性，商业化生产后需要继续证明产品有效期内的质量。持续稳定性考察主要针对市售包装药品，但也需兼顾待包装产品。例如，当待包装产品在完成包装前或从生产厂运输到包装厂还需要长期储存时，应当在相应的环境条件下评估其对包装后产品稳定性的影响。此外，还应当考虑对储存时间较长的中间产品进行考察。

考察批次数和检验频次应当能够获得足够的数据，以供趋势分析。通常情况下，每种规格、每种内包装形式的药品应当至少每年考察一个批次，除非当年没有生产。

某些情况下，持续稳定性考察中应当额外增加批次数，如企业新产品和委托生产产品的持续稳定性考察，要求正常批量生产时最初三批产品须进行持续稳定性考察，以进一步确认生产工艺稳定性。重大变更、生产和包装有重大偏差的成品应当列入持续稳定性考察，除正常持续稳定性考察外，还应考察连续三批产品。改变主要物料供应商时，验证批次也应进行持续稳定性考察。此外，重新加工、返工或回收的批次也应当考虑列入持续稳定性考察。

持续稳定性考察应当有考察方案，结果应当有报告。用于持续稳定性考察的设备，尤其是稳定性试验设备或设施，应当按照 GMP 要求进行确认和维护。

关键人员，尤其是质量受权人，应当了解持续稳定性考察的结果。当持续稳定性考察不在待包装产品和成品的生产企业进行时，相关各方之间应当有书面协议，并且均应当保存持续稳定性考察的结果以供药品监督管理部门检查。

应当对不符合质量标准的结果或重要的异常趋势进行调查。对任何已确认的不符合质量标准的结果或重大不良趋势，企业都应当考虑是否可能对已上市药品造成影响，必要时应当实施召回，调查结果以及采取的措施应当报告当地药品监督管理部门。

二、持续稳定性考察方案的内容

持续稳定性考察的时间应当涵盖药品有效期。

考察方案应当至少包括以下内容：

① 每种规格、每个生产批量药品的考察批次数。

② 相关的物理、化学、微生物和生物学检验方法。可考虑采用稳定性考察专属的检验方法，如可能会发生变化的检验项目，含量、杂质、色度、外观等。

③ 检验方法依据。

④ 合格标准。

⑤ 容器密封系统的描述。如可能可采用市售包装留样进行稳定性测试。若原料药市售包装较大，如 10kg、50kg 等，可采用模拟市售包装留样，将规定量的样品用与市售包装相同材质的内包装袋，并采用相同封口方式，将多批留样放到一个较小的类似市售纸板桶包装内进行保存。每一批产品可制备多个小包装，每次测定时取出一个包装用于测试。

⑥ 试验间隔时间（测试时间点）。对于储存期较短的原料药，应当频繁测试，前三个月每月测试一次，随后每三个月测试一次。如数据表明原料药稳定性较好，随后可半年直至 1 年测试一次。

⑦ 储存条件（应当采用与药品标识的储存条件相对应的《中国药典》规定的长期稳定性试验标准条件）。

⑧ 检验项目。如检验项目少于成品质量标准包含的项目，应当说明理由。

持续稳定性考察结束后，质量管理部门人员应当根据获得的全部数据资料（包括考察的阶段性结论）撰写总结报告并保存。应当定期审核总结报告。质量管理部门应对持续稳定性考察总结报告统一保存，以便审核和追溯。

第四节　变更控制

药品生产是依赖稳定、一致和持续可控的状态确保产品质量、安全性和有效性的，例如对生产过程进行验证是为了证明工艺是可控的并能持续稳定地生产出符合预定质量标准的产品。在药品生产过程中，影响药品质量的因素（如设施设备、原辅料、生产工艺或环境场所等）经常会发生不同程度或不同形式的变更，无疑会引发人们对产品质量的担心。变更的主观目的是改进药品生产和管理过程中的某项内容，但如果这种变更得不到符合 GMP 的控制，可能会达不到主观改进的目标，甚至对药品质量造成危害。因此，企业应当建立变更控制系统，对所有影响产品质量的变更进行评估和管理，同时对需要经药品监督管理部门批准的变更在得到批准后方可实施。

一、变更控制的概念、内容与分类

变更控制是指当药品生产、质量控制、物料管理、厂房设施等系统的运行方式或条件发生变化时，对这些变化在药品质量可控性、有效性和安全性等方面可能产生的影响进行评估，并采取相应措施，从而确保药品的质量和法规的符合性。

任何可能影响药品质量或重现性的变更都必须得到有效控制。

1. 变更的内容

变更的内容包括但不限于以下方面：

① 原辅料、标签和包装材料的变更。

② 处方和生产工艺的变更。

③ 厂房、设备或生产环境（或场所）的变更。

④ 质量标准和检验方法的变更。

⑤ 有效期、复检日期、储存条件或稳定性方案的变更。

⑥ 验证的计算机系统的变更。

⑦ 公用系统的变更。

⑧ 清洁和消毒方法的变更。

⑨ 其他。

2. 变更分类

根据变更的性质、范围和对产品质量潜在的影响程度以及变更是否影响注册、变更时限等，可以有不同的分类方法，企业可根据自身实际情况选择适当的分类方式。

常见的分类方式如下。

（1）一般变更　对产品安全性、有效性和质量可控性基本不产生影响。如物料外包装上的标签发生变化、变更原料药起始物料的来源等。

（2）关键变更　需要通过相应的研究工作证明变更对产品安全性、有效性和质量可控性不产生影响。如变更原料药起始物料质量标准并未导致原料药质量标准降低等。

（3）重大变更　需要通过系列的研究工作证明变更对产品安全性、有效性和质量可控性没有产生负面影响，并需报告或报送药品监督部门批准的变更。如处方工艺的变更、物料和内包材的变更、分析方法的变更等。

国家药品监督管理部门已就药品变更控制颁布相关技术指南，如《已上市化学药品药学变更研究技术指导原则（试行）》等，企业在具体变更时应仔细研究并按国家相关规定执行相关变更的程序。

二、变更的评估

在整个变更控制流程中，正确有效的评估可以帮助质量保证部门合理评价变更的等级以及变更后对药品质量的影响，从而使变更处于可控范围内。

变更应由相关领域的专家和有经验的专业人员组成专家团队进行评估，例如由生产、质量控制、工程、物料管理、EHS、药政法规和医学部门的人员等组成专家团队评估变更可能带来的影响并确定应采取的行动，如是否需要进行以下开发性的研究工作：①稳定性研究；②生物等效性研究；③验证/确认工作；④小规模或试验批生产。

应制定预期可接受的评估标准。可接受的评估标准应根据产品质量标准、相关的验证、稳定性研究等制定，应在研究方案中描述，并经质量和相关部门批准。

可以使用质量风险管理系统评估变更，评估的形式和程度应与风险水平相适应。

应评估变更是否会对注册产生影响，不涉及注册的变更可以按内部程序批准，涉及注册的变更按国家药监部门的相关规定申报补充申请。

评估的结果应由相关部门和质量负责人批准。

三、变更控制的程序

企业应当建立变更控制的操作规程，以规定原辅料、包装材料、质量标准、检验方法、操作规程、厂房、设施、设备、仪器、生产工艺和计算机软件变更的申请、评估、审核、批准和实施。质量管理部门应当安排专人负责变更控制。

变更控制的大致流程如图 10.2 所示。

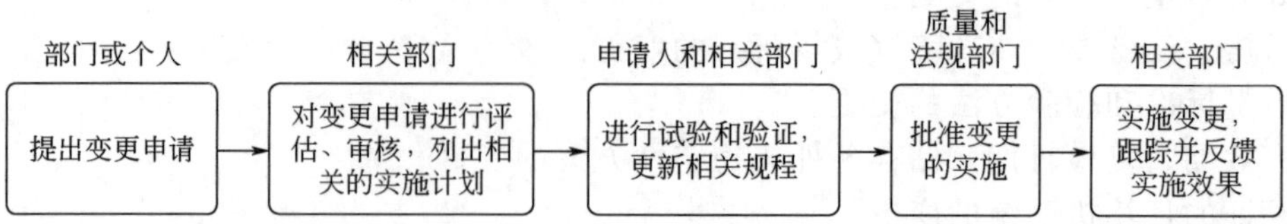

图 10.2 变更控制流程

① 变更申请提出时，提出变更的部门或个人要详细说明变更的理由或需要，并送交质量管理部门的变更控制人员进行编号后启动变更控制程序。

② 由相关部门组成的专家团队对变更申请进行评估和审核，以确定可能带来的影响以及需采取的行动，例如是否需要进行开发性的研究工作等。如果经审核同意变更申请，则制订相关的实施计划。如未获批准，则应注明理由并反馈给申请人。

③ 申请人和相关部门对已批准的变更申请进行相应的试验和验证，并将相关结果以及更新后相关规程形成变更报告，报送质量和法规部门。

④ 质量和法规部门根据变更报告的结果，书面批准是否正式实施变更。

⑤ 相关部门实施已获得批准的变更。对员工进行相应的培训后实施变更，并跟踪和反馈实施的效果，确保变更达到预期效果。

在变更的整个过程中，无论是已批准的变更还是被否决的变更，以及相关的资料，都应有记录，并由变更管理人员归档。

第五节 偏差处理

在药品的生产、检验或其他活动中，经常会发生没有按规定程序进行操作或操作结果不符合规定标准的情况，发生偏差，这些情况如果未得到及时正确处理，将会对药品质量产生很大的影响。

一、偏差的概念与分类

偏差是指偏离已批准的程序（指导文件）或标准的任何情况。标准指企业为实现药品质量建立的各种技术标准，如分析检验标准等；程序指与生产活动相关的程序，包括生产操作、包装和贴签、物料管理、设施和设备管理、质量管理、验证、员工培训等药品生产质量活动。

按照 GMP 要求，一般根据偏差对产品质量潜在影响的程度分类，把偏差分为微小偏差（minor deviation）、主要偏差（major deviation）和重大偏差（critical deviation）。

（1）微小偏差　属细小的对法规或程序的偏离，不足以影响产品质量。原因一般较明确，无需进行深入调查，但必须立刻采取纠正措施，并立即记录在批生产记录或其他 GMP 受控文件中。例如在使用前发现仓库发送了错误物料、样品标识丢失、生产车间不够清洁和整齐等。

（2）主要偏差　属较大的偏差，该类偏差可能对产品质量产生实际或潜在的影响。必须进行深入的调查，查明原因，采取纠正措施进行整改，并保留调查资料和记录以备追溯。例如投料量错误、收率超过设定的范围、样品送样登记中记录不正确的信息等。

（3）重大偏差　属大偏差，该类偏差可能对产品质量、安全性或有效性产生严重后果，或可能导致产品报废。必须按规定的程序进行深入调查，查明原因。除必须建立纠正措施外，还必须建立长期的预防性措施。例如使用的原料未经质量部门放行、已完成包装的产品标识错误、产品中含有异物等。

二、偏差分类的方法

企业需要调查偏差发生的根本原因，并评估偏差给药品生产质量带来的风险，从而确定相应的纠正和预防措施（corrective action & preventive action，CAPA），并做出产品的处置决定，最大程度防止不合格药品流入市场并预防偏差的再次发生。

如果企业生产工艺较简单，偏差类别较低且偏差一般能及时发现，可借助失效模式效应分析模型对偏差可能带来的风险进行评估分类，并采取相应的纠正和预防措施。在模型中，一般认为风险具备三个要素：风险发生的可能性（probability，P）、风险的严重性（severity，S）和风险的可检测性（detectability，D）。企业可以将偏差按照这三个要素定义为三个级别，见表 10.1。

表 10.1　偏差风险评估

级　别	分值	风险发生的可能性	严重性	可检测性
重大偏差(高风险)	3	经常发生(多于每月 1 次)	导致产品致命缺陷，如发生会导致产品召回或政府的行政措施	风险不容易被发现或通过取样方能发现
主要偏差(中风险)	2	可能会发生(少于每月一次)	如发生，会导致产品质量风险	定期检查可以发现
微小偏差(低风险)	1	偶然发生(少于每年一次)	如发生，可能导致产品质量风险	能够很快发现，或有报警、在线监测，可以随时发现

偏差的风险等级划分是根据以上三要素综合考虑的结果。可通过风险优先数（risk priority number，RPN）计算：$RPN=P\times S\times D$。其中，RPN（最高）$=27$，RPN（中）$=8$，RPN（最低）$=1$。根据 RPN 值及出现的概率可规定：$RPN\leqslant 3$ 时为低风险；$4\leqslant RPN\leqslant 9$ 时为中风险；$RPN>9$ 时为高风险，必须有完善的调查、纠正和预防措施。

在发生偏差时，可通过查看往批的生产记录确定其发生的可能性、对产品质量影响的评估以及现有发现和控制的方法，计算 RPN 值，对偏差进行分级。针对不同分级适用不同的偏差处理方案，采取不同的纠正和预防措施，以达到预期的效果。

三、偏差处理的流程

偏差应按规定的管理程序进行报告、评估、调查与处理。发现任何偏差后，相关人员应立即停止有关操作，及时报告，在质量管理部门许可下有关人员才可以进行处理。具体流程如下。

1. 偏差报告

操作人员或管理人员发现任何与标准不符合的偏差时，应及时记录并向主管部门报告，由主管部门组织人员进行初步偏差调查，并立即采取相应的纠正措施，以减少偏差对生产物料、设备、工艺等的不良影响。任何偏离生产工艺、物料平衡限度、质量标准、检验方法、操作规程等的情况均应当有记录，并应及时报告负责人员及质量管理部门。

2. 偏差评估

发生偏差时，主管部门应对其进行初步评估。如果资料不足，应及时组织收集，尽可能全面地了解偏差，以便质量保证部门能够准确地进行偏差评估。

3. 偏差调查

质量保证部门根据出现偏差的部门提供的资料对偏差的产生原因进行调查，分析相关数据、记录相关文件，找出偏差产生的根本原因。

4. 纠正和预防措施的制定

根据调查的结果，质量保证部门及相关部门共同讨论，建立所有可能的解决方案。如果偏差是可以消除的，则应当制定纠正和预防措施，建立长期解决方案；如果偏差是无法从根本上消除的，则应当采取措施降低风险。

5. 偏差报告的编写和批准

对偏差进行调查研究及制定纠正和预防措施后，质量保证部门应进行总结并书写偏差报告，同其他相关部门讨论后提交公司管理层批准。

6. 纠正和预防措施的跟踪落实及趋势分析

根据偏差报告的决定，企业积极落实纠正措施，并进行跟踪调查和趋势分析，确保偏差得以彻底解决。同时采取积极的预防措施，才能有效地防止类似偏差的再次发生。

总之，企业各部门应当确保所有人员能够正确执行生产工艺、质量标准、检验方法等操作规程，防止不必要偏差的产生。同时建立偏差处理的操作规程，规定偏差报告、记录、调查、处理以及所采取的纠正和预防措施，并做相应的记录，以追溯全过程。

第六节　纠正和预防措施

企业应当建立纠正和预防措施系统，对投诉、召回、偏差、自检或外部检查结果、工艺性能和质量监测趋势等进行调查，并采取纠正和预防措施。调查的深度和形式应当与风险级别相适应。纠正和预防措施系统应当能够增进对产品和工艺的理解，改进产品和工艺。

一、纠正和预防措施的概念

纠正和预防措施（CAPA）是纠正措施和预防措施的合称。纠正措施是对已经或正在出现的不合格、缺陷或其他不符合的情况采取的措施或手段，使之符合相关要求并消除产生的原因；预防措施是有针对性地对可能出现的偏离或不合格采取的措施或手段，防止潜在的不合格、缺陷或其他不符合情况发生并消除其可能产生的原因。

简而言之，纠正措施是问题、不足或缺陷产生后的处理或补救，是一种被动性的处理方式；预防措施是问题未出现或尚未发生的事前防范性措施，是一种主动性的处理方式。纠正和预防措施是连贯而统一的工作，但也有不同之处。

二、纠正和预防措施实施的程序与内容

纠正和预防措施是药品生产企业进行偏差纠正和持续改进的一部分，也是药品质量管理的核心内容，企业应当建立合适的纠正和预防措施系统以及相对应的操作规程并严格实施。纠正和预防措施的基本程序如图 10.3 所示。

由图 10.3 可见，一个完整的纠正和预防措施（CAPA）管理程序应包括以下基本内容。

1. 产品质量不良信息的收集和记录

CAPA 首先需要由质量管理部门收集汇总不同来源的产品质量不良信息并详细记录相关内容，包括但不限于以下来源：①生产过程中的偏差或生产物料不平衡结果；②销售部反馈的客户投诉或退货现象；③QC 部门反馈的不合格检验结果或其他偏差情况；④工程部门实施的维护和维修的结果；⑤企业内部自检结果；⑥外部审计结果；⑦药厂环境监测结果；⑧年度质量体系回顾结果。

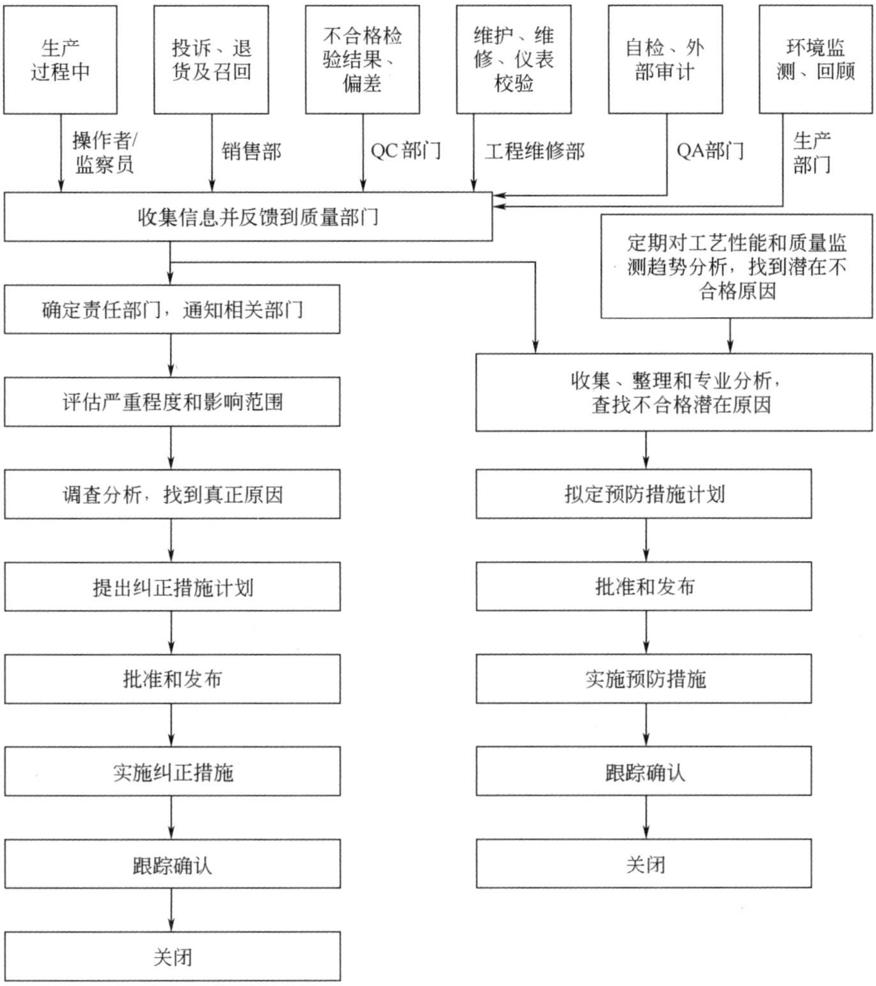

图 10.3　纠正和预防措施的基本程序

2. 问题定义和风险评估

对收集记录的产品质量不良信息进行评估，确定问题的严重程度和影响范围，并确定负责调查的责任部门，由相关部门进行配合。根据评估的严重程度和范围及时采取措施，防止问题进一步发展。

3. 问题调查

及时分析调查问题产生的原因。恰当使用已收集的各方面信息，审核相关记录和报告，科学分析工艺和质量数据趋势，通过对这些信息的仔细专业分析，必要时采用适当的统计学方法，发现问题发生的原因并剖析其深层次原因，最终找到根本潜在的造成问题的原因。

4. CAPA 的制定

发现造成问题的原因后，要及时制定纠正和预防措施。这些措施首先要能够纠正已经发生的问题，并能够举一反三，针对其他类似的问题提出措施，以有效地预防或消除问题产生的根本原因，防止问题再次发生。

5. CAPA 的批准与发布

质量和相关负责部门将最终确定的 CAPA 报告高层管理人员和质量受权人，由其对措施计划进行评估和审核，确保CAPA的有效性、合理性及充分性。经批准后的CAPA措施正式发布实施。

6. CAPA的实施

CAPA实施计划经批准后立即实施。在实施过程中需投入一定的人力物力，投入应与问题大小和风险程度高低相适应，即用最佳成本获得符合药品质量体系要求的有效性，并能举一反三，强化CAPA实施的有效性。

CAPA的完成期限要根据内容和难易程度而定。一般情况下，重大偏差项目须在三个月内完成，主要偏差在一个月内完成，微小偏差可在现场立即纠正。

在实施CAPA过程中可能会遇到计划之外的事情，应向质量管理负责人或质量管理部门说明原因，得到批准后方可调整CAPA实施计划。

7. CAPA的跟踪确认

在CAPA实施过程中，应由质量管理部门负责对措施的可行性、有效性、合理性、充分性和可靠性进行跟踪确认。一般由QA部门负责建立并管理相关程序，以确保跟踪确认CAPA正常有序地实施。

进行跟踪确认的目的是促进CAPA的有效实施，防止问题再次发生，确认CAPA的有效性，确保消除存在的问题。根据问题的性质，可采取不同的CAPA跟踪确认方式，主要有文件检查、现场检查、提交CAPA实施方案在下一次企业自检中复查等方式。

跟踪确认CAPA的实施效果包括以下几方面：

① 按规定时间完成计划，计划中的各项措施要全部完成；

② 完成后的效果要达到预期的要求，并详细记录完成情况；

③ 若措施执行引起相关程序的更改，要确保程序更改的内容有效，更改的文件要按文件控制规定进行起草、批准和发放并执行；

④ 措施执行的相关文件资料应完整，如记录、验证文件或变更申请等。

8. CAPA的关闭与回顾

质量管理部门针对CAPA进行跟踪确认后，确认其有效性，在CAPA确认记录中填写确认结论并签字确认，该CAPA措施计划就可宣布关闭。

实施CAPA的过程和效果都应记录，从开始发现问题时记录发生问题的具体描述，记录调查分析问题的整个过程、批准人的意见和签名以及执行措施的每一步骤的过程和效果。这些记录将作为质量活动或质量管理的重要文件，以利于质量持续改进和提高。当实施CAPA时，如涉及质量体系和文件的变化，应遵循文件管理程序进行管理；如需要进行相关的验证活动，也要按验证管理程序进行管理并记录。

CAPA关闭后，还可定期对CAPA的实施进行回顾，以评估问题的发生类型，CAPA的适宜性、有效性和完整性。有条件的企业可建立CAPA数据库，可以更有效地对CAPA实施管理。

第七节　供应商的评估和批准

随着药品监管部门对GMP实施力度进一步加强，物料管理尤其是供应商的管理在制药企业质量管理中起着越来越重要的作用。供应商管理体系能确保在药品生产过程中使用质量合格的物料和优质的服务。供应商管理是物料管理的源头，也是产品质量持续稳定的关键一环。中国GMP（2010年修订）第二百五十五至二百六十五条，对供应商的评估和批准提出了具体要求。

一、供应商的批准和撤销

企业需要按照法规要求建立供应商的评估、批准、撤销等方面的流程，明确供应商的资质、分级标准、各级别供应商的选择原则、质量评估方式、评估标准、批准及撤销程序。

供应商的批准需注意以下关键内容：

① 供应商必须经过质量部门批准，建立批准的合格供应商清单并定期更新；

② 供应商的资质证明文件应齐全并符合法规要求，应定期对其回顾并更新；

③ 需进行现场质量审计或通过调查问卷进行评估；

④ 新增供应商应进行样品的检验，如需要还应进行样品小批量的试生产、工艺验证或稳定性考察；

⑤ 需与批准的主要物料供应商签订质量协议，质量协议内容包括但不限于对厂房、生产设备、工艺、取样方式、包装、标识方法、运输条件和变更的规定以及每个检验项目的检验方法和限度，在给供应商发出第一个正式订单前双方需批准质量标准。

二、供应商审计

审计活动的主要目的是确定供应商与相关质量要求和商务要求的符合性，以确保供应商根据必要的质量标准持续地提供服务，并及时确定哪些供应商需要整改和采取预防措施。

1. 供应商审计的作用

通过供应商审计，可以发现如下因操作缺陷带来的重大潜在负面影响，从而使供应商进行纠正。

① 患者/顾客的安全；

② 法规活动（如召回、整改措施、警告信、撤销、由于质量体系失败强制中断供应链）；

③ 供应商的生产加工引起商业风险而导致不能接受的供应链风险，以及大量的超出质量标准的产品；

④ 供应商行为准则等。

对供应商的审计（包括现场审计和书面审计）是评估供应商本身的质量保证能力的方式。企业应建立相关的供应商审计活动的流程，包括对审计人员的要求和任命、对审计原因及频次的规定、对审计内容和流程的规定。

2. 供应商审计的关键点

供应商审计应注意如下几个关键点。

① 并不是需要对每一种物料的供应商都进行现场审计，一般是要求关键的对产品质量有影响的或主要的（包括关键的和用量较大的）供应商需要考虑进行现场审计。如有特殊原因不能执行现场审计，可以通过书面审计的形式代替现场审计。

② 审计人员应具有相关的法规和专业知识，经过相关的审计培训，具有足够的质量评估和现场质量审计的实践经验。

③ 当出现如下情况时，可考虑对供应商进行现场审计或书面审计。

a. 首次审计。新供应商、经销商；新产品；新的生产场地，新的生产线。

b. 原因审计。重大的质量投诉，如混批、印刷错误、涂层或胶漏涂、涂布量不够、产品中发现人体毛发、严重的异物混入、微生物污染等；重大的 HSE［健康（health）、安全（safety）和环境（environmental）管理体系］事故；对某几个质量要素的重点检查。

c. 追踪检查。对上一次审计问题采取的整改措施进行确认。

d. 根据常规审计频次进行的再审计。表 10.2 为某企业不同类别物料供应商的审计频次举例。

表 10.2 某企业不同类别物料供应商的审计频次

物料	再审计/年	物料	再审计/年
原料药	1	不与产品直接接触的非印字次级包装材料	5
辅料	3	非关键的生产区域消耗品	—
与产品直接接触的包装材料	2	代理商	—
不与产品直接接触的印字包装材料	4		

④ 每年根据供应商的常规审计频次、相关部门的审计需求以及供应商的表现制定下一年的供应商审计计划，并定期回顾审计计划的执行情况。

可以从如下但不限于如下几方面对供应商进行现场或书面的审计。

a. 供应商的资质证明文件的真实性。

b. 质量保证系统，如变更、偏差、供应商管理、纠正和预防措施管理、自检、年度质量回顾、客户投诉等。

c. 人员机构，如人员资质、培训、卫生等。

d. 厂房设施和设备，如厂房、设施和设备的验证以及再验证，设备和生产区域的清洁及消毒，环境的监测，水系统的监测，虫害控制，厂房设施和设备的维护、保养等。

e. 生产工艺流程和生产管理，如生产工艺验证、清洁验证、生产的中间过程控制、生产批记录、批生产的均一性、产品的可追溯性、母液或粗品的再利用、失败批次的处理、返工处理、废料处理等。

f. 物料管理，如库房管理、物料标识、取样、缺陷物料管理等。

g. 质量控制，如实验室设备、仪器的验证和使用记录，分析方法的验证，实验结果超标的处理，检验记录，试剂和标准品的管理，核实检验报告的真实性，核实是否具备检验条件，物料和成品的质量标准及放行系统等。对于原料药企业的供应商审计而言，因为其供应商大多是化工企业，其产品基本上依据国际实行的型式检验原则，核实供应商/生产商实际放行检验的项目以及真正有能力执行的检验项目对于供应商批准后的物料检验放行管理具有特别重要的意义。

h. 文件系统，如操作规程管理系统、记录系统等。

对于现场审计发现的问题，应要求供应商限期整改并提供书面的整改报告，在确认整改报告符合要求后才可结束此次审计。

三、供应商分级评估

企业可通过物料对产品质量影响的风险程度确定物料的安全等级，同时根据不同物料所确定的安全等级对其供应商提出不同的管理要求，依据不同的分级评估程序来确定合格供应商。通常情况下影响产品内在质量的物料可定为 A 级，对产品内在质量有一定影响的物料可定为 B 级，对产品内在质量没有影响的物料可定为 C 级。根据物料的安全级别采取相应的评估方式，如图 10.4 所示。

四、供应商质量回顾

供应商对于物料风险的影响是显而易见的。从长期合作的供应商采购的物料和从新供应商采购的物料，其风险是不一样的；同样是长期合作的供应商，经过现场审计的供应商和未经过现场审计的供应商，其风险也是不一样的。所以评估供应商的质量风险构成了物料管理的重要组成部分。

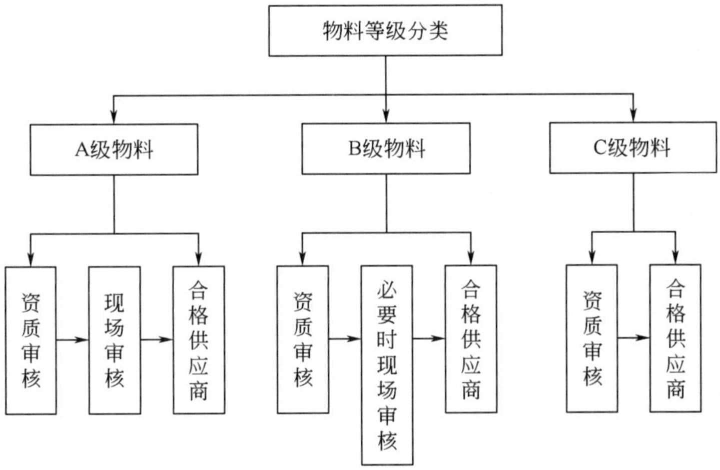

图 10.4　物料分级评估

供应商的质量评估除了如上所述的供应商审计外，还需定期（如一年一次）对供应商的供货情况进行评估，主要包括对所供物料的质量投诉情况、生产过程中造成的偏差情况、检验结果超标、不合格率、审计结果等方面进行评估。

除了质量方面的评估外，还可增加对于供应商运输服务情况、到货情况、售后服务情况等方面的评估。对于供应商的资质，也应定期回顾和更新。

企业应建立供应商质量评估的标准，对于超出标准的供应商或出现重大质量问题的供应商，应考虑对其采取相应的纠正和预防措施。表 10.3 为某企业供应商质量评估接受标准举例。也可根据供应商质量回顾的结果决定下一年供应商的分级情况。

表 10.3　某企业供应商质量评估接受标准

放行批次	一年内总到货批次数＞20 批	一年内总到货批次数≤20 批
	合格批次比例应≥95％	不合格批次应＜2 批
产品投诉(缺陷)	产品投诉率(缺陷率)应≤15％	
审计结果	没有严重的缺陷	
纠正和预防措施	如果评估结果超出以上的标准，可采取以下的纠正预防措施： 1. 停止采购该生产商的物料； 2. 执行风险评估； 3. 执行现场审计或问卷调查； 4. 考虑对该生产商降级或取消其合格生产商的资格	

五、供应商变更管理

对于供应商的变更通常包含两个方面：一方面是企业主动的变更，如开发新的供应商、撤销供应商、包装材料的变更等；另一方面是供应商采取的变更，如新的生产场地、起始物料的变更、生产工艺的变更、质量标准和检验方法的变更等。

企业应根据变更管理的要求及 SFDA 在 2008 年 5 月出台的《已上市化学药品变更研究的技术指导原则（一）》的要求，对不同类型的变更提起变更申请，进行相关研究工作（如样品检验、工艺验证或稳定性考察等）及在政府部门进行再注册或备案。表 10.4 为供应商变更管理实例。

表 10.4　供应商变更管理实例

序号	变更描述	可能需要做的相关研究
1	变更辅料来源，例如从动物源性变为从植物源性、玉米淀粉代替小麦淀粉	1. 小样检测； 2. 工艺验证； 3. 稳定性研究； 4. 申请备案或注册
2	原辅料、包装材料的生产场地的变更	1. 小样检测； 2. 工艺验证或小批量试生产； 3. 稳定性研究； 4. 审计； 5. 申请备案或注册

第八节　产品质量回顾分析

药品生产企业开展产品质量回顾的目的是通过每年定期对药品生产企业生产的所有药品按品种进行分类后开展产品质量汇总和回顾分析，以确定其工艺和流程稳定可靠程度，以及原辅料、成品现行质量标准的适用性，及时发现出现的不良趋势，从而确定对产品及工艺、控制过程进行改进的必要性和改进的方法。

企业应制订产品质量回顾管理文件，规定质量回顾的范围、内容、程序、数据的分析方法、异常趋势的标准等内容。

一、产品质量回顾的主要范围和内容

通常，产品质量回顾的范围包括药品生产企业及附属机构生产的所有产品以及合同生产的所有产品，包括由本公司生产或为本公司生产的所有上市的（国内销售或出口的）原料药、制剂以及医疗器械，涉及隔离和暂存、拒收的所有批次。同时药品生产企业也要结合以前的质量回顾结果确认药品生产的各种趋势，并最终形成一份书面的报告。企业的质量回顾可以根据产品类型进行分类，如固体制剂、液体制剂、无菌制剂等。

对于本节中相关设备和设施，如空气净化系统、水系统、压缩空气等，按要求进行质量回顾。

通常企业的产品质量回顾应该在年度生产结束后 3 个月内全部完成，但企业应该在日常生产结束后即完成相关数据的采集、汇总，避免在年度生产结束后才统一进行数据的采集。

原则上产品质量回顾应覆盖 1 年的时间，但不必与日历的 1 年相一致。但如果产品每年生产的批次少于 3 批，则质量回顾可以延期至有 2～3 批产品生产后再进行，除非法规部门对此有特殊要求。

企业至少应当对下列情形进行回顾分析：

① 产品所用原辅料的所有变更，尤其是来自新供应商的原辅料；

② 关键中间控制点及成品的检验成果；

③ 所有不符合质量标准的批次及其调查；

④ 所有重大偏差及相关的调查、采取的整改措施和预防措施的有效性；

⑤ 生产工艺或检验方法等的所有变更；

⑥ 已批准或备案的药品注册的所有变更；

⑦ 稳定性考察的结果及任何不良趋势；

⑧ 所有因质量原因造成的退货、投诉、召回及调查；

⑨ 与产品工艺或设备相关的纠正措施的执行情况和效果；

⑩ 新获批准和有变更的药品，按照注册要求上市后应当完成的工作情况；

⑪ 相关设备和设施，如空气净化系统、水系统、压缩空气等的确认状态；

⑫ 委托生产或检验的技术合同履行情况。

产品质量回顾完成后，应当对回顾分析的结果进行评估，提出是否需要开展纠正和预防措施，并保证批准的纠正和预防措施能够及时有效地完成。企业应该建立相应的管理程序对这些措施的有效性进行审核和管理，在企业的自检过程中还应该对该程序的有效性进行回顾。

二、产品质量回顾的工作流程

产品质量回顾的主要工作流程如图 10.5 所示。QA 部门负责制定年度回顾计划，分配任务至相关部门负责人，规定各部门负责人在规定时限内完成数据汇总，并交给 QA 部门，QA 部门对年度数据进行趋势分析，必要时邀请相关部门负责人共同进行。QA 部门和相关部门共同对产品年度回顾结论结果进行讨论，并形成最终总结报告。QA 部门和相关部门共同针对发现的问题和不良趋势制定相关改进和预防行动计划。各部门负责人对产品质量回顾总结报告进行审阅批准。QA 部门将产品年度回顾报告复印分发至各部门。QA 部门和相关部门负责人共同对制定的 CAPA 措施及其有效性进行追踪。

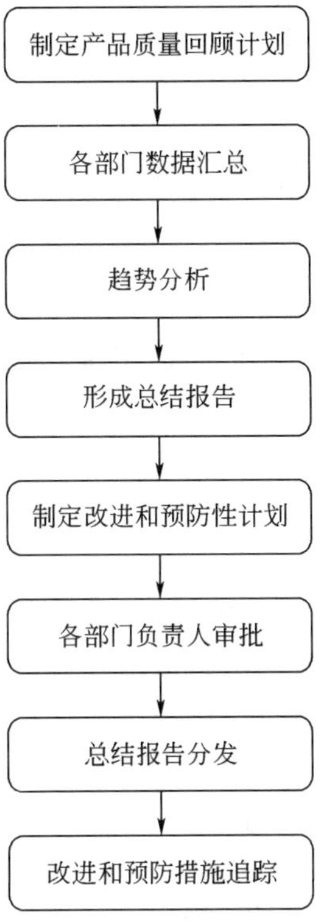

图 10.5　产品质量回顾的主要工作流程

各相关部门指定负责人协助提供本部门质量回顾相关信息或文件，包括生产、检验、变更、验证、上市申请等，并保证其数据的真实性，必要时需要对本部门提供的数据进行趋势分析。

产品质量回顾的数据汇总应至少包括生产周期中的以下内容：

① 产品的基础信息，包括产品的名称、规格、包装形式、有效期、处方、批量等。

② 每种产品的所有生产批号、生产日期、终产品检验（物理、化学、微生物等检验）结果、关键中间控制检验结果（必要时）、成品收率、产品最终放行情况（合格和不合格）等信息的汇总，并需对关键数据进行趋势分析。

③ 生产中涉及的关键工艺参数的统计及趋势评估（仅适用于 API 生产企业）。

④ 每种产品的所有生产批次（合格和不合格）用到的各批次原辅料、中间体和包装材料的信息（特别是来自新供应商的物料）。

⑤ 产品进行返工和重加工的原因、涉及数量与处理结果。

⑥ 涉及的所有原辅料、包装、中间体、产成品的所有检验结果超规格的批次及其调查结果。

⑦ 所有重大偏差或不符合事件及其调查报告（内容、原因），以及已经采取的纠正和预防措施的效果。

⑧ 与产品相关的原辅料、包装材料（含印字包材）的变更。

⑨ 产品及其原辅料质量标准、内控标准及分析方法的变更。

⑩ 对生产设施、设备、工艺参数等进行的所有变更（包括内容、申请时间及执行情况）。

⑪ 对企业已提交/获得批准/被拒绝的上市许可变更申请的审核，包括向第三国（仅用

于出口）递交的上市许可申请以及上市后对相关承诺的执行情况。企业仅需要负责提供本公司上市产品的信息，合同委托生产产品由委托方提供必要的信息。

⑫ 产品的稳定性试验结果和任何不良趋势（包括试验原因、含量趋势图、异常点分析、各检验项目趋势总结等）。

⑬ 所有与质量相关的退换货、投诉和召回的情况，以及对其进行的调查（包括发生的原因、涉及数量及其最终处理结果）。

⑭ 企业之前对产品工艺或设备开展的整改措施是否有效。

⑮ 生产相关设备和设施的验证状态，如空气净化系统、水系统、压缩空气系统等。

⑯ 必要时需要对之前完成的质量回顾报告中的纠正和预防措施的执行结果进行确认。

⑰ 对药品不良反应的情况进行回顾。

⑱ 对环境监测结果进行回顾。

⑲ 各项技术协议的现行性和有效性。

⑳ 其他信息。

三、产品质量回顾总结报告

产品质量回顾人员负责整理收集的信息，对数据进行趋势分析、异常数据分析，必要时组织相关部门进行进一步讨论，制定改进和预防行动计划，包括每个措施的负责人、计划完成日期，并做出质量回顾报告结论，起草质量回顾总结报告。

产品质量回顾总结报告应包括但不限于以下内容：

① 产品质量回顾的具体时间范围和回顾总结完成截止日期。原则上产品质量回顾应覆盖 1 年的时间，但不必与日历的 1 年相一致。但如果产品每年生产的批次少于 3 批，则产品质量回顾可以延期至 3 批产品生产后再进行，除非法规部门对此有特殊要求。

② 根据原辅料检验数据、成品检验数据、中间体检验数据、生产过程控制参数等，使用 Minitab 软件，绘制控制图或计算过程能力等，对质量回顾数据进行分析，对产品质量、过程能力给出评价性的结论。例如：

a. 产品年度质量回顾数据显示本年度该产品生产质量稳定，各项工艺参数没有发生显著变化，没有发现不良趋势；

b. 本年度该产品多次出现某项指标超标，出现不良趋势，因此应制定整改措施进行改进。

③ 指出支持性数据回顾所发现的问题。

④ 需要采取的预防和改正行动的建议。

⑤ 预防和改正行动的行动计划与责任人及完成时间。

⑥ 之前产品质量回顾中预防和改正行动的完成情况。

⑦ 通过产品质量回顾，总结当前产品的生产情况及结论。

⑧ 产品工序过程能力的分析结果。

质量部门负责人组织包括生产、质量控制、质量保证、工程等各部门负责人对产品质量回顾总结报告进行审核，并确认结论的真实性和有效性，必要时进行讨论。质量保证部门将批准的产品质量回顾总结报告的复印件分发至各相关部门。

各相关部门按产品质量回顾总结报告中制定的纠正和预防措施或其他再验证措施及完成时间按时有效地完成。

质量保证部门负责跟踪措施的执行情况，并将其执行情况汇总在下次产品质量回顾总结报告中。必要时，将整改措施的执行情况定期通报相关部门负责人。在公司每年的内审中，应该对之前的产品质量回顾的完成情况进行检查。

企业产品质量回顾总结报告的复印件应分发至相关部门（必要时）。质量回顾总结报告原件应由 QA 进行存档，该记录应永久保存。

第九节　药物警戒与投诉

用户提出的对任何已经放行的产品有关安全性、有效性（产品疗效）、质量（包括稳定性、产品性能、均一性）、服务不满的书面的、电子的或口头的信息都可能与投诉有关。因此，企业在实际管理过程中会不可避免地收到来自市场的关于产品质量缺陷和/或其他原因导致的投诉，收到与药品相关的不良反应报告。

理论上，产品质量可以通过生产过程的有效控制和放行前的检验保证，但仍然需要建立有效的投诉管理体系满足产品疗效与安全、市场、法规等方面的要求，还应当建立药物警戒体系，通过体系的有效运行和维护，监测、识别、评估和控制药品不良反应及其他与用药有关的有害反应。

一、药物警戒

药物警戒活动是指对药品不良反应及其他与用药有关的有害反应进行监测、识别、评估和控制的活动。这些有害反应不仅包括药品在正常用法用量下可能产生的副作用、毒性反应、过敏反应和继发反应等，还包括伪劣药、超适应证用药和超剂量用药等所有其他与药物使用相关的安全问题。

药物警戒活动旨在保障患者用药安全，提升药品质量，促进合理用药，完善药品监管体系，并推动医药产业发展。其发展史可追溯到 1961 年的“反应停”事件，该事件促使国际社会对药品安全问题予以高度重视。随后，世界卫生组织于 1962 年提出建立国际药品不良反应监测制度。1974 年，法国学者首次提出“药物警戒”的概念。在中国，药物警戒活动经历了从 1988 年的国家药品不良反应（ADR）监测试点工作、1999 年发布《药品不良反应监测管理办法（试行）》，再到 2019 年国家正式建立药物警戒制度，以及 2021 年发布《药物警戒质量管理规范》的逐步发展完善过程。这些历程和出台的法规为药物警戒活动的实施提供了坚实的法律保障和依据。

1. 药物警戒体系

药品生产企业应当建立药物警戒体系。药物警戒贯穿药品全生命周期，药品生产企业应当制定药物警戒质量目标，建立质量保证系统，对药物警戒体系及活动进行质量管理，不断提升药物警戒体系运行效能，确保药物警戒活动持续符合相关法律法规要求。

药物警戒体系主要包括质量管理、机构人员与资源、监测与报告、风险识别与评估、风险控制、文件记录与数据管理等方面，并应与药品上市许可持有人的类型、规模、持有品种的数量及安全性特征等相适应。

药物警戒活动是药物警戒体系的具体实施和操作过程，是确保用药安全的重要手段。药物警戒的关键活动包括但不限于：

① 设置合理的组织机构；

② 配备满足药物警戒活动所需的人员、设备和资源；

③ 制定符合法律法规要求的管理制度；

④ 制定全面、清晰、可操作的操作规程；

⑤ 建立有效、畅通的疑似药品不良反应信息收集途径；

⑥ 开展符合法律法规要求的报告与处置活动；

⑦ 开展有效的风险信号识别和评估活动；

⑧ 对已识别的风险采取有效的控制措施；

⑨ 确保药物警戒相关文件和记录可获取、可查阅、可追溯。

通过药物警戒活动的实践，可以不断发现和完善药物警戒体系中的不足之处，提高药物警戒体系的科学性和有效性。

2. 药品生产企业的监测与报告

监测与报告是药物警戒体系的核心环节，旨在及时发现并处理潜在的药品风险，确保药品的安全性和有效性。药物警戒监测的对象除了药品不良反应，还包括药物误用、滥用、无效、用法错误、药物相互作用等。监测与报告一般包括以下几方面内容：信息的收集、报告的评价与处置、报告的提交。

信息的收集是药品不良反应监测的基础。药品生产企业应当主动开展药品上市后监测，建立并不断完善信息收集途径，主动、全面、有效地收集药品使用过程中的疑似药品不良反应信息，包括来源于自发报告、上市后相关研究及其他有组织的数据收集项目、学术文献和相关网站等涉及的信息。收集过程与内容应当有记录，原始记录应当真实、准确、客观。可将个例药品不良反应信息的收集渠道分为：医疗机构、药品经营企业、电话和投诉、学术文献、互联网及相关途径、上市后研究项目和监管部门来源等。

信息收集后应对这些报告进行真实性和准确性，药品不良反应的预期性、严重性评价，并应当按照国家药品不良反应监测机构发布的药品不良反应关联性分级评价标准，对药品与疑似不良反应之间的关联性进行科学、客观的评价，对于严重药品不良反应报告、非预期不良反应报告中缺失的信息进行随访。

报告的提交应当至少包含可识别的患者、可识别的报告者、怀疑药品和药品不良反应的相关信息。严重不良反应尽快报告，不迟于获知信息后的 15 日，非严重不良反应不迟于获知信息后的 30 日。

3. 药品生产企业在监测与报告中的法律责任

《药品不良反应报告和监测管理办法》规定：药品生产企业有下列情形之一的，由所在地药品监督管理部门给予警告，责令限期改正，可以并处 5000 元以上 3 万元以下的罚款。

① 未按照规定建立药品不良反应报告和监测管理制度，或者无专门机构、专职人员负责本单位药品不良反应报告和监测工作的；

② 未建立和保存药品不良反应监测档案的；

③ 未按照要求开展药品不良反应或者群体不良事件报告、调查、评价和处理的；

④ 未按照要求提交定期安全性更新报告的；

⑤ 未按照要求开展重点监测的；

⑥ 不配合严重药品不良反应或者群体不良事件相关调查工作的；

⑦ 其他违反本办法规定的。

药品生产企业有上述规定的第④项、第⑤项情形之一的，按照《药品注册管理办法》的规定对相关药品不予再注册。

药品生产企业违反《药品不良反应报告和监测管理办法》中相关规定，给药品使用者造成损害的，依法承担赔偿责任。

二、药品投诉

（一）用户投诉分类

1. 企业可对用户投诉进行如下分类

A 类：无临床意义的质量问题（改换包装后误解、外包装轻微破损、数量短少）。

B类：不会造成危及或伤害用户性命的问题，但可能引起麻烦或一定程度的伤害（以前未知的不良反应、稳定性下降）。

C类：可能存在危及或伤害用户健康的缺陷（误贴标签、剂量差错、患者出现严重的不良反应等）。

2. 根据不同类别的投诉,企业应及时进行下述处理

A类投诉：应立即答复或在3日内做出明确答复，执行A类用户投诉标准工作程序。

B类投诉：用户投诉处理负责人应向用户简要说明已接到投诉。同时立即向主管领导汇报，如有必要立即向药品监管部门或卫生行政部门报告，通知有关人员调查取证（批生产记录、包装记录、批现场监控记录、批检验记录、留样样品实物检测记录等）。查明原因后，提出处理意见，报主管负责人批准。1～3周内做出明确答复。

C类投诉：首先向用户简要说明已收到投诉。同时立即报告主管负责人、企业法定代表人和药品监管部门或卫生行政部门。提请企业法定代表人迅速磋商，必要时做出紧急回收决定，执行紧急回收。

（二）用户投诉管理流程

根据投诉的分类和企业构架等因素的不同，投诉管理的具体流程和步骤可以有所调整。图10.6为投诉管理基本流程。

1. 投诉信息的接收

包括投诉信息从客户到企业联系人，再到企业内部投诉管理部门的过程。

（1）客户投诉到达企业联系人　客户以来访、来信、传真、电话或其他形式投诉到企业联系人处（通常为销售部门）；对于口头形式的投诉，如有可能，应要求客户用书面形式予以确认，以避免沟通中的误解和/或信息丢失。

（2）客户投诉到达投诉管理部门　由收到投诉的部门（通常为销售部门）填写客户投诉记录，如有必要连同其他相关信息（如传真件、邮件等）转交给投诉管理部门；或者在客户直接投诉到投诉管理部门而未到销售部门的情况下，由负责处理客户投诉的人员填写客户投诉记录；或者销售人员不在工厂（或出差）的情况下，他/她将投诉的信息通过传真、邮件等转交给投诉管理部门后，投诉管理部门根据信息填写客户投诉记录；或者企业其他部门的所有员工在接到或了解到任何产品投诉后，在规定时间内将投诉转到投诉管理部门。

企业在接到投诉信息后，应尽快向客户提供初步反馈，内容包括但不限于：

① 确认收到投诉信息，以及信息的完整性，是否需要补充投诉信息；

② 调查正在进行，预计多长时间内给予进一步的反馈。

无论调查进行得是否顺利，始终给客户一个清晰的状态更新是非常重要的，这可以避免客户误解或失去耐心。

2. 投诉信息的收集和分类

投诉接收部门和/或投诉管理部门在接收到投诉后，应判断收到的投诉信息是否完整、是否清晰，是否足以据此展开有效的调查。现实中确实存在这种情况，有时客户的投诉语焉不详，信息非常零碎，甚至无法知道发生问题的具体批次或具体发生了什么问题，这时需要与客户直接联系的部门与客户沟通，获得基本的相关信息，以便展开调查。如果需要索取更多的投诉相关信息，应尽量在初次反馈时向客户提出要求。应尽可能索取有用的信息，例如照片、图谱或其他检验数据。应由质量管理部门根据投诉的分类标准对具体投诉进行分类，投诉处理过程中如果需要对投诉的类型（例如医学投诉、质量投诉和疑似假药投诉）进行重新判定，或需转入其他调查流程（如制剂厂会有假药处理流程）时，也应获得质量管理部门的批准。

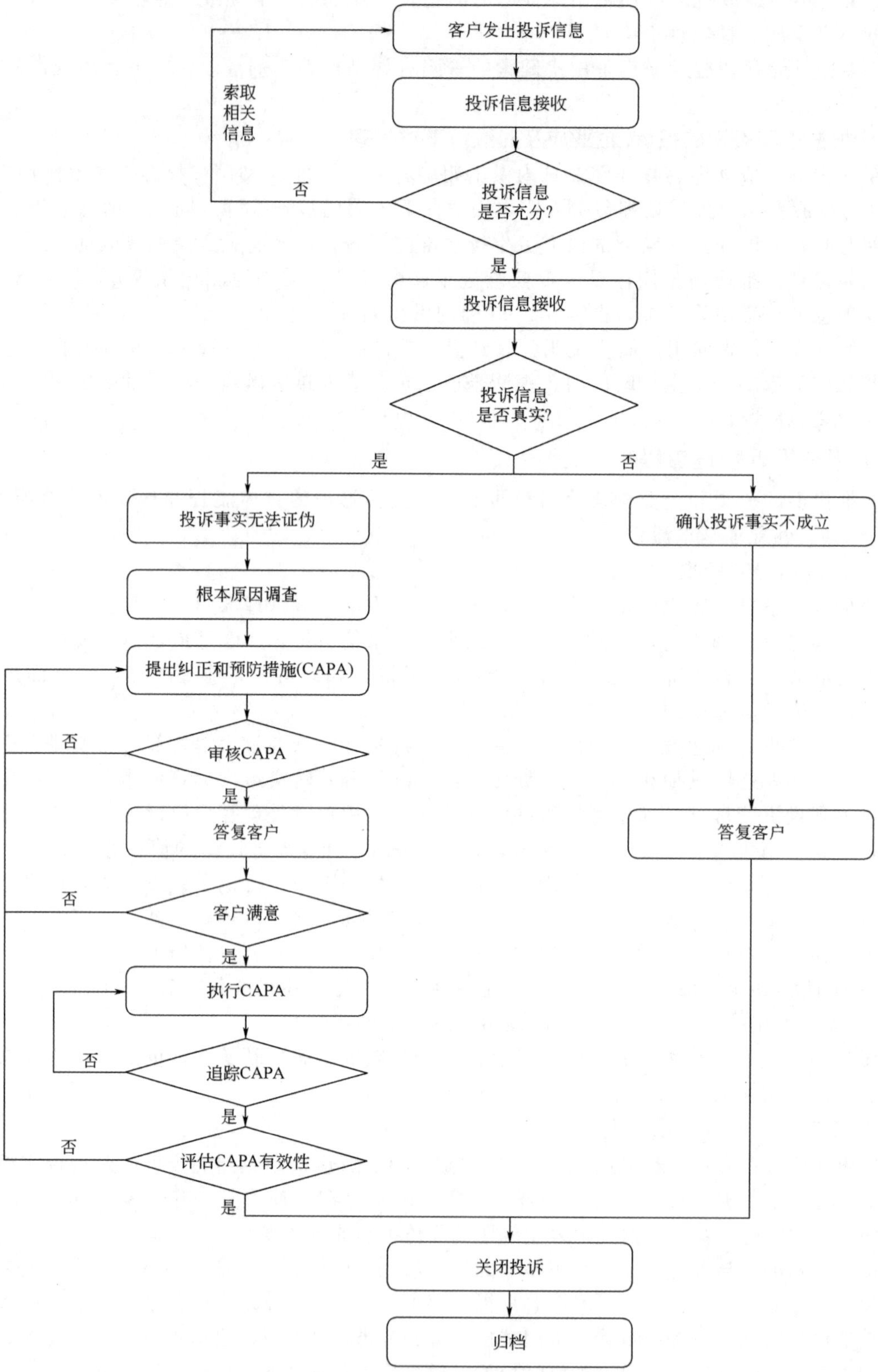

图 10.6　投诉管理基本流程

3. 投诉调查和影响的评估

确认已收到适当的投诉信息后，投诉管理部门将客户投诉记录及（或）有关信息转发给以下一个或多个相关部门，启动投诉调查：

① 销售部门（在投诉未传达到销售部门的情况下）；

② 公司管理层（必要时），以便了解情况；

③ 供应链（仓库）部门，当对包装/净重/运输等投诉时，以备产品退回的可能；

④ 质量控制实验室，以便可以对产品进行补充分析调查，并且在产品被退回时有针对性地进行复检；

⑤ 该产品的生产部门；

⑥ 其他必要的部门（适用时）。

每个被要求进行调查的部门应收集必要文件展开调查，如运货单、销售记录、检验记录、分析报告单、批生产记录等；每个相关部门将进行各自的调查，从引起投诉的各种可能因素入手，查找引起投诉的根本原因，评估潜在的质量影响，并形成书面报告，反馈到投诉管理部门。对于与质量相关的投诉，质量管理部门应组织并领导相关调查，以便发现产品潜在的质量缺陷。针对投诉的调查范围应该覆盖该投诉的根本原因或可能的根本原因及可能受到影响的所有批次。例如，对于检验的问题，通常需要回顾原始检验记录，对留样进行检验，必要时也可能包括要求客户寄回样品供药品生产企业进行分析检测，或者派出专业技术人员到现场拜访客户，详细了解投诉事实等；对于贴签问题，需要查看相关的生产、贴签、仓储记录和运输记录等；对于超出质量要求范围的投诉，可能需要进一步的实验研究；对于发生在出厂之后的运输途中的质量问题，需要运输商配合调查。企业应根据投诉的具体情况决定投诉调查的方向，必要时可进行额外的检验或实验研究，以确认其影响范围和程度。

投诉管理部门应当检查受到投诉的批次或者受到影响的其他批次产品是否还有库存，如有，将要求物料管理部门立即将其隔离存放，等待进一步的调查或处理。

需要说明的是，现实中客户的投诉并非总是合理的或者总是有充分的事实依据，有时纯粹是出于误解。例如客户引用了错误的质量标准或者没有正确理解和执行某个检验项目的分析方法，而不是针对该产品的生产过程进行调查；有时客户买到的是假冒产品，这时需要进行鉴别和说明，并根据情况决定是否报告当地药品监督管理部门或者报案。如果能确定投诉依据的事实不成立，则适当地答复客户后即可关闭该投诉，并将记录存档。对于一些客户的质疑，如果不需要调查即可以直接答复或解释的，可以不进行调查，但是要写明原因，并由决定不调查的决定人在投诉记录上签名。

各部门的投诉调查应当及时，这也是及时答复客户的前提。投诉处理的快慢直接影响客户对企业的满意度。

4. 纠正和预防措施

在投诉调查部门的配合下（包括对调查结果的评估、与客户投诉信息的对比），投诉管理部门对投诉进行评估。

首先判定投诉是否合理。如果投诉判定为不合理，则由投诉管理部门书写答复报告，答复客户。如果投诉判定为合理，投诉处理负责部门将与其他相关部门合作，决定产品是否需从投诉的客户处退回，以及是否需要启动产品召回程序，从相关客户处召回相关产品。

其次判断投诉问题是否出在企业内部。如果不是，投诉管理部门将客户投诉的全部资料存档保存，以备再次发生时重新评估；或者由物流部将投诉转达给贸易商/经销商或承运商（因为运输过程中的损坏）；或者由物流部将改进要求转达给海关商检部门（因为清关抽查检验活动造成的问题）；或其他可能的第三方改进。如果是，产生问题的部门均应在客户投诉调查表上或另附相关文件，填写调查处理报告，说明出现问题的原因及纠正和预防措施，上交投诉管理部门，以便答复客户的投诉。

除了被投诉的批号外，如果引起投诉的起因在其他批号也存在，则对其他批号的产品也要进行同样的调查及采取相应的行动。

对于每一个合理投诉，都应当针对问题提出并记录合理的纠正和预防措施，在纠正和预防措施通过审核后，或在必要时得到客户认可后，应当遵照纠正和预防措施进行相应的整改。投诉处理负责部门应当对纠正和预防措施进行跟踪，直至完成。纠正和预防措施执行完成，应当对其有效性进行评估，有效的纠正和预防措施才能关闭投诉，对无效或有效性不高的纠正和预防措施应当考虑重新制定。

无论是哪种情况，制药企业应充分利用投诉系统，不断改进产品质量和质量管理体系。

5. 答复客户

不论是合理投诉还是不合理投诉，都应当将调查结果告知客户。质量管理部门负责从质量方面批准给客户的答复，销售部门负责从业务方面批准给客户的答复。答复客户后，客户可能会针对答复报告提出质疑或询问，企业内部可能需要针对客户的质疑进行再次或多次的调查，并提供第二次、第三次的补充答复，直至问题解决，客户接受企业的调查结果。

企业应根据投诉的性质和相关法律法规判断是否需要报告相关监管部门。例如药品不良事件应在适用的规定期限内及时报告；如企业出现生产失误、药品变质或其他重大质量问题，在考虑采取相应措施的同时还应及时向当地药品监督管理部门报告。

6. 关闭投诉

通常需要得到客户对调查答复报告的满意答复后才能结束投诉（当然纠正和预防措施需要继续进行）。但是对于一些不合理投诉，或已经答复几次的合理投诉，客户不一定再会有反馈，这时企业可以人为地确定一个时间，例如最终答复客户后 1 个月内无反馈则关闭投诉并将相关记录归档保存。

（三）投诉记录的要求

投诉记录是记录从投诉信息的接收到投诉关闭整个过程的信息，应当包括但不限于以下内容。

① 投诉人或公司的名称、地址、电话等信息；

② 接收投诉的人/部门及收到投诉的日期；

③ 投诉的内容和性质，包括投诉的原始信函或文件，产品名称、批号、数量，投诉的分类等；

④ 投诉调查采取的行动，包括执行人和日期；

⑤ 投诉调查的结果和日期；

⑥ 因投诉发起的纠正和预防措施；

⑦ 对投诉人或公司的答复（包括答复内容和时间）；

⑧ 对投诉发起的纠正和预防措施的跟踪；

⑨ 投诉产品的处理，相关批号产品的处理；

⑩ 任何投诉人对投诉的补充及投诉答复的反馈；

⑪ 关闭投诉的时间及理由。

另外，企业应制定合理的投诉编号规则，由投诉管理部门对投诉进行登记编号，以便对投诉进行识别、沟通和统计分析。必要时，企业应当建立投诉台账，以方便对各个投诉进行索引。

（四）文件和样品的保存

所有与投诉相关的必要的信息应当归档。一个投诉档案应当至少包括以下资料：客户的书面投诉通知（适用时）、投诉记录表、投诉调查报告及相应的附属资料、投诉的答复报告、客户对投诉最终答复报告的接受意见（适用时）、投诉样品等。投诉档案应当保存足够长的时间，需要时应当能够方便地查阅。

• 案例

案例一 实验室 OOS 调查

（一）未遵循实验室控制程序的规定

在审核某公司电子色谱图原始记录时，发现当碰到实验失败或者 OOT（out of trend，超出趋势）数据时，操作人员会制备并进行相同份数的新鲜样品溶液实验。在某些情况下，会从系统中删除原始数据且不能恢复，在 QC 人员的工作记录中也未对重新制备样品的过程进行描述。举例如下。

① 2016 年×月×日，分析员在对批号×××的原料药 12 个月稳定性试验的杂质监测时得到了失败的结果，在相对保留时间 0.4 的位置出现了未知杂质（结果为 0.13%）。在样品的运行设置中又额外进行了 2 次进样测试，未知杂质峰未检查，其结果符合标准。这些额外进行的“新鲜样品的制备”没有任何记录，分析员将这些情况记录在事件日志上，说明原因为“进样瓶污染”，但未启动检验 OOS（结果超标）调查。

② 2017 年×月×日，分析员在对批号×××的原料药杂质检测时得到一个 OOT 的结果，在主峰邻近处出现一个额外的色谱峰。分析员未启动 OOT 调查程序，仅将该情况记录在偏差记录本中，并重新制备新鲜样品进行复测，而且复测样品的称量操作没有记录。

两次事件的分析员均不同，调查认为企业 OOS 执行的问题是系统性缺陷。

（二）解题思路

① 检查员对计算机化系统尤其是市面上比较流行的实验室软件系统较熟悉，对如何检查审计追踪都接受过一定程度的培训，即使检查员对软件不熟悉，他也可以要求员工当面操作，如员工不会操作，也可以针对员工培训提出要求或缺陷。

② 根本原因是企业对实验室控制程序的规定执行力差，全员合规意识不强，软件条件不符合或权限设置不合理。

③ 风险分析：许多实验室的恶习流传至今，已演变为整个实验室管理体系的问题。检查员会对所有实验数据结果持怀疑态度，不再信任出自这个实验室的任何检验结果，这个实验室基本等于被判了“死刑”。

④ 整改与预防：进行全员 GMP 计算机化系统培训和 GMP 意识培训。升级软件或调整权限设置。对以往情况进行梳理，逐一解释。对以往放行的产品进行风险评估。

案例二 企业多次停电事件的偏差管理

（一）背景

FDA 在对某家药品生产企业进行检查时发现，2012 年该企业发生了 30 次以上的停电事件。停电发生时，备用发电机不会自动开启，需要员工手动启动。对于每一次停电事件，企业均未对停电对正在生产的产品造成的质量影响进行调查。尽管企业 QC 实验室拥有不间断的电力供应，但停电仍对 QC 的药品稳定性试验箱造成影响，然而也未进行调查。该企业没有针对这类调查的操作规程。企业也未对有关实验室设备故障的偏差进行调查。FDA 检查员在审核HPLC与GC服务报告日志时发现许多仪器问题的服务事件未记录为偏差。因此，企业未遵循SOP“偏差管理的标准操作规程”的要求。依照该SOP，所有有关设备，包括实验室仪器的服务活动，均需要记录为偏差。

鉴于以上检查时的发现，FDA检查员在483检查表中提出企业需对停电期间产生数据的有效性进行评估，并提供一份对产品质量影响的调查报告，制定相关的管理制度。同时要求企业对仪器的维修服务等活动按照偏差进行相关调查。

（二）解题思路

1. 根本原因的调查

为什么会反复停电？市政工程设施通知的停电？厂区内部的线路问题？设备的问题？为什么备用电源不能正常使用？为什么没有针对停电的操作文件？

2. 偏差对产品质量影响的评估

停电对设备、产品影响的所有评估均应从产品质量和合规角度考虑，需要提供数据证实未对产品质量造成影响，不能草率了事。

3. 需按照SOP对仪器维修服务事件进行偏差调查

作为一般实验室操作要求，任何可能影响质量控制试验的设备故障，包括仪器维修，均应进行适当调查和记录。

案例三　生物制品企业实验室数据可靠性控制不充分

（一）背景

FDA对某制药企业进行检查时发现，生产科学分析技术实验室支持上市申请的检测数据缺乏充分的数据可靠性控制。用于支持某产品上市申请的实验室数据，从2013年以来一直缺乏充分的数据可靠性控制和保证；在检查期间完成的风险评估，并不能够说明所有检测数据真实可靠；企业偏差中包含多项数据可靠性缺陷，包括但不限于共享管理员账号、缺乏数据备份和审计追踪，且制定的纠正和预防措施不充分；企业内审及客户审计中均发现数据可靠性问题，包括电脑上粘贴带有系统密码的便签条、用户共用管理员账号、使用非受控的表格追溯样品和记录检测结果等，但未进行及时纠正。

（二）解题思路

1. 风险评估

应对所有上市申请进行数据可靠性风险评估，且风险评估文件应评估使用该实验室生成的数据支持上市申请对目前已上市产品的影响。

2. 数据可靠性管理

数据可靠性原则包括ALCOA-CCEA，即可归属性、清晰可辨性、及时性、原始性、准确性、完整性、一致性、持久性、可及性。企业应建立管理文件，规定权限控制、密码安全、数据备份和恢复、审计追踪等数据可靠性管理策略。

3. 纠正和预防措施

当发现数据可靠性缺陷时，应基于风险确定调查的范围、根本原因、影响及纠正和预防措施。对于识别出来的数据可靠性改进行动，企业应建立完善的行动追踪体系，保证改进行动的完成时限与完成效果。必要时，对改进行动有效性进行考察。

案例四　胶囊填充机结构微调的变更控制

（一）背景

用户在使用胶囊时将囊壳剥开，溶于水中，发现有疑似金属颗粒，向生产厂商进行投诉。生产厂商在对留样进行检查后发现多批次有疑似金属颗粒，但用金属探测器检测不到，怀疑仪器分辨率不够。进一步对颗粒进行检查，发现确实为金属。

（二）解题思路

1. 根本原因的调查

多批次发现金属颗粒，可以排除检验偏差。直接进行生产过程偏差调查，从投料、制粒、混合、胶囊填充、内包等各工序开展调查。

2. 偏差的评估

对产品质量的影响、对病人的影响，不言而喻。

3. 调查结果

生产部门与设备部门沟通，要求设备部门对胶囊填充机进行微调，将胶囊颗粒料斗下用于刮料的标尺向内部调节了1mm，该情况既没有提请变更流程，也未让QA部门知晓，导致反复刮擦金属面板将金属刮落，并混入了胶囊颗粒中，并且在填充后端的金属探测器不能感应报警，导致最终近70批成品报废，直接经济损失达2亿多元。

案例五　甲钴胺新增供应商变更管理

（一）背景

“甲钴胺新增供应商宁夏金维”变更实施计划中，列出了对新供应商小样检验、稳定性考察、资料申报、供应商审计、修订合格供应商名单等实施内容，但未见变更前后供应商产品的生产工艺、残留溶剂、晶型和粒径的实际比较数据。

（二）解题思路

这是一个供应商变更的典型案例。主要供应商的变更在企业的变更系统中属于最高级别的变更，企业变更控制的同时应到药监部门报备。供应商变更的核心是评估原辅料变化对产品质量的影响，所以前后原辅料质量的比较尤为重要。除合规性要求外，不仅要比较工艺、标准及检验数据，还要比较长期稳定性；不仅要比较标准内的要求，还要比较对产品生物利用度有影响的指标如晶型、粒径等。

案例六　质量控制实验室添置仪器和网络版软件的变更管理

（一）背景

质量控制实验室2017年添置了一台恒温箱、网络版软件，2018年添置了2台溶出仪，都未启动变更控制流程，也未根据变更控制要求列出变更实施计划、跟踪变更的完成情况、评估变更的实施效果。

（二）解题思路

这是一个变更控制流程的典型案例。这里需要强调的是：①根据企业变更控制文件的要求启动变更控制流程，不应遗漏；②评估变更对产品质量的影响；③按变更流程控制表制定变更实施计划，列出内容、完成时间和责任人；④跟踪计划的完成情况；⑤根据设备运行的时间或生产的批次评估变更的实施效果。上述五方面是一个完整的变更控制的主要内容。

案例七　产品质量回顾

（一）背景

“2018年××产品质量回顾”存在以下问题：①未对辅料（如乳糖、糊精等）进厂验收、检验情况进行回顾分析；②未对各工序的物料平衡、收率进行汇总分析；③对产品稳定性考察只有符合性的结论，未对稳定性数据绘制控制图，进行趋势分析；④未利用Minitab软件对关键质量指标（如装量、含量等）绘制控制图、计算Cpk（过程能力指数）-Ppk（过程性能指数）进行过程能力分析；⑤未对异常趋势进行原因分析。

（二）解题思路

该案例提示我们产品质量回顾应按 GMP 第二百六十六条要求制定质量回顾的主文件，规定产品质量回顾的范围、数据统计分析的工具，对回顾结果进行评估，制定纠正和预防措施。回顾内容要全面，不仅包括原料的回顾，还应进行辅料的回顾；不仅包括中间体的质量回顾，还应对关键工艺参数进行回顾。对数据的统计分析目前最常采用 Minitab 软件绘制控制图，计算过程能力。并且对回顾中出现的异常趋势都要进行原因分析，对过程能力差的工序进行优化改进。

• 阅读链接

[1] 已上市化学药品药学生产工艺变更研究技术指导原则（试行）. 国家药品监督管理局药品评审中心，2021-02-10.

[2] 已上市化学药品和生物制品临床变更技术指导原则. 国家药品监督管理局药品评审中心，2021-02-10.

[3] 已上市中药变更事项及申报资料要求. 国家药品监督管理局，2021-02-23.

[4] 药品上市后变更管理办法（试行）. 国家药品监督管理局，2021-01-12.

[5] 国家药品监督管理局关于药品上市许可持有人直接报告不良反应事宜的公告（2018 年第 66 号）. 国家药品监督管理局，2018-09-29.

[6] 药物警戒质量管理规范（2021 年第 65 号），国家药品监督管理局，2021-05-07.

[7] 国家药品监督管理局食品药品审核查验中心. 药品 GMP 指南-质量控制实验室与物料系统. 中国医药科技出版社，2023.

• 思考题

1. 偏差的类型有哪三种？常见偏差的处理方法有哪些？

2. 写出供应商质量审计流程。

3. 画出 CAPA 处理流程图。

4. 简述 OOS 系统和偏差管理系统的区别。

5. 写出对物料供应商进行现场审计工作通常需要关注的内容。

6. 写出物料放行和产品放行的区别。

7. 写出成品留样和物料留样的区别。

8. 写出持续工艺确认和其他质量体系要素的区别。

9. 对于注射剂变更包材的同时变更灭菌工艺条件，但 F_0 值相同，是否为灭菌工艺变更，即应在包装容器变更同时申请工艺变更？

10. 如何构建一个高效的药物警戒体系以确保患者安全？

11. 冻干无菌注射剂产品无菌检验结果超标，请分析可能的原因，并提出相应的改进措施。

12. 生产部门与设备部门沟通，要求设备部门对胶囊填充机进行微调，因此设备部门按照生产部门的要求直接将胶囊颗粒料斗下用于刮料的标尺向内部调节了 1mm，调节后的设备立即用于生产。请问这种做法合理否？基于这件事，建议企业采取哪些改进措施？如果要进行该设备的微调，结合 GMP 要求，应该如何实施？

第十一章　委托生产与委托检验

- **本章学习要求**

1. 掌握委托方和受托方的资质和职责。
2. 了解药品委托生产需要提交的资料。
3. 掌握委托生产药品合同的内容。

随堂练习

我国现行的《药品管理法》自2019年12月1日起正式实施，药品上市许可持有人制度（以下简称为“MAH制度”或“持有人制度”）在全国范围内全面推行。与以往的药品注册证持有人必须为药品生产企业不同的是，MAH制度下，不具备生产条件的药品研发型公司也能够通过委托生产的方式进行药品注册，进而成为持有人。MAH制度对于优化资源配置和推动专业化分工具有重要意义，能够在提升生产效率和保证药品质量的同时增加药品的产量。MAH制度实施后，药品委托生产的需求与应用日益增长，相关规范和监管要求也在持续完善。

药品委托生产，是持有人在因技术改造暂不具备生产条件和能力或产能不足暂不能保障市场供应的情况下，将其持有药品批准文号的药品委托其他药品生产企业（受托方）全部生产的行为，不包括部分工序的委托加工行为，国家药品监督管理部门对药品委托生产审批及监督管理进行指导及监督检查。各省、自治区、直辖市药品监督管理局负责药品委托生产审批和监督管理。

药品委托检验，是指质量检验机构（各级药检所和高等院校）接受其他组织、企业或个人的委托，委托方自行送样或受托方组织抽样，以委托方要求、药品质量标准及国家法律法规等为依据，以规定方法、在规定条件下对样品质量进行检验，并出具合法有效的检验报告，以对样品及其代表的药品批次的质量状况做出准确可靠的评价为目的的一种质量检验活动。

为贯彻《药品管理法》有关规定，进一步加强药品生产监督管理，规范药品委托生产，确保药品质量安全，指导、监督药品上市许可持有人和受托药品生产企业履行药品质量保证义务，通过签订药品委托生产质量协议（以下简称“质量协议”）落实药品管理法律法规及GMP规定的各项质量责任，保证药品生产全过程持续符合法定要求，国家药监局组织制定了《药品委托生产质量协议指南》（2020年版），用于指导、监督药品上市许可持有人和受托生产企业履行药品质量保证义务，自发布之日2020年9月27日起施行。

并非所有药品均可进行委托生产，部分药品的委托生产受到禁止或限制。依据现行《药品管理法》《药品生产监督管理办法》（2020年）等相关法律法规，禁止委托生产的药品包括血液制品、麻醉药品、精神药品、医疗用毒性药品、药品类易制毒化学品（药品监督管理部门另有规定的除外）；含麻醉药品复方制剂、含精神药品复方制剂以及含药品类易制毒化学品复方制剂；经批准或者通过关联审评审批的原料药。超出疫苗生产能力确需委托生产的，应当经国家药品监督管理局批准。

国家在药品跨境委托生产、药品分段生产上不断做出政策和监管上的尝试和突破，药品委托生产相关法规持续更新，主要有：《药品上市后变更管理办法（试行）》（2021年1月12日实施）、《支持港澳药品上市许可持有人在大湾区内地9市生产药品实施方案》（2022年6月23日实施）、《疫苗生产流通管理规定》（2022年7月8日实施）、《药品上市许可持有人落实药品质量安全主体责任监督管理规定》（2023年3月1日实施）、《国家药监局关于加强药品上市许可持有人委托生产监督管理工作的公告》（2023年10月17日实施）、《国家药监局综合司关于印发药品上市许可持有人委托生产现场检查指南的通知》（2023年10月17日实施）、《国家药监局关于印发生物制品分段生产试点工作方案的通知》（2024年10月21日实施）。药品委托生产制度逐渐规范化，监管不断完善、加强。为进一步加强药品委托生产监督管理，促进医药产业高质量发展，国家药监局组织起草了《关于加强药品受托生产监督管理工作的公告（征求意见稿）》，2024年11月5日已向社会公开征求意见。

第一节　委托方

虽然委托方无需具备药品生产能力，但依据《药品生产监督管理办法》等规定，委托他人生产制剂的药品上市许可持有人应按照规定办理药品生产许可证（B证）。委托方可以不具备与药品生产相适应的厂房、设施、设备和卫生环境，且没有能对所生产药品进行质量管理和质量检验的必要的仪器设备等实质生产条件，但作为委托生产药品的持证人，应对该药品包括生产在内的全生命周期质量负责，必须配置具有相应资格的人员、质量管理和检查机构以及规章制度。

委托生产期间，委托方应当对药品研制、生产、经营、使用全过程中药品的安全性、有效性、质量可控性负责；对受托生产的全过程进行指导和监督，督促受托方持续稳定地生产出符合预定用途和注册要求的药品，定期对受托方的质量管理体系进行审核，负责委托生产药品的上市放行。不得通过质量协议将法定只能由持有人履行的义务和责任委托给受托方承担。具体要求主要有以下方面。

① 委托生产无菌药品的，持有人的生产负责人、质量负责人、质量受权人均应当具有至少五年从事药品生产和质量管理的实践经验，其中至少三年无菌药品生产和质量管理的实践经验。

② 委托生产中药注射剂、多组分生化药的，持有人的生产负责人、质量负责人、质量受权人应当具备同类型制剂产品三年以上生产和质量管理的实践经验；产品应当具有近五年连续生产销售记录，且未发生过严重不良反应和抽检不合格的情况；持有人应当按照现行技术要求，对拟委托生产的中药注射剂或者多组分生化药开展化学成分研究、定性定量分析方法研究、生物学质控方法研究、持续稳定性考察研究、全面毒理学研究和药品上市后研究。持有人还应当对受托生产企业以及中药提取物、动物来源原材料制备过程的药品GMP符合情况进行现场审核，并对受托生产企业检验能力进行评估。

持有人应当向所在地省级药品监管部门提交上述研究资料、药品GMP现场审核报告和检验能力评估报告、近五年产品生产销售记录、不良反应监测总结报告、关键岗位人员的资质证明材料及受托生产企业同类型制剂产品近三年连续生产的记录。持有人所在地省级药品监管部门应当对持有人提交的资料组织开展技术审评，确认有关情况符合要求的，方可批准委托生产。

在委托生产期间，持有人应当每年对受托生产企业以及中药提取物、动物来源原材料制备过程的药品GMP符合情况进行现场审核，并对受托生产企业检验能力进行评估。持有人所在地省级药品监管部门应当每年组织对持有人开展全面监督检查，并对相关药品委托生产过程实施药品GMP情况进行延伸检查。检查发现不符合要求的，应当依法采取风险控制措施；委托生产品种发生严重不良反应或者抽检发现不合格情况的，应当停止委托生产活动。

③ 对存在不良信用记录情形的，在委托生产药品期间，持有人还应当每年向所在地省级药品监管部门定期提交上述审核报告和评估报告；持有人还要派员驻厂对委托生产过程进行管理，确保生产过程持续符合药品GMP及法规要求。持有人所在地省级药品监管部门应当每年组织对持有人开展全面监督检查，并对相关药品委托生产过程实施药品GMP情况进行延伸检查。检查发现不符合要求的，应当依法采取风险控制措施。

④ 持有人应当设立职责清晰的管理部门，配备与药品生产经营规模相适应的管理人员，按规定建立覆盖药品生产全过程的质量管理体系。持有人应当对受托生产企业的质量保证能力和风险管理能力进行评估，按规定与受托生产企业签订质量协议和委托生产协议；应当监督受托生产企业履行协议约定的义务，确保双方质量管理体系有效衔接；对受托生产企业的质量管理体系进行定期现场审核，确保生产过程持续符合法定要求。

⑤ 持有人应当对物料供应商进行评估批准，定期对主要物料供应商的质量管理体系进行现场审核。持有人应当对原料、辅料、直接接触药品的包装材料和容器的进厂检验严格管理，定期对受托生产企业的入厂检验结果抽查审核，确保相关物料符合药用要求和法定标准。

⑥ 持有人应当制定药品上市放行规程，对受托生产企业的检验结果、关键生产记录和偏差控制情况严格审核，符合有关规定的，经质量受权人签字后方可放行上市。持有人应当结合产品风险定期组织对委托生产质量管理、生产管理等情况进行回顾分析，原则上每季度不少于一次风险研判，制定纠正预防措施，持续健全质量管理体系。

⑦ 持有人应当按照药品监管有关规定和药品生产质量管理规范等要求建立药品上市后变更控制体系，制定内部变更分类原则、变更事项清单、工作程序和风险管理要求，并认真实施；应当结合产品特点，联合受托生产企业开展相关研究、评估和必要的验证后，确定变更管理类别，经批准、备案后实施或者在年度报告中载明。

⑧ 持有人可以自建质量控制实验室开展检验，也可以委托受托生产企业进行检验，但应当对受托方的条件、技术水平、质量管理情况进行现场考核；持有人应当对受托检验的全过程进行监督。

⑨ 生物制品、中药注射剂、多组分生化药委托生产的，持有人应当持续提升全过程质量管理水平，重点做好以下工作：

a. 持有人应当建立覆盖生产用主要原料（包括生物材料、中药材、中药饮片、中药提取物、动物来源原材料等）生产过程的质量管理体系。

b. 持有人应当每年对生产用主要原料的供应商进行现场审核；委托生产品种涉及多场地生产的，应当确保各场地生产用主要原料的产地、来源、供应商和质量标准等一致。

c. 在委托生产药品期间，持有人应当选派具有相关领域生产和质量管理的实践经验、熟悉产品生产工艺和质量控制要求的人员入驻受托生产企业，对产品生产管理、质量管理全过程进行现场指导和监督，确保生产工艺、质量标准等符合法规要求；派驻人员工作职责应当在质量协议中予以明确。

d. 药品生产过程中，由受托生产企业对物料、中间产品（原液）、成品进行检验的，持有人应当自行或者委托第三方，定期对主要原料、中间产品（原液）、成品开展抽样检验。

原则上，每生产 10 批次成品，对主要原料、中间产品（原液）、成品至少抽样检验 1 批次；生产成品不足 10 批次的年度，当年对主要原料、中间产品（原液）、成品至少抽样检验 1 批次；发生重大偏差或者存在重大不良趋势的，持有人应当对主要原料、中间产品（原液）、成品的相关批次逐批抽样检验，并开展持续稳定性考察；发生重大变更的，持有人应当在变更获批后至少对连续 3 批成品逐批抽样检验。相关要求应当在质量协议中予以明确。

⑩ 在委托生产的药品包装、标签和说明书上，应当标明委托方企业名称和注册地址、受托方企业名称和生产地址。

⑪ 血液制品、麻醉药品、精神药品、药品类易制毒化学品、医疗用毒性药品依法不得委托生产。国家药品监督管理部门可以根据监督管理工作需要调整不得委托生产的药品名单。放射性药品的委托生产按照有关法律法规规定办理。

第二节　受托方

受托方作为实际从事药品生产的企业，必须符合《药品生产监督管理办法》第六条规定的条件，并取得药品生产许可证（C 证），如果同时作为持有人自行生产的，还必须持有 A 证。受托生产企业应当具备与受托产品相匹配的机构、人员及质量管理体系，保证双方质量管理体系有效衔接，确保生产过程及药品质量持续符合法定要求；具备与受托产品相匹配的生产线及充足的产能，满足受托产品的生产需求；具有较强技术转移能力、质量保证能力、风险防控能力；具有良好的信用状况、履约能力、运营能力及可持续发展能力。

从事疫苗生产活动的，还应当具备下列条件：具备适度规模和足够的产能储备；具有保证生物安全的制度和设施、设备；符合疾病预防、控制需要。

此外，委托生产中药注射剂、多组分生化药的，受托生产企业应当具备同类型制剂产品近三年连续生产的记录。

受托方应当严格执行质量协议，确保委托生产药品遵守 GMP，按照国家药品标准和经药品监督管理部门核准的注册标准和生产工艺进行生产，负责委托生产药品的出厂放行。其药品名称、剂型、规格、生产工艺、原辅料来源、直接接触药品的包装材料和容器、包装规格、标签、说明书、批准文号等应当与持有人持有的药品批准证明文件载明内容和注册核准内容相同。

受托方应当积极配合持有人接受审核，并按照所有审核发现的缺陷，采取纠正和预防措施落实整改。

受托生产企业在接受委托生产前，应当对持有人质量管理体系进行全面评估，评估重点应当包括委托方质量管理体系运行情况、技术转移管理能力、受托生产品种的风险因素、共线生产的可行性等，委托生产企业符合评估要求的，方可签署委托生产协议与质量协议。优先选择组织机构健全、质量管理体系完备、具备研发能力、掌握委托生产药品关键工艺技术、关键人员履职能力良好的持有人开展合作。

委托方和受托方有关药品委托生产的所有活动应当符合 GMP 的相关要求。

第三节　药品委托生产

1. 药品委托生产申请需要提供的资料

包括但不限于如下文件（如为复印件，应当逐页或者骑缝加盖持有人公章）：

① 药品注册证书；

② 经药品监督管理部门核准的生产工艺、质量标准、说明书和标签；

③ 药品注册申报时原辅料、包装材料、中间体、成品的质量标准及检验标准操作程序；

④ 企业内控质量标准；

⑤ 省级药品监督管理部门备案的药品说明书和包装标签样稿；

⑥ 与清洁验证相关的产品毒性数据资料等。

2. 持有人向所在地省级药品监管部门提交的资料

① 提交对拟委托生产的中药注射剂或者多组分生化药开展化学成分研究、定性定量分析方法研究、生物学质控方法研究、持续稳定性考察研究、全面毒理学研究和药品上市后研究等研究资料；

② 药品 GMP 现场审核报告和检验能力评估报告；

③ 近五年产品生产销售记录；

④ 不良反应监测总结报告；

⑤ 关键岗位人员的资质证明材料；

⑥ 受托生产企业同类型制剂产品近三年连续生产的记录。

持有人所在地省级药品监管部门应当对持有人提交的资料组织开展技术审评，确认有关情况符合要求的，方可批准委托生产。

3. 受托方需要提供的材料

受托方应当根据持有人提供的文件资料，根据企业现有的生产技术条件和质量管理情况制定相应的委托生产技术文件，文件必须经双方审核批准。技术文件包括但不限于：原辅料、包装材料、中间体、成品的质量标准；产品生产工艺规程；空白批生产记录、批包装记录、批检验记录等。

4. 受托生产的质量责任

委托双方应当强化产品技术转移过程风险识别、沟通、分析、评估、处置和培训，确保产品技术转移研究充分，转移前后药品质量一致。委托双方在技术转移过程中，如发现对方在硬件条件、生产管理、质量管理等方面难以完成技术转移的、可能产生药品生产质量风险的，应当停止合作。涉及委托研发的产品，持有人、研发机构和受托生产企业之间应当密切配合，共同完成技术转移工作。

受托生产企业应当根据委托生产协议、质量协议和持有人转移的技术文档建立受托生产文件体系，指定专人负责与持有人的质量管理体系衔接工作；质量协议中应当明确持有人有权查阅与受托生产活动直接相关的管理制度和操作，确保受托生产符合法律法规、技术规范以及持有人质量管理等要求。委托双方应当利用信息化手段开展生产、检验全过程文件和记录的审核、传递、数据归档等工作，应当确保质量管理体系有效衔接，强化药品记录和数据管理，保证受托生产信息真实、准确、完整和可追溯。

受托生产期间，受托生产企业应当基于品种类型、工艺特点、在产情况，协助持有人开展季度风险研判分析和年度产品质量回顾分析。根据质量协议和委托生产协议约定，对可能存在合规风险、质量风险的委托生产项目，会同持有人及时采取有效的风险控制措施。对存在重大合规风险或质量风险的应当立即停止生产，并向委托生产双方所在地省级药品监督管理部门报告。受托生产企业应当建立药物警戒制度，配合持有人开展疑似不良反应的监测、识别、评估和控制工作。

受托生产企业应对品种共线生产的可行性和可控性负主体责任，应当系统梳理所有生产线上的共线生产品种情况（包括已批准上市药品、临床试验用药品、试制样品等），综合考虑产品特性、物料性质、生产规模、生产工艺等因素，根据《药品共线生产质量风险管理指南》全面系统地开展共线生产风险评估，并根据评估结果及时完善产品共线策略，如采取独立空调控制系统、专用生产设备或配件、阶段性生产等必要的措施，防范污染、交叉污染、混淆、差错、超负荷生产等风险，最大程度降低药品共线生产风险，充分保障药品质量安全。

持有人、受托生产企业应当加强对样品的管理，确保满足委托生产药品的追溯和调查要求。鼓励委托双方对委托生产的物料和制剂产品按照药品 GMP 要求进行留样和开展稳定性考察。

受托生产企业应当配合持有人开展现场审核工作，配合持有人所在地省级药品监督管理部门开展延伸检查。在审核和检查期间受托生产企业不得隐瞒真实情况或提供虚假材料，不得代替持有人撰写评估报告。

持有人和受托生产企业应当采用符合 GMP 要求的信息化手段记录保存生产、检验全过程数据，确保能够高效的进行质量审核工作。

5. 受托生产的监督管理

申请人拟申请办理受托生产药品生产许可证（以下称 C 类许可证）核发或者申请 C 类许可证许可事项变更的，各省级药品监督管理部门应当按照《药品生产监督管理办法》《国家药监局关于实施新修订〈药品生产监督管理办法〉有关事项的公告》（2020 年第 47 号）等要求严格审核评估。

长期停产（最近一次药品再注册周期内未开展商业化规模生产）拟恢复生产的，应当符合国家药监局《境内生产药品再注册申报程序》中关于长期停产药品复产的相关要求。对于国家短缺药品和临床必需易短缺药品，可以通过委托生产形式恢复生产；对于其他药品，需按批准的要求恢复生产并达到放行条件后，方可申请办理委托生产。相关生产线长期未生产上市放行产品的，受托生产企业应当开展复产前确认和验证，并向所在地省级药品监督管理部门申请药品 GMP 符合性检查，通过检查后方可接受委托生产。

省级药品监督管理部门在持有人委托生产许可审批以及日常监管中，应当强化药品委托生产双方企业关键人员履职能力考核评估，根据考核评估和检查情况，可采取不予许可、约谈、告诫、限期整改等措施，必要时可进一步采取暂停生产、销售等风险暂控措施。

受托生产企业在受托生产期间，存在生产假劣药品、编造生产检验记录、未经批准擅自改变生产工艺或者受托生产行为未遵守《药品生产质量管理规范》等情形的，应当依法承担相应的法律责任，由受托方所在地省级药品监督管理部门按照《药品管理法》查处。

第四节　药品委托检验

药品生产企业应当建立药品出厂放行规程，明确出厂放行的标准、条件，并对药品质量检验结果、关键生产记录和偏差控制情况进行审核，对药品进行质量检验。符合标准、条件的，经质量受权人签字后方可出厂放行。

根据 GMP 等相关规定，药品生产企业对放行出厂的制剂产品必须按药品标准项下的规定完成检验，除动物实验外其余各项不得委托其他单位进行。菌、疫苗制品的动物实验不得委托检验。

持有人委托受托生产企业进行检验，应当对受托方的条件、技术水平、质量管理情况进行现场考核；持有人应当对受托检验的全过程进行监督。原则上，持有人或者受托生产企业不得再委托第三方检验；但个别检验项目涉及使用成本高昂、使用频次较少的专业检验设备，持有人可以委托具有资质的第三方检验机构进行检验；持有人应当对第三方检验机构资质和能力进行审核，与之签订委托检验协议，并向持有人所在地省级药品监管部门报告。鼓励持有人与受托生产企业同时具备委托生产品种相适应的检验能力。同一质量管理体系下的母、子公司之间或者不同子公司之间委托生产药品的，可由受托生产企业统一进行检验。

第五节　合同

委托生产药品的双方应当签订书面合同。内容应当包括质量协议，明确双方的权利与义务，并具体规定双方在药品委托生产管理、质量控制等方面的质量责任及相关的技术事项，而且应当符合国家有关药品管理的法律法规。

质量协议双方应当遵守药品管理的法律法规和技术规范要求，履行 GMP 规定的相关义务并行使其权利，以及质量协议的各项规定，并各自依法承担相应的法律责任。

质量协议应当详细规定持有人和受托方的各项质量责任，并规定持有人依法对药品生产全过程中药品的安全性、有效性、质量可控性负责。

双方应当建立有效的沟通机制，在质量协议中确定技术质量直接联系人，及时就质量协议执行过程中遇到的问题进行沟通。当变更控制、偏差、检验结果超标或检验结果超趋势、质量投诉等方面工作出现争议时，双方应当及时开展沟通协调，确保在合法依规、风险可控的范围内妥善解决，沟通结果应当以书面的形式进行记录，并经双方签字确认后保存。

质量协议的起草应当由持有人和受托方的质量管理部门及相关部门共同参与，其技术性条款应当由具有制药技术、检验专业知识和熟悉 GMP 的主管人员拟订。

质量协议应当在双方协商一致的前提下，由双方的法定代表人或者企业负责人（企业负责人可以委托质量负责人）签署后生效。

一般情况下，合同内容至少包括：

① 规定双方在药品委托生产技术、质量控制等方面的权利与义务，并且应当符合国家有关药品管理的法律法规。

② 规定双方的责任，其中的技术性条款应由具有制药技术、检验专业知识和熟悉本规范的主管人员拟订。委托生产及检验的各项工作必须符合药品生产许可和药品注册的有关要求并经双方同意。

③ 规定由哪方的质量受权人批准放行每批药品的程序以及在特殊情况下批准放行的程序，确保每批产品都已按药品注册的要求完成生产和检验。

④ 规定何方负责物料的采购、检验、放行、生产和质量控制（包括中间控制），还应规定何方负责取样和检验。

⑤ 规定由受托方保存的生产、检验和发运记录及样品，委托方应能随时调阅或检查；出现投诉、怀疑产品有质量缺陷或召回时，委托方应能方便地查阅所有与评价产品质量相关的记录。

⑥ 规定双方均有变更实施前的告知义务；受托方有对所有关于生产和检验结果的偏差、错误及影响产品的不利事件的告知义务。

⑦ 规定委托方可以对受托方进行检查或现场质量审计。

⑧ 其他，如注明产品的发运方式和库存量要求等。

⑨ 如果必要，双方应签署保密协议。

⑩ 委托生产合同提前终止的，委托方应当及时向所在地省、自治区、直辖市市场监督管理局提交终止委托生产的申请，办理注销手续。

案例

委托生产与委托检验：《委托加工合同》中约定的部分条款与实际操作不一致

(一)背景

某医药企业委托上海某药业有限公司加工部分品种，但委托加工合同中约定的部分条款与实际操作不一致，如：

（1）委托加工合同 3.6 规定“委托加工产品成品取样及检验由乙方负责，甲方定期对乙方留样进行复验”，实际企业未对受托方生产的留样进行复验。

（2）委托加工合同 3.9 规定“乙方将所有批生产记录、批检验记录原件随“转库放行单”列表签字移交甲方，乙方保存复印件”，实际受托方上海某药业有限公司生产批记录未移交。

（3）委托加工合同 3.16 规定“甲方在委托生产期间，委派现场质量管理人员对乙方进行检查（生产时至少每月两次）”，实际委托方在委托生产期间未能委派现场质量管理人员进行每月两次以上的检查。

(二)解题思路

GMP 规定委托生产药品的双方应当签订书面合同。内容应当包括质量协议，明确双方的权利与义务，并具体规定双方在药品委托生产管理、质量控制等方面的质量责任及相关的技术事项。委托生产期间，委托方应当对委托生产的全过程进行指导和监督，负责委托生产药品的批准放行。

对于委托生产过程中发生不符合委托合同的行为或违反 GMP 的行为，应当对相应生产的药品批号进行偏差调查及风险分析，对于严重违反 GMP 规定生产的药品甚至应拒绝放行或放行后主动召回。

阅读链接

[1] 疫苗生产流通管理规定，国家药品监督管理局，2022-07-08

[2] 药品上市许可持有人委托生产现场检查指南（2023 年版），国家药品监督管理局，2023-10-17

[3] 药品委托生产质量协议指南（2020 年版）. 国家药品监督管理局公告 2020 年第 107 号，2020-09-27.

[4] 关于加强药品上市许可持有人委托生产监督管理工作的公告 . 国家药品监督管理局公告 2023 年第 132 号，2023-10-17.

[5] 中华人民共和国药品管理法实施条例（修订草案征求意见稿）. 国家药品监督管理局公告，2022-05-09.

[6] 关于印发《北京市医疗机构委托中药饮片生产经营企业提供中药饮片代煎、配送服务规范（试行）》的通知 . 北京市卫生健康委员会，北京市中医药管理局，北京市药品监督管理局公告 . 2024 年 117 号，2024-08-06.

[7] 药品生产监督管理办法 . 国家市场监督管理总局公告 2020 年第 28 号，2020-01-22.

思考题

1. 委托生产的委托方应具备哪些必要条件？
2. 委托生产的产品质量是由谁负责的？
3. 国家对委托生产药品具体有何规定？
4. 哪些药品是不能进行委托生产的？
5. 受托方应具备哪些条件？
6. 委托方应检查受托方的哪些资质？
7. 受托方应对持有人哪些方面进行评估？
8. 委托生产过程需要提供哪些资料？

第十二章 产品的发运与召回

● **本章学习要求**

1. 掌握产品发运的要求。
2. 掌握产品召回的分级和流程。

随堂练习

药品发运是指药品生产企业将产品发送到经销商或用户的一系列操作，包括配货、运输等。药品出库发运是关系药品质量的重要环节之一，因此，药企应加强对药品出库发运的管理，对产品发运严格把关。

召回，是指药品上市许可持有人（以下简称持有人）按照规定的程序收回已上市的存在质量问题或者其他安全隐患的药品，并采取相应措施，及时控制风险、消除隐患的活动。质量问题或者其他安全隐患，是指由于研制、生产、储运、标识等原因导致药品不符合法定要求，或者其他可能使药品具有危及人体健康和生命安全的不合理危险。

企业应建立召回程序、标准和相应的记录表格。具体实施可预先制定各类召回所需的公告、通告、通知、报告以及记录表格的模板，以便能够迅速完成相关文件并保持其一致性。

中国 GMP（2010 年修订）第二百九十三至三百零五条对于产品的发运与召回有具体的规定。应按照现行 GMP 的相关要求建立药品投诉、召回、收回和销毁的管理制度。

第一节 产品的发运

企业需使用符合 GMP 要求的运输设备设施，如适应各类温湿度贮存条件要求的运输工具、防护设施，尤其对于冷藏药品，在药品运输过程中，应针对运送药品的包装条件及道路状况，采取相应措施，防止药品破损和混淆。特殊管理药品和危险品的运输应按国家有关规定办理。企业需根据运输路途的距离，规定相应的运输方式、防护措施、运输时间。

随着现代医药科技的发展，在医药研发新技术的推动下，投放市场的生物药物和疫苗越来越多，生物制药的发展拉动了冷链物流的发展，冷链产品的运输在现代医药发展中变得尤为重要。

成品的发运应建立书面的操作规程，其基本流程见图 12.1。

一、产品发货

药品一般应遵循先进先出、近效期先出、按批号发货的原则，并及时进行详细记录。保证发出的药品能够按照批号进行准确的追踪，必要时可将售出药品及时、完整、准确地召回。在遵循出库原则时还需要考虑客户的需求，并做到所发出药品的批号相对集中。

成品发货需满足以下条件：

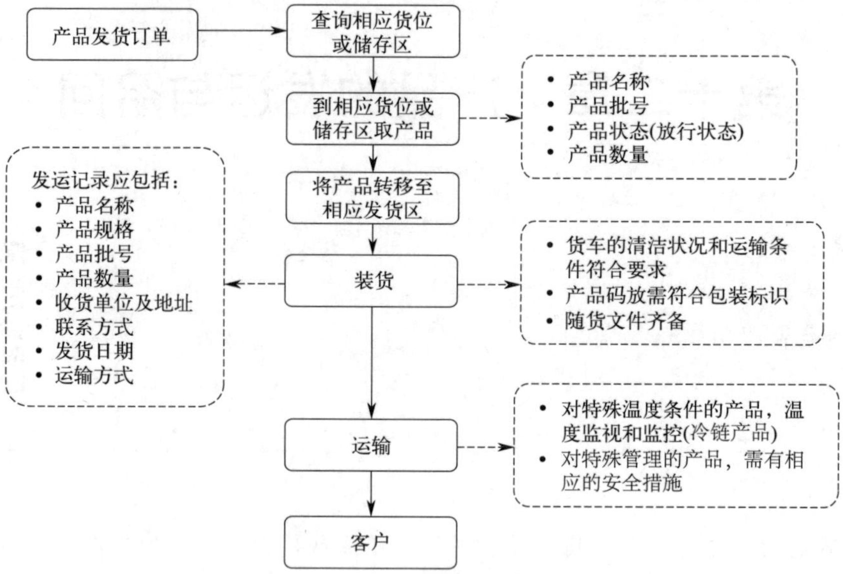

图 12.1　成品发运基本流程

① 确保只有经质量受权人放行的产品才能发放至外部客户或市场；

② 产品被适当贮存，在贮存期间产品质量从没有受到过不良影响。如温湿度和光照等；

③ 确保已建立药品信息化追溯体系，对产品各级销售包装单元赋以唯一追溯码；

④ 确保药品的追溯信息已上传至信息化系统平台，以实现药品生产、流通和使用各方追溯信息的互联互通；

⑤ 过期药品或非常接近有效期的药品不得发放；

⑥ 符合与客户签订的质量协议和/或采购质量标准；

⑦ 每批产品均应当有发运记录。根据发运记录，应当能够追查每批产品的销售情况，必要时应当能够及时全部追回。发运记录内容包括产品名称、规格、批号、数量、收货单位和地址、联系方式、发货日期、运输方式等。发运记录应当至少保存至药品有效期后 1 年。

二、 成品出库

仓库管理人员在接到产品发货订单时，首先需查询产品的存放货位信息，对相应货位的成品信息认真核实，包括产品名称、规格、批号等信息，尤其是原料药产品应符合与客户签订的质量协议和（或）采购质量标准。对于整件产品的复核，注意检查包装的完好性；拆零药品应逐品种、逐批号对照产品发货订单进行复核，复核无误后，方可合箱。同时需注意的是，GMP 中规定：“药品发运的零头包装只限两个批号为一个合箱，合箱外应标明全部批号，并建立合箱记录。”

产品出库时，仓库管理人员及复核人员应认真核对产品发货订单和发货实物的信息后，方可将成品运至发货区，准备装货。同时，需做好出库的相关记录。对于特殊管理的药品，需建立双人复核的制度。

产品出库时，如发现以下问题时应及时停止发货，并将问题作为偏差反馈给质量管理部门处理：

① 药品外包装内有异常响动和液体渗漏；

② 外包装出现破损、封口不牢、垫衬不实、封条严重损坏等现象；

③ 包装或标识模糊不清或脱落；

④ 药品超出有效期。

三、 装货

仓库管理人员在装货之前，需检查以下几个方面但不局限于：

① 产品运输的承运商符合相关法律、法规的要求，尤其运输特殊药品（毒性、麻醉、精神、放射性）时，仓库管理人员需检查承运商的相关资质证明文件，如运输证明；

② 货车内的储存条件满足产品储存的要求，尤其对于有特殊储存要求的产品，需仔细核实货车的储存条件，如温度、湿度；

③ 成品运输车厢应能防水、防潮；

④ 成品运输车厢不能有渗漏现象；

⑤ 成品运输车厢内应没有积水、大量尘埃、生锈物、油污等；

⑥ 随货文件齐备，如产品检验报告单；

⑦ 尽可能避免与有可能影响成品质量的其他货物一起发运。

四、成品运输

成品的运输过程中需确保以下几个方面：

① 标识完整，清晰可辨；②未受污染，未被其他产品或物料污染，以及免受外部因素导致的不利影响，如雨、雪等灾害性天气；③防止泄漏、破损、盗窃；④没有不适当的温度、湿度、光照，或其他不利条件的影响，如虫害。

成品运输线路、工具、条件都要经过确认。药品的发放和运输应控制于指定的温度或湿度条件下，确保运输条件满足产品的要求。当运输温度高于或低于规定的温度时，应立即采取措施，确保产品的安全运输。如有特殊的储存条件（如特殊温度和/或相对湿度要求），需考虑在运输过程中对运输条件进行监测和记录，所有监测记录应适当保存。需注意的是，特殊的运输条件需涵盖整个运输供应链，包括特殊的报警系统。

运输工具可直接影响产品的运输质量，运输工具的设计必须尽量减少错误的风险，并允许有效的清洁和（或）维修，以避免对正在发放的产品造成污染、积聚灰尘或污垢等，任何不利于药品质量的影响均应排除。

对运输人员的资质要求应作为承运商和生产商之间合同协议的一部分。运输人员应经过适当的培训、具有适当的专业知识。

对每次运输进行监控。用温湿度监测仪对每次运输的整个过程进行监控，如果监控结果都在范围内，那么可保证整个运输过程的温湿度没有超出限度。合理指定温湿度记录仪的数量和位置。尤其需要注意的是，运输途中的监测设备（如温湿度监测仪）需经过校验。同时，相关人员需记录运输途中的监测结果，若企业采用自动并记录的监测仪，需定期打印监测结果记录并进行评估。

第二节　产品的召回

对于产品的召回，1998 年版 GMP 并未引入召回的概念，只在第十一章“产品销售与收回”中提到产品的收回。直到 2007 年，《药品召回管理办法》发布，我国才对药品的召回管理有所依据。中国 GMP（2010 年修订）对产品的召回有明确规定，标志着我国由过去对召回的负面感知情绪进入对药品召回监管的新阶段。企业应建立召回处理程序，配备合适资质的人员或部门组织协调召回工作，并在公司内部明确各个协助调查部门的职责。

一、召回的分级

① 根据活动发起的主体的不同，药品召回分为主动召回和责令召回。

主动召回：药品生产企业通过信息的收集分析、调查评估，根据事件的严重程度，在没有官方强制的前提下，主动对存在安全隐患的药品做出召回。

责令召回：药品监督管理部门通过调查评估，认为存在潜在安全隐患，持有人应当召回产品而未主动召回的或召回药品不彻底的，责令企业召回产品。

② 根据药品质量问题或者其他安全隐患的严重程度，药品召回分为以下级别。

一级召回：使用该药品可能或者已经引起严重健康危害的。

二级召回：使用该药品可能或者已经引起暂时的或者可逆的健康危害的。

三级召回：使用该药品一般不会引起健康危害，但由于其他原因需要召回的。

企业应根据实际情况和产品的具体特点，有针对性地描述不同级别的召回。

二、召回流程

企业可根据召回级别和企业架构等因素的不同制定不同的召回管理流程，基本流程如图 12.2 所示。应注意，企业召回的真实过程可能比图示流程更为复杂。

药品存在质量问题或者其他安全隐患的，药品上市许可持有人应当立即停止销售，告知相关药品经营企业和医疗机构停止销售和使用，召回已销售的药品，及时公开召回信息，必要时应当立即停止生产，并将药品召回和处理情况向省、自治区、直辖市人民政府药品监督管理部门和卫生健康主管部门报告。药品生产企业、药品经营企业和医疗机构应当配合。

药品上市许可持有人依法应当召回药品而未召回的，省、自治区、直辖市人民政府药品监督管理部门应当责令其召回。

《药品召回管理办法》（2022 年修订）明确了药品召回的范围、召回实施的程序和基本要求、信息公布的基本要求及 MAH、生产企业和经营企业等单位在药品召回中应履行的义务，从而规范药品召回的管理和实施。

根据相关法规要求，持有人应向药品监管部门和卫生健康主管部门报告召回相关信息。药品受托生产企业、药品经营企业、医疗机构也应建立药品召回管理规程，明确：收到 MAH 的召回通知后，主动配合 MAH 履行召回义务。

按照召回计划及时传达、反馈药品召回信息，控制和收回缺陷药品。

召回程序应定期模拟，MAH 和受托企业可进行定期的联合模拟召回，以证明其有效性。

1. 召回决策

很多质量事件都可能导致召回决策活动，比如偏差、OOS 调查、投诉、药物不良反应等。因此，企业应定义召回决策活动的组织机构、评估原则和分类标准。

一般情况下，调查和评估应包括以下内容：

① 药品质量是否符合国家标准，药品生产过程是否符合 GMP 规定，药品生产与批准的工艺是否一致；

② 产品储存、运输是否符合要求；

③ 产品主要使用人群的构成和比例；

④ 可能存在安全隐患的产品批次、数量、流通区域和范围；

⑤ 对客户的生产工艺是否有不利影响，是否遵守对客户的承诺；

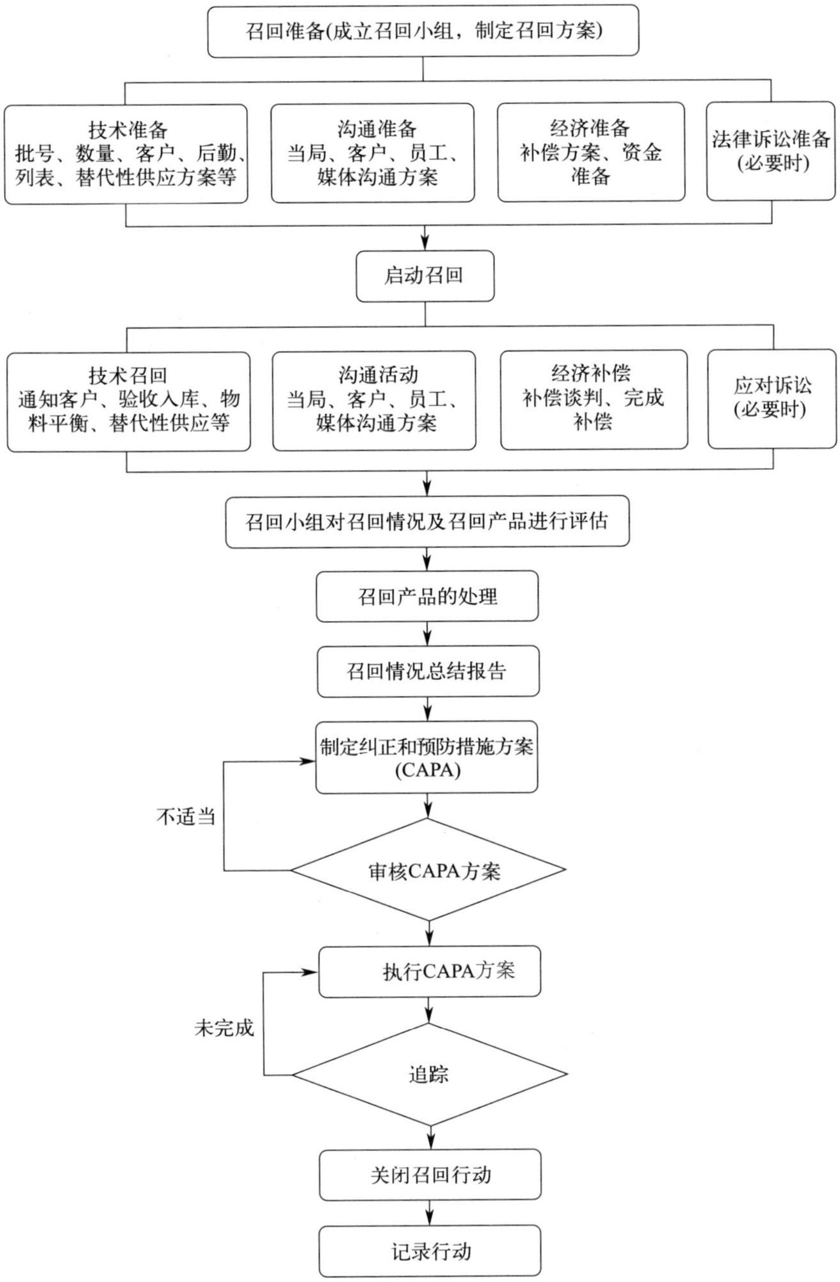

图 12.2　产品召回管理流程

⑥ 该产品引发危害的可能性以及是否已经对人体健康造成了危害；

⑦ 对主要使用人群的危害影响；

⑧ 对特殊人群尤其是高危人群的危害影响；

⑨ 危害的严重与紧急程度；

⑩ 危害导致的后果（短期与长期）。

2. 召回任务小组

在决定召回产品后，公司应立即成立召回任务小组，准备具体召回计划和执行召回行动。

3. 召回计划

召回任务小组成立后，应当立即制定召回计划并组织实施。召回计划应当确定各个步骤、相应的负责人和参与人、相应的职责及完成的时限。

召回计划的制定一般需要从以下几个方面着手。

（1）技术准备　包括但不限于以下内容：

① 列出召回涉及的产品及批号、数量（销售数量、库存数量）等；

② 冻结与召回产品相关的物料和产品；

③ 列出需要通知召回的客户名单，该名单应当包含具体的联系方式以及产品具体销售的地址和数量；

④ 准备通知客户的召回公告（应包括产品退回的详细地址和接收联系人）；

⑤ 替代性供应方案的准备；

⑥ 初步确定产品的退回、收集协调和最终销毁方式。

（2）沟通准备　包括但不限于以下内容：

① 针对不同沟通对象的不同形式的报告、通告、通知文本；

② 可预见的外界问题的解答方案；

③ 针对不同沟通对象的不同沟通负责人及其联系方式；

④ 沟通方式/媒介的选择，如会议、电话、传真、E-mail、公共媒体。

（3）财务准备　包括但不限于以下内容：

① 客户补偿方案；

② 相应的资金和其他财务准备。

（4）法律准备　包括但不限于以下内容：

① 在某些情况下，企业需要对可能的法律诉讼做好充分的准备，包括律师的指派或委托以及相关文本的准备；

② 各项准备工作应当及时准确地完成，以便尽早启动召回工作。

（5）召回计划

① 产品生产销售情况及拟召回的数量；

② 执行召回的具体内容，包括实施的组织、范围和时限等；

③ 召回信息的公布途径与范围；

④ 召回的预期效果；

⑤ 产品召回后的处理措施；

⑥ 联系人姓名及联系方式。

4. 召回的启动

持有人发布召回信息，并在实施召回过程中报告召回进展情况。

（1）发布召回信息　持有人通过企业官方网站或者药品相关行业媒体向社会发布召回信息。召回信息应当包括药品名称、规格、批次、持有人、药品生产企业、召回原因、召回等级等内容。

实施一级、二级召回的，持有人还应当申请在所在地省、自治区、直辖市人民政府药品监督管理部门网站依法发布召回信息。省、自治区、直辖市人民政府药品监督管理部门网站发布的药品召回信息应当与国家药品监督管理局网站链接。

持有人作出药品召回决定的，一级召回在 1 日内，二级召回在 3 日内，三级召回在 7 日内，应当发出召回通知，通知到药品生产企业、药品经营企业、药品使用单位等，同时向所在地省、自治区、直辖市人民政府药品监督管理部门备案调查评估报告、召回计划和召回通知。

(2) 报告召回进展情况　持有人在实施召回过程中，一级召回每日，二级召回每 3 日，三级召回每 7 日，向所在地省、自治区、直辖市人民政府药品监督管理部门报告药品召回进展情况。

5. 召回产品的处理

接收召回产品时，需要有相应的记录。记录应包括客户的名称/地址，召回产品的品名、批号、数量，召回日期和召回原因，应召回数量和实际召回数量的平衡关系等。接收的召回产品应隔离存放，并均应有清晰醒目的标志。

召回药品需要销毁的，应当在持有人、药品生产企业或者储存召回药品所在地县级以上人民政府药品监督管理部门或者公证机构监督下销毁。

对通过更换标签、修改并完善说明书、重新外包装等方式能够消除隐患的，或者不符合药品标准但尚不影响安全性、有效性的中药饮片，且能够通过返工等方式解决该问题的，可以适当处理后再上市。相关处理操作应当符合相应药品质量管理规范等要求，不得延长药品有效期或者保质期。

持有人对召回药品的处理应当有详细的记录，记录应当保存 5 年且不得少于药品有效期后 1 年。

6. 召回总结报告

召回完成后，召回任务小组应提出完整的召回总结报告。召回总结报告内容包括售出产品及召回产品之间的数量平衡计算（如有差额，有合理的解释或必要的处理措施）；对召回活动、召回效果、召回产品的处理情况等做出评价；经召回决策小组批准后，向药品监督管理部门提交召回总结报告，并且召回总结报告将作为公司管理评审的主要内容之一。

持有人应当在召回完成后 10 个工作日内，将药品召回和处理情况向所在地省、自治区、直辖市人民政府药品监督管理部门和卫生健康主管部门报告。

持有人应当在药品年度报告中说明报告期内药品召回情况。

7. 纠正和预防措施

在大多数情况下，针对引发产品召回的质量事件进行的根本原因调查以及纠正和预防措施的制定在很早的阶段就已经开始，甚至可以说在召回决定做出之前就已经开始，产品召回的决定只是该质量事件的一系列纠正行动及纠正和预防措施中的一项。然而，召回活动本身可能也需要或就是特定的纠正和预防措施。例如，随着召回活动的开展获得了新的数据和信息，导致对药品质量事件性质、范围、潜在后果有了新的认识和判断，这时可能导致修改或重新定义原先确定的纠正和预防措施；或者在召回事件中企业发现了现有召回系统的缺陷或改进的空间，则也可能启动针对召回系统本身的纠正和预防措施。

8. 文件归档

召回行动正式完成后，应当将所有相关的文件进行归档，并长期保存。

9. 召回系统有效性评估

为了使召回行动在必要时能够及时有效启动，应当定期对召回系统进行评估，确保其有效性。评估可以通过模拟召回的方式进行演练，演练的过程和结果应进行记录。模拟召回除实物不做真正的召回，其他流程与召回一致，召回的启动原因以及与外界的沟通活动都是虚拟的。应至少每两年进行一次模拟召回，以验证召回步骤是否适当并培训相关人员。

- **案例**

产品的发运与召回：低温运输的物料发运记录

(一) 背景

对于低温运输的物料，在验收记录中未记录到货时间、运输方式及到货温度。对于需低温运输的产品，还未按照GMP附录“确认与验证”要求对运输涉及的影响因素进行挑战性测试，明确规定运输途径，包括运输方式和路径。长途运输还应当考虑季节变化的因素。

(二)解题思路

GMP规定每批产品均应当有发运记录。根据发运记录，应当能够追查每批产品的销售情况，必要时应当能够及时全部追回。对于需按特殊要求运输的药品如需冷链运输的药品，应严格按照要求操作。对于未按要求运输的药品，应进行偏差调查和风险分析。对于运输途中质量受到影响的产品，应及时追回处理。

• 阅读链接

[1] 药品召回管理办法．国家药品监督管理局公告．2022年第92号，2022-10-24.

[2] 乔晓芳．我国药品召回管理现状及改进措施分析．机电信息，2018，(26)：6-9.

[3] 刘志强，杨悦．美国药品安全法律责任设置的特点及其对我国的启示．中国药房，2018，29 (16)：2161-2166.

• 思考题

1. 如何应对产品的召回？

2. 药品生产企业向药品监督管理部门提交药品召回总结报告后，是否可以认为药品召回工作已完全结束？

3. 简述产品召回可能存在的原因。

4. 用户在使用某一胶囊制剂时将囊壳剥开，溶于水中，发现有疑似金属颗粒，向生产厂商进行投诉。针对此投诉，请问生产厂商如何处理？

第十三章　自检

- **本章学习要求**

1. 掌握自检类型、自检与GMP检查的区别。
2. 掌握自检的项目及程序。
3. 了解自检后续管理要求。

随堂练习

自检（self-inspection，self-quality audit）是指制药企业内部对实施GMP情况的检查，是企业日常生产管理工作中的一项重要的质量活动。自检实质上是对企业完善生产质量管理体系的自我检查，通过GMP自检发现企业执行GMP时存在缺陷的项目，并通过实施纠正和预防措施进一步提高GMP执行的持续性、符合性、有效性，或通过自检达到制药企业自我持续改进的目的。

第一节　概述

一、自检的概念

自检又称内部质量审核或内部质量审计，是药品生产企业的一项自我检查纠正的活动，也是质量审核（质量审计）的一项重要内容。ISO 9001中称为“内部审核”“内部审计”。

二、自检的目的与意义

1. 自检的目的

自检要求达到三方面的目的。

（1）符合性　评估药品生产企业生产质量管理过程与GMP及相关法律、规范的要求是否一致。

（2）适宜性　评估药品生产企业是否依据GMP及相关法律法规制定与企业生产质量管理思想、管理目标、管理模式、企业规模、剂型、品种、厂房设施等相适宜的管理制度。

（3）有效性　评估药品生产企业制定的生产质量管理文件系统是否在实施生产质量管理的过程中得到有效贯彻和执行。

2. 自检的意义

药品生产企业通过定期组织自检，对执行规范要求的全部情况定期进行检查，对缺陷进行改正。指出药品存在的生产质量风险，减少退货和客户投诉的可能。帮助分析存在问题的根本原因，反映改进的趋势。指出生产质量管理改进的可行性，加快新产品批准的周期。减少质量事故，避免返工，改进产品质量和工艺。获取公正、客观的质量管理信息，为企业管理层的决策提供事实依据，增加质量管理部门与其他相关部门及人员的沟通。实时评价员工的工作业绩，并可协助公司有关部门人员进行 GMP 培训。

三、自检与 GMP 检查的区别

自检由企业自主负责组织实施，通常称为第一方审计。GMP 检查由认证机构负责组织实施，通常称为第三方审计。具体见表 13.1。

表 13.1　自检与 GMP 检查的区别

对比项目	GMP 检查	自检
实施主体	药品认证中心	企业内部
检查的关注点	法规符合性	法规符合性,执行有效性,GMP 适宜性
检查频率	现场检查 日常监督检查	6～12 个月/次

四、自检类型

（1）根据自检的目的分类　可根据自检的目的分为全面自检、简要自检和跟踪自检三类。全面自检是对 GMP 执行情况的全面检查，每年定期检查 1～2 次。简要自检是对薄弱环节进行重点检查，一般是在追加自检或存在重大质量投诉、质量事故之后实施简要自检。跟踪自检是对自检后的整改措施进行确认，在自检后 1～3 个月进行。

（2）按自检对象分类　按自检对象分为产品质量自检、生产过程质量自检和生产质量管理体系自检三种。

① 产品质量自检：是对最终产品的质量进行单独评价的活动，用于确定产品质量的符合性和适用性，通过对产品的客观评价获得产品的质量信息，评估产品的质量，检测质量活动的有效性，对产品再次验证，对供应商的产品质量进行确认等。

② 生产过程质量自检：是通过对过程、流程或作业的检查，分析评价过程质量控制的适宜性、正确性和有效性。过程质量是指产品寿命周期各个阶段的质量，一般生产质量管理体系自检包括过程自检的内容。

③ 生产质量管理体系自检：是独立对企业生产质量管理体系进行的 GMP 自检。生产质量管理体系自检应覆盖企业的所有部门和过程，一般围绕产品质量形成全过程进行，通过对生产质量管理体系中的各个场所、各个职能部门、各个过程的自检和综合，得出生产质量管理体系符合性、有效性的评价结论。

第二节　自检工作的实施

药品生产企业按照 GMP 要求实施自检是企业保证与 GMP 要求一致的重要措施。定期进行自检，是全面质量管理的基本要求，是药品质量改进的前提。

一、自检的项目

（1）人员　按照中国 GMP（2010 年修订）第三章的要求审核人员的情况，包括企业负责人、质量受权人、生产管理负责人、部门负责人、检验和生产操作等人员的数量、学历、职位、职务变动情况、培训情况和记录、考核情况，人员卫生、生产人员健康档案情况等是否符合 GMP 要求。

（2）厂房及设施　按照中国 GMP（2010 年修订）第四章的规定审核厂房及设施的情况，包括厂区划分与保持，洁净室的洁净度级别、温湿度和压差及记录和维持，空气净化设施效率及维护，防尘捕尘设施效率及维护，建筑物及设施的维护，实验动物房的设置等内容。

（3）设备　按照中国GMP（2010年修订）第五章的规定审核检查设备安装、运行、维护及维修情况，包括不合格设备和问题设备的处理情况。

（4）物料与产品　按照中国GMP（2010年修订）第六章的规定审核检查原料、辅料、包装材料、制剂半成品和成品的购入、储存、发放和使用情况，物料、成品、半成品和包装材料的标准，中药材购入是否符合条件，待检物料、合格物料、不合格物料的储存及处理，特殊物料的储存条件及处理，物料的保存期限，药品包装、说明书、标签的管理是否符合规定。

（5）环境和卫生　按照GMP的规定审核检查卫生管理制度，车间、工序、岗位操作规程是否健全，生产区卫生情况，更衣室、浴室、厕所的卫生情况，工作服的卫生情况，洁净室人员操作及进入的管理情况，洁净室消毒措施，生产人员健康档案情况等内容。

（6）验证及再验证程序　按照中国GMP（2010年修订）第七章的要求审核检查验证情况，包括验证总计划的实施，工艺验证，厂房、设施、设备安装及运行和性能确认，产品验证记录，再验证记录，验证负责人审批批准程序和签名等内容。

（7）文件　按照中国GMP（2010年修订）第八章的要求审核检查药品生产管理和质量管理的各项制度与记录、药品生产管理和质量管理文件、SOP的完备性、建立文件的程序、文件的合法性等内容。

（8）生产管理　按照中国GMP（2010年修订）第九章的要求审核对生产工艺规程、岗位操作法和SOP的执行情况，批生产记录、批包装记录、批检验记录、清场记录的记录方法，生产区卫生情况，更衣室、浴室、厕所的卫生情况，工作服的卫生情况，洁净室人员操作及进入的管理情况，洁净室消毒措施等内容。

（9）质量管理　按照中国GMP（2010年修订）第十章的要求主要检查质量管理部门职责的落实情况，包括实验室管理、持续稳定性考察、变更控制、偏差处理、纠正和预防措施、供应商的评估以及批准、产品质量回顾分析以及处理投诉的记录等内容。

（10）产品发运与召回　按照中国GMP（2010年修订）第十二章的要求主要检查销售记录、产品退货以及回收和处理程序。

（11）投诉与不良反应报告　按照GMP要求检查药品不良反应报告程序和处理投诉的记录报告等内容。

（12）上次自检提出的质量改进建议的执行情况　检查上次自检发现问题的改进、纠正和落实情况，并做记录。

二、自检的程序

自检应当有计划、有程序地进行。自检的实施活动包括自检的启动、自检的准备、自检的实施、自检记录总结分析、给出自检报告和跟踪检查4个阶段。

1. 自检的启动

由质量部分配自检成员检查任务，自检小组依据GMP年度自检计划的安排编制本次自检的检查内容。

（1）任命自检小组组长　一般由企业质量负责人任命或其本人担当，经企业负责人授权并经过培训。组长需要主持自检的全过程。

自检小组组长的主要职责如下：负责组建自检小组；获取实现自检目的所需的背景资料；负责制定自检日程计划，分配自检任务；指导编制自检检查表，检查自检准备情况；主持现场检查，对自检过程有效性实施控制；与受检查部门领导沟通；组织编写自检不符合报告及自检报告；组织跟踪自检。

（2）确定自检任务　自检小组组长需要明确本次自检的目的、依据、范围、完成时间以及自检的深度等内容。

（3）自检小组的组建　自检小组成员的职责是：在自检小组组长指导下分工编制自检工作文件；完成分工范围内的现场检查任务并做好自检记录；收集和分析有关自检证据，进行组内交流；编写不符合报告，参与编制自检报告；参加整改措施的跟踪检查；管理有关的各种文件和记录。

自检小组成员的能力直接影响自检的客观性与有效性。要确保自检的进行，首先要保证自检小组成员的资格、人员数量、自检员与受检查工作的相对独立性、专业知识、自检工作中的协调、人员结构。

（4）有关文件、信息收集审阅　文件收集、审阅的目的是掌握自检的依据，为编制检查表和现场检查获取有用信息。

进行文件收集、审阅时需注意以下事项：①自检时的文件检查，重点是收集与受检查部门管理活动有关的程序文件、作业指导书等文件；②在审阅程序文件时，不仅要检查该部门自身中心工作的程序文件，还要检查与其他部门程序文件的接口是否明确清晰、规定内容是否协调；③对涉及药事法规的程序文件有效性也要进行检查，如药品注册规定，麻醉药品、精神药品、医疗用毒性药品、放射性药品、药品类易制毒化学品等相关管理制度；④除上述文件外，还应对各部门需要填写的记录的名称、填写的内容以及对应的程序文件进行了解。

信息收集的目的是了解企业生产质量的管理情况，为自检准备和现场检查工作安排提供参考信息，提高现场检查的针对性和有效性。

信息收集的内容有：①上次自检的结果；②最近一次国家药品 GMP 认证检查的结果；③回顾公司管理层及组织机构变化情况；④受检查部门的基本情况；⑤生产质量管理体系运作的情况；⑥有关产品收回、市场退货、客户投诉、偏差处理等基本情况；⑦相关的流程图和系统图，如有关生产工艺流程，洁净空气系统，水处理系统，厂区、车间平面布置图，厂区灭虫灭鼠点布置图；⑧相关的产品技术资料和其他资料，如产品处方、主要生产和检验设备清单、验证计划、培训计划、计量设备校验计划、企业文件和记录目录等。

（5）与受检查部门的初步联系　通过初步联系可以建立沟通渠道，处理可能会出现的有关自检的问题，商议自检预定的时间及自检小组成员的信息，要求受检查部门提供相关的文件包括记录以供使用，商议和确定自检日程的安排，确认自检地点的有关安全、保密等要求，确认陪同人员的要求。

2. 自检的准备

首先确定需要进行自检，然后再对时间节点、项目、范围、分工等进行确定，然后才能编制出自检计划，准备自检所需依据的文件。自检人员明确自检范围、自检部门和地点、依据、具体内容、自检报告的编写人员、报告呈送部门等。

（1）自检计划编制　自检计划是自检小组组长制订的确定自检活动日程安排的指导性文件，反映现场检查的具体日程安排。自检计划的合理性将影响自检的有效性。

自检计划的内容包括自检的目的、范围、依据、成员及其分工、自检的日期和地点、自检的单位和部门、进度日程。

自检计划可以按部门编制。如果以部门为对象编制，需识别并列出涉及该部门的有关条款。如果按规范的条款编制，以规范条款为对象进行自检，检查每一个与此条款有关的部门。

（2）自检小组成员分工　自检小组组长在制订自检计划后，按照每个自检人员的职责和作用安排自检人员的自检部门和地点，安排好自检范围及成员间的协作。

（3）自检文件准备　检查表及抽样方案；自检报告表；自检检查、缺陷项目报告表；首（末）次会议签到表；各种会议记录表。

自检检查表的编制应依据自检的要求和规定。以过程自检为主的检查表，应重点列出与该过程有关的主要部门和自检方法；以部门自检为主的检查表，应重点列出与该部门有关的主要过程的自检内容和方法。检查表的主要内容应反映出“找谁查？到哪查？查什么？怎么查？”等。检查表的内容不应限制自检活动的内容，应灵活使用，以达到自检的目的。

3. 自检的实施

一般包括首次会议、现场检查与信息收集、自检发现与汇总分析和末次会议四个阶段。

（1）首次会议　自检小组全体成员和受检查部门负责人及相关人员参加。目的是：明确自检范围、目的和自检计划；简要介绍自检小组与受检查部门的正式联系；提出落实自检的要求；确认自检小组所需拥有的资源与条件；确认末次会议的时间和地点；促进受检查部门的积极参与。

（2）现场检查与信息收集　自检员进入检查区域，依据“自检实施计划表”和“检查记录表”进行现场检查，向受检查部门说明要检查的内容；识别和确认检查信息的收集来源和方式；通过面谈、查阅文件和记录、现场观察等方式收集检查信息；确定收集的检查信息；验证收集的检查信息，形成检查证据；依据自检依据判断检查证据，形成检查发现；评价检查发现，得出检查结果。

客观证据收集的来源：与受检查部门的责任人员面谈；查阅现行的生产质量管理文件；查阅各类生产质量记录，如批生产记录、客户投诉处理记录、变更和偏差处理记录、内审记录、产品检验原始记录等；查阅有关的生产质量文档，如验证草案和报告、年度自检报告、环控报告、水系统监测报告等。

面谈的目的：确认受检查部门的人员对各自职责的熟悉程度；了解和确认职能部门人员对企业执行GMP要求的掌握情况；了解和掌握职能部门人员对相关程序文件要求的了解程度和执行情况；通过面谈，自检人员可说明自己的检查需求，引导面谈对象，有效开展自检工作。

面谈的对象：为广泛收集具有代表性的检查信息，应选择合适的面谈对象，面谈对象最好是业务直接工作人员，避免其他人员的干扰。

查阅文件和记录的作用：通过查阅文件，可以了解现行程序的要求，核实程序文件的执行情况，获得实际运作和效果的自检信息；查阅文件和记录，可帮助自检员了解接受自检部门过去发生的事实。

（3）自检发现与汇总分析　自检员认真在“检查记录表”上记录检查发现。检查中发现的缺陷项目在“自检缺陷报告”上客观描述，并让受检查部门负责人签字确认，“自检缺陷报告”中应包括该缺陷项的支持性的自检证据。缺陷事实的描述应准确具体，不要遗漏任何有效信息，具有可复查性和可追溯性；文字表述力求简明精炼，尽可能使用行业或专业术语；观点和结论从缺陷实施的描述中自然流露，不要只写结论不写事实，不应带有评论性意见。

（4）末次会议　自检小组成员、受检查部门负责人以及有关人员参加的末次会议，重申自检目的和范围，强调自检的局限性，宣读不合格项目，提出整改意见，受检查部门负责人表态并对整改做出承诺，会议结束。

4. 自检报告

（1）自检报告的编写　现场检查完成后，自检小组出具自检报告。自检报告是自检小组自检结果的正式的总结性文件，自检小组组长对自检报告的编制准确性、完整性负责。自检报告的内容包括：报告名称、报告人、报告日期、自检结果的简要概述及主要问题、自检的项目及结论、主要存在问题、改进建议。自检报告一般应在两个工作日内呈送企业负责人和质量管理负责人，必要时抄送有关部门。

（2）自检报告的批准　自检报告起草完毕后，在提交之前应与受检查部门负责人协商，取得一致意见后提交企业质量负责人或企业负责人批准。

（3）自检报告的分发　自检报告经批准后，由文件管理部门按照文件管理相关规定分发至有关部门和人员。自检报告通常发放给企业负责人、受检查部门、受检查部门上级主管及质量管理部门。

（4）自检结束　自检小组完成上述工作后宣布自检结束。

第三节　自检后续管理

自检结束后，相关部门根据不合格项报告，制定、实施和跟踪确认整改措施，是自检工作的重要组成部分。质量管理部门、存在缺陷项的受检查部门、自检小组等仍应密切关注自检的后续工作，制定、实施、跟踪确认、监督协调好整改措施的开展和落实。

一、质量改进措施的制定

实施 GMP 自检的目的之一是找出执行 GMP 时存在的不足，分析原因，提出改进措施，防止类似问题再次发生，消除生产质量风险，促使生产质量管理水平持续改进，保证企业执行 GMP 的符合性、有效性和适宜性。

受检部门负责制定本部门存在缺陷项目的整改措施。责任部门接到“自检不合格项报告”后，组织相关人员进行原因调查和分析，涉及多个部门时由质量管理部门召集相关部门进行调查，根据收集到的缺陷项目的原始凭证进行原因分析，确定缺陷项目产生的确切原因，制定整改措施，内容包括项目描述、原因分析、实施步骤、计划完成时间、执行部门或负责人，报质量管理部门批准后实施。

二、整改措施的实施

整改措施根据自检缺陷项目的内容和难易程度确定措施完成期限，能立即整改的可在现场立即整改。整改措施批准后由受检部门实施，整改实施记录应保存。

三、整改措施的跟踪确认

由质量管理部门派人跟踪自检措施的实施和整改结果的确认，并填写跟踪自检报告或整改自检报告，规定整改措施实施限期。如在规定时间不能完成的应由整改执行部门向企业质量管理负责人或自检管理部门说明原因，请求延期。在执行整改措施过程中涉及的文件及记录应存档保存。

四、自检工作总结

每一轮自检结束或者按年度计划完成对所有部门或条款的自检后，自检小组组长应组织自检小组成员对自检情况做出总结，编制年度自检报告，并向企业负责人报告自检情况，收集、整理和移交自检文件。

自检总结报告的内容：内部自检年度完成情况，目的、范围和依据，各次自检小组成员名单，各次内部自检的缺陷项目分析及可能产生的原因，缺陷项目说明及纠正和预防措施完成情况，对整个企业GMP执行情况的总体评价，对企业执行GMP薄弱环节的产生原因分析及改进建议，自检报告编号、批准人及分发范围，内部自检人员工作情况评价及改进要求。

五、自检记录的移交

末次会议结束后，在5个工作日内，自检小组组长将自检的GMP自检年度计划、GMP自检实施计划、GMP自检报告、缺陷项目的GMP自检不符合项报告、检查表、自检记录、首（末）次会议签到表、不符合项汇总表、不符合项纠正措施计划、不符合项跟踪自检报告、自检总结报告等全部自检文件移交质量保证（QA）部门，由质量保证部门归档保存，并按“记录管理程序”的规定进行管理。

● 案例

自检：自检审核结论

(一)背景

某医药企业在其年度各部门自检审核结论中以“√”形式表示，不能真实反映实际检查的情况；未见自检缺陷的详细描述；未对检查缺陷进行原因分析、风险评估等；未对“质量审计（自检）持续改进表”进行检查确认。

(二)解题思路

GMP规定质量管理部门应当定期组织对企业进行自检，监控GMP实施情况，评估企业是否符合GMP要求，并提出必要的纠正和预防措施。医药企业应对自检中发现的缺陷进行详细描述，并进行原因分析，提出纠正和预防措施，整改后再跟踪实际效果。

● 阅读链接

[1] 时立新．新版GMP各章节重点问题解读——第十三章：自检．流程工业，2018，(12)：14.

[2] 董光辉，叶明良，赵柳入，等．药品生产企业自检问题的分析解决思路．中国现代应用药学，2014，31（5）：624-627.

[3] 宋娜娜．浅谈制药企业GMP自检．亚太传统医药，2015，11（17）：138-139.

● 思考题

1. 自检工作的依据是什么？
2. GMP对自检的要求有哪些？
3. GMP自检/审计的类型有哪些？
4. GMP自检的步骤有哪些？
5. GMP自检的内容有哪些？
6. 药品生产企业如何做好自检工作？

参考文献

[1] 陈洪，汪磊. o-RABS/c-RABS与无菌药品的生产控制［J］. 流程工业，2019，(8)：34-36.
[2] 俞育庆，张利英. 我国药企工艺验证研究和分析［J］. 中国医药工业杂志，2017，48（2）：284-287.
[3] 段立华，李洪. 制药企业管理与GMP实务［M］. 北京：化学工业出版社，2013.
[4] 邓萍，梁毅. 新版GMP要求下的文件管理解析［J］. 机电信息，2011，(26)：22-25.
[5] 范松华. 药品GMP实务［M］. 北京：中国医药科技出版社，2015.
[6] 国家药品监督管理局食品药品审核查验中心. 药品GMP指南［M］. 2版. 北京：中国医药科技出版社，2023.
[7] 国家市场监督管理总局. 药品生产质量管理规范（2010年修订）［S］. 2011.
[8] 胡大文，张旭云. 论无菌药品生产中的无菌转运［J］. 化工与医药工程，2015，36（1）：15-17.
[9] 黄海燕，马丽芳. 制药企业实施新版GMP的思考［J］. 广州化工，2012，40（19）：183-184.
[10] 贺燕娜. 冻干粉针关键工艺及风险控制的设计［J］. 机电信息，2010，(17)：1-9.
[11] 李东昂，梁毅. GMP背景下的制药企业六西格玛管理应用研究：以BT公司为例［J］. 中国医药工业杂志，2019，50（4）：464-469.
[12] 李恒. GMP实用教程［M］. 北京：中国医药科技出版社，2013.
[13] 刘秋丽. 关于制药设备GMP功能的分析［J］. 科技资讯，2014，(11)：142.
[14] 刘淑敏，黄波，梅海玲，等. 药品生产GMP管理过程中质量风险管理的实施与应用［J］. 化工管理，2018，(32)：119-120.
[15] 林伟强. GMP实施中数据完整性控制策略研究［J］. 中国药事，2016，30（9）：866-868.
[16] 梁毅. GMP教程［M］. 3版. 北京：中国医药科技出版社，2015.
[17] 梁毅，周文瑜，孙黄颖. 全面质量管理与GMP的比较研究［J］. 现代管理科学，2013，(9)：110-112.
[18] 李志宁，李钧. 药品GMP简明教程［M］. 2版. 北京：中国医药科技出版社，2011.
[19] 马爱霞. 药品GMP车间实训教程（下册）［M］. 北京：中国医药科技出版社，2016.
[20] 宋勋. 药品生产中的隔离操作技术［J］. 机电信息，2011，(2)：23-28.
[21] 万春艳. 药品生产质量管理规范（GMP）2010年版教程［M］. 北京：化学工业出版社，2012.
[22] 谢明，杨悦. 药品生产质量管理［M］. 北京：人民卫生出版社，2014.
[23] 徐卫国，靳利军. 新版GMP要求下的文件管理［J］. 机电信息，2013，(20)：1-8.
[24] 邢永恒. 药品GMP教程［M］. 北京：化学工业出版社，2015.
[25] 姚茂斌. 试论自检在实施药品GMP中的作用［J］. 中国药事，2007，21（7）：527-528.
[26] 杨世民. 药事管理学［M］. 6版. 北京：人民卫生出版社，2016.
[27] 杨永杰，段立华. 制药企业管理与GMP实施［M］. 北京：化学工业出版社，2011.
[28] 朱世斌，曲红梅. 药品生产质量管理工程［M］. 2版. 北京：化学工业出版社，2017.
[29] 张功臣. 制药用水系统［M］. 北京：化学工业出版社，2016.
[30] 潘拥. 吹灌封三合一设备应用与产品质量保障研究［J］. 机电信息，2019，(14)：17-21.
[31] 周和平. 班组全面质量管理基本方法　班组质量管理内容（二）［J］. 现代班组，2015，(11)：18-19.
[32] 张荣军. 质量风险管理在药品生产企业GMP实施中的运用［J］. 饮食保健，2019，6（2）：73.
[33] 郑一美. 药品质量管理技术——GMP（2010年版）教程. 北京：化学工业出版社，2012.
[34] 丁思峰. 世界各国GMP问答集萃. 北京：中国医药科技出版社，2015.
[35] ICH. Q13：Continuous Manufacturing of Drug Substances and Drug Products，Step 4 Document［S］. 2022.
[36] 国家药品监督管理局药品审评中心. 化药口服固体制剂连续制造技术指导原则（试行），2023.
[37] 曹萌，丁力承，胡延臣，等. 药品连续制造全球监管发展现状与思考［J］. 中国药事，2022，36（4）：363-376.
[38] 曹萌，丁力承，胡延臣，等. 国外已上市连续制造药品的注册审评情况及其启示［J］. 中国药事，2022，36（4）：377-383.
[39] ICH. Q9：Quality Risk Management［S］. 2023.
[40] 国家食品药品监督管理局. 国家食品药品监督管理局紧急通知停止销售和使用齐齐哈尔第二制药所有药品［S］. 2006.
[41] 张恩娟. 由齐齐哈尔第二制药“亮菌甲素事件”引发的思考［J］. 中国药房，2006，17（11）：850-851.
[42] 陈胜. 做一个负责任的企业公民［J］. 中国医药报，2006（5）：16.
[43] 魏小刚. 假药事件背后的药业生存命题［J］. 中国医药报，2006（5）：23.